Regressionsanalyse in der empirischen Wirtschafts- und Sozialforschung Band 1

Matthias-W. Stoetzer

Regressionsanalyse in der empirischen Wirtschafts- und Sozialforschung Band 1

Eine nichtmathematische Einführung mit SPSS und Stata

 Springer Gabler

Matthias-W. Stoetzer
Ernst-Abbe-Hochschule Jena
Jena, Deutschland

ISBN 978-3-662-53823-4   ISBN 978-3-662-53824-1 (eBook)
DOI 10.1007/978-3-662-53824-1

Die Deutsche Nationalbibliothek verzeichnet diese Publikation in der Deutschen Nationalbibliografie; detaillierte bibliografische Daten sind im Internet über http://dnb.d-nb.de abrufbar.

Springer Gabler

Gedruckt auf säurefreiem und chlorfrei gebleichtem Papier.

Springer Gabler ist Teil von Springer Nature
Die eingetragene Gesellschaft ist Springer-Verlag GmbH Deutschland
Die Anschrift der Gesellschaft ist: Heidelberger Platz 3, 14197 Berlin, Germany

Gesamtüberblick

Bei der Regressionsanalyse handelt es sich um ein (fast) universell einsetzbares statistisches Verfahren. Daher ist es das am meisten verbreitete Instrument zur Untersuchung empirischer Fragestellungen – nicht nur in den Wirtschafts- und darüber hinaus den Sozialwissenschaften, sondern auch in anderen Bereichen bspw. der Medizin, Biologie und den Agrarwissenschaften. Das vorliegende Lehrbuch wendet sich an einen klar umrissenen Leserkreis. Es zielt auf den Studierenden und Wissenschaftler ab, der mit nur schemenhaften (und häufig wenig erfreulichen) Erinnerungen an die Statistik im Rahmen einer Seminar- oder Abschlussarbeit bzw. eines Forschungsprojektes Daten auswerten muss, wobei es vor allem um (mögliche kausale) Zusammenhänge zwischen mehreren Einflussfaktoren geht.

Die folgenden fünf Aspekte stellen den roten Faden dieser Einführung in die Regression dar:

- Welche Fragestellung kann ich mit welchem Regressionsverfahren untersuchen?
- Welche Voraussetzungen muss ich bei der praktischen Durchführung des jeweiligen Verfahrens berücksichtigen?
- Wie führe ich mittels SPSS oder Stata eine konkrete Regression durch?
- Wie sind meine Ergebnisse richtig zu interpretieren?
- Wo liegen die Probleme und Grenzen dieser Interpretation?

Dabei wird erstens auf jede abschreckende mathematische Ausführung verzichtet. Zweitens sind die Kapitel so aufgebaut, dass ein selbständiges Studium problemlos möglich ist. Schritt für Schritt wird der Leser von der einfachsten Datenanalyse zu komplexeren Verfahren geführt.

Jedem Kapitel sind die wichtigsten Lernziele und Schlüsselbegriffe vorangestellt. Jedes Kapitel wird abgeschlossen von einer Reihe von Übungsaufgaben, deren Lösungen sich am Ende des Buches im Kap. 11 finden. Die vielen Beispiele im Text und in den Aufgaben basieren in der Regel auf realen Daten. Sämtliche Datensätze werden im Internet zur Verfügung gestellt (www.springer.com/978-3-662-53823-4). Die Inhalte aller wichtigen Elemente der Regressionsanalyse werden verbal und in der Regel auch grafisch erläutert. Alle Schritte sind daher intuitiv nachvollziehbar, nur die Grundrechenarten und das Lesen einer einfachen Gleichung müssen bekannt sein. Weitergehende mathematische Ausführungen sind in Anhänge verbannt und für das Verständnis des Textes nicht erforderlich. Wer tiefer in exakte statistische Herleitungen und Beweise einsteigen möchte, erhält dazu Literaturhinweise. In allen Kapiteln zu den Regressionsverfahren und Tests werden diese jeweils anhand der Statistikprogramme SPSS und Stata kurz erklärt. Auf diese Weise sind die Inhalte und ihre praktische Anwendung sowie selbständige Übung unmittelbar miteinander verknüpft. Diese Abschnitte haben lediglich einführenden Charakter; es wird nur der leicht verständliche menübasierte Umgang berücksichtigt und Schritt für Schritt mittels Screenshots erläutert. Weitergehende syntaxbasierte Verfahren werden nicht behandelt. Einige Stellen geben aber Hinweise zu den in SPSS und Stata ebenfalls existierenden Makros für speziellere statistische Methoden.

Obwohl die grundlegenden mathematischen Verfahren übereinstimmen, haben sich in der Ökonomie, der Soziologie und der Psychologie historisch bedingt sehr unterschiedliche Begriffe durchgesetzt. Um Gemeinsamkeiten aufzuzeigen und zur Entwirrung beizutragen, verweist der Text einerseits an vielen Stellen auf solche Synonyme und erläutert andererseits, dass bestimmte identische Begriffe sehr unterschiedliche Bedeutungen haben.

Aufbau des Buches
Einleitend beschreibt Kap. 1 grundlegende Konzepte der Datenanalyse und der Datenerhebung. Darüber hinaus verdeutlicht es die breiten Anwendungsmöglichkeiten der Regression für die verschiedensten ökonomischen und sozialwissenschaftlichen Fragestellungen. Kap. 2 behandelt die einfache und multiple Regression auf der Basis von Querschnittsdatensätzen. Die Vorgehensweise wird dabei schrittweise auf der Grundlage des Kleinstquadrate-Verfahrens erläutert. Dieser Ansatz wird in den folgenden Kapiteln nach und nach erweitert und hinsichtlich seiner inhaltlichen und methodischen Voraussetzungen dargestellt. Kap. 3 fokussiert wichtige Erweiterungen wie qualitative unabhängige Variablen, nichtlineare Beziehungen und Interaktionseffekte. Kap. 4 adressiert das zentrale Problem der Identifikation von kausalen Einflüssen, erläutert die dabei auftretenden Schwierigkeiten und präsentiert Lösungsmöglichkeiten. In Kap. 5 wird dargestellt, auf welchen Annahmen die Regression beruht, wie Verletzungen dieser Annahmen aufgedeckt sowie behandelt werden und beschäftigt sich mit dem notwendigen Umfang einer Stichprobe. Die Kap. 6 und 7 beschreiben das Problem der Modell- und Variablenauswahl, diskutieren die interne und externe Validität der Regressionsergebnisse und fassen die Vorgehensweise bei der praktischen Durchführung einer Regressionsanalyse zusammen.

Zusätzliche und ergänzende Aspekte werden in Form von Anhängen behandelt. Folgende grundlegende Ergänzungen finden sich am Ende des Buchs: Kap. 8 erläutert statistische Aspekte der Regressionsanalyse und enthält daher auch einige mathematische Darstellungen. Kap. 9 ist ein komprimierter Überblick der Grundlagen der statistischen Analyse, die für das Verständnis der Regressionsverfahren wichtig sind. Dieser Anhang geht auf relevante Begriffe und Darstellungsweisen der beschreibenden Statistik ein, erläutert die Verteilungen von Variablen und rekapituliert das prinzipielle Vorgehen bei einem Hypothesentest. Kap. 10 stellt eine Auswahl relevanter vorhandener Datenquellen vor, die für eine eigene empirische Untersuchung nutzbar sind. Zu sehr vielen Themen existieren amtliche Statistiken auf nationaler und internationaler Ebene. Weniger bekannt ist, dass auch eine große Zahl von (repräsentativen) Befragungen in Deutschland und vielen anderen Staaten für Forschungszwecke frei zugänglich sind. Kap. 11 enthält die Lösungen zu den Wiederholungsfragen und Übungsaufgaben.

Literaturhinweise

Die besten englischen Lehrbücher zur Regression sind Wooldridge (2013) sowie Stock und Watson (2014). Sie behandeln das Thema mittels vieler praktischer Beispiele und bieten eine klare Darstellung auch weiterführender Probleme und Methoden. Allerdings sind diese Bücher (insbesondere Wooldridge) zum Teil auch mathematisch ausführlicher. Völlig ohne Mathematik kommt Kennedy (2008) aus. Der Text verzichtet aber leider auf konkrete Zahlenbeispiele, um die verständlichen verbalen Darstellungen auch praktisch zu erläutern. Eine sehr gut nachvollziehbare Erläuterung anhand von konkreten Anwendungen der Regression bietet Studenmund (2014).

Eine gute Einführung auf Deutsch mit soziologischem Hintergrund geben Urban und Mayerl (2011). Von Auer (2016) sowie Auer und Rottmann (2010) sind Darstellungen aus volkswirtschaftlicher Perspektive (mit mathematischer Fundierung). Für die Betriebswirtschaftslehre sind Backhaus et al. (2011) und Herrmann et al. (2014) zu empfehlen. Sie behandeln in Einzelbeiträgen nicht nur die Regressionsanalyse sondern auch eine ganze Reihe weiterer statistischer Verfahren. Hervorzuheben ist für beide Sammelbände die Orientierung und Erläuterung anhand konkreter Anwendungen aus der Marktforschung. Mit dem gleichen Ansatz behandeln Backhaus et al. (2013) fortgeschrittene Verfahren wie bspw. Strukturgleichungsmodelle und die konfirmatorische Faktorenanalyse.

Wer sich für die exakten mathematischen Herleitungen und statistischen Fundierungen der Regression interessiert, dem ist der weltweit verbreitete Referenztext von Greene (2012) zu empfehlen.

Online-Einführungen/Ressourcen

Eine dringende Empfehlung: Versuchen Sie am Anfang nicht mit Hilfe von Google (und YouTube) Fundstellen im Internet ausfindig zu machen! Die hohe Komplexität der modernen Regressionsverfahren mit unterschiedlichen Begriffen, die dasselbe und identischen Begriffen, die völlig differierende inhaltliche Probleme beschreiben, macht dies zu einem Lotteriespiel, das sie mit hoher Wahrscheinlichkeit ratlos zurücklässt. Zu Beginn sollten Sie eine komplette Einführung (wie das vorliegende Buch) durcharbeiten, um die Orientierung zu behalten. Wenn, dann greifen Sie zunächst auf die folgenden Online-Ressourcen zurück, die sich durch eine hohe Qualität und Verständlichkeit auszeichnen:

- UCLA (University of California Los Angeles – IDRE): http://www.ats.ucla.edu/stat/
- Williams; Richard, University of Notre Dame, Department of Sociology: https://www3.nd.edu/~rwilliam/

Darüber hinaus enthalten die einzelnen Kapitel dieses Buches an zahlreichen Stellen Hinweise auf weiterführende und vertiefende Literatur sowie Online-Verweise.

Danksagung

Das vorliegende Lehrbuch entstand auf der Grundlage von Veranstaltungen zur empirischen Wirtschaftsforschung in Masterstudiengängen an der Ernst-Abbe-Hochschule, Jena, und der Cape Peninsula University of Technology, Kapstadt, Südafrika. Vielen Studierenden dieser Kurse habe ich für Anregungen und Verbesserungsvorschläge zu Danken. Frau Gabriele Bliedtner, Frau Mandy Nimmler-Köhler und Frau Sylvia Mischke haben in gewohnt perfekter Weise insbesondere Grafiken, Abbildungen und Tabellen verwirklicht. Für das Lesen des Manuskripts danke ich Frau Anja Haun und insbesondere Frau Claudia Hasenbalg als gründliche Lektorin. Alle verbleibenden Fehler liegen natürlich in meiner Verantwortung und entsprechende Hinweise unter Matthias.Stoetzer@eah-jena.de sind jederzeit willkommen.

Jena, März 2017

Literatur

Von Auer, L. (2016): Ökonometrie, Eine Einführung, 6. Auflage, Heidelberg et al.

Auer, B., Rottmann, H. (2010): Statistik und Ökonometrie für Wirtschaftswissenschaftler, Wiesbaden

Backhaus, K., Erichson, B., Plinke, W., Weiber, R. (2011): Multivariate Analysemethoden, 13. Auflage, Heidelberg et al.

Backhaus, K., Erichson, B., Weiber, R. (2013): Fortgeschrittene Multivariate Analysemethoden, 2. Auflage, Heidelberg et al.

Greene, W.H. (2012): Econometric Analysis, 7th ed., Harlow

Herrmann, A., Homburg, C., Klarmann, M. (Hrsg.) (2014) Handbuch Marktforschung, 4. Auflage, Wiesbaden

Kennedy, P. (2008): A Guide to Econometrics, 6th Ed., Cambridge

Stock, J.H., Watson, M.W. (2014): Introduction to Econometrics, 3rd Ed. Boston

Studenmund, A.H. (2014): Using Econometrics – A Practical Guide, 6. Auflage, Boston

Urban, D., Mayerl, J. (2011): Regressionsanalyse: Theorie, Technik und Anwendung, Wiesbaden

Wooldridge, J.M. (2013): Introductory Econometrics – A Modern Approach, 5th Ed., Mason, Ohio

Inhaltsverzeichnis

Lernziele
Der Studierende soll:

- deskriptive und hypothesentestende Analysen unterscheiden können,
- verstehen, wieso die gleichzeitige Berücksichtigung mehrerer Einflussfaktoren bei empirischen Untersuchungen in der Regel notwendig ist,
- die deskriptiven Lageparameter Mittelwert, Median und Standardabweichung kennen,
- in der Lage sein, explorative und konfirmatorische statistische Verfahren zu differenzieren,
- erläutern können, welche grundsätzliche Zielsetzung und welche Annahmen die einfache Regressionsanalyse auszeichnen,
- die Vielfalt der Anwendungsmöglichkeiten der Regressionsanalyse kennen und anhand von praktischen Problemstellungen diskutieren können,
- verschiedene Skalenniveaus von Variablen, wie nominal-, ordinal- und metrisches Skalenniveau überblicken,
- verstehen, was Querschnitts-, Zeitreihen- und Paneldaten unterscheidet,
- Vor- und Nachteile von Primär- und Sekundärdaten einschätzen können.

▶ **Wichtige Grundbegriffe** Deskriptive Darstellung, Regression, Varianzanalyse, Diskriminanzanalyse, Clusteranalyse, Faktoranalyse, Mittelwert, Median, endogene (abhängige) Variable, exogene (unabhängige) Variable, Querschnitts-, Zeitreihen- und Paneldaten

© Springer-Verlag GmbH Deutschland 2017   1
M.-W. Stoetzer, *Regressionsanalyse in der empirischen Wirtschafts- und Sozialforschung Band 1*, DOI 10.1007/978-3-662-53824-1_1

1.1   Anwendungen und Fragestellungen

Unternehmerische und wirtschaftspolitische Problemstellungen beziehen sich auf die Realität. Betriebswirtschaft und Volkswirtschaft gehören daher zu den empirischen Sozialwissenschaften. Zahlen, Daten und Fakten spielen somit eine entscheidende Rolle. Damit ergeben sich zwei Fragen. Erstens, wie man zu den Daten kommt, also dem Problem der Datenerhebung. Zweitens, wie man die Daten nutzt, also den Verfahren der Dateninterpretation und Datenanalyse.

Jede Datenanalyse geht zunächst von einer beschreibenden, deskriptiven Darstellung von Häufigkeiten und Häufigkeitsverteilungen aus. Tab. 1.1 enthält als Beispiel die Kosten und die beförderten Passagiere einiger Fluggesellschaften in den USA für das Jahr 2009.

Die Kosten betragen zwischen 258 Mio. $ (Executive Airlines) und über 21 Mrd. $ (American Airlines), was angesichts der Größenunterschiede dieser Fluggesellschaften wenig überraschend ist. Der Einflussfaktor Größe kann durch die Zahl der beförderten Flugpassagiere erfasst und im Rahmen einer deskriptiven Untersuchung dadurch berücksichtigt werden, dass wir die Kosten pro Flugpassagier berechnen. Die entsprechende vierte Spalte in Tab. 1.1 zeigt allerdings, dass nach wie vor erhebliche Kostenunterschiede existieren. Ein solches Vorgehen ist außerdem dem Einwand ausgesetzt, dass als Indikator der Unternehmensgröße statt der Zahl der beförderten Passagiere auch andere Parameter

Tab. 1.1 Kosten der Luftverkehrsgesellschaften in den USA. (Quelle: US-DOT 2011a; US-DOT 2011b)

Name	TOC Mill. US $	Flugpassagiere Tausend	Kosten pro Passagier US $
Northwest Airlines	10.383	39.342	264
Southwest Airlines	10.088	101.374	100
Hawaiian Airlines	1072	8345	128
Continental	12.572	43.983	286
Delta	18.651	67.779	275
American Airlines	21.061	85.732	246
United Airlines	16.111	55.093	292
SkyWest Airlines	1591	21.246	075
Midwest Airline	333	760	438
US Airways	10.660	51.014	209
Mesa Airlines	815	10.963	074
American Eagle	1694	16.013	106
Executive Airlines	258	2736	094
AirTran Airways	2164	23.983	090
Shuttle America Corp.	309	5219	059

TOC Total Operating Expenses in Mill. US-$ 2009; *Flugpassagiere* On Flight Passengers Enplaned in Tausend im Jahr 2009

wie bspw. die Flugkilometer, die Zahl der Mitarbeiter oder die beförderten Passagierkilometer in Frage kommen. Außerdem werden weitere Ursachen für Kostenunterschiede dabei vernachlässigt – etwa die Größe des Liniennetzes, die verwendeten Flugzeugtypen und Qualitätsaspekte.

Der Aussagegehalt solcher **deskriptiver Statistiken** ist also sehr begrenzt. Für das Problem, wie denn die langfristige Kostenfunktion eines Unternehmens im Linienflugverkehr aussieht, ob es steigende Skalenerträge gibt, welche Einflussfaktoren, d. h. Kostentreiber existieren u. ä. hilft die deskriptive Analyse der Kosten nicht wesentlich. Es müssen weitergehende statistische Verfahren eingesetzt werden, von denen die Regressionsanalyse die umfassendsten Anwendungsmöglichkeiten und die größte Verbreitung besitzt.

Die grundsätzliche Vorgehensweise der Regressionsanalyse wird im Folgenden mittels eines konstruierten Beispiels aus der Automobilbranche verdeutlicht. Ein PKW-Produzent hat den Absatzmarkt Deutschland in 15 regionale Verkaufsgebiete eingeteilt. Alle 15 Regionalmärkte weisen ungefähr die gleiche Zahl an potentiellen Käufern auf. Für jeden Regionalmarkt ist ein Produktmanager verantwortlich. Eine neue Vertriebsmanagerin ist seit letzter Woche für den Verkauf in ganz Deutschland zuständig. Die drei wichtigsten ihr zur Verfügung stehenden Marketinginstrumente für den Absatz sind erstens die Zahl der persönlichen Face-to-Face-Kontakte der regionalen Produktmanager mit den Autohändlern des jeweiligen Regionalmarktes (bspw. durch Besuche), zweitens der Netto-Verkaufspreis des PKW und drittens das Werbebudget.

Der Netto-Verkaufspreis muss nach den Vorgaben der Konzernzentrale in Deutschland zwischen minimal 13.000 € und maximal 16.000 € liegen. Für die regionalen Verkaufsgebiete steht im Durchschnitt pro Quartal ein Werbebudget von ca. 25.000 € zur Verfügung.

Die Daten für das vierte Quartal des Jahres 2016 sind in der Tab. 1.2 enthalten.[1]

Der Vertriebschef für Europa hat im letzten Sales-Meeting mitgeteilt, dass es im Rahmen eines Kostensenkungsprogramms des Konzerns darum geht, Einsparungspotentiale zu analysieren. Konkret bezieht sich dies auch auf die Marketingausgaben, die Zahl und die Aufgaben der Produktmanager.

Ein Blick auf die Tab. 1.2 zeigt, dass die Zahl der verkauften PKW zwischen den Vertriebsregionen stark schwankt. Sie liegt zwischen minimal 164 Stück (in Region 11) und maximal 214 (in Region 1). Tab. 1.3 enthält zusammengefasst die wichtigsten Parameter zu den Häufigkeitsverteilungen der vier Variablen: Minimum, Maximum, Mittelwert, Median und Standardabweichung. Die Zahl der Beobachtungen, die den Werten zugrunde liegt, wird als N bezeichnet und liegt im Beispiel bei 15. Diese 15 Verkaufsregionen sind in unserem Fall die Beobachtungseinheiten (Beobachtungsträger).

Die **beschreibende Statistik**, also die Häufigkeitsverteilung der Menge verkaufter PKW, wirft aber eher Fragen auf, als diese zu beantworten. Deskriptive Darstellungen

---

[1] Es handelt sich um einen konstruierten Datensatz, dessen Generierung im Anhang 2.1 des Kap. 2 beschrieben wird. Die folgenden beiden Dateien enthalten den Datensatz im SPSS-Format (PKW-Marketing-Beispiel.sav) und im Stata-Format (PKW-Marketing-Beispiel.dta).

Tab. 1.2 Der PKW-Absatz

Region	Kontakte	Preis	Budget	Absatzmenge
1	22	14,5	26,3	214
2	18	16,0	27,1	202
3	20	15,2	22,2	198
4	13	13,4	22,9	178
5	13	13,8	25,0	184
6	25	14,1	21,2	210
7	11	13,0	24,0	179
8	17	13,1	28,0	205
9	18	15,7	23,4	192
10	14	15,9	23,9	181
11	10	13,7	21,0	164
12	23	14,1	24,0	213
13	21	14,8	26,9	210
14	17	14,8	26,3	198
15	18	14,3	27,0	200

Die Variablen beziehen sich auf die jeweilige Verkaufsregion. Sie sind wie folgt definiert: *Region* Laufende Nummer der 15 Verkaufsregionen in Deutschland; *Kontakte* Zahl der Besuche der regionalen Produktmanager bei den PKW-Vertragshändlern; *Preis* Netto-Verkaufspreis in Tausend Euro; *Budget* Marketingbudget in Tausend Euro; *Absatzmenge* Stückzahl der verkauften PKW

einer Variablen (hier der verkauften PKW pro Quartal mit bspw. Mittelwert, Median, Standardabweichung usw.) sind der notwendige und nützliche Ausgangspunkt jeder empirischen Analyse, aber eben nur ein Ausgangspunkt. Hier wird lediglich die Frage beantwortet, ob es Unterschiede im Absatz zwischen den Verkaufsgebieten gibt.

Das gleiche gilt, wenn die Zahl der Kontakte der Produktmanager in den Verkaufsregionen betrachtet wird. Diese schwanken zwischen 10 in der Region 11 und 25 in der Region 6.

Wirklich interessant ist die sich anschließende Frage, warum es so unterschiedliche Absatzmengen gibt und ob etwa ein Zusammenhang zwischen der Zahl der Kontakte und der verkauften Menge der PKW existiert. Betriebswirtschaftlich ist dies im Beispiel die Identifizierung eines „kostenminimalen Marketing-Mixes" bzw. einer kostenminimalen

Tab. 1.3 Deskriptive Lageparameter

Variable	N	Minimum	Maximum	Mittelwert	Median	Standardabweichung
Kontakte	15	10	25	17,33	18	4,45
Preis	15	13	16	14,43	14,3	0,97
Budget	15	21	28	24,61	24,00	2,25
Absatzmenge	15	164	214	195,2	198	15,02

Organisationsstruktur bezüglich der Zahl der Produktmanager oder das Problem der Bestimmung eines kosteneffizienten Werbebudgets.

Die Fragen nach dem „Warum" sind aber nichts anderes als die Suche nach **Ursache-Wirkungs-Zusammenhängen**. Dabei geht es dann immer um den Zusammenhang von mindestens zwei und in der Regel mehreren Variablen.

Praktische Beispiele

Warum kauft ein durchschnittlicher 4-Personen-Haushalt in Deutschland Haribo-Gummibärchen und wieviel? Ist (bzw. war) dies auf den Werbeträger „Thomas Gottschalk" zurückzuführen? Welche Rolle spielt der Preis? Inwieweit sind der Geschmack, die Farbgebung oder die Verpackung relevant? Welchen Einfluss hat der Vertriebsweg?

Warum ist das Pro-Kopf-Einkommen in vielen afrikanischen Staaten in den letzten 20 Jahren kaum gestiegen? Ist die Korruption dafür verantwortlich? Sind es möglicherweise Bürgerkriege und ethnische Spannungen? Findet eine Ausbeutung durch multinationale Konzerne statt? Wird zu wenig in Bildung investiert?

Dagegen kann eingewandt werden, ob es überhaupt notwendig ist komplizierte statistische Verfahren zu benutzen. Stattdessen könnte doch eine direkte Abfrage der Ursachen durchgeführt werden. Ein solches Vorgehen ist aber häufig nicht möglich, weil:

- Eine Befragung aufgrund von Kosten, Zeit usw. nicht realisierbar ist.
- Man auf Befragungen nur „Antworten" erhält. Wirkliche Ursachen und tatsächliches Verhalten bleiben offen.
- Die Problemstellung eine direkte Abfrage verhindert. Im PKW-Beispiel ist es wenig zielführend, die Produktmanager zu interviewen, ob ihr Aufgabengebiet und die Zahl der von ihnen durchgeführten Kontakte bei den PKW-Einzelhändlern sinnvoll sind. Und zur Erklärung von Entwicklungsunterschieden zwischen Staaten sind Auskünfte der betreffenden Regierungen im Allgemeinen kaum hilfreich.
- Zusammenhänge den Beteiligten auf disaggregierter Ebene gar nicht bewusst sind.

Bedingt durch die Vielzahl potentieller Ursachen und damit Einflussfaktoren sind in der empirischen Forschung **multiple statistische Methoden** ein notwendiges Instrument jeder Analyse. Der Begriff „multiple Analyse" bezeichnet im vorliegenden Kontext Untersuchungen mit drei oder mehr Variablen – einer abhängigen und mindestens zwei unabhängigen Variablen.

Es existiert eine ganze Reihe von verschiedenen multiplen Analyseverfahren. Eine wichtige Unterscheidung ist die zwischen explorativen (strukturentdeckenden, Bottom-up-)Verfahren und hypothesentestenden (strukturprüfenden, Top-down-)Verfahren. Bei ersteren hat der Anwender noch keine Vorstellung über denkbare Zusammenhänge zwischen den Variablen. Es geht darum, mögliche Beziehungen erst aufzudecken. Hierzu gehören die folgenden Methoden:

Die **Faktoranalyse** als statistisches Verfahren reduziert eine größere Zahl von Variablen auf der Basis ihrer Ähnlichkeit auf einige wichtige Gruppen, die als sogenannte Faktoren zusammengefasst werden.

Die **Clusteranalyse** ermöglicht eine Zusammenfassung von Untersuchungseinheiten einer Grundgesamtheit zu Gruppen, bspw. der Identifizierung bestimmter Typen von Käufergruppen (Marktsegmentierung).

Die **Multidimensionale Skalierung (MDS)** dient der Erfragung und Ermittlung von globalen Ähnlichkeiten zwischen Untersuchungseinheiten, bspw. Aufdeckung der Beurteilungsdimensionen von PKW-Marken durch die (potentiellen) Käufer – etwa in den Beurteilungsdimensionen Sportlichkeit und Prestige.

Data-Mining ist der Oberbegriff für verschiedene Verfahren, wie bspw. die drei eben genannten, aber auch die Regressionsanalyse. Sie werden eingesetzt, um in – häufig sehr umfangreichen – Datensätzen irgendwelche Strukturen und Regelmäßigkeiten zu entdecken (**Big Data, Business Intelligence, Predictive Analytics**). Datensätze mit Millionen oder sogar Milliarden von Beobachtungen sind aufgrund des allgemeinen Einsatzes des Internet, von Scanner-Datenkassen und Kreditkarten vorhanden. Insbesondere können viele dieser Datensätze automatisiert miteinander verknüpft werden, um Muster zu identifizieren und diese für Prognosen zu nutzen.

Bei den **hypothesentestenden Verfahren** werden die Variablen in abhängige (endogene) Variablen und unabhängige (exogene) Variablen unterteilt. Das heißt, der Anwender hat von vornherein eine Vorstellung über den Zusammenhang zwischen diesen beiden Variablentypen. Diese Vorstellung basiert auf theoretischen Überlegungen hinsichtlich möglicher (Ursache-Wirkungs-)Zusammenhänge. Der Forschende hat Hypothesen formuliert, die er überprüft bzw. testet. Solche testenden Verfahren sind die Varianzanalyse, die Diskriminanzanalyse sowie das Conjoint Measurement und vor allem die Regressionsanalyse.[2]

Die **Varianzanalyse** ist ein Testverfahren, das insbesondere in der Soziologie und Psychologie eingesetzt wird. Im einfachsten Fall werden dabei die Einflüsse unabhängiger ordinaler (kategorialer) Variablen auf die Streuung (Varianz) einer abhängigen metrischen Variablen untersucht. Zum Beispiel soll die Frage beantwortet werden, ob es zwischen Männern und Frauen Unterschiede in der Häufigkeit der Nutzung von WhatsApp als Smartphone-Anwendung gibt.

Die **Diskriminanzanalyse** ist eine Methode zur Einteilung (Klassifikation) vorliegender Einheiten (bspw. Haushalte, Unternehmen oder Personen) in zwei oder mehrere Gruppen in Abhängigkeit von metrisch skalierten Merkmalen. Beispielsweise geht es darum, ob die PKW-Besitzer der Marken BMW und Mercedes sich hinsichtlich des Einkommens

---

[2] Zu den testenden Verfahren gehören im weiteren Sinne auch Überprüfungen von Verteilungen (bspw. der Normalverteilung eines Datensatzes), von Mittelwerten (bspw. ob die Konsumquote einer Stichprobe von Haushalten bei 0,8 liegt) oder des Zusammenhangs zwischen zwei Variablen mittels der Methode der Kreuztabellierung.

und des Alters voneinander unterscheiden. Welche dieser beiden Variablen ermöglicht eine möglichst trennscharfe Unterscheidung dieser beiden Käufergruppen?

Das **Conjoint-Measurement** ist ein in der Konsumentenforschung häufig verwendeter Ansatz. Der Begriff umschreibt nicht nur ein bestimmtes statistisches Verfahren sondern enthält auch Methoden der Datenerhebung. Ziel ist die Ermittlung der Einflussfaktoren der Präferenzurteile von Konsumenten. Das Problem ist, welche Objekteigenschaften eines Produktes die Präferenzen von Individuen für dieses Produkt beeinflussen, in welcher Richtung (positiv/negativ) und in welchem Ausmaß? Ein praktisches Beispiel ist in der Produktpolitik eines Hotelbetreibers die Frage, welchen (relativen) Einfluss der Preis, die Zimmerausstattung und die Qualität des Frühstücks auf die Nutzeneinschätzung der Hotelgäste besitzen. Das hinter der Conjoint-Analyse stehende statistische Verfahren ist eine Variante der Regressionsanalyse, auch wenn dies an der Menüoberfläche (bspw. in SPSS) nicht zum Ausdruck kommt.

Die **Regression** ist das in der Ökonomie – insbesondere der VWL und zunehmend auch der BWL – am häufigsten eingesetzte Verfahren und wird im Folgenden näher erläutert. Die anderen genannten strukturprüfenden Methoden sind im Prinzip in der Regression enthalten, bzw. ihre Fragestellungen können im Rahmen einer Regressionsanalyse beantwortet werden.[3]

Darüber hinaus ist die Regressionsanalyse verwendbar, um Prognosen zu erstellen (Forecasting) oder explorative Analysen durchzuführen. Anders als zum Teil in der psychologischen Literatur behauptet, ist die Regression aber kein Verfahren, dessen Anwendung auf Prognosen beschränkt ist (so bspw. Field 2013).[4] Im vorliegenden Text wird auf den Aspekt der Prognosen nur am Rande eingegangen. Einen Gesamtüberblick zu den verschiedenen statistischen Verfahren verschaffen Backhaus et al. (2011, 2013), Bortz (2005) und Field (2013). Speziell das Data Mining behandeln Cleve und Lämmel (2016) sowie Han et al. (2012).

1.2   Die Regressionsanalyse: Beispiele

Mittels der Regressionsanalyse können die unterschiedlichsten **Fragestellungen** aus allen Bereichen der **Betriebs- und Volkswirtschaftslehre** sowie generell den **Sozialwissenschaften** untersucht werden. Übersicht 1.1 enthält eine Auswahl von Problemen, um einen Eindruck der Bandbreite der Einsatzmöglichkeiten zu vermitteln.

---

[3] Die Varianzanalyse ist – wie weiter unten deutlich wird – in der Regression enthalten. Das Conjoint-Measurement verwendet als statistische Methoden bei der Auswertung die lineare Regression bzw. die Probit-/Logit-Regressionsverfahren.
[4] Richtig ist aber, dass historisch betrachtet die Methode der kleinsten Quadrate (das Standardverfahren der Regression) zuerst von Carl Friedrich Gauss im Jahr 1800 zur Prognose von Planetenbahnen eingesetzt wurde.

Übersicht 1.1: Problemstellungen der Regressionsanalyse

Woraus resultieren die Preisunterschiede für Transportbeton an verschiedenen Standorten in Deutschland?

Welche Bedeutung hat die Mehrwertsteuersenkung im Jahr 2010 für die Zahl der Hotelübernachtungen in Deutschland?

Was erklärt den Absatz von Unternehmen der pharmazeutischen Industrie auf dem Weltmarkt?

Welche Gründe sind ausschlaggebend für die Patentanmeldungen europäischer Unternehmen im Zeitraum 2002–2015?

Worauf sind Unterschiede in der Miete pro Quadratmeter Wohnfläche in Berlin zurückzuführen?

Was determiniert den Endverkaufspreis für ein iPhone-6s bei Ebay?

Wodurch ergeben sich die Einstufungen im CHE-Ranking der BWL-Studiengänge an deutschen Hochschulen?

Welche Merkmale eines Käufers sind relevant für die Entscheidung einen BMW-Mini zu kaufen?

Welche Ursachen beeinflussen den Tabellenplatz einer Fußballmannschaft in der Bundesliga?

Aufgrund welcher Umstände treffen die Bürger in Deutschland ihre Wahlentscheidung für eine der im Bundestag vertretenen Parteien?

Wie lässt sich der Absatz verschiedener Biermarken im Jahr 2016 auf dem deutschen Markt erklären?

Was beeinflusst die Zahl der Straftaten in den Bundesländern/Kreisen und kreisfreien Städten in Deutschland?

Wie wird der durchschnittliche Bruttostundenverdienst der Arbeitnehmer in Deutschland von der Berufserfahrung, der Ausbildung und dem Geschlecht beeinflusst?

Welche Gesamtkapitalrentabilität besitzen Unternehmen in Deutschland abhängig von der Unternehmensgröße, der Branche und ihrer Exportorientierung?

Wie hoch ist das Ausfallrisiko bei einem Privatkundenkredit, den eine Bank vergibt?

Welche Faktoren sind verantwortlich für die Entscheidung eines Arbeitnehmers mit dem eigenen PKW, mit öffentlichen Verkehrsmitteln (Bus/Straßenbahn) oder mit dem Fahrrad zur Arbeit zu gelangen?

Hängt das Verhalten bei der Punktevergabe im Eurovision Song Contest von kulturellen, politischen oder nationalen Aspekten ab?

Woraus ergeben sich die Unterschiede im Exportvolumen osteuropäischer Staaten?

Welche Auswirkungen haben die Bildungsausgaben eines Staates auf die Entwicklung des Pro-Kopf-Einkommens?

Ausgehend von einer bestimmten Problemstellung liegt jeder empirischen Analyse eine systematische Erfassung möglicher Einflussfaktoren zugrunde. Übersicht 1.2 verdeutlicht dies an zwei Beispielen.

Übersicht 1.2: Potentielle Einflussfaktoren

Beispiel 1: Wie lassen sich die Hochschulabschlussnoten des Bachelor-/Masterstudiengangs im Fachbereich Betriebswirtschaft an der EAH Jena erklären?

Einflussfaktoren:

- Vornoten (Bachelor-, bzw. Grundausbildung)
- Note der Hochschulzugangsberechtigung
- Alter
- Geschlecht
- Berufsausbildung: Ja/Nein
- Art des Schwerpunktfachs (Marketing, Steuern, Personalwesen etc.)
- ...

Beispiel 2: Wovon hängt der Mietpreis pro Quadratmeter Wohnfläche in einer Stadt ab?

Einflussfaktoren:

- Größe in Quadratmetern
- Zahl der Zimmer
- Ausstattung (Terrasse/Balkon/Kaminofen etc.)
- Dusche/WC getrennt
- Lage (Sonne/Aussicht/Grünanlage)
- Stockwerk
- Umweltqualität (Luft/Lärm)
- Verkehrsanbindung
- Nähe zu Einkaufsmöglichkeiten/Kindergarten/Schule/Hochschule
- Aufzug im Haus
- PKW-Parkmöglichkeiten
- ...

Die ermittelten (potentiellen) Einflussfaktoren sind im nächsten Schritt in der Regressionsanalyse zu berücksichtigen. Sie sind die sogenannten exogenen Variablen.

1.3 Datenherkunft

1.3.1 Datenerhebung

Datenerhebung bezeichnet hier den gesamten Prozess des Sammeln, Messen und Verarbeiten von Informationen zu den für eine Fragestellung relevanten Variablen. Wenn die Daten bereits vorliegen und direkt oder aufbereitet für eine Analyse eingesetzt werden, spricht man von **Sekundärdaten**. Solche Sekundärdaten werden bspw. von staatlichen Institutionen, statistischen Ämtern, Industrie- und Handelskammern, Verbänden, sowie Marktforschungsinstituten bereitgestellt. Auch die im Rahmen von laufenden oder abgeschlossenen Forschungsprojekten anderer Wissenschaftler erhobenen und ausgewerteten Datensätze sind häufig der Fachöffentlichkeit für weitere Forschungszwecke zugänglich.

Für aggregierte Informationen auf regionaler, Bundes- oder supranationaler Ebene sind die einschlägigen staatlichen Statistikämter die oft einzige Datenquelle. Dies gilt bspw. für makroökonomische Daten (BIP, Inflation, Handelsbilanz etc.) und demografische Informationen. Viele Sekundärdaten stehen in Deutschland und weltweit für Forschungszwecke (kostenlos) zu Verfügung. Dazu gehören bspw. die Veröffentlichungen von einschlägigen statistischen Ämter und Organisationen. Einen gewissen Überblick dazu verschafft Stoetzer (2012). Darüber hinaus wird im Kap. 10 dieses Buchs eine Reihe von Sekundärdatenquellen kurz vorgestellt und beschrieben.

Erfolgt eine eigene Datenerhebung, handelt es sich um **Primärdaten**. Grundsätzlich sind zwei unterschiedliche Formen der Gewinnung von Primärdaten in den Realwissenschaften verbreitet, einerseits die Erhebung mittels Experimenten und andererseits die nicht-experimentelle Datengewinnung. Beide Formen können aber prinzipiell auch aus Sekundärquellen stammen.

Die Methode der **Datenerhebung mittels Experimenten** ist vor allem in den Naturwissenschaften und der Medizin sowie der Psychologie üblich. Wichtige vorteilhafte Eigenschaften von solchen Experimentaldaten sind, dass die Randbedingungen bekannt sind, die Einflussfaktoren unter Kontrolle gehalten werden können und damit die Ceteris-paribus-Klausel durch das Design des Experiments sicherzustellen ist. Im Kap. 4 wird genauer erläutert, warum Experimente die idealtypische Methode der Datengewinnung darstellen. Auch in der Ökonomie werden Experimente durchgeführt, beispielsweise in der BWL auf der Unternehmensebene und in der VWL in der Behavioral Economics, als Teil der Mikroökonomie. Allerdings ist die nicht-experimentelle Datengewinnung das gängige Verfahren in den Sozial- und damit auch den Wirtschaftswissenschaften.

Bei den **Primärdaten nicht-experimenteller Herkunft** ist zwischen Beobachtungsdaten und Umfragedaten zu differenzieren. In beiden Fällen kann es sich um eine eigene
Erhebung handeln oder ein (Markt-)Forschungsinstitut wird damit als Dienstleister be-
auftragt. **Beobachtungsdaten** beziehen sich auf realisierte ökonomische Entscheidungen,
bspw. Standortentscheidungen oder Konsumentscheidungen. Die konkrete Herkunft der
Daten basiert bei Beobachtungsdaten auf den unterschiedlichsten Quellen, bspw. Aukti-
onsergebnissen von Ebay und dem Kaufverhalten bei Online-Shops oder den Daten aus
Scannerkassen im Einzelhandel. **Umfragedaten (Survey Data)** sind Primärdaten, bei denen die Informationen auf Auskünften der Befragungseinheiten (der Probanden) beruht.
Hierzu gehören bspw. der klassische schriftliche Fragebogen, E-Mail-Umfragen, Internet-
basierte Online-Umfragen, persönliche Interviews und Telefoninterviews.

Probleme der Datenerhebung – insbesondere von Primärdaten – werden im Folgenden nicht weiter behandelt. Die Planung und Durchführung einer Befragung stellen
durchaus komplexe methodische Anforderungen, die in der einschlägigen volkswirtschaftlichen und ökonometrischen Literatur zu Unrecht vernachlässigt werden. In der Marktforschung und den Sozialwissenschaften werden die damit verbundenen Probleme behandelt.
Zur einschlägigen Literatur mit betriebswirtschaftlicher Perspektive gehören Magerhans
(2016), Berekoven et al. (2009), Kuß und Eisend (2010), Bradley (2013) und Bryman und
Bell (2015). Sozialwissenschaftliche Lehrbücher dazu sind Diekmann (2014) und Kromrey et al. (2012). Insbesondere Fowler (2014) erläutert Aspekte der Datenerhebung mittels
Umfragen.

Einige wichtige Aspekte beim Umgang mit den erhobenen Daten werden kurz in der
Übersicht 1.3 angesprochen. Allison (2001) behandelt ausführlich das in der Praxis relevante Problem fehlender Datenwerte (Missing values).

Übersicht 1.3: Aufbereitung der Daten vor der statistischen Analyse

- Datencodierung/Codeplan bei eigener Primärdatenerhebung
- Datenimport in formatgerechter Version der jeweiligen Statistiksoftware
- Plausibilitätsüberprüfung der Werte (bspw. negative Werbeausgaben, Beschäftig-
  te summieren sich auf mehr als 100 %)
- Datenbereinigung (data cleansing): Ersetzen, Modifizieren, Korrigieren oder Be-
  seitigen falscher oder irrelevanter Daten
- Identifizierung fehlender Daten und der dahinterstehenden Ursachen (missing
  completely at random, missing on observables usw.)
- Behandlung fehlender Datenwerte (missing values)
  a) Eliminierung:
     – Listwise deletion (Wenn ein Antwortwert für ein Merkmal fehlt, wird der
       gesamte Beobachtungsfall weggelassen)

- Pairwise deletion (Wenn der Antwortwert für ein Merkmal fehlt, wird dieser nur bei der Auswertung des betreffenden Merkmals weggelassen)

b) Auffüllung:
- Nacherhebung
- Eigene Ergänzung (sogenannte Imputation) mittels verschiedener Verfahren (Schätzung, Durchschnittswertannahme usw.)

1.3.2 Vor- und Nachteile unterschiedlicher Datenquellen

Sowohl Sekundär- als auch Primärdaten weisen eine Reihe von Vor- und Nachteilen auf. **Sekundärdaten** sind häufig kostenlos und direkt aus dem Internet downloadbar. Allerdings stellt sich das Problem, ob die vorhandenen Daten genau zu den eigenen Forschungsfragen passen. Außerdem ist die exakte Abgrenzung der Variablen zum Teil nur schlecht dokumentiert. Dies gilt zum Teil selbst, wenn Daten von staatlichen oder internationalen Organisationen stammen. Die Qualität der verwendeten Datensätze bleibt insoweit offen. Bei der Übernahme von Sekundärdaten für eigene Forschungszwecke sollte daher als erstes geklärt werden, wie die Variablen jeweils definiert sind (was ist eine „Familie", ein „Unternehmen" oder eine „Hochschule"?, was zählt zu „Krankenhausbetten", „Werbeausgaben" oder „Investitionen"?).

Auch bei prinzipiell „harten" Daten wie der Inflationsrate und der Arbeitslosenquote ist zu berücksichtigen, dass sehr unterschiedliche Abgrenzungen existieren und bspw. beim Bruttoinlandsprodukt (BIP) von Zeit zu Zeit Revisionen und nachträgliche Korrekturen vorgenommen werden.

Bei **Primärdaten** sind diese Fragen ebenfalls zu klären, befinden sich aber unter eigener Kontrolle. Insbesondere eigene Umfragen können so konzipiert werden, dass die gewonnenen Daten genau zu den eigenen Forschungshypothesen passen. Alle Umfragen sind aber dem Einwand ausgesetzt, dass die gewonnenen Daten Antworten darstellen. Ob diese Antworten mit den realisierten ökonomischen Entscheidungen übereinstimmen, bleibt häufig offen. Zum Beispiel wird eine Umfrage unter potentiellen Studierenden zum Einfluss von Studiengebühren mit hoher Wahrscheinlichkeit ergeben, dass Studiengebühren von der Aufnahme eines Studiums abschrecken. Inwieweit dies der Fall ist, kann nur mittels Beobachtungsdaten überprüft werden. Dazu ist das tatsächliche Verhalten der Studierenden bei der Hochschulauswahl zu erfassen, beispielsweise die Immatrikulationszahlen der Hochschulen, die Studiengebühren erheben und der Hochschulen, die dies nicht tun.

Andererseits ist bei Beobachtungsdaten in der Regel unklar, welche Motive und Überlegungen zu den Konsumentenentscheidungen, den Investitionen von Unternehmen oder der Hochschulwahl von Studienanfängern geführt haben. Umfragen sind in der Lage solche Aspekte genauer zu erfassen.

Primär- und Sekundärdaten, egal ob auf Umfrage, Experiment oder Beobachtung basierend, sind prinzipiell alle wertvoll und haben jeweils spezifische Vor- und Nachteile. Welche Datenquelle jeweils geeignet ist, hängt von der Problemstellung der Untersuchung ab. Allerdings hat das Experiment den Vorteil, eher kausale Schlussfolgerungen zu ermöglichen. Dies wird im Kap. 4 erläutert.

1.4 Formen von Variablen

Die jeweils geeigneten Analysemethoden und die Verfahrensweisen werden erheblich von der Form der vorhandenen Daten beeinflusst. Wichtig sind in diesem Zusammenhang das Skalenniveau und der Bezugsrahmen der Daten sowie die Art der Variable.

Grundsätzlich existieren Daten als Nominal-, Ordinal-, Intervall- und Verhältnisskalen. Übersicht 1.4 fasst die möglichen **Skalenniveaus der Daten** zusammen.

Übersicht 1.4: Das Skalenniveau von Variablen

	Eigenschaft	Mögliche Rechenoperationen	Beispiele
Nominalskala	Qualitative Merkmale, ermöglichen eine Klassifizierung bzw. Gruppierung	Häufigkeiten, Modus	Geschlecht, Staatsbürgerschaft, Branchen, politische Zugehörigkeiten
Ordinalskala	Zuordnung von Rangwerten, Einordnung nach bspw. größer/kleiner	Berechnung von Modus, Median, Percentilen	Ränge beim Militär, Kundenzufriedenheit, auf einer 4-Punkt-Likertskala, Ranking von Unternehmen nach ihrer Innovativität
Intervallskala	Numerische Werte, gleich große Abstände zwischen den Werten	Modus, Bildung von Mittelwerten, Addition, Multiplikation etc.	Prozentuale Preis-, Kosten-, Umsatzänderungen (um wie viel ist A teurer als B usw.)
Verhältnisskala (Ratioskala)	Numerische Werte, gleich große Abstände zwischen den Werten, absoluter Nullpunkt vorhanden	Modus, Bildung von Mittelwerten, Addition, Multiplikation etc.	Temperatur, Kosten, Gewicht, Länge (um wie viel ist A teurer, schwerer, größer als B), Umsatz

Häufig ist für empirische Untersuchungen die Unterscheidung von Intervall- und Verhältnisskala entbehrlich. Beide werden unter dem Begriff **metrisches Messniveau** bzw. metrische Skala zusammengefasst. Außerdem behandelt die Forschungspraxis Variablen auf **ordinalem Niveau** manchmal als „quasi-metrisch" und berechnet und interpretiert daher bspw. deren Mittelwerte. Dies ist im Einzelfall ggf. (noch) vertretbar und hängt vor allem von der Zahl der ordinalen „Stufen" ab: Bei lediglich drei Stufen (gut – mittel – schlecht) ist dies auf jeden Fall nicht sinnvoll, während bei einer 10-stufigen Beurteilung auf einer Punkteskala es denkbar ist, gleiche Stufenabstände zu unterstellen und die Punkteskala als **quasi-metrische Variable** zu behandeln. Bei einem **nominalen Skalenniveau** können nur verschiedene Kategorien (Gruppen) differenziert werden. Im einfachsten Fall handelt es sich lediglich um zwei Kategorien (bspw. Frauen und Männer), es könne aber auch mehrere oder viele Gruppen vorhanden sein (bspw. zehn Branchen). Solche Variablen werden als kategoriale, Faktor- oder auch diskrete Variablen bezeichnet.

Zu beachten ist, dass das Skalenniveau nichts damit zu tun hat, ob eine Variable als numerischer Wert erfasst ist. Zum Beispiel sind Telefonnummern von Individuen zwar Zahlenwerte, aber sie haben ein nominales Skalenniveau: Der Mittelwert der Mobilfunknummern der Studierenden einer Vorlesung ist nicht sinnvoll interpretierbar.

Hinsichtlich des Bezugsrahmens der vorhandenen Daten ist zwischen Querschnitts-, Zeitreihen- und Paneldaten zu differenzieren (Übersicht 1.5). Bei **Querschnittsdaten** beziehen sich alle Variablen auf einen bestimmten Zeitpunkt. Zum Beispiel gelten Erhebungen mittels Befragungen in der Regel nur für den Zeitpunkt, zu dem die Umfrage durchgeführt wird. Dies ist auch der Fall, wenn bei der Befragung Informationen zu vergangenen oder zukünftigen Aspekten erhoben werden! Der Zeitpunkt kann bspw. ein Monat sein, wenn eine Umfrage unter Studierenden im Januar 2017 durchgeführt wurde. Eventuell handelt es sich aber bei dem Zeitpunkt auch um ein Jahr, bspw. das Bruttoinlandsprodukt Deutschlands im Jahr 2016.

Zeitreihendaten enthalten Informationen zu verschiedenen Zeitpunkten. Diese Zeitpunkte sind etwa Tage (bei Aktienkursen), Monate (bei Arbeitslosenquoten), Quartale (beim Wirtschaftswachstum) oder Jahre (bei Bevölkerungszahlen).

Paneldaten (Längsschnittdaten) kombinieren diese beiden Dimensionen, wobei zwischen echten Paneldaten (Panel i. e. S.) und unechten Paneldaten (Panel i. w. S., gepoolte Panel) unterschieden wird.[5] Bei **echten Paneln** (longitudinal data) werden immer dieselben Unternehmen (bzw. Haushalte oder Regionen) zu verschiedenen Zeitpunkten einbezogen. **Unechte Panel** (pooled panel data) enthalten Daten verschiedener Unternehmen (bzw. Haushalte oder Regionen) zu unterschiedlichen Zeitpunkten. In diesem Fall werden also Stichproben von Querschnittsdaten unterschiedlicher Zeitpunkte zusammengelegt, das heißt gepoolt.

Zeitreihen- und Paneldaten können Sekundär- oder Primärquellen sein und aus Umfragen, Beobachtungsdaten oder auch Experimenten stammen.[6]

---

[5] Hier variieren die Bezeichnungen und ihre Abgrenzungen in der Literatur sind nicht einheitlich.

[6] In der Marktforschung spielen Verbraucher- und Handelspanel (bspw. in Deutschland der GfK – Gesellschaft für Konsumforschung) eine wichtige Rolle. Sie sind aber sehr kostenintensiv. Kap. 10 enthält eine ganze Reihe von Datenquellen (darunter auch Paneldaten), die für Forschungszwecke an den Hochschulen frei zugänglich sind.

Übersicht 1.5: Bezugsrahmen der Daten

Bezeichnung	Beispiele
Querschnittsdaten (cross-section analysis)	Einmalige Befragungen zu aktuellen Themen, die in den Medien veröffentlicht werden (Hilfe für Griechenland und Irland, Wiedereinführung der DM); Umsätze der 20 größten deutschen Unternehmen im Jahr 2016
Zeitreihendaten/ Längsschnittdaten (time series analysis)	BIP für Deutschland 1. Quartal 1990 bis 4. Quartal 2016; tägliche Wechselkurse Euro zu US-$ vom 01. Januar 2009 bis zum 31. Dezember 2016
Paneldaten (Longitudinal data analysis) i. e. S.	Umfrage unter mittelständischen Unternehmen der optischen Industrie in jedem Januar zum Thema „Geschäftsaussichten laufendes Jahr" mit der Skala sehr schlecht (−3) bis sehr gut (+3). Dabei handelt es sich *immer um dieselben* 120 Unternehmen

Beispiel

Unternehmen	Jahr 2014	Jahr 2015	Jahr 2016
Jenoptik	−1	+2	+1
Asphericon	−2	+3	±0
LightTrans	−2	+2	+2

Paneldaten i. w. S.; Gepoolte Querschnittsdaten	Zu verschiedenen Zeitpunkten (bspw. zwei oder mehr Jahren) werden bei *verschiedenen* Familien Daten zum Konsum und zum Einkommen erhoben (d. h. zu den gleichen Variablen):

Beispiel

Jahr 2015		Jahr 2016	
Familie	Konsum/ Einkommen (in Tsd.)	Familie	Konsum/ Einkommen (in Tsd.)
Müller	48 €/50 €	Lehmann	48 €/70 €
Jung	31 €/35 €	Schmidt	45 €/60 €
Frank	30 €/40 €	Jobst	18 €/20 €

Die Regressionsanalyse unterstellt eine **bestimmte Wirkungsrichtung**, woraus sich die Differenzierung verschiedener Arten von Variablen ergibt (Übersicht 1.6). Je nach Wissenschaftsgebiet (bspw. Ökonomie, Soziologie, Psychologie) und Autor finden andere Begriffe Verwendung, die zur Orientierung in der Übersicht mit aufgeführt werden.

Übersicht 1.6: Arten von Variablen

Abhängige Variable		Beispiel: Ausstrahlung
Endogene Variable, Erklärte Variable, Regressand, Kriterium(-variable), Outcome, Left-Hand-Variable, Zielvariable	Die Ausprägungen dieser Variablen sollen erklärt werden	eines Werbespots (unabhängige Variable), getestet werden Auswirkungen auf die Kaufbereitschaft der Zuschauer (abhängige Variable)
Unabhängige Variable		
Exogene Variable, Erklärende Variable, Regressor, Kontrollvariable, Prädiktor(-variable), Treatment, Right-Hand-Variable, Einflussgröße	Diese Variablen werden als Einflussfaktoren angesehen und zur Erklärung verwendet	

Die Regressionsanalyse spezifiziert also einen bestimmten Zusammenhang zwischen den vorhandenen Variablen, das heißt nimmt an, dass die abhängige (endogene) Variable Y eine Funktion der unabhängigen (exogenen Variablen) $(X_1, X_2$ usw.) ist.

$$Y = f(X_1, X_2, X_3, \ldots, X_n) \tag{1.1}$$

In unserem PKW-Beispiel stellt Y die abgesetzte Menge dar, X_1 ist die Zahl der Vertreterkontakte, X_2 der Preis der PKW und X_3 das Budget für Werbung. Weitere Einflussfaktoren, das heißt unabhängige Variablen, können aufgenommen werden $(X_4, \ldots, X_n)$. Im **einfachsten Fall** basiert die Analyse auf einer Reihe von restriktiven Annahmen. Zu diesen Annahmen gehören ein **metrisches Skalenniveau** der abhängigen und der unabhängigen Variablen, ein **linearer Zusammenhang** zwischen den unabhängigen und der abhängigen Variable sowie das Vorliegen von **Querschnittsdaten**. Eine weitere Prämisse ist häufig, dass die exogenen Variablen, wenn sie einen Einfluss besitzen, auch tatsächlich eine **kausale Wirkung** auf die unabhängige Variable ausüben.

Es existieren verschiedene Ausbaumöglichkeiten dieser einfachsten Regression. Mit ihrer Hilfe können nicht nur metrische Daten sondern auch nominale und ordinale exogene Variable analysiert werden. Dies wird in den folgenden Kapiteln Schritt für Schritt erklärt. Darüber hinaus gibt es eine ganze Reihe von Weiterentwicklungen der Regression. Mit ihnen ist es zum Beispiel möglich, auch nominale dichotome abhängige Variable (**Logistische Regression**) oder ordinale abhängige Variable (**Ordinale Regression**) zu verwenden. Prinzipiell sind für sämtliche Skalenniveaus und Bezugsrahmen der abhängigen Variablen geeignete Regressionsmethoden verfügbar. Solche komplexeren Verfahren werden in diesem Buch nicht behandelt.

1.5   Qualität und Interpretation der Daten

Die empirische Wirtschafts- und Sozialforschung arbeitet mit Variablen. Diese Variablen müssen messbar, das heißt in Form von Zahlen erfassbar sein, um zu Daten zu werden. Daten sind der grundlegende Input aller statistischen Verfahren. Die bereits angesprochene Qualität der verwendeten Daten ist damit ein entscheidender Faktor, da auch die ausgefeiltesten statistisch-ökonometrischen Methoden zu keinen sinnvollen Ergebnissen führen, wenn sie auf schlechten Daten basieren. In der englischen Literatur wird dies als Garbage-in-Garbage-out-Problem bezeichnet. Wichtig ist in diesem Zusammenhang zunächst, das klar ist, auf was sich die Daten genau beziehen und wie sie exakt abgegrenzt bzw. definiert sind.

Die **Bezugseinheit der Daten** ist die Klärung der Frage, worauf die jeweiligen Datenwerte genau abstellen. Anders formuliert, was ist die Beobachtungseinheit, für die konkrete Daten vorliegen? In den Wirtschaftswissenschaften wird häufig zwischen mikro-, meso- und makroökonomischen Daten differenziert. Ein Unternehmen (Siemens, BMW, Linde, Jenoptik usw.) oder ein privater Haushalt (Familie Müller, Familie Schmidt usw.) sind Beispiele für eine **mikroökomische Beobachtungseinheit**. Schon in diesen Fällen ist es wichtig zu wissen, wie diese Beobachtungseinheiten genau abgegrenzt sind. Gelten die Werte für den gesamten Siemens-Konzern, ein Geschäftsfeld, eine Tochtergesellschaft, eine Betriebsstätte? Aus wie viel Personen besteht Familie Müller und schließen die Datenwerte der Familie Müller auch die an fünf Tagen in der Woche an einem anderen Ort studierende und lebende 22-jährige Tochter mit ein?

Die **mesoökonomische Betrachtungsebene** stellt auf Branchen, Wirtschaftszweige usw. ab. Auch hier ist wichtig, eine Vorstellung zu besitzen, worauf sich die Daten beziehen: Statistische Ämter stellen einen großen Teil ihrer Daten gegliedert nach einzelnen Wirtschaftszweigen zur Verfügung. Wenn eine ökonomische Fragestellung einzelne Branchen, Industriezweige oder Wirtschaftssektoren fokussiert, ist es sinnvoll, zu klären, ob die statistischen Ämter (auf EU-, Bundes-, Landes- oder kommunaler Ebene) Informationen dazu bereitstellen und unter welchen Bezeichnungen bestimmte Branchen offiziell erfasst werden. In Europa verwenden die Statistikämter die NACE-Klassifikation.[7] Die Grobklassifikation der Wirtschaftszweige lässt sich in diesem Rahmen auf zwei Unterebenen aufgliedern. Als Beispiel kann ein Ausschnitt der Feingliederung des verarbeitenden Gewerbes (WZ-Kode C) herangezogen werden:

C: Verarbeitendes Gewerbe/Herstellung von Waren
    C.20:   Herstellung von chemischen Erzeugnissen
    C.20.5: Herstellung von sonstigen chemischen Erzeugnissen
    ...

---

[7] NACE (Nomenclature statistique des Activités économiques dans la Communauté Européenne) ist das europäische System der Klassifikation der Unternehmen. Es basiert auf der ISIC (International Standard Industrial Classification of all Economic Activities) der Vereinten Nationen.

C.20.52: Herstellung von Klebstoffen

C.20.53: Herstellung von ätherischen Ölen

...

C.20.60 Herstellung von Chemiefasern

Während die Branchenabgrenzung auf der Ebene der 2-Steller (C.20) sehr grob ist, handelt es sich bei den sogenannten NACE-Vierstellern (bspw. C.20.52) um eine recht differenzierte Datenaggregationsebene. Allerdings stellt sich hier sofort das Problem, welcher Branche ein Unternehmen zugeordnet wird, das sowohl Klebstoffe als auch ätherische Öle produziert oder sowohl chemische Erzeugnisse als auch Chemiefasern herstellt. Die Zuordnung erfolgt nach der Hauptwirtschaftstätigkeit eines Unternehmens und ist daher oft nur eine sehr grobe und zum Teil fehlerhafte Zuordnung. Bei der Verwendung solcher Daten ist es notwendig, sich mit den Abgrenzungen und Zuordnungen auseinanderzusetzen.

Makroökonomische Beobachtungseinheiten sind in der Regel Staaten, wobei die Übergänge zur mesoökonomischen Ebene natürlich fließend sind. Sie reichen über Landkreise und kreisfreie Städte, Länder und Staaten bis hin zu Wirtschaftsregionen oder Kontinenten. In jedem Fall sind die räumliche und die zeitliche Abgrenzung klar zu definieren. Bei unterschiedlichen Quellen sind ggf. die Daten in dieser Hinsicht zu vereinheitlichen.

Das Beispiel der Hochschulforschung illustriert, welche unterschiedlichen Bezugseinheiten möglich sind. Die Daten können sich auf Studierende, Hochschuldozenten, Studiengänge, Fakultäten und Fachbereiche, einzelne Hochschulen (Universitäten und oder Fachhochschulen, öffentliche und/oder private Hochschulen, kirchliche Hochschulen, Verwaltungshochschulen, Berufsakademien usw.), alle Hochschulen eines Bundeslandes oder alle Hochschulen in Deutschland beziehen. Welche Bezugseinheit sinnvoll ist, ergibt sich aus der jeweiligen Fragestellung. Dabei kann ein Fakt auch aus der Perspektive unterschiedlicher Bezugseinheiten analysiert werden. Studiengebühren werfen bspw. unterschiedliche Fragen für Staaten, Bundesländer, Hochschulen, Fachbereiche und Studierende auf. Ausgehend von dem jeweiligen Forschungsproblem muss am Anfang jeder empirischen Untersuchung geklärt werden, welche Bezugseinheit gewählt wird. Dies ist dann für die statistische Analyse die Beobachtungseinheit. Dabei handelt es sich bspw. um die 15 Fluggesellschaften der Tab. 1.1, die 15 Regionalmärkte des PKW-Beispiels oder die 268 teilnehmenden Studierenden einer Umfrage an einer Hochschule.

Abgrenzungsprobleme stellen sich bei fast allen Variablen, egal wie sie skaliert sind. Auch die metrisch skalierten Variablen „Kosten" oder „Gewinn" sind zunächst sehr vage Begriffe, die sehr unterschiedlich definiert werden können. Umgekehrt sind das Geschlecht, die Branchenzugehörigkeit eines Unternehmens oder das Schwerpunktfach eines Studierenden nominal skalierte qualitative Variablen, die (recht) eindeutig definiert sind. Viele **qualitative Einflussfaktoren** sind aber nur sehr unscharf abgrenzbar. „Wettbewerbsfähigkeit", „Innovationsneigung" und „Qualitätsimage eines Produktes" sind Beispiele für ökonomische Sachverhalte, die nicht direkt in Zahlen messbar sind. Um solche Begriffe, die auch als Konstrukte oder latente Variablen bezeichnet werden, statistisch zu analysieren, verwenden wir **Indikatorvariablen** (Proxyvariablen). Die Zahl der Patente, die ein Unternehmen in einem Jahr anmeldet oder die Umsatzanteile mit neuen Produkten, die in den letzten zwei Jahren neu vom Unternehmen auf den Markt gebracht worden sind, dienen etwa als Indikatoren der Innovationsneigung eines Unternehmens. Verschiedene solcher Indikatorvariablen werden häufig auch zusammengefasst (aggregiert), um ein vollständigeres und damit exakteres Bild der Innovationsneigung der Unternehmen zu erhalten. Ob die gewählten Indikatoren den zugrundeliegenden Sachverhalt adäquat erfassen und ob die Form der Aggregation sinnvoll ist, sind inhaltliche Probleme, die nicht nur auf der statistischen Ebene lösbar sind.

Die damit verbundenen Schwierigkeiten werden in der Literatur zur Ökonometrie und ökonomischen Statistik in der Regel leider kaum behandelt. Weiterführende Überlegungen dazu sind in der empirischen Soziologe, Politikwissenschaft und Psychologie aber standardmäßig zu finden. Sie werden dort als Probleme der **Operationalisierung** und Messung diskutiert.[8] Eine Operationalisierung ist eine Vorschrift, wie theoretischen Begriffen bestimmte beobachtbare Sachverhalte zugeordnet werden können. Die Messung verknüpft diese beobachtbaren Sachverhalte (Indikatoren) mit Zahlen. Grundlegend bei diesem Vorgehen sind die Validität und Reliabilität. **Validität**, liegt vor, wenn die bei der Messung ermittelten Daten tatsächlich das repräsentieren, was gemessen werden sollte. Die Daten können nur bei Validität sinnvoll interpretiert werden. Die **Reliabilität** bezieht sich auf die Verlässlichkeit der Messungen. Bei Wiederholung der Messung unter gleichen Rahmenbedingungen würde das gleiche Messresultat erzielt. Die Messergebnisse sind also unter gleichen Bedingungen identisch.

Klar ist aufgrund der eingangs beschriebenen Probleme, dass prinzipiell diese Schwierigkeiten auch bei Sekundärdaten und bei in den Wirtschaftswissenschaften auf den ersten Blick klar definierten Begriffen existieren. Nicht nur die „Wettbewerbsfähigkeit", die „Kundenorientierung", die „Innovationsfähigkeit" und die „Corporate Social Responsibility" eines Unternehmens sind Konstrukte, die schwierig zu erfassen und zu messen sind, auch die „Kosten" oder die „Arbeitslosenquote" sind sehr unterschiedlich definier- und damit messbar.

Relevante Lehrbücher zur empirischen Wirtschaftsforschung mit volkswirtschaftlichem Schwerpunkt sind Franz et al. (2003), Hübler (2005), Moosmüller (2008) und Winker (2010).

1.6 Durchführung in SPSS und Stata

Im Folgenden wird das Datenhandling in SPSS und Stata nur sehr kurz behandelt, da das vorliegende Buch die inhaltlichen Aspekte der Regression fokussiert.

---

[8] Die Probleme werden hier nur kurz angerissen (genauer dazu: Schnell et al. 2013; Kromrey et al. 2012; Bortz und Döring 2015).

SPSS

Nach Öffnen von SPSS (Version 22) erscheint die Oberfläche der Abb. 1.1. Dieses Inter-
face des Daten-Editors ist voreingestellt. Mit dem Daten-Editor können wir unsere eigenen
Datensätze per Hand eingeben oder verändern und vorhandene Datensätze aufrufen. Für
die Eingabe per Hand klicken wir [Datei > Neu > Daten] an. Der Aufruf eines vorhandenen Datensatzes erfolgt mittels [Datei > Öffnen > Daten]. Anschließend suchen wir wie
üblich den vorhandenen Datensatz in dem Ordner, in dem er sich befindet, auf und lesen
ihn mittels des Buttons „Öffnen" ein.

Die Daten-Editor-Oberfläche hat zwei Ansichten, die Datenansicht und die Variablen-
ansicht (unten Links in der Abb. 1.1 zu sehen). Die Datenansicht enthält unseren aktuellen
Datensatz, mit dem wir arbeiten wollen. Die Variablennamen sind in den grauen Kästchen
über der Zeile 1 abgebildet. Jede der weißen Zeilen enthält eine Beobachtung und jede
Spalte repräsentiert eine Variable. Mittels der zwei Button in der unteren linken Ecke des
Bildschirms wechseln wir zwischen der Daten- und der Variablenansicht.

In der Variablenansicht geben wir unseren Variablen Namen, definieren das Skalenniveau einer Variablen und legen Variablen- und Werte-Bezeichnungen fest. In der Datenansicht können wir zu unseren Variablen manuell die Datenwerte eingeben oder diese
verändern bzw. ergänzen. In der Spalte mit dem Namen „Maß" wird das Skalenniveau definiert. SPSS unterscheidet zwischen „Skala" (d. h. metrischem Skalenniveau), „Ordinal"
und „Nominal".

Bei dem Einlesen eines vorhandenen Datenfiles können wir uns all dies (im Normal-
fall) ersparen. SPSS ist in der Lage, neben den eigenen Datenformaten (erkennbar an der
Dateiendung „sav") auch Excel-Datenfiles sowie einige andere Formate einzulesen. Die
Daten unseres PKW-Beispiels aus Tab. 1.2 befinden sich in der Datei „PKW-Marketing-
Beispiel.sav".

Die gängigen deskriptiven Statistiken für unsere Variablen erhalten wir über [Analy-
sieren > Deskriptive Statistiken > Deskriptive Statistik]. Im dadurch aufgerufenen Fenster
befördern wir die auszuwertenden Variablen in das rechte Feld „Variable(n)". Nach Klicken auf den Button „Optionen" können wir bei all den Statistiken, die uns interessieren
(bspw. Mittelwert, Standardabweichung, Minimum und Maximum), ein Häkchen setzen.
Mittels [Weiter > OK] berechnet uns SPSS diese deskriptiven Lageparameter.

Neben den Lehrbüchern von Bühl (2014) und Brosius (2013) zum Datenhandling stellt
SPSS über [Hilfe > Lernprogramm] eine Einführung bereit.

Stata

Nach Aufruf von Stata erscheint die Oberfläche wie in der Abb. 1.2 zu sehen. Für die
manuelle Dateneingabe ist über [Data > Data Editor > Data Editor (Edit)] zu gehen. Es
erscheint dann eine Tabellenoberfläche, bei der in den Spalten die Variablen und in den
Zeilen die dazugehörigen Datenwerte eingefügt werden. Nach Eingabe (bzw. Einfügung)
von Datenwerten legen wir im rechten Feld „Properties Variables" Namen, Bezeichnungen („Label") und Skalierung fest. Wir fügen alle Skalierungen als numerische Werte ein
(Numeric). Dies erfolgt unter „Type" als „double" und Format als „Numeric". Bei no-

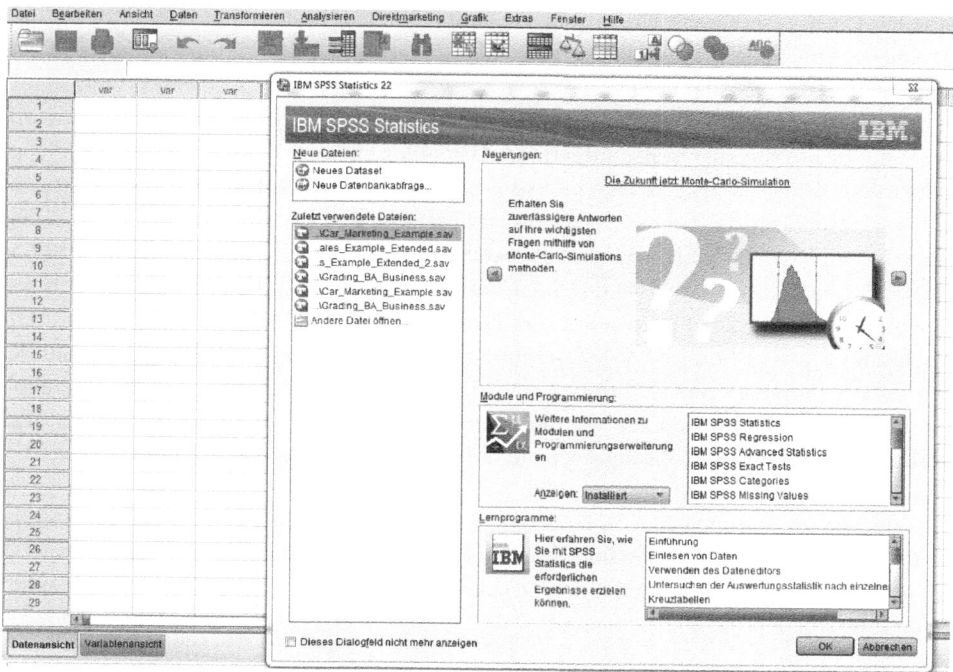

Abb. 1.1 Die SPSS-Oberfläche

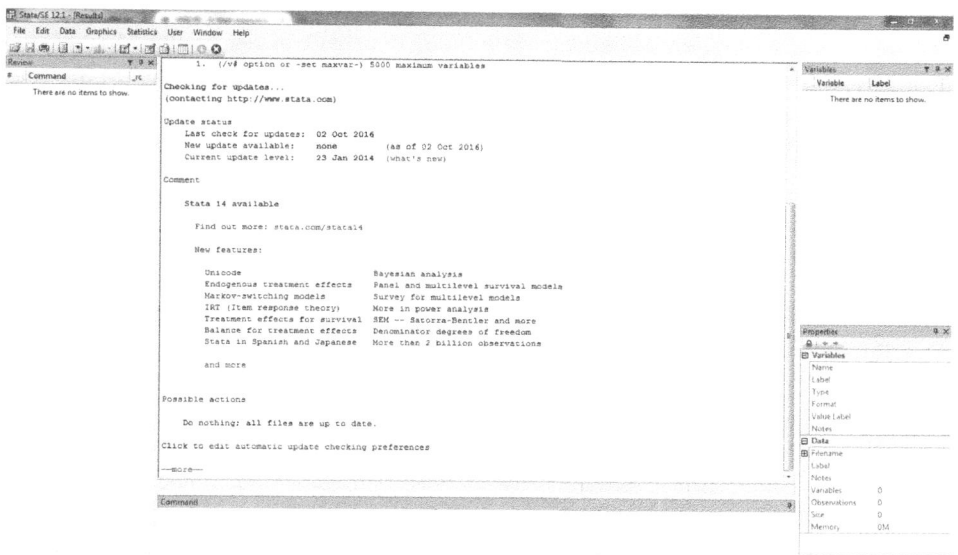

Abb. 1.2 Die Stata-Oberfläche

minalen Daten reservieren wir für jede Ausprägung einen bestimmten Zahlenwert. Zum
Beispiel erhalten alle Frauen eine „1" und alle Männer eine „0". Warum dies sinnvoll ist,
wird Abschn. 3.2 genauer erläutert.

Das Einlesen eines vorhandenen Datensatzes erfolgt mittels [File > Open]. Dann wird
der Datensatz in seinem Ordner aufgerufen. Datenfiles im Stata-Format haben die Endung
„.dta". Zum Einlesen anderer Datenformate müssen diese zunächst mittels der separaten
Software „Stat/Transfer" in das Stata-Format überführt werden. Wir können aber in SPSS
einen Datenfile auch im Stata-Format abspeichern und so mittels des Umwegs über SPSS
andere Formate (bspw. Excel) in das Stata-Format transferieren. Die Daten unseres PKW-
Beispiels aus Tab. 1.2 befinden sich in der Datei „PKW-Marketing-Beispiel.dta".

Die deskriptiven Statistiken dazu ermitteln wir über [Statistics > Summaries, tables,
and tests > Summary and descriptive statistics > Summary statistics]. In der voreingestellten Standardversion klicken wir nur noch auf den Button „OK" und erhalten für alle
Variablen die Zahl der Beobachtungen, den Mittelwert, die Standardabweichung, das Minimum und das Maximum.

Eine gute Einführung in das Datenmanagement und Datenhandling in Stata geben Kohler und Kreuter (deutsch Kohler und Kreuter (2006) bzw. die aktuellere englische Ausgabe
Kohler und Kreuter (2012)), Acock (2016) und das Online-Tutorial der University of Princeton (http://data.princeton.edu/stata/).

1.7   Übungsaufgaben

Übung 1.1: Ursachen der Arbeitslosigkeit
Der Datensatz „Schweden_Makrodaten_1960-2015" enthält in der Spalte „*Unemploy-
ment*" die jährlichen Arbeitslosenquoten in Schweden von 1960 bis 2015. Stellen Sie eine
Regressionsgleichung auf, die nach Ihrer Auffassung geeignet ist, die sehr unterschiedli-
chen jährlichen Arbeitslosenquoten zu erklären. Diskutieren Sie mögliche Probleme Ihres
Ansatzes.

Übung 1.2: Ranking von BWL-Studiengängen
Bei der Entscheidung für ein Studium sind in den letzten Jahren die sogenannten Rankings
verschiedener Hochschulen und Studiengänge wichtig geworden. Eines der bekanntesten
Rankings führt das CHE (Centrum für Hochschulentwicklung) für die BWL-Studiengänge
an deutschen Hochschulen durch. Dabei werden die Studierenden der jeweiligen Studiengänge zu ihrer subjektiven Einschätzung befragt. Die Antworten hinsichtlich verschiedener
Kriterien werden dann zu einem relativen Ranking der Studiengänge zusammengefasst.

Die Fragestellung ist, wie sich die Antworten der befragten Studierenden erklären lassen. Entwickeln Sie dazu einen Katalog von mindestens zehn Einflussfaktoren, begründen
Sie, warum die jeweilige unabhängige Variable relevant ist und erläutern Sie, welche Wirkung sie ausübt, d. h., ob sie den Rankingplatz verbessert (positiv) oder verschlechtert
(negativ beeinflusst).

Übung 1.3: Beantworten Sie die folgende Multiple-Choice-Frage:
Die Lebenserwartung der Bürger in den OECD-Ländern wird primär beeinflusst von:

☐ der Anzahl der Ärzte pro 10.000 Einwohner

☐ den Pro-Kopf-Ausgaben für Gesundheit

☐ der Bildung und dem ökonomischen Status

☐ der Art der Finanzierung der Gesundheitsausgaben

☐ der Anzahl der Krankenhausbetten pro 10.000 Einwohner

Übung 1.4: Indikatoren
Diskutieren Sie die folgende Aussage:

„Die Zahl der Patentanmeldungen eines Unternehmens ist eine geeignete Indikatorvariable für die Innovativität eines Unternehmens".

Übung 1.5: Beantworten Sie die folgenden Fragen

a) Geben Sie jeweils ein Beispiel für ein nominales, ein ordinales und ein metrisches Skalenniveau aus dem Unternehmensbereich.

b) Definieren Sie Querschnitts- und Längsschnittsdaten.

c) Was ist unter explorativen im Unterschied zu hypothesentestenden statistischen Verfahren zu verstehen?

d) Diskutieren Sie wichtige Nachteile der Datenerhebung mittels einer Befragung (d. h. eines Surveys).

e) Worin unterscheiden sich echte und gepoolte Paneldaten?

f) Welche Vorteile kennzeichnet die Datenerhebung mittels eines Experiments?

g) Was sind in der empirischen Sozialforschung ein „Konstrukt" und eine „Proxyvariable"?

h) Was bedeuten die Begriffe „Validität" und „Reliabilität"?

i) Erläutern Sie die vier Annahmen der einfachsten Regressionsanalyse.

j) Nennen Sie jeweils vier unterschiedliche Bezeichnungen für erstens die unabhängige und zweitens für die abhängige Variable einer Regression.

k) Worin unterscheiden sich die Diskriminanz- und die Clusteranalyse?

l) Werfen Sie einen Blick in die Meldungen von „Spiegel-Online" des heutigen Tages. Identifizieren Sie aus dem Politik-, dem Wirtschafts- und dem Sportteil jeweils eine Problemstellung, die prinzipiell mittels einer Regressionsanalyse untersuchbar wäre.

m) Was sind „Missing values" und wie kann damit bei einer Datenanalyse umgegangen werden?

Literatur

Acock, A. C. (2016): A Gentle Introduction to Stata, 5th, ed., College Station, Texas

Allison, P.D. (2001): Missing Data, Thousand Oaks, CA

Backhaus, K., Erichson, B., Plinke, W., Weiber, R. (2011): Multivariate Analysemethoden, 13. Auflage, Heidelberg et al.

Backhaus, K., Erichson, B., Weiber, R. (2013): Fortgeschrittene Multivariate Analysemethoden, 2. Auflage, Heidelberg et al.

Berekoven, L., Eckert, W., Ellenrieder, P. (2009): Marktforschung, 12. Auflage, Wiesbaden

Bortz, J. (2005): Statistik für Human- und Sozialwissenschaftler, 6. Auflage, Heidelberg

Bortz, J., Döring, N. (2015): Forschungsmethoden und Evaluation, 5. Auflage, Heidelberg

Bradley, N. (2013): Marketing research – tools & techniques, Oxford et al.

Brosius, F. (2013): SPSS 21, 1. Auflage, München

Bryman, A., Bell, E. (2015): Business Research Methods, 4th ed., Oxfrod UK

Bühl, A. (2014): SPSS 22, Einführung in die moderne Datenanalyse, 14. Auflage, München

Cleve, J., Lämmel, U. (2016): Data Mining, 2. Auflage, München

Diekmann, A. (2014): Empirische Sozialforschung, Grundlagen, Methoden, Anwendungen, 8. Auflage, Reinbek bei Hamburg

Field, A. (2013): Discovering Statistics Using SPSS statistics: and sex and drugs and Rock 'n Roll, 4th ed., Ventura

Fowler, F.J. (2014): Survey Research Methods, 5th ed., Thousand Oaks, CA

Franz, W., Ramser, H.J. und M. Stadler (Hrsg.) (2003): Empirische Wirtschaftsforschung: Methoden und Anwendungen, Tübingen

Han, J., Kamber, M., Pei, J. (2012): Data Mining: Concepts and echniques, 3. Ed., Amsterdam

Hübler, O. (2005): Einführung in die empirische Wirtschaftsforschung, München Wien

Kohler, U., Kreuter, F. (2006): Datenanalyse mit Stata, 2. Auflage, München Wien

Kohler, U., Kreuter, F. (2012): Data Analysis Using Stata, Third Ed., College Station, Texas

Kromrey, H., Roose, J., Strübing. J. (2012): Empirische Sozialforschung, 13. Auflage, Stuttgart

Kuß, A., Eisend, M. (2010): Marktforschung – Grundlagen der Datenerhebung und Datenanalyse, Wiesbaden

Magerhans, A. (2016): Marktforschung, Eine praxisorientierte Einführung, Wiesbaden

Moosmüller, G. (2008): Methoden der empirischen Wirtschaftsforschung, München

Schnell, R., Hill, P.B., Esser, E. (2013): Methoden der empirischen Sozialforschung, 10. Auflage, München

Stoetzer, M.-W. (2012): Erfolgreich Recherchieren, München

US-DOT (2011a) (United States Department of Transportation): Air Carrier Financial: Schedule P-12

US-DOT (2011b) (United States Department of Transportation): Air Carriers: T-100 Market (US Carriers)

Winker, P. (2010): Empirische Wirtschaftsforschung, 3. Auflage, Heidelberg et al.

Grundlagen der Regressionsanalyse

Lernziele

Der Studierende soll:

- die Methode der kleinsten Quadrate als Schätzverfahren zu Ermittlung des Zusammenhangs zwischen einer abhängigen und mehreren unabhängigen Variablen erläutern können,
- wissen, wie die Koeffizientenschätzungen im Rahmen einer einfachen und einer multiplen linearen Regressionsanalyse zu interpretieren sind,
- den Output einer multiplen Regression der Statistikprogrammpakete SPSS sowie Stata und damit prinzipiell auch anderer Statistikprogramme verstehen,
- den Unterschied zwischen einer beschreibenden (deskriptiven) und einer induktiven Verwendung und Interpretation der Regression darlegen können,
- erläutern können, dass die Schätzung der abhängigen Variablen $\hat{Y}$ die Schätzung eines bedingten Mittelwerts von Y darstellt,
- die Wichtigkeit der Aussage der Nullhypothese eines statistischen Tests verstehen,
- in der Lage sein, das Vorgehen bei der Überprüfung einer Nullhypothese zu erläutern,
- zwischen statistischer Signifikanz und inhaltlicher Relevanz eines Koeffizienten differenzieren,
- überblicken, wie Beta-Koeffizienten zu interpretieren sind.

▶ **Wichtige Grundbegriffe** Schätzung, Spezifikation, OLS, KQ-Methode, Konstante, t-Wert, F-Wert, R^2, korrigiertes R^2, Korrelationskoeffizient, linearer Zusammenhang, Beta-Werte, Bestimmtheitsmaß, Residuum, Sample, Nullhypothese, empirisches Signifikanzniveau, Irrtumswahrscheinlichkeit

© Springer-Verlag GmbH Deutschland 2017
M.-W. Stoetzer, *Regressionsanalyse in der empirischen Wirtschafts- und Sozialforschung Band 1*, DOI 10.1007/978-3-662-53824-1_2

2.1 Überblick

Der Abschn. 2.2 erläutert das Grundprinzip der Regressionsanalyse an dem bereits bekannten PKW-Beispiel. Anschließend beschäftigt sich Abschn. 2.3 mit den grundlegenden Fragen, die bei der Beurteilung der Aussagekraft von Regressionsergebnissen zu überprüfen sind. Abschn. 2.4 fasst die wichtigsten Aussagen zusammen und Abschn. 2.5 zeigt anhand der Programmpakete SPSS und Stata wie eine solche einfache Regression durchgeführt wird.

2.2 Einfache und multiple Regression

Die Regressionsanalyse untersucht den Zusammenhang zwischen einer abhängigen und einer oder mehreren unabhängigen Variablen hinsichtlich der Frage, ob überhaupt ein Zusammenhang besteht und wie stark er gegebenenfalls ist. Bei lediglich einer unabhängigen Variablen handelt es sich um eine **einfache Regression**, bei mehreren unabhängigen Variablen um eine **multiple Regression**.[1]

Im PKW-Beispiel des Kap. 1 geht es um die Nachfrage nach einem Produkt eines PKW-Produzenten (Menge verkaufter PKW pro Periode). Das bereits aufgeworfene Problem ist, inwieweit die Absatzmenge von der Zahl der Kontakte abhängt. Unter inhaltlichen Gesichtspunkten kann angenommen werden, dass die Zahl der Kontakte die Absatzzahlen positiv beeinflusst. Die Hypothese zur Ursache-Wirkungsbeziehung ist, dass von der Variable X_1 (*Kontakte*) eine positive Wirkung auf die verkauften PKW, die Variable Y (*Menge*), ausgeht. Je häufiger ein Produktmanager die Händler in der Region persönlich aufsucht, desto größer ist der Absatz.

Ein naheliegender Einwand ist, dass dieser Zusammenhang doch selbstverständlich ist, also überhaupt nicht untersucht werden muss. Dazu sind vier Aspekte ins Feld zu führen. Erstens ist die beschriebene Wirkung nicht zweifelsfrei. Aufgrund von schlecht ausgebildetem bzw. motiviertem Vertriebspersonal oder weil sich die PKW von alleine verkaufen, könnte auch keinerlei Einfluss vorhanden sein. Zweitens ist die genaue Höhe (das Ausmaß) der Wirkung eines Vertreterkontaktes betriebswirtschaftlich relevant. Drittens ist es möglich, dass die Auswirkungen im vorliegenden Datensatz zufälliger Natur sind und daher lediglich in genau dieser Stichprobe vorliegen. Viertens ist denkbar, dass andere Einflussfaktoren für die unterschiedlichen Verkaufsmengen verantwortlich sind. Alle vier Gesichtspunkte werden in den anschließenden Ausführungen behandelt.

Der Zusammenhang der Variablen *Menge* und *Kontakte* kann in der einfachsten Form deskriptiv graphisch untersucht werden. In das Koordinatensystem der Abb. 2.1 werden

---

[1] Der Begriff multivariate Regression (bzw. multivariate Analyse) wird im Folgenden (so wie in der Literatur üblich) nur für Untersuchungen verwendet, bei denen gleichzeitig *mehrere abhängige* Variablen existieren. In manchen Lehrbüchern wird davon abweichend das, was hier multiple Regression genannt wird, als multivariate Regression bezeichnet (so bspw. in den Lehrbüchern von Backhaus et al. (2011, 2013) und Studenmund (2014)).

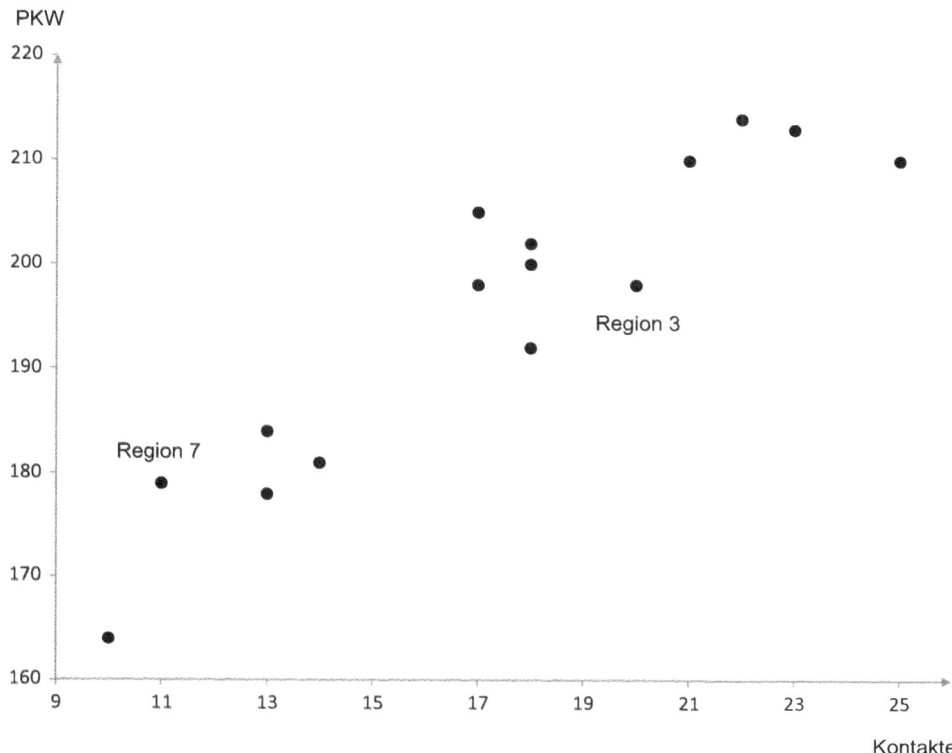

Abb. 2.1 Der Einfluss der Kontakte

die Werte von Y und X_1 aus Tab. 1.2 in Form eines Streudiagramms eingetragen. Beispielhaft sind die Beobachtungen für die Region 3 (198 verkaufte PKW bei 20 Kontakten) und die Region 7 (179 PKW und 11 Kontakte) identifiziert. Es wird deutlich, dass die verkauften Stückzahlen mit der Zahl der Kontakte steigen. Dieser Zusammenhang existiert allerdings nur tendenziell und die genaue Stärke ist in der grafischen Betrachtung schwer abzuschätzen. Die exakte Höhe des Einflusses ist aber wichtig, um entscheiden zu können, ob die Verringerung oder Erhöhung der Zahl der persönlichen Vertreterkontakte und damit indirekt auch die Entlassung oder Einstellung von Produktmanagern unter Kostengesichtspunkten für das Unternehmen notwendig bzw. möglich ist.

Der Zusammenhang von Kontakten und Absatzmenge kann präziser mit der Methode der Regressionsanalyse ermittelt werden. Der **allgemeine Zusammenhang** zwischen Y (verkaufte PKW) als abhängiger und X_1 (Kontakte) als unabhängiger Variable lautet:

$$Y = f(X_1). \tag{2.1}$$

Gl. 2.1 sagt aber noch nichts über die exakte funktionale Beziehung zwischen Y und X_1. Diese wird genauer formuliert als **einfache lineare Regression** der Art:

$$Y = B_0 + B_1 X_1 + E. \qquad (2.2)$$

Diese Formulierung eines konkreten Zusammenhangs von Y und X_1 wird als **Spezifikation** bezeichnet. Gl. 2.2 stellt den unbekannten wahren Zusammenhang von X_1 und Y dar.

Y   = abhängige Variable: *Menge*
B_0 = konstantes (absolutes) Glied
B_1 = Regressionskoeffizient der Variable X_1
X_1 = unabhängige Variable: *Kontakte*
E   = Fehler (error term)

In Bezug auf Y und X_1 sind Daten vorhanden (siehe Tab. 1.2). Die Koeffizienten (= Parameter) B_0 und B_1 der wahren Beziehung zwischen Y und X_1 sind unbekannt und sollen ermittelt werden. Diese Ermittlung erfolgt im Rahmen einer sogenannten **Schätzung dieses Modells**. Um eine Schätzung handelt es sich, da der wahre Einfluss der Kontakte auf die Verkaufsmengen aus den Daten nicht problemlos abzulesen ist. Dies erstens weil die vorhandenen Beobachtungen (die 15 Verkaufsregionen) nur eine **Stichprobe** (ein Sample) aus einer größeren **Grundgesamtheit** (Population) repräsentieren und zweitens die Absatzmengen noch von weiteren (zufälligen) Einflüssen abhängen, deren Gesamtwirkung sich im Fehlerterm E niederschlägt. Im PKW-Beispiel ist der wahre Zusammenhang der Gl. 2.2 ausnahmsweise bekannt, da es sich um einen konstruierten Datensatz handelt.[2]

Ausgangspunkt ist zur Veranschaulichung das Koordinatensystem in Abb. 2.2, das den grafischen Zusammenhang der Abb. 2.1 noch einmal wiederholt.

Eine Regressionsanalyse ermittelt, ob es einen **Zusammenhang zwischen Y und X_1** gibt, der sich in Form einer Gerade, d. h. als **lineare Funktion**, darstellen lässt. Es wird also eine zu den 15 Beobachtungen „passende" Gerade gesucht. Diese Gerade soll dem unbekannten wahren Zusammenhang entsprechen. Es stellt sich aber das Problem, anhand welches Kriteriums entschieden wird, ob die durchgehend **eingezeichnete Funktion „besser" oder „eher" passt** als eine andere lineare Funktion, bspw. die schwarz-gestrichelt eingezeichnete Funktion. Man könnte etwa folgendermaßen argumentieren: Die gestrichelte Gerade passt besser, weil sie genau durch vier Beobachtungspunkte läuft, die durchgehende Gerade im Gegensatz dazu durch keinen Beobachtungspunkt. Diese Überlegung ist aber wenig sinnvoll, denn es kommt ja nicht darauf an, einige wenige Beobachtungen sehr gut zu erklären, sondern es sollen möglichst alle Beobachtungen im Durchschnitt gut wiedergegeben werden. Auf diese Weise wird die unbekannte wahre Funktionsform der Gl. 2.2 am ehesten erfasst.

---

[2] Anhang 2.1 am Ende dieses Kapitels beschreibt die Konstruktion dieses Datensatzes und enthält damit auch die normalerweise unbekannten wahren Koeffizientenwerte B_0 und B_1.

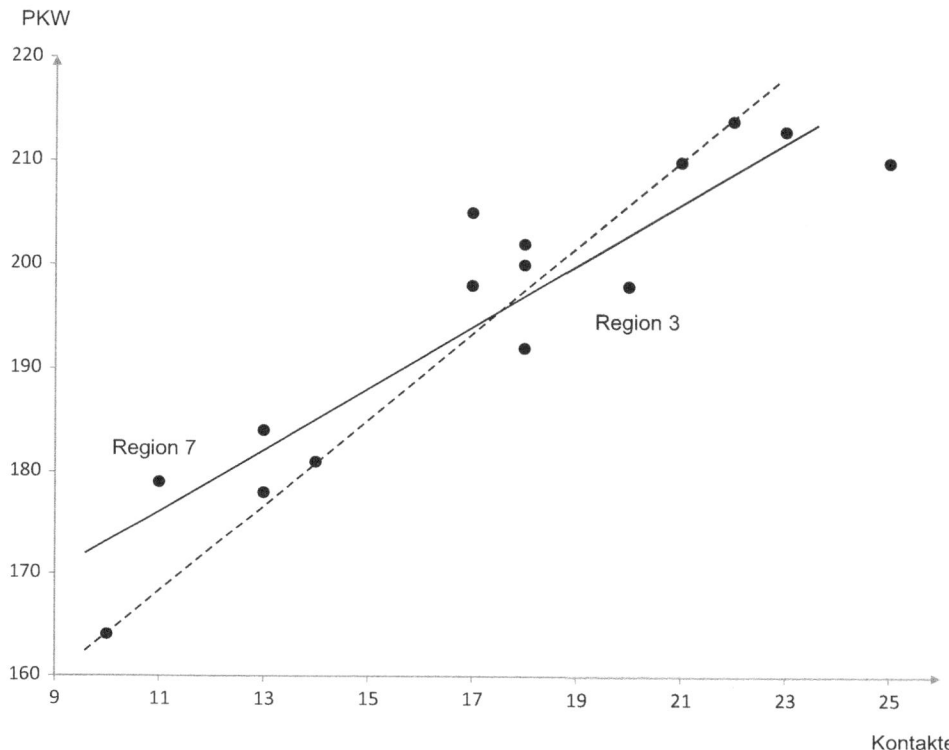

Abb. 2.2 Lineare Zusammenhänge I

Das Kriterium, das dazu benutzt wird, ist das Residuum (die Abweichung) e. Das Residuum e ist eine Schätzung des unbekannten wahren Fehlers E. Im Rahmen einer sogenannten **OLS-Schätzung** (Ordinary Least Squares = Methode der kleinsten Quadrate, abgekürzt **KQ-Methode**) wird die Funktion ermittelt, die dafür sorgt, dass die Summe der quadrierten Residuen minimiert wird. Das Residuum ist die Abweichung des Beobachtungswertes Y_i (siehe Abb. 2.3) vom entsprechenden Schätzwert $\hat{Y}_i$ (mit i = 1 bis 15).[3] Die geschätzten Werte werden mit einem Dach über der Variablen gekennzeichnet. Die beobachteten Werte haben dagegen kein Dach. Das Residuum ist bspw. für den Beobachtungspunkt der Region 7 mit 11 Kontakten und 179 verkauften PKW der vertikale Abstand

---

[3] Die Minimierung der Summe der Abweichungsquadrate ist ein sogenannter Schätzer (estimator), d. h. ein Verfahren, um eine passende Gerade zu ermitteln. Andere Schätzverfahren sind möglich (bspw. die Minimierung der Summe der absoluten Abweichungen). Die KQ-Methode hat im Vergleich erstens den Vorteil rechentechnisch einfach ermittelbar zu sein. Dies spielt heute aber dank der Leistungsfähigkeit der PCs keine Rolle mehr. Zweitens besitzt der KQ-Schätzer drei wünschenswerte Eigenschaften. Unter bestimmten Annahmen ist es ein unverzerrter, konsistenter und effizienter Schätzer (näheres dazu im Abschn. 5.1).

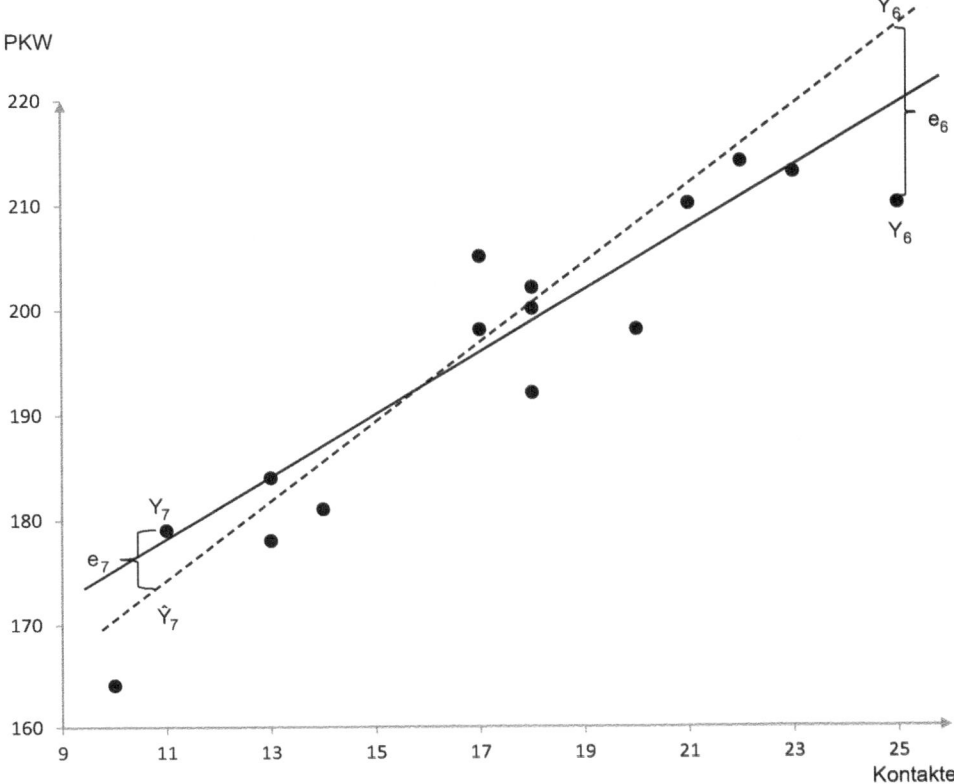

Abb. 2.3 Lineare Zusammenhänge II

zwischen dem Punkt 7 und der gestrichelt eingezeichneten Gerade:

$$e_7 = Y_7 - \hat{Y}_7 \quad \text{bzw.} \quad Y_7 = \hat{Y}_7 + e_7. \tag{2.3}$$

Entsprechend ist für die Region 6 das Residuum gleich e_6. Für die Region 7 handelt es sich um eine positive Abweichung und für die Region 6 um eine negative Abweichung. Die KQ-Methode quadriert alle Abweichungen und summiert diese. Sie ermittelt dann die Gerade, die diese Summe minimiert. Diese gestrichelte Gerade gibt die geschätzten Werte $\hat{Y}_i$ in Abhängigkeit von der Zahl der Kontakte wieder.

Aufgrund der Quadrierung behandelt die OLS-Methode positive und negative Abweichungen gleich und gewichtet „Ausreißer" (also starke Abweichungen) besonders hoch. Dies führt im Beispiel dazu, dass die gestrichelt eingezeichnete Funktion der Abb. 2.3 bei einer OLS-Schätzung nicht als Ergebnis in Frage kommt, weil die Beobachtung der Region 6 mit 25 Kontakten und starker negativer Abweichung die Gerade „nach unten

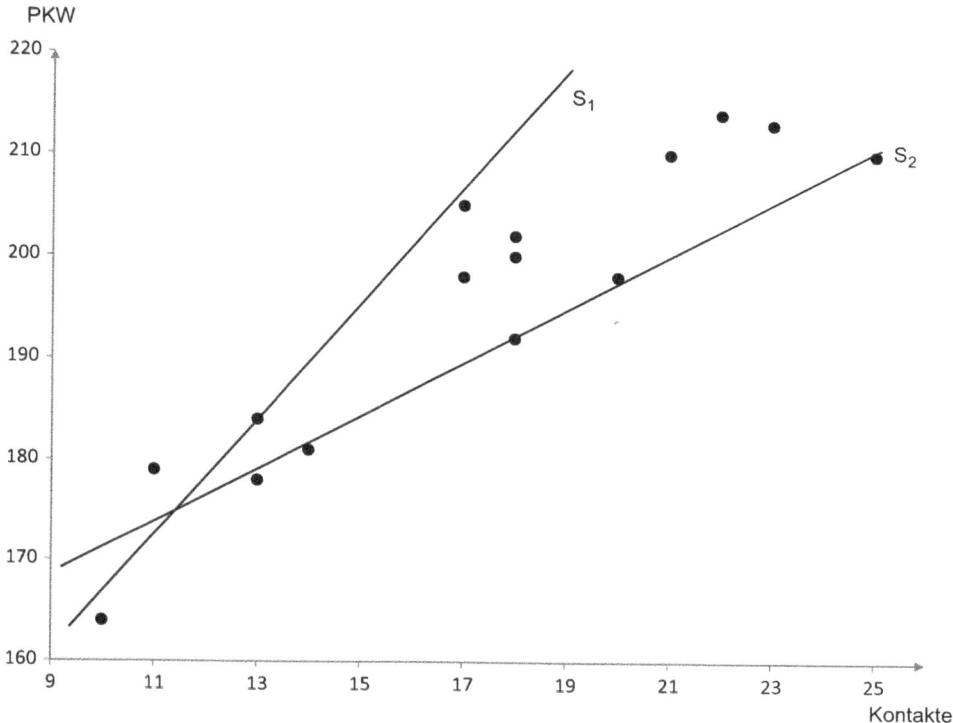

Abb. 2.4 Lineare Zusammenhänge III

zieht", d. h. flacher werden lässt. Durch die Quadrierung wird die Abweichung e_6 sehr groß, beeinflusst also die Steigung der Geraden sehr stark.

In Abb. 2.4 wird noch einmal deutlich, dass andere Schätzungen des Zusammenhangs von Y und X_1 denkbar sind, bspw. als Extreme die Schätzgeraden S_1 und S_2. Diese sind aber offensichtlich im Mittel aller Beobachtungen schlechtere Darstellungen des (vermutlichen) wahren Zusammenhangs.

Die Methode der kleinsten Quadrate berechnet also einen Wert für b_0 und einen Wert für b_1, die der durchgehend eingezeichneten Funktion in Abb. 2.2 entsprechen. Dies sind die sogenannten **Koeffizientenschätzungen** der unbekannten wahren Parameter B_0 und B_1. So ergeben sich für den Zusammenhang der Variablen *Menge* und *Kontakte* auf der Basis der Daten aus Tab. 1.2 die folgenden Werte (das Verfahren und dessen Rechenschritte werden im Abschn. 8.1 des Buchs erläutert):

$$\hat{Y} = 141{,}013 + 3{,}126X_1, \tag{2.4}$$

d. h. also $b_0 = 141{,}013$ und $b_1 = 3{,}126$.[4]

---

[4] Es werden hier und in den anschließenden Kapiteln die folgenden Abkürzungen verwendet: Die großen Buchstaben (B_0, B_1 usw) bezeichnen die uns unbekannten wahren Koeffizienten. Die kleinen

PKW

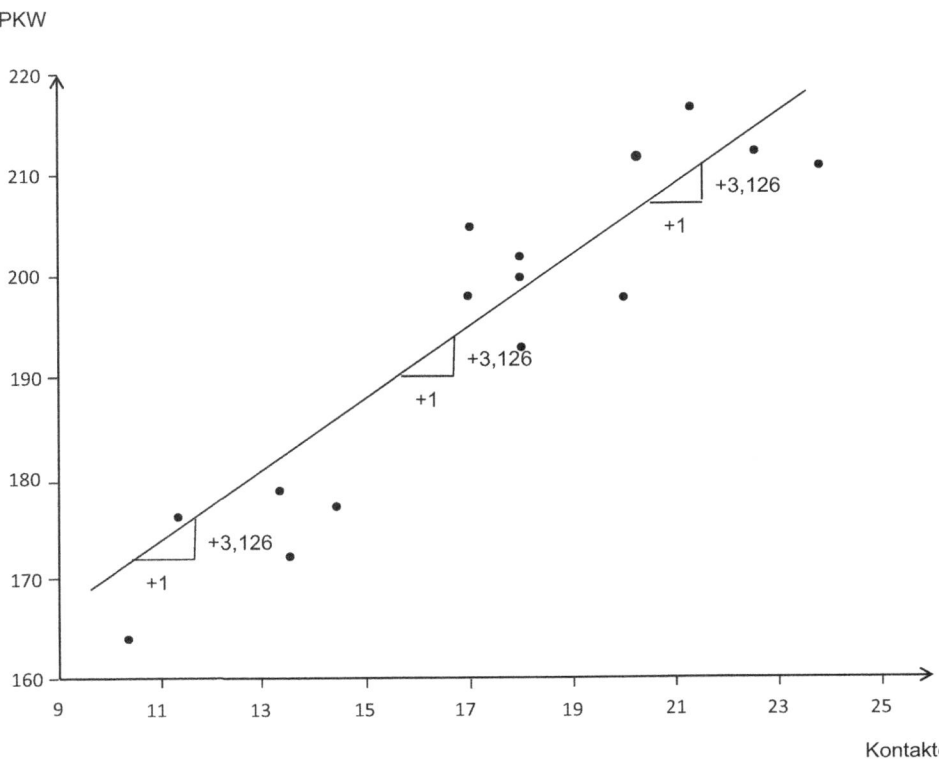

Abb. 2.5 Der marginale Effekt eines Kontaktes

Das Absolutglied (die **Konstante**)[5] b_0 ist der Schnittpunkt mit der Y-Achse und wie folgt zu interpretieren: Wenn die Zahl der Vertreterkontakte Null beträgt, liegt der Absatz im Durchschnitt aller Vertriebsregionen bei ca. 141 PKW pro Quartal. Bei b_1 handelt es sich um die **Steigung der Gerade**. Eine Erhöhung der Zahl der Kontakte um den Wert 1 lässt den PKW-Absatz im Durchschnitt um fast 3,13 Stück steigen. Diese Steigung ist mathematisch nichts anderes als die erste Ableitung der geschätzten Funktion nach X_1, also der **marginale Effekt** der Kontakte (Abb. 2.5).

Es wird in der Abbildung deutlich, dass der Effekt eines zusätzlichen Vertreterkontaktes wegen des linearen Zusammenhangs immer gleich groß ist – unabhängig davon, ob

---

Buchstaben (b_0, b_1 usw.) stehen für die geschätzten Koeffizienten. Sie werden in der Literatur häufig auch mit den griechischen Buchstaben (in der Regel β_0, β_1 usw.) abgekürzt. Zur Unterscheidung von wahren und geschätzten Parametern dienen hier und in der Literatur auch die „Dächer" über den Variablen bzw. Koeffizienten, so sind zum Beispiel $\hat{Y}$, $\hat{\beta}_1$ geschätzte Größen.

[5] Englisch: „Intercept" oder „Constant".

die Zahl von 11 auf 12 oder von 21 auf 22 Kontakte steigt, erhöht sich der PKW-Absatz um 3,126 Stück.

Durch Einsetzen konkreter Werte für die Zahl der Kontakte lässt sich berechnen, welche Absatzmengen zu erwarten sind. Bei 17 Vertreterkontakten ergibt sich eingesetzt in die geschätzte Gl. 2.4 folgendes:

$$\hat{Y} = 141{,}013 + 3{,}126 \times 17 = 194{,}16. \tag{2.5}$$

Die inhaltliche Interpretation ist, dass bei 17 Vertreterkontakten im Mittel 194,16 PKW verkauft werden. Der geschätzte Wert $\hat{Y}$ ist ein **bedingter Mittelwert (conditional mean)**. Die Bedingung ist die Zahl der Vertreterkontakte, die stattfinden, im Beispiel also 17 Kontakte. Im Durchschnitt (im Mittel) aller Verkaufsregionen ist zu erwarten, dass bei 17 Kontakten 194,16 PKW verkauft werden.

Zur Wiederholung: Um in das Streudiagramm der Abb. 2.1 eine Gerade zu legen, die diese Beobachtungen möglichst „gut" wiedergibt, benötigen wir eine mathematische Regel, mittels derer sich b_0 und b_1 berechnen lassen. Das gängige Verfahren ist die KQ-Methode (OLS-Methode).[6] Diese Regeln zur Berechnung heißen Schätzer und das Ergebnis ist eine Schätzung der unbekannten Koeffizienten b_0 und b_1. Im Beispiel des OLS-Verfahrens betragen die Schätzungen für b_0 141,013 und b_1 3,126. Die Schätzung des Koeffizienten b_1 ist die erste Ableitung der Gl. 2.4, diese ist nichts anderes als die Steigung der Geraden und besagt inhaltlich, welche Auswirkungen ein zusätzlicher Vertreterkontakt auf die abhängige Variable, das heißt die Zahl der verkauften PKW ausübt.

Im Unterschied zu Korrelationskoeffizienten, die lediglich einen dimensionslosen Zusammenhang beschreiben, gehen die Regressionskoeffizienten von einer eindeutigen Wirkungsrichtung (Kausalrichtung) aus: Die Zahl der Kontakte determiniert die Absatzmenge.[7]

Bei der Interpretation wird unterstellt, dass die **Residuen e** lediglich **Zufallseinflüsse** wiedergeben (bspw. Messfehler bei der Datenerhebung u. ä.) und der „wahre" Zusammenhang durch die geschätzte Funktion erfasst wird. Die Wahrheit ist hier als der im Mittel zu erwartende Wert der abhängigen Variablen definiert. Allerdings sind noch einige Aspekte zu prüfen, bevor an diese „Wahrheit" geglaubt wird (siehe Kap. 5 bis 7).

Im nächsten Schritt ergibt sich für den Vertriebsverantwortlichen die Frage, welche Relevanz und welchen Einfluss die Preispolitik auf den Absatz hat, denn im geplanten Meeting mit dem Vorstandsverantwortlichen für das Marketing in Europa soll die Möglichkeit der aufgrund von Kostensteigerungen notwendigen Preiserhöhungen auch auf dem deutschen Markt besprochen werden.

---

[6] Es existieren auch andere Regeln zur Berechnung, die im Anhang 5.1 des Kap. 5 kurz beschrieben werden. Die OLS-Methode ist aber das Referenzverfahren und grafisch besonders eingängig vermittelbar.

[7] Zum Unterschied von Regressionskoeffizient und Pearson-Korrelationskoeffizient siehe auch Abschn. 8.1 und 8.2 am Ende des Buchs.

Analog zum Vorgehen bei der einfachen Analyse der Vertreterkontakte enthält Abb. 2.6 eine grafische Widergabe der Verkaufszahlen und Preise in den 15 Vertriebsregionen. Das Ergebnis der dazugehörenden einfachen Regressionsanalyse lautet:

$$\hat{Y} = 149{,}098 + 3{,}196 X_2. \tag{2.6}$$

Abb. 2.6 und die dazu mittels OLS ermittelten Koeffizientenschätzungen offenbaren aber im Vergleich zum Einfluss der Vertreterkontakte eine Reihe von Schwierigkeiten. Die Variable *Preis* hat einen positiven Einfluss, da der Koeffizientenwert +3,196 beträgt. Inhaltlich führt damit eine Preiserhöhung um 1000 € zu einer Steigerung des Absatzes um im Durchschnitt ca. 3,2 PKW. Der Zusammenhang ist nach Abb. 2.6 allerdings weniger eindeutig und unter Umständen für höhere Preise (über 15.500 €) sogar falsch. Dass Preiserhöhungen auf dem hart umkämpften Markt für PKW der untersten Mittelklasse eine verkaufsförderliche Maßnahme darstellen, ist ökonomisch kaum sinnvoll und ein Indiz dafür, dass bei der Analyse etwas Grundlegendes übersehen worden ist.

Tatsächlich wird bei dieser isolierten Betrachtung des Einflusses der Preise vernachlässigt, dass es ja noch weitere wichtige Einflussfaktoren gibt. Im PKW-Beispiel sind

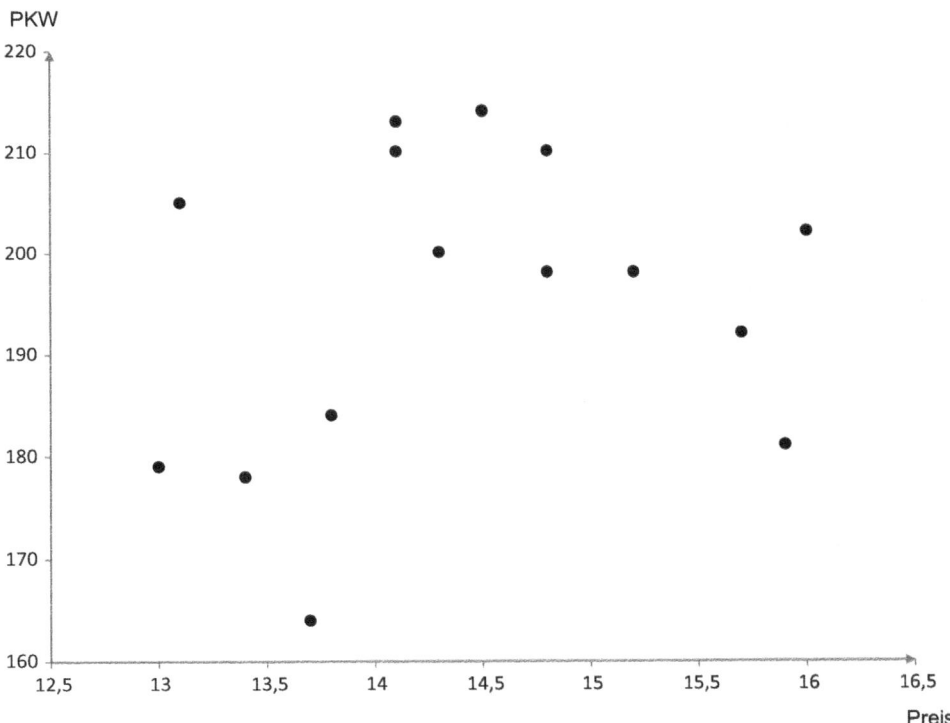

Abb. 2.6 Einfluss des Preises

dies die bereits behandelten Vertreterkontakte und zusätzlich das Werbebudget (Variable *Budget*). Alle drei Marketinginstrumente wirken gleichzeitig auf die Absatzmenge und müssen daher auch **simultan berücksichtigt** werden. Deren Einbezug und Darstellung ist problemlos mittels einer multiplen Regression in Form einer Gleichung möglich:

$$Y = f(X_1, X_2, X_3, \dots X_n). \tag{2.7}$$

Für den hier unterstellten linearen Zusammenhang wird die allgemeine Funktionsform aus Gl. 2.7 zu:[8]

$$Y = b_0 + b_1 X_1 + b_2 X_2 + b_3 X_3 + e. \tag{2.8}$$

Statt der Platzhalter Y und X wird in der Literatur auch auf die entsprechenden Variablenabkürzungen zurückgegriffen. Im PKW-Beispiel mit den genannten drei Einflussfaktoren wird Gl. 2.8 damit wie folgt geschrieben:

$$Menge = b_0 + b_1\, Kontakte + b_2\, Preis + b_3\, Budget + e. \tag{2.9}$$

Die Gl. 2.8 bzw. 2.9 sind die Spezifikationen unserer Regression. Der Ausdruck Spezifikation bezieht sich auf die Formulierung eines Modells, das die allgemeine Gl. 2.7 konkretisiert. Eine solche Spezifikation umfasst zwei Entscheidungen: Erstens, welche abhängige und unabhängigen Variablen werden in die Gleichung aufgenommen? Hier sind es die abhängige Variable der Zahl verkaufter PKW und die unabhängigen Variablen zur Zahl der Vertreterkontakte, dem Verkaufspreis und dem Werbebudget. Zweitens, wie sieht die funktionale Beziehung zwischen den Variablen aus? Hier unterstellen wir einen durchgängig linearen Zusammenhang.

Das Ergebnis der Schätzung dieser Spezifikation mittels SPSS oder Stata und unter Verwendung der Daten aus Tab. 1.2 führt zu:

$$Menge = 104{,}647 + 3{,}056\, Kontakte - 1{,}501\, Preis + 2{,}407\, Budget. \tag{2.10}$$

Die Konstante b_0 beträgt also jetzt 104,647, b_1 ist gleich 3,056, b_2 gleich $-1{,}501$ und b_3 gleich 2,407. In anderer Darstellungsweise lautet die Gl. 2.10:

$$\hat{Y} = 104{,}647 + 3{,}056 X_1 - 1{,}501 X_2 + 2{,}407 X_3. \tag{2.11}$$

Bei der Interpretation ist zunächst wichtig, dass die Koeffizientenschätzungen der multiplen Regression den Einfluss der jeweiligen exogenen Variablen bei Konstanthaltung des Einflusses aller anderen exogenen Variablen beschreiben. Es werden also die jeweiligen isolierten Einflüsse auf den Absatz berechnet. Die Koeffizientenschätzungen sind also **Ceteris-paribus-Aussagen**.[9]

---

[8] Auf die Unterscheidung der wahren und der mittels OLS geschätzten Koeffizientenwerte wird zur Vereinfachung im Folgenden verzichtet.

[9] Dies entspricht im Rahmen einer Korrelationsanalyse der Berechnung von Partialkorrelationen. Für die Berechnung des Zusammenhangs zwischen Y und X_1 werden die Beziehungen der

Die Konstante (das Absolutglied) liegt bei 104,647, d. h. wenn keine Vertreterkontakte stattfinden, der Preis Null beträgt und keine Ausgaben für Werbung getätigt werden, können im Durchschnitt fast 105 PKW pro Quartal verkauft werden. Diese Interpretation ist ökonomisch nicht plausibel, insbesondere im Hinblick auf einen Preis von Null. Generell wird in der Forschungspraxis die Konstante üblicherweise nicht weiter beachtet und interpretiert. Es existieren einige wenige Ausnahmen von dieser Regel. Ein Beispiel ist die Schätzung einer Kostenfunktion. In diesem Fall ist die Konstante ggf. nämlich ökonomisch sinnvoll interpretierbar. Es handelt sich um die Fixkosten, die auch bei einer Produktionsmenge von Null anfallen.

Der Koeffizient für den Preis (die Variable *Preis*) liegt jetzt bei −1,501 (statt vorher +3,196). Er misst den Einfluss eines Preisanstiegs auf den Absatz (im Mittel), wenn die Auswirkungen der Vertreterkontakte und des Werbebudgets konstant gehalten werden. Es zeigt sich jetzt die theoretisch erwartete sinkende Nachfrage bei steigendem Preis: Eine Preiserhöhung von 1000 € lässt die verkaufte Menge um 1,5 PKW pro Quartal sinken.

Grafisch kann die gleichzeitige Wirkung von zwei unabhängigen Variablen in Form einer Ebene abgebildet werden. Abb. 2.7 zeigt die simultane Wirkung von Preis und Kontakten auf die Zahl der verkauften PKW. Mit steigendem Preis fällt die verkaufte Menge (= Bewegung entlang der Preis-Achse) und mit zunehmender Zahl der Vertreterkontakte wächst die Verkaufsmenge (= Bewegung entlang der Kontakte-Achse). Grafisch ist dies eine schief im aufgespannten Koordinatensystem liegende Ebene.

Bei drei und mehr exogenen Variablen wird die Beziehung von Y und X_1 bis X_3 zu einer sogenannten Hyperebene. Dann ist eine grafische Darstellung nicht mehr sinnvoll.

Der Koeffizient der Kontakte b_1 besagt, dass bei *einem* weiteren Vertreterbesuch der Automobilabsatz um 3,056 Stück steigt. Der Regressionskoeffizient der Kontakte unterscheidet sich mit 3,056 nicht wesentlich von dem der einfachen Regression, der 3,126 beträgt (siehe oben). Der Koeffizient des Budgets b_3 beläuft sich auf 2,407. Eine Steige-

Abb. 2.7 Simultaner Einfluss von Kontakten und Preis

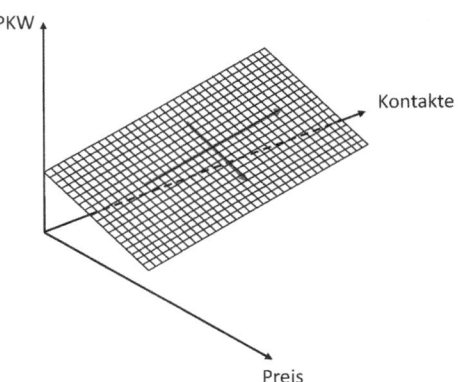

Variablen Y und X_1 mit den Variablen X_2 und X_3 beseitigt. Die Statistik bezeichnet dies als auspartialisieren. Das Verfahren wird erläutert bei Bühner und Ziegler (2009, S. 645–650).

rung des Werbebudgets um 1000 € führt also dazu, dass der PKW-Absatz im Durchschnitt um 2,407 Stück zunimmt.

Alle Koeffizientenschätzungen haben jetzt die theoretisch erwarteten Vorzeichen: Vertreterkontakte und Werbebudget wirken positiv auf den Absatz, demgegenüber hat eine Preiserhöhung einen negativen Einfluss. Darüber hinaus ist es mittels der OLS-Schätzung recht gut gelungen, die dem konstruierten Datensatz zugrundeliegenden Beziehungen aufzudecken, wie ein Vergleich mit den wahren Koeffizienten in Anhang 2.1 demonstriert.

Von besonderem Interesse sind die Unterschiede in den Koeffizientenschätzungen für die Variable *Preis*. Eine einfache Analyse, die sich auf lediglich *einen* Einflussfaktor beschränkt, führt im PKW-Beispiel zu falschen Resultaten und damit Schlussfolgerungen, da das geschätzte **Modell fehlspezifiziert** ist. Die Fehlspezifikation besteht darin, die tatsächlich einflussreichen Variablen *Kontakte* und *Budget* weggelassen zu haben. In der Regressionsanalyse wird dann von **verzerrten Koeffizientenschätzungen** (bias) gesprochen. Die Verzerrung besteht darin, dass der Koeffizient in der einfachen Analyse mit 3,196 ein falsches Vorzeichen besitzt und verglichen mit dem wahren Wert von $-1,3$ viel zu groß ist (auf dieses Problem wird in Kap. 5 näher eingegangen).

Die Aussage, dass die ermittelte Koeffizientenschätzung einer empirischen Untersuchung ceteris paribus den Einfluss der jeweiligen Variablen abbildet, gilt also nur hinsichtlich der einbezogenen Variablen der jeweiligen Schätzung. Die Ceteris-paribus-Annahme in den theoretischen Modellen kann demgegenüber per definitionem alle anderen Variablen ausschließen.

Die beschriebene Verzerrung tritt bei einer einfachen Analyse allerdings nicht zwingend auf. Die Gegenüberstellung der Schätzungen für die Variable *Kontakte* bei der einfachen und der multiplen Regression zeigt praktisch keine Unterschiede. Sie beträgt in der einfachen Regression 3,126 und in der multiplen Regression 3,056. Leider ist aber ohne Kenntnis des wahren Zusammenhangs nicht offensichtlich, ob eine Verzerrung vorliegt oder nicht. Dies spricht dafür, zunächst möglichst alle Einflussfaktoren zu berücksichtigen, damit die Wahrscheinlichkeit von Verzerrungen sinkt.

Zur Wiederholung dieser wichtigen Erkenntnis: Unser Beispiel zeigt, dass die Untersuchung des Zusammenhangs lediglich zweier Variablen – hier verkaufte Menge und Preis – (grafisch, mittels Korrelationskoeffizient, Kreuztabellierung oder Regression) zu völlig falschen Ergebnissen führen kann, wenn weitere einflussreiche Variablen vorhanden sind. Mittels der multiplen Regression ist es möglich – im Unterschied zu den anderen genannten Verfahren – prinzipiell den simultanen Einfluss von zwei, drei oder auch sehr vielen exogenen Variablen auf eine endogene Variable zu ermitteln. In der BWL, VWL und überhaupt den Sozialwissenschaften sind immer viele Einflussfaktoren relevant, die daher alle einbezogen werden sollten – jedenfalls soweit Daten zu den Variablen vorhanden sind. Die fehlende Einbeziehung tatsächlich einflussreicher Variablen führt aber nicht zwangsläufig zu verzerrten, das heißt falschen Koeffizientenschätzungen bei den berücksichtigten Variablen. Dies ist im PKW-Beispiel für die Variablen *Menge* und *Kontakte* festzustellen. Wovon hängt es aber ab, ob das Fehlen tatsächlich relevanter Einflussfaktoren verzerrte Resultate nach sich zieht? Die Frage wird später im Abschn. 5.6 beantwortet.

Zusammenfassend enthält Abb. 2.8 den Output einer mit dem statistischen Programm-paket SPSS durchgeführten Regressionsanalyse des PKW-Beispiels und Abb. 2.9 die entsprechenden Ergebnisse des Programmpakets Stata.

Die bereits diskutierten Schätzresultate der Koeffizienten finden sich bei SPSS in der Tabelle „Koeffizienten" im Teil „nicht standardisierte Koeffizienten" unter „Regressions-koeffizientB". Allerdings werden die Koeffizientenschätzungen in Spaltenform unterein-

Modellzusammenfassung

Modell	R	R-Quadrat	Korrigiertes R-Quadrat	Standardfehler des Schätzers
1	,995[a]	,991	,988	1,634

a. Einflussvariablen : (Konstante), Marketingbudget der Region in Tausend, Netto-Verkaufspreis in Tausend, Zahl der Kontakte der regionalen Produktmanager

ANOVA[b]

Modell	Quadratsumme	df	Mittel der Quadrate	F	Sig.
1 Regression	3129,030	3	1043,010	390,636	,000[a]
Nicht standardisierte Residuen	29,370	11	2,670		
Gesamt	3158,400	14			

a. Einflussvariablen : (Konstante), Marketingbudget der Region in Tausend, Netto-Verkaufspreis in Tausend, Zahl der Kontakte der regionalen Produktmanager
b. Abhängige Variable: Stückzahl der verkauften PKW

Koeffizienten[a]

Modell	Nicht standardisierte Koeffizienten RegressionskoeffizientB	Standardfehler	Standardisierte Koeffizienten Beta	T	Sig.
1 (Konstante)	104,647	7,816		13,389	,000
Zahl der Kontakte der regionalen Produktmanager	3,056	,104	,906	29,490	,000
Netto-Verkaufspreis in Tausend	-1,501	,473	-,097	-3,174	,009
Marketingbudget der Region in Tausend	2,407	,197	,360	12,245	,000

a. Abhängige Variable: Stückzahl der verkauften PKW

Abb. 2.8 Der SPSS-Output

Der Stata-Output ohne Beta-Koeffizienten:

```
Regress Absatzmenge Kontakte Preis Budget
```

Source	SS	df	MS		
Model	3129.02969	3	1043.0099	Number of obs = 15	
Residual	29.3703102	11	2.6700282	F (3, 11) = 390.64	
				Prob > F = 0.0000	
				R-squared = 0.9907	
Total	3158.4	14	225.6	Adj R-squared = 0.9882	
				Root MSE = 1.634	

Absatzmenge	Coef.	Std. Err.	t	P>|t|	[95% Conf. Interval]
Kontakte	3.055884	.1036244	29.49	0.000	2.827808 3.283959
Preis	-1.501242	.4730021	-3.17	0.009	-2.542313 -.4601718
Budget	2.406905	.1965572	12.25	0.000	1.974286 2.839525
_Cons	104.6473	7.816077	13.39	0.000	87.44424 121.8504

Der Stata-Output mit Beta-Koeffizienten:

```
Regress Absatzmenge Kontakte Preis Budget, Beta
```

Source	SS	df	MS		
Model	3129.02969	3	1043.0099	Number of obs = 15	
Residual	29.3703102	11	2.6700282	F (3, 11) = 390.64	
				Prob > F = 0.0000	
				R-squared = 0.9907	
Total	3158.4	14	225.6	Adj R-squared = 0.9882	
				Root MSE = 1.634	

Absatzmenge	Coef.	Std. Err.	t	P>|t|	Beta
Kontakte	3.055884	.1036244	29.49	0.000	.905533
Preis	-1.501242	.4730021	-3.17	0.009	-.0968655
Budget	2.406905	.1965572	12.25	0.000	.3598994
_Cons	104.6473	7.816077	13.39	0.000	.

Abb. 2.9 Der Stata-Output

ander aufgeführt, statt in Gleichungsform hintereinander. Dies ist die in wissenschaft-lichen Veröffentlichungen übliche Darstellungsform. Sie ermöglicht es auch sehr viele exogene Variable übersichtlich zu präsentieren. In der Abb. 2.9 zu Stata betrachten wir uns zunächst nur den oberen Teil „Der Stata-Output ohne Beta-Koeffizienten". Dort fin-den sich die Koeffizientenschätzungen in der unteren Tabelle unter der Überschrift „Coef."

Der Vergleich der Ergebnisse von SPSS und Stata hinsichtlich der Koeffizientenschät-zungen zeigt (selbstverständlich) identische Ergebnisse. Allerdings beschränkt sich SPSS auf drei Stellen hinter dem Komma und verwendet in der deutschen SPSS-Version auch die deutsche Notation, bei der ganze Zahlen vom Rest durch ein Komma getrennt werden. Stata gibt die amerikanische Schreibweise mittels Trennung durch einen Punkt wieder und besitzt eine sechsstellige Präzision.

2.3 Überprüfung der Aussagekraft

Bevor die obigen Resultate aber als verlässlich beurteilt werden können, müssen eine
Reihe von Aspekten untersucht werden. Dazu gehören zumindest das Bestimmtheitsmaß
(Abschn. 2.3.1), der F-Wert (Abschn. 2.3.2) und die t-Werte der Koeffizientenschätzungen
(Abschn. 2.3.3). Unter Umständen ist auch die relative Bedeutung der exogenen Variablen
von Interesse (Abschn. 2.3.4).

2.3.1 Das Bestimmtheitsmaß

Generell ist wichtig, wie gut die geschätzte Gerade bei einer exogenen Variablen zu den
Beobachtungen passt, bzw. wie präzise bei mehreren exogenen Variablen die geschätzte
Hyperebene passt. Dies bezeichnen wir auch als Modellfit.

Das gängige Maß für diese „goodness of fit" ist das **Bestimmtheitsmaß** (der **Determinationskoeffizient**, coefficient of determination): R^2 (oder R-Square). Er kann Werte
zwischen 0 und 1 annehmen. Je näher er sich an 1 befindet, desto besser bildet die Schätzung die Daten ab und je näher an Null, desto schlechter ist der Modellfit.

Das R^2 gibt an, welcher Anteil der Varianz bzw. an der Gesamtstreuung (= Summe der
quadratischen Abweichungen der abhängigen Variable von ihrem Mittelwert $\bar{Y}$) von der
geschätzten Gerade (bzw. Hyperebene) erklärt wird.[10] Die Variable n bezeichnet dabei die
Zahl der Beobachtungen und $\bar{Y}$ den Mittelwert von Y.

$$\underbrace{\sum_{i=1}^{n}(y_i - \bar{y})^2}_{\text{Gesamtstreuung}} = \underbrace{\sum_{i=1}^{n}(\hat{y}_i - \bar{y})^2}_{\text{erklärte Streuung}} + \underbrace{\sum_{i=1}^{n}(y_i - \hat{y}_i)^2}_{\text{nichterklärte Streuung}}$$

$$R^2 = \frac{\sum_{i=1}^{n}(\hat{y}_i - \bar{y})^2}{\sum_{i=1}^{n}(y_i - \bar{y})^2} = \frac{\text{erklärte Streuung}}{\text{Gesamtstreuung}} \tag{2.12}$$

Eine Illustration der Zusammenhänge bei einer exogenen Variablen X_1 und verschiedenen Werten des R^2 findet sich in der Abb. 2.10. In der ersten Grafik stellen die Beobachtungen eine Punktwolke dar, die keinerlei Struktur und damit Abhängigkeit zwischen
der endogenen Variablen Y und der exogenen Variablen X_1 erkennen lässt. Das heißt,
im Prinzip lassen sich beliebige Geraden einzeichnen. Alle vier dargestellten Funktionen
sind insoweit gleich „schlecht" und weisen ein R^2 von Null auf. In der letzten Grafik der
Abb. 2.10 ist es mittels der eingezeichneten Geraden möglich, alle Beobachtungen perfekt
zu erklären. Der dazugehörige Determinationskoeffizient ist daher gleich Eins.

---

[10] Üblich ist die Interpretation als Anteil an der erklärten Varianz (Acock 2016, S. 276). Zur Deutung
als Anteil an der Gesamtstreuung (Variation) siehe Baum (2006, S. 78) und Ashley (2012, S. 179–
181).

Abb. 2.10 Determinationskoeffizienten

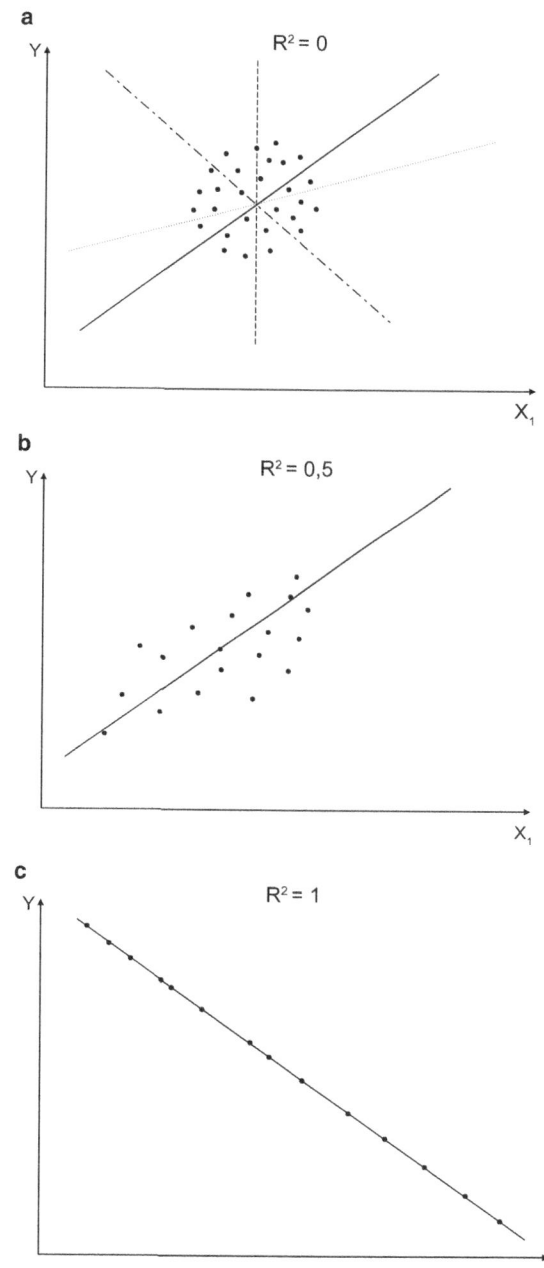

Wenn R^2 im PKW-Beispiel 0,991 beträgt, bedeutet dies, dass über 99 % der Varianz der endogenen Variablen durch die Koeffizienten der Modellschätzung erklärt wird. Der Wert findet sich in der ersten Tabelle „Modellzusammenfassung" der Abb. 2.8 (bzw. R-squared in Abb. 2.9). Im Allgemeinen wird ein so hohes R^2 als hervorragender Erklärungsgehalt des Modells angesehen. Bei Querschnittsdaten wird in realen Datensätzen ein so hohes Bestimmtheitsmaß selten festzustellen sein.

Zwei Vorbehalte sind allerdings zu berücksichtigen. Erstens sagt ein hohes Bestimmtheitsmaß noch nichts über die Erklärungskraft oder Richtigkeit der *einzelnen* Koeffizienten aus (siehe Abschn. 2.3.3). R^2 ist insoweit eine nur „globale" Aussage hinsichtlich des gesamten Modells.

Zweitens hängt die Höhe des R^2 in der praktischen Anwendung sehr stark von den zugrundeliegenden Problemstellungen und Daten ab. Makroökonomische Zeitreihendaten führen in der Regel zu einem sehr hohen R^2 (über 0,9). Dies liegt daran, dass die unabhängigen und abhängigen Variablen oft einen gemeinsamen Trend aufweisen – also bspw. alle über längere Zeiträume hinweg steigen. Mikroökonomischen Problemstellungen, bei denen individuelles Verhalten von Personen oder Unternehmen erklärt werden soll, zeigen dagegen bei Querschnittsbetrachtungen häufig einen hohen Anteil von nicht erklärter Streuung (R^2 unter 0,3). Die Ergebnisse sind aber trotzdem ökonomisch sinnvoll interpretierbar.

Beim Einstieg in das Arbeiten mit Regressionsanalysen und in der Praxis wird die Aussagekraft des Determinationskoeffizienten in der Regel erheblich überbewertet. Schon an dieser Stelle ist zu betonen, dass ein hohes (niedriges) R^2 keinen Schluss auf eine hohe (geringe) Qualität oder Verlässlichkeit eines Regressionsmodells zulässt! Diese Aussage wird im Abschn. 6.2 genauer erläutert.

Zu ergänzen ist die Erklärung des **korrigierten R-Quadrat** (adjusted R^2 oder $\bar{R}^2$). Im SPSS-Output der Abb. 2.8 finden wir es im Feld „Modellzusammenfassung" unter „Korrigiertes R-Quadrat" (= 0,988). Im Stata-Output der Abb. 2.9 steht es rechts oben bei „Adj R-squared" (= 0,9882). Es wird verwendet, da sich nachweisen lässt, dass das R^2 mit zunehmender Zahl von Regressoren niemals sinken kann: Solange die Regressionskoeffizienten von Null verschieden sind, tragen sie etwas zur „Erklärung" der Veränderungen der abhängigen Variable bei. Es ist also möglich, durch die Aufnahme sehr vieler exogener Variablen das Bestimmtheitsmaß zu vergrößern, ohne tatsächlich eine bessere Erklärung für die Veränderungen der endogenen Variablen zu besitzen. Das korrigierte Bestimmtheitsmaß berücksichtigt dies, indem die Zahl der Freiheitsgerade, das heißt die Differenz zwischen der Zahl der Beobachtungen und der Zahl der geschätzten Koeffizienten (= n − k − 1) einbezogen wird.[11]

$$\bar{R}^2 = 1 - (1 - R^2)\frac{n-1}{n-k-1} \qquad (2.13)$$

---

[11] Die Variable n steht für die Zahl der Beobachtungen und k für die Zahl der unabhängigen Variablen. In unserem PKW-Beispiel haben wir 15 Beobachtungen und 3 Einflussfaktoren (= unabhängige Variablen). Was Freiheitsgerade (Degress of freedom) sind, wird im Abschn. 5.9 erläutert.

Es steigt nur, falls die Verbesserung der Erklärungskraft des Modells durch die Aufnahme zusätzlicher Variablen nicht zufälliger Natur ist. Wenn die Zahl der Beobachtungen n sehr viel größer ist als die Zahl der Einflussfaktoren k und sich damit n − k nur wenig von n unterscheidet, nähert sich der Term $\frac{n-1}{n-k-1}$ dem Wert Eins. Die rechte Seite der Gl. 2.13 stimmt dann zunehmend mit R^2 überein. Dies trifft tendenziell bei Datensätzen mit vielen Beobachtungen und wenigen exogenen Variablen zu. Dann wird der Unterschied von $\bar{R}^2$ und R^2 immer kleiner.

Beim Vergleich verschiedener Modelle sollte das $\bar{R}^2$ verwendet werden (siehe genauer dazu Kap. 6). Das korrigierte Bestimmtheitsmaß wird standardmäßig von den gängigen Statistikprogrammen ausgewiesen.

Ein weniger häufig verwendetes Maß des Modellfits ist der **Standardfehler der Regression,** von SPSS als Standardfehler des Schätzers bezeichnet (SER standard error of regression bzw. of estimate oder Stata: Root-MSE). Er wird als Wurzel aus der mittleren Quadratsumme der Varianz der Residuen berechnet (Kirchkamp 2011, S. 51). Während der Determinationskoeffizient sich auf den durch das Modell erklärten Anteil der Variation der abhängigen Variable bezieht, enthält der Standardfehler der Regression eine Aussage zum Umfang des nicht erklärten Anteils, also des Fehlers.

$$\text{SER} = \sqrt{\frac{1}{n-2} \sum_{i=1}^{n} (\hat{e}_i - \bar{\hat{e}})^2} \tag{2.14}$$

Wenn alle Beobachtungswerte auf der Regressionsgerade liegen, ist der SER gleich Null. Also gilt, je kleiner der SER desto besser. Eine Interpretation des Standardfehlers der Regression findet in der ökonomischen Forschungspraxis aber eher selten statt. Ein Grund dafür liegt in der Abhängigkeit des Standardfehlers von der Skalierung der abhängigen Variablen, wodurch die absolute Größe des SER nicht aussagekräftig ist. Eine sinnvolle Interpretation muss den SER auf den Mittelwert der endogenen Variablen beziehen (Baum 2006, S. 77).

2.3.2 Der F-Test

Mit einem mehr oder weniger großen R^2 ist aber noch nicht klar, ob sich der Wert des Bestimmtheitsmaßes nur zufällig ergeben hat. Mit diesem Problem wird von der beschreibenden (deskriptiven) Statistik auf die **schließende (induktive) Statistik** übergegangen.

Die Beobachtungswerte (Daten) der abhängigen Variable Y werden im einfachen Modell nämlich als zufällig ausgewählte Repräsentanten der Grundgesamtheit interpretiert. Wenn die Daten nur eine Stichprobe darstellen, bedeutet dies, dass die geschätzten Regressionskoeffizienten (und damit auch R^2) nur mit einer bestimmten Wahrscheinlichkeit den unbekannten wahren Regressionskoeffizienten der Werte der Grundgesamtheit entsprechen. Die Höhe dieser Wahrscheinlichkeit muss überprüft werden, damit kann beim R^2 begonnen werden. Das Prüfverfahren dazu ist der F-Test.

Wie bei jedem statistischen Test wird eine bestimmte Nullhypothese überprüft. Die **Nullhypothese beim F-Test** besagt, dass die spezifizierte Regressionsgleichung als ganze unbrauchbar ist – also kein Einfluss auch nur einer der unabhängigen Variablen auf die abhängige Variable existiert.

Der F-Test basiert auf einer Varianzanalyse im Rahmen der Regressionsuntersuchung. In den Ausdrucken der Programmpakete ist er deshalb in einem Abschnitt „Analysis of variance" zu finden. In der Abb. 2.8 ist dies für SPSS die Tabelle ANOVA und für Stata in Abb. 2.9 der obere linke Teil unter „Source".

Beim F-Test wird die Summe der quadrierten Abweichungen der Werte der endogenen Variablen Y von ihrem Mittel $\bar{Y}$, im PKW-Bsp. 3158,400 (SPSS: Gesamt oder Stata: total) aufgeteilt in einen Anteil, der vom Modell erklärt wird, im PKW-Beispiel 3129,030 (SPSS: „Regression" oder Stata: „Model"), und einen Anteil, der unerklärt bleibt, im PKW-Beispiel 29,370 (SPSS: „nicht standardisierte Residuen" oder Stata: „error"). Daraus werden jeweils mittlere Abweichungen mittels Division durch die Zahl der Freiheitsgerade (degrees of freedom = df) berechnet (SPSS: „Mittel der Quadrate" oder Stata: „MS").

Der F-Wert berechnet sich als Division der erklärten mittleren Quadratsumme durch die nicht-erklärte mittlere Quadratsumme:

$$F = \frac{\text{Mean Square Model}}{\text{Mean Square Error}} = \frac{\text{MS Regression}}{\text{MS Error}} = \frac{\text{Mittel der Quadrate der Regression}}{\text{Mittel der Quadrate der Residuen}}.$$

Vereinfacht ausgedrückt, basiert der F-Test auf der Relation von dem, was wir mit einem Modell erklären können, zu dem, was wir nicht erklären können – den Residuen. Daher ist es „besser", wenn diese Relation und damit der F-Wert groß sind.

Der **empirische F-Wert** wird im Prinzip mit einer theoretischen F-Verteilung verglichen, wobei dafür eine Wahrscheinlichkeit vorgegeben wird, dass eine Ablehnung der Nullhypothese nicht zu Unrecht erfolgt (siehe dazu unten die Ausführungen zum t-Test).[12] Praktisch sieht man sich den empirischen F-Wert an. Ist er groß, bedeutet das, dass die Nullhypothese abgelehnt werden kann, d. h. der spezifizierte Modellzusammenhang ist brauchbar, es liegen nicht nur zufällige Zusammenhänge vor. Dies besagt inhaltlich, dass mindestens eine der exogenen Variablen die Absatzmenge beeinflusst – also das Modell tatsächliche Wirkungen erfasst.

Offen ist dabei noch, wann ein ausreichend „großer" F-Wert vorliegt.[13] Die Statistikprogrammpakete weisen aber standardmäßig das zum F-Wert gehörige **Signifikanzniveau**

---

[12] Eine genauere Darstellung der Logik von Hypothesentests enthält Kap. 9 am Ende des Buchs.

[13] Bspw. liegt bei einem Signifikanzniveau von 5 %, einer unabhängigen Variablen (d. h. einem Zählerfreiheitsgrad von 1) und 16 Beobachtungen, d. h. einem Nennerfreiheitsgrad von 14 (= 16 – Zahl der exogenen Variablen – 1) der kritische F-Wert bei 4,60. Ist der ermittelte F-Wert größer, wird die Nullhypothese abgelehnt. Bei einem Nennerfreiheitsgrad von 30 beträgt der kritische F-Wert 4,17 und fällt mit den Zählerfreiheitsgerade: Bei 10 Zählerfreiheitsgeraden beträgt er 2,16 (Auer und Rottmann 2010, S. 699).

(bzw. die **Irrtumswahrscheinlichkeit**) aus, so dass unmittelbar ersichtlich ist, ob die Nullhypothese zu einem gewählten Signifikanzniveau abgelehnt werden kann.

Der F-Wert im PKW-Bsp. liegt bei 390,636, ist also sehr hoch. Das Modell ist folglich mit hoher Wahrscheinlichkeit sinnvoll zur Erklärung der Verkaufszahlen der PKW in den 15 Verkaufsregionen. Wie hoch diese Wahrscheinlichkeit ist, wird ebenfalls berechnet und findet sich in SPSS unter „Sig." als Abkürzung für Signifikanzniveau und bei Stata als „Prob > F".

Das Signifikanzniveau gibt die Wahrscheinlichkeit an, einen so hohen F-Wert zu ermitteln und damit das Modell als brauchbar einzustufen, obwohl das Modell tatsächlich insgesamt keinen Erklärungsbeitrag liefert – also faktisch alle exogenen Variablen keine Wirkungen auf die endogene Variable aufweisen. Die Wahrscheinlichkeit eines solchen Irrtums – aus diesem Grund wird statt von Signifikanzniveau auch von Irrtumswahrscheinlichkeit gesprochen – ist extrem klein: Sie beträgt weniger als 0,0 %.

In der Forschungspraxis werden die Zwischenschritte weggelassen und direkt der F-Wert in Verbindung mit seinem Signifikanzniveau interpretiert.

2.3.3 Der t-Test

Im nächsten Schritt sind die einzelnen Regressionskoeffizienten darauf zu überprüfen, ob sie tatsächlich in der Grundgesamtheit einen Erklärungsbeitrag liefern. Das heißt also, ob sie dort positive oder negative Wirkungen auf Y ausüben oder ob dieser Einfluss nur zufällig in unserer Stichprobe vorhanden ist. Dies erfolgt mittels der **t-Statistiken**. Auch diesen liegt natürlich eine Nullhypothese zugrunde. Die Nullhypothese besagt hier, dass der ermittelte Koeffizient gleich Null ist – also in Wirklichkeit (in der Grundgesamtheit) keinen Einfluss besitzt.

Die jeweiligen Koeffizientenschätzungen (SPSS: „RegressionskoeffizientB" bzw. Stata: „Coef.") werden zur Berechnung des t-Wertes durch ihren Standardfehler (Stata: „Std. Err.", d. h. Standard Error) dividiert. Ein hoher absoluter t-Wert zeigt, dass die Nullhypothese abgelehnt werden kann. Eine Faustregel besagt, dass |t| > 2 sein muss, damit ein signifikanter Einfluss vorliegt. In diesem Fall hat der Koeffizient tatsächlich mit hoher Wahrscheinlichkeit einen Einfluss. Es heißt dann, er ist statistisch signifikant.[14] Das empirische Signifikanzniveau (die Irrtumswahrscheinlichkeit) wird auch in diesem Fall von der Statistiksoftware gleich mit ausgedruckt. In SPSS ist dies die sechste Spalte („Sig.") der Tabelle der Koeffizientenschätzungen und in Stata die fünfte Spalte mit der Überschrift „P > |t|".

---

[14] Es ist zu beachten, dass, wenn die Nullhypothese nicht abgelehnt werden kann, dies noch kein Beweis ist, dass von dieser Variable kein Einfluss ausgeht (siehe Abschn. 9.3.2).

Der t-Wert für die Variable *Vertreterkontakte* beträgt 29,490 und ergibt sich aus 3,056 geteilt durch 0,104.[15] Die Wahrscheinlichkeit, einen so hohen t-Wert zu ermitteln, obwohl die Vertreterkontakte eigentlich gar keinen Einfluss auf die Verkaufsmengen haben, liegt bei kleiner 0,000 %, ist also verschwindend gering.[16] Die Variable *Preis* weist einen t-Wert von −3,174 auf, was einer Irrtumswahrscheinlichkeit von 0,9 % entspricht.

Welches Signifikanzniveau in einer empirischen Untersuchung als ausreichend hoch angesehen wird, ist vor der Analyse, das heißt a-priori, festzulegen. Übliche Grenzen der praktischen Forschung sowohl für den F- wie auch den t-Test sind 10 % (0,1), 5 % (0,05) (= signifikant) bzw. 1 % (0,01) (= hoch signifikant), wobei das 5- und das 1-Prozent-Niveau am häufigsten gewählt werden. Das 10-Prozent-Niveau wird manchmal in der Praxis noch als Indiz eines möglichen Einflusses interpretiert.

Im Beispiel ist die Variable *Budget* mit einem t-Wert von 12,25 auf dem 1-Prozent-Niveau, also hoch signifikant. Tatsächlich sind in unserem Fall die Vertreterkontakte, der Preis und das Marketingbudget alle hoch signifikant, besitzen also mit großer Wahrscheinlichkeit einen Einfluss auf die Absatzmenge. Die von SPSS und Stata (sowie anderen Softwarepaketen) berechneten Signifikanzniveaus werden als empirische Signifikanzniveaus bezeichnet. Diese empirischen Signifikanzniveaus vergleichen wir mit dem von uns vorher festgelegten Signifikanzniveau von 1 % oder 5 %. Ein sehr kleines empirisches Signifikanzniveau beinhaltet also eine hohe Signifikanz! Das berechnete empirische Signifikanzniveau der Variable *Preis* beträgt 0,009. Dies bedeutet, dass es in weniger als 9 von 1000 Fällen (Stichproben) falsch wäre, die Nullhypothese abzulehnen.

Das Vorgehen bei diesen statistischen Tests erscheint auf den ersten Blick unnötig kompliziert zu sein. Warum kann nicht einfach bestätigt werden, dass der betreffende Schätzwert genau dem wahren Koeffizientenwert entspricht? Dies liegt daran, dass bei allen Hypothesentests immer nur Aussagen zur Wahrscheinlichkeit möglich sind. Das Signifikanzniveau (die Irrtumswahrscheinlichkeit) beträgt dabei niemals exakt 0 %. Eine „Restunsicherheit" bei der 5., 10. oder 20. Nachkommastelle bleibt immer bestehen. Daher lassen sich auch lediglich Bandbreiten angeben, innerhalb derer der wahre Koeffizientenwert mit einer gewählten Wahrscheinlichkeit liegt. Dies sind die sogenannten **Konfidenzintervalle** der Koeffizientenschätzungen. In der Abb. 2.9 sind beim Stata-Output die 95 %-Konfidenzintervalle unserer drei exogenen Variablen zu finden (Stata: „95 % Conf. Intervall"). Für die Variable *Kontakte* lautet eine gängige Interpretation wie folgt: Mit einer Wahrscheinlichkeit von 95 % liegt der wahre Koeffizientenwert zwischen 2,828 und 3,284 (jeweils auf drei Nachkommastellen gerundet).[17] Exakter formuliert, werden bei Ziehung von 100 zufälligen Stichproben aus der Grundgesamtheit nur fünf einen Mittelwert außerhalb dieses Konfidenzintervalls aufweisen. Der geschätzte Koeffizientenwert

---

[15] Im Nachkommastellenbereich können u. a. durch Rundungen Abweichungen zwischen den Ergebnissen verschiedener statistischer Programmpakete auftreten.

[16] Da die Statistikprogrammpakete runden, heißt dies genauer, dass die Wahrscheinlichkeit kleiner als 0,0005 % ist.

[17] Dies ist eine im strengen statistischen Sinn falsche Interpretation (Schira 2005, S. 451). Eine klare Darstellung geben Schnell et al. (2013, S. 265–267).

der Vertreterkontakte in Höhe von 3,056 entspricht dem Mittelwert dieses Konfidenzintervalls. Durch Verwendung des t-Tests lässt sich außerdem mit einer bestimmten gegebenen Wahrscheinlichkeit sagen, ob die exakte Koeffizientenschätzung von Null verschieden ist.[18]

Bei der Interpretation der Signifikanz einer exogenen Variablen sind folgende Aspekte wichtig, die in der Praxis der Wirtschaftsforschung häufig übersehen werden: Erstens ist die Signifikanz keine Aussage zur inhaltlichen Wichtigkeit oder Bedeutsamkeit eines Einflussfaktors. Zweitens hat eine hohe Signifikanz nichts mit der Stärke eines Einflusses zu tun. Drittens ist ein hohes Siginifikanzniveau kein Beweis der kausalen Wirkung einer exogenen Variablen. Viertens ist sie kein Beleg dafür, dass der wahre Zusammenhang der betreffenden exogenen Variablen und der endogenen Variablen identifiziert worden ist. Diese Einschränkungen werden im Abschn. 2.3.4 und in den folgenden Kap. 3 und 4 erläutert. Abschließend sei darauf hingewiesen, dass das Konfidenzintervall zum Teil besser geeignet ist, die Sicherheit bzw. Unsicherheit einer Koeffizientenschätzung deutlich zu machen. Der berechnete Wert eines Regressionskoeffizienten suggeriert unter Umständen eine Exaktheit, die so gar nicht gegeben ist.

2.3.4 Der relative Einfluss der exogenen Variablen

Die statistische Signifikanz einer unabhängigen Variablen heißt lediglich, dass der Einfluss dieser Variable mit hoher Wahrscheinlichkeit nicht gleich Null ist. Damit ist die Frage der ökonomischen Wichtigkeit eines Einflusses aber noch offen. Die **ökonomische Relevanz** (auch als praktische Signifikanz bezeichnet) eines Koeffizienten ist also ergänzend zur **statistischen Signifikanz** zu untersuchen.

Bei der Beurteilung der Bedeutung der Einflussfaktoren anhand der geschätzten Koeffizientenwerte muss berücksichtigt werden, dass die Höhe des ermittelten Koeffizientenwerts von der **Skalierung der endogenen und der exogenen Variablen** abhängt. Die Interpretation kann nicht losgelöst von der Skalierung erfolgen. Zum Beispiel soll der Einfluss der Schulausbildung gemessen in Schulbesuchsjahren auf das spätere Einkommen einer Person ermittelt werden. Nehmen wir an, die abhängige Variable „Monatliches Einkommen" wird gerundet auf volle Euro erfasst. Der Koeffizient der Schulausbildung beträgt 236,57, das heißt ein Jahr zusätzlicher Schulbesuch erhöht das durchschnittliche

---

[18] Es handelt sich um das Vorgehen bei einem zweiseitigen Test. Es können auch Tests durchgeführt werden, inwieweit der Koeffizient größer oder kleiner Null ist (einseitige Tests). Weiterführende Tests überprüfen bspw. die Übereinstimmung mit vorgegebenen Koeffizientenwerten oder das Vorliegen eines gemeinsamen Einflusses mehrerer Variablen. Ausführliche Erläuterungen geben Bühner und Ziegler (2009; Kapitel 4 und 5), Auer und Rottmann (2010, Kapitel III.3) sowie Cortinhas und Black (2012, Unit V).

Monatseinkommen um 236,56 €. Wechseln wir die Skalierung auf Tausend Euro beträgt der Regressionskoeffizient der Schulausbildung nur noch 0,23657.[19]

Festzuhalten ist, dass die absoluten Größenordnungen der geschätzten Koeffizienten inhaltlich irrelevant sind, da sie von den Maßeinheiten der Variablen determiniert werden. Generell führt eine Veränderung der Maßeinheit der abhängigen Variablen Y um den Faktor λ auch zu einer Veränderung der Koeffizienten aller unabhängigen Variablen um den Faktor λ. Im Folgenden erfassen wir einmal die verkauften PKW unseres Fallbeispiels in der Einheit „Tausend PKW". Dazu dividieren wir die Daten in der Spalte „Absatzmenge" der Tab. 1.2 durch 1000 (bzw. multiplizieren mit 1/1000) Gl. 2.15 enthält das Resultat der Schätzung der uns bekannten multiplen Regression mit diesem neuen Datensatz:

$$Menge = 0,104647 + 0,003056 \, Kontakte - 0,001501 \, Preis + 0,002407 \, Budget. \quad (2.15)$$

Alle Koeffizientenwerte sind um den Faktor 1/1000 verringert, damit ist aber keine inhaltliche Änderung der Aussagen verbunden.[20]

Für die exogenen Variablen ist festzustellen, dass eine Abwandlung der Skalierung einer Variablen nur den Koeffizientenwert genau dieser Variablen entsprechend verändert. Alle anderen Koeffizienten bleiben unbeeinflusst. Was ergibt sich zum Beispiel, wenn (als einzige Modifikation) in unserem PKW-Datensatz das Marketing-Budget nicht in der Einheit „Tausend Euro" sondern in Euro vorliegt? In der Tab. 1.2 steht dann in der Spalte *Budget* für die erste Region der Wert 26.300 € für die zweite Region der Wert 27.100 € – alle Werte dieser Spalte werden mit dem Faktor 1000 multipliziert. Die Regression mit diesem neuen Datensatz führt zu folgendem Schätzergebnis:

$$Menge = 104,647 + 3,056 \, Kontakte - 1,501 \, Preis + 0,002407 \, Budget. \quad (2.16)$$

Wir sehen, dass sich nur der Koeffizient für *Budget* ändert. Da die neue Skalierung die Daten für das Marketingbudget um den Faktor 1000 erhöht, verringert sich der Koeffizient um den Faktor 1/1000. Inhaltlich bleibt die Aussage wieder die gleiche.

Natürlich gilt ebenfalls, dass alle diese Modifikationen der Maßeinheiten die statistischen Ergebnisse zu t-Werten, F-Werten, Signifikanzniveaus und Determinationskoeffizienten nicht berühren.

Als Fazit ergibt sich, dass es in der einfachen OLS-Regression nicht möglich ist, aus der absoluten Größe der Koeffizienten ohne Kenntnis der Skalierung eine Aussage hinsichtlich der Bedeutung einer exogenen Variablen abzuleiten. Ein geschätzter Koeffizient von 0,003056 ist für sich genommen nicht weniger wichtig oder einflussreich als ein Koeffizient von 3056,00.

---

[19] Praktisch treten kleine Abweichungen zwischen beiden Koeffizientenschätzungen aufgrund von Rundungsfehlern auf.

[20] In SPSS ist die Ausgabe der Koeffizientenschätzungen in der Standardeinstellung auf drei Nachkommastellen begrenzt. Wenn wir in SPSS im Regressionsoutput den Koeffizienten markieren und dann links doppelt anklicken, erhalten wir die weiteren Nachkommastellen der Gln. 2.15 und 2.16.

Ein weiteres praktisches Beispiel ist die Erklärung der Zahl der Verkehrsunfälle in den 295 Landkreisen in Deutschland. Ein plausibler Einflussfaktor ist die „männliche Bevölkerung im Alter von 18 bis 21 Jahren". Diese Variable kann als absolute Größe, in der Einheit Tausend, Zehntausend usw. gemessen werden. Möglich ist aber auch die Erfassung als Anteil an der Gesamtbevölkerung mit einem Wert zwischen Null und Eins oder als Prozentanteil mit einem Wert zwischen Null und Hundert.

Welche dieser Maßeinheiten sollte verwendet werden? Eine allgemeine Antwort ist, dass die geschätzten Koeffizienten leicht interpretierbar sein müssen. Ein Koeffizient von 0,000078 ist in der Regel schwerer verständlich als ein Koeffizient von 7,8. Ob ein Einfluss in absoluten Größen oder als (Prozent-)Anteil einbezogen wird, ist unter inhaltlichen Gesichtspunkten im Kontext der Spezifikation des Modells zu entscheiden.

Damit ist auch offensichtlich, dass eine Einschätzung der relativen Bedeutung der verschiedenen Einflussfaktoren, aufgrund unterschiedlicher Skalierungen (bspw. Zahl der Vertreterkontakte einerseits, Preis in Cent andererseits) nicht direkt möglich ist. Um Aussagen zur relativen Bedeutung – also bspw. eine Erhöhung der Zahl der Vertreterkontakte im Vergleich zu einer Reduzierung des Preises um 1000 € – treffen zu können, sind zwei Ansätze üblich.

Erstens berechnen die gängigen Statistikprogrammpakte sogenannte **standardisierte Koeffizientenschätzungen** (SPSS: „Beta" und Stata: „Beta"). Die Standardisierung erfolgt, indem bei allen Variablen von den jeweiligen Beobachtungswerten die Mittelwerte abgezogen und dann durch die Standardabweichungen dividiert werden (sogenannte z-Transformation). Die Variablen werden dadurch skalierungsunabhängig und untereinander vergleichbar. Die Koeffizientenschätzungen der Beta-Werte zeigen jetzt, wie sich die abhängige Variable verändert, wenn die betreffende unabhängige Variable um eine Standardabweichung erhöht oder verringert wird.

Im PKW-Beispiel hat die Zahl der Vertreterkontakte ein Beta von 0,906 und ist damit die – bezogen auf die jeweiligen Standardabweichungen – relativ einflussreichste Variable. Der Preis hat demgegenüber einen absoluten standardisierten Koeffizientenwert von lediglich 0,097 (siehe Abb. 2.8 SPSS und Abb. 2.9 Stata unterer Teil).

Die standardisierten Koeffizienten haben aber den Nachteil, dass bei einem Einflussfaktor, der nur eine geringe Varianz und damit Standardabweichung aufweist, das Beta schon aus diesem Grund niedrig ausfällt. Bei den PKW-Verkäufen wird bspw. der Preis nur innerhalb einer relativ geringen Bandbreite variiert, so dass der tatsächliche Einfluss unterschätzt werden könnte (Skiera und Albers 2008).[21]

Als zweite Alternative sind **Elastizitäten** dimensionslose Werte, die eine Gegenüberstellung der Koeffizientenschätzungen verschiedener Variablen erlauben.[22]

---

[21] Allerdings können standardisierte Koeffizienten bei Dummy-Variablen und Interaktionseffekten (beide werden im Kap. 3 erläutert) nicht verwendet werden.
[22] Diese berechnen wir durch Logarithmierung der abhängigen und der unabhängigen Variablen (siehe dazu ebenfalls Kap. 3).

Letztlich sind aber die (relativen) Bedeutungen immer nur im Kontext der jeweiligen inhaltlichen Problemstellungen zu beurteilen. Welche ökonomische Relevanz eine Erhöhung der Zahl der Vertreterkontakte um Eins im Vergleich zu einer Senkung des Preises um 1000 € hat, kann nur vor dem Hintergrund der ökonomischen Situation des betreffenden Unternehmens analysiert werden, da bspw. die Kosten eines zusätzlichen Vertreterkontaktes in Form eines persönlichen Besuches in Relation zur Intensität des Preiswettbewerbs und möglicher Konkurrentenreaktionen entscheidend sind.

2.4 Zusammenfassung

Die Regressionsanalyse ist ein wichtiges statistisches Instrument, um theoretische Überlegungen zu überprüfen und empirische Zusammenhänge zu quantifizieren. In der Regel gibt es mehrere (oft viele) mögliche Einflussfaktoren, weshalb die multiple Regression sinnvoll bzw. sogar zwingend notwendig ist.

Die Berechnungen werden durch die statistischen Programmpakete vorgenommen. Anhang 2.2 dieses Kapitels enthält dazu einen kurzen kommentierten Überblick gängiger Programmpakete. Die Untersuchung kann sich auf die inhaltlichen und methodischen Voraussetzungen und die Interpretation der Berechnungsergebnisse, das heißt des Outputs der Programmpakete, konzentrieren. Wichtige Elemente sind erstens die Überprüfung des korrigierten Determinationskoeffizienten, des F- und der t-Werte und ihrer Signifikanzniveaus. Auf dieser Basis werden zweitens die geschätzten Koeffizientenwerte hinsichtlich ihrer Einflussrichtung (d. h. ihres Vorzeichens) und ihres Ausmaßes interpretiert.

2.5 Durchführung in SPSS und Stata

SPSS
Wir starten mit unserem PKW-Beispiel. Dazu öffnen wir nach Aufruf des Programms den Datensatz „PKW-Marketing-Beispiel.sav". Dies erfolgt mittels [Datei > Öffnen > Daten].[23] In der [Datenansicht] finden Sie dann den bereits bekannten Datensatz der Tab. 1.2. In der [Variablenansicht] sind Informationen zu den Variablen hinterlegt. Anschließend folgt [Analysieren > Regression > Linear] und danach aktivieren wir die Variable *Stückzahl der verkauften PKW*. Der Bildschirm hat dann folgendes Aussehen (siehe Abb. 2.11).

Durch Klicken auf den oberen Pfeil wird die aktivierte Variable zur abhängigen Variable. Entsprechend verschieben wir die Variablen *Zahl der Kontakte, Netto-Verkaufspreis* und *Marketingbudget* in das Kästchen mit den unabhängigen Variablen:

Jetzt muss nur noch [OK] eingegeben werden und das Resultat ist: Your first regression. Der dann folgende SPSS-Output entspricht dem bereits oben in der Abb. 2.8 wiedergege-

---

[23] Im Folgenden werden die in den Softwareprogrammen anzuklickenden bzw. einzugebenden Befehle in eckige Klammern gesetzt: [. . .].

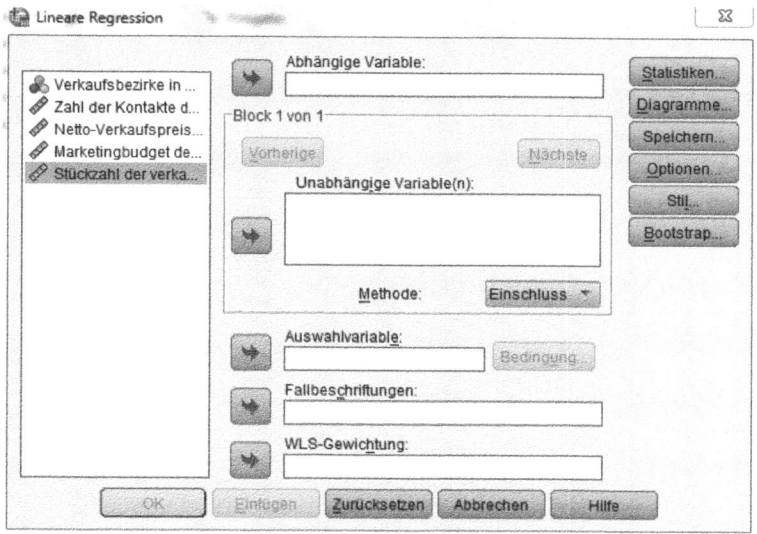

Abb. 2.11 Lineare Regression PKW SPSS I

benen Bild. Wird vor dem [OK] „Statistiken" (siehe Abb. 2.12) angeklickt und danach ein Häkchen bei „Konfidenzintervalle" im Feld „Regressionskoeffizienten" gesetzt, berechnet SPSS die Konfidenzintervalle der Koeffizientenschätzungen. Tab. 2.1 gibt den entsprechenden SPSS-Output wieder, wenn wir das Häkchen bei „Schätzer" wegnehmen. Voreingestellt ist das 95 %-Konfidenzintervall, aber beliebige andere Intervallgrenzen können eingegeben werden. Vor den Tabellen mit den Outputs erscheinen in SPSS mehrere Zeilen etwas kryptischen Charakters. Diese enthalten die „Übersetzung" unserer menügesteuerten Anweisungen in die SPSS zugrundeliegenden syntaxbasierten Befehle. Mittels der Menüpunkte [Datei > Neu > Syntax] können wir diese auch direkt eingeben.

Als Literatur sind Bühl (2014) und Brosius (2013) zum Einstieg (!) in die Regression gut verwendbar. Ein verständliches englisches Lehrbuch mit sozialwissenschaftlicher Ausrichtung ist Field (2013). Für den Einsatz der verschiedenen statistischen Methoden in der Betriebswirtschaftslehre eignen sich Backhaus et al. (2011, 2013) sowie mit sozialwissenschaftlicher Perspektive Tabachnick und Fidell (2014). Einen ausführlicheren Überblick zur linearen Regression verschafft die online verfügbare Einführung von Baltes-Götz (2016). Eine Erläuterung der syntaxbasierten Steuerung von SPSS mit Anwendungsbeispielen aus dem ALLBUS-Datensatz bieten Wittenberg et al. (2014).

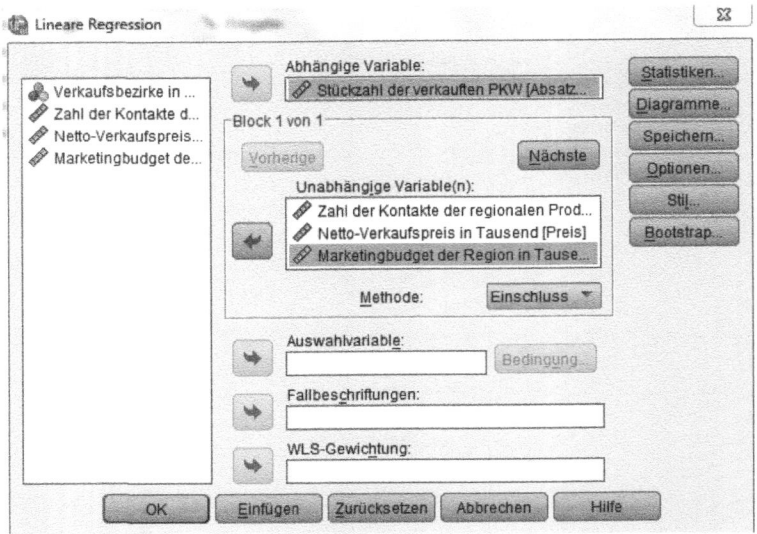

Abb. 2.12 Lineare Regression PKW SPSS II

Tab. 2.1 Konfidenzintervalle

Koeffizienten[a]

Modell		95,0% Konfidenzintervalle für B	
		Untergrenze	Obergrenze
1	(Konstante)	87,444	121,850
	Zahl der Kontakte der regionalen Produktmanager	2,828	3,284
	Netto-Verkaufspreis in Tausend	-2,542	-,460
	Marketingbudget der Region in Tausend	1,974	2,840

a. Abhängige Variable: Stückzahl der verkauften PKW

Stata

In der Version Stata 13.0 rufen wir den PKW-Beispieldatensatz mittels [File > Open] auf.[24] Über [Statistics > Linear models and related > Linear regression] erscheint ein

---

[24] Stata-Datensätze sind an der Endung „.dta" zu erkennen. Hier benutzen wir also den Datensatz „PKW-Marketing-Beispiel.dta".

Fenster, in dem wir die abhängige Variable (Dependent variable) und die unabhängigen Variablen (Independent variables) durch Anklicken des Pfeils rechts neben den Eingabefeldern sehen und dann einfügen (Abb. 2.13). Nach Ausführung durch Anklicken von [OK] resultiert die Ausgabe der uns bekannten obenstehenden Abb. 2.9.

Wird vor dem [OK] der Reiter „Reporting" aktiviert, erscheint Abb. 2.14. Hier können durch ein Häkchen vor „Standardized beta coefficients" die standardisierten Koeffizientenschätzungen angefordert werden.

Darüber hinaus ist es in diesem Reiter möglich, unter „Confidence levels" verschiedene Signifikanzniveaus für die Konfidenzintervalle zu wählen. Voreingestellt ist das 95-% Niveau. Die Ausführung erfolgt dann mittels [OK].

Vor dem jeweiligen Output der Regression finden wir in Stata die Übersetzung der Menüsteuerung in die entsprechenden Syntax-Befehlszeilen. Diese Befehle können im Fenster „Command" (unten in der Mitte der Stata-Oberfläche) auch direkt eingegeben werden.

In der Literatur sind aufgrund ihrer Beispiele insbesondere Hamilton (2013, S. 163–214) und Baum (2006, S. 69–113) leicht nachvollziehbar. Einführend sind auch Kohler und Kreuter (2006) geeignet (eine aktuelle englische Version ist Kohler und Kreu-

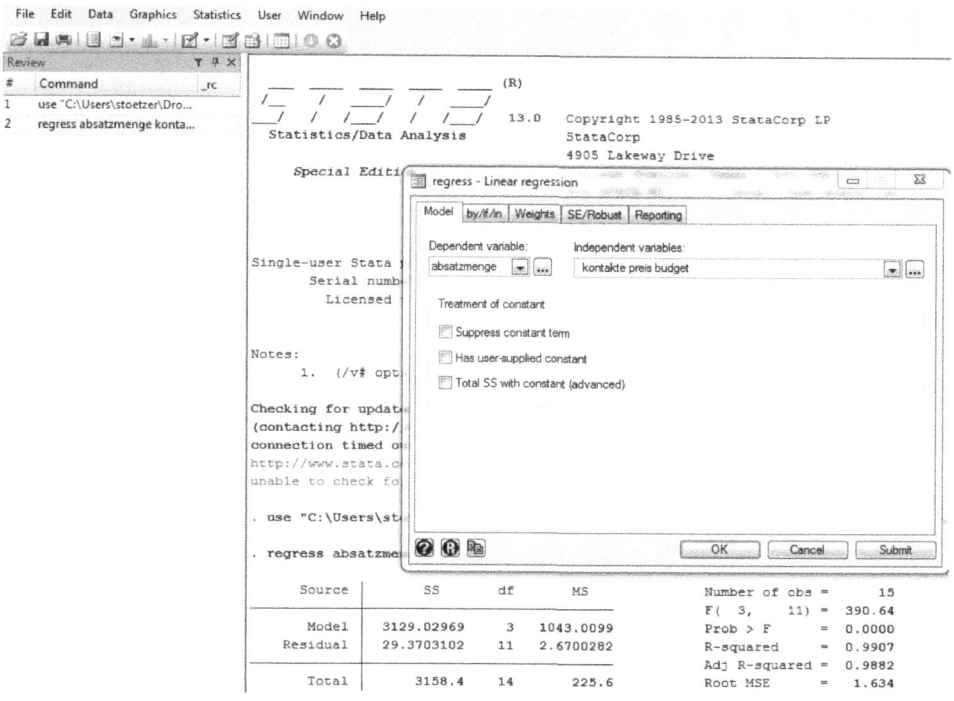

Abb. 2.13 Lineare Regression PKW Stata I

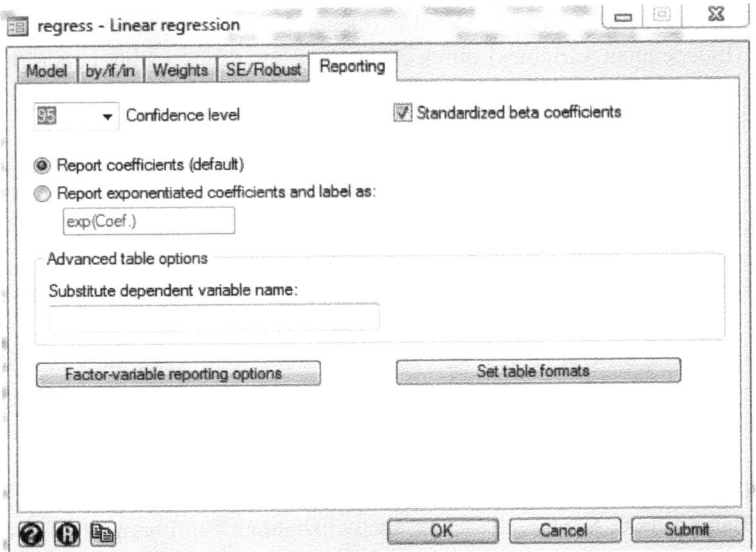

Abb. 2.14 Lineare Regression PKW Stata II

ter 2012). Die mit dem Stata-Programmpaket (gedruckt oder als PDF-File) ausgelieferte
Dokumentation ist umfassend (insgesamt mehrere Tausend Seiten!), aktuell und anwen-
dungsorientiert (Stata Reference Guide (Stata 2015a)). Die PDF-Files sind im Internet
frei zugänglich. Detaillierte Informationen für fortgeschrittene Stata-User liefern auch
Cameron und Trivedi (2010). Als hervorragende Online-Quelle sind die Publikationen
des Institute of Digital Research and Education (IDRE) der University of California at
Los Angeles (UCLA) zu nennen: http://www.ats.ucla.edu/stat und www.ats.ucla.edu/stat/
stata. Hier finden sich auch umfangreiche Informationen zu SPSS, R und anderen gängigen Statistikprogrammpaketen.

2.6   Übungsaufgaben

Übung 2.1: Datenkonstellationen

a) Wie sind die folgenden Beobachtungswerte zu interpretieren?
b) Was bedeutet das für die Berechnung einer Regressionsgerade?

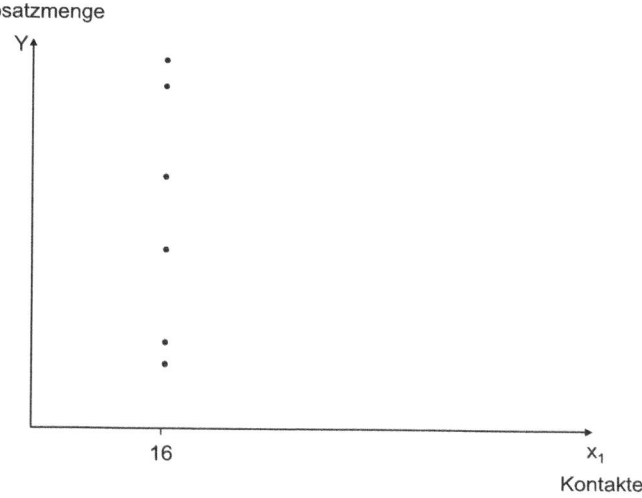

c) Was besagt der untenstehende Zusammenhang inhaltlich?
d) Was bedeutet das für die Berechnung einer Regressionsgerade?

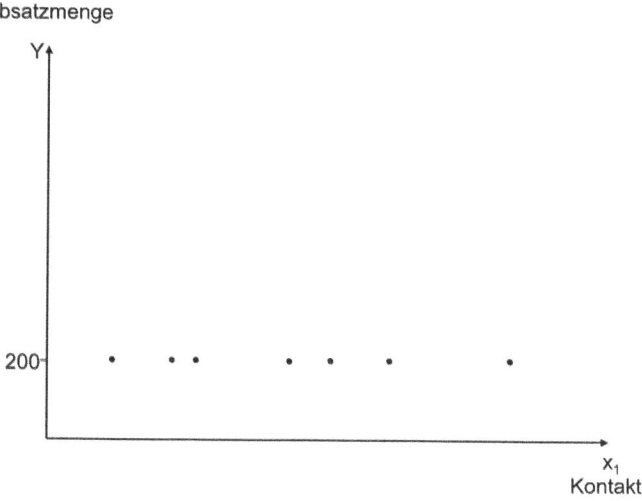

Übung 2.2: Bedeutung der Konstanten

a) Warum ist es sinnvoll, eine Konstante in die Spezifikation der Schätzgleichung aufzunehmen? (Hinweis: Überlegen Sie, welche Auswirkungen auf die Koeffizientenschätzungen das Weglassen der Konstante hat).
b) Erläutern Sie je ein Beispiel aus der BWL und VWL, bei dem die Konstante einer
   Regressionsgleichung eine inhaltlich sinnvolle Interpretation besitzt.

Übung 2.3: Schätzverfahren
Überlegen Sie, inwieweit andere Schätzer als die OLS-Methode eventuell geeignet sind,
eine „gut passende" Regressionsgerade zu ermitteln.

Übung 2.4: PKW-Markt-Beispiel
Verwenden Sie die Daten des PKW-Beispiels. Der Datensatz ist als Excel- SPSS-, und
Stata-Datei hinterlegt.[25]
   Führen Sie unsere Berechnungen zum PKW-Beispiel selber anhand des Datensatzes
durch. Dabei:

a) Ermitteln Sie jeweils den isolierten Einfluss der Variablen *Preis* und *Budget* mittels
   einer grafischen Darstellung und einer einfachen Regression.
b) Führen Sie eine multiple Regression mit allen drei exogenen Variablen durch.
   Vergleichen Sie das Ergebnis hinsichtlich der t-Werte und der Irrtumswahrscheinlichkeiten mit denen aus der Teilaufgabe a). Was stellen Sie fest?
c) Modifizieren Sie die Skalierung der exogenen Variable *Netto-Verkaufspreis in Tausend*, indem Sie diese in ganzen Euro erfassen. Wie verändern sich die Regressionsergebnisse aus Teilaufgabe b)?

Übung 2.5: Phillipskurve
Zur Bekämpfung der Arbeitslosigkeit wird gerne eine „lockere" Geldpolitik gefordert. Die
Europäische Zentralbank verfolgt bspw. seit 2009 das Ziel, mittels einer höheren Inflationsrate die Wachstumsschwäche im Euroraum zu bekämpfen und so die Arbeitslosigkeit
zu senken. Eine klassische Begründung dieser Politik ist der als Phillipskurve bekannte
Zusammenhang von Inflation und Arbeitslosigkeit. Überprüfen Sie dies für Schweden,
indem Sie die folgende Regressionsgleichung spezifizieren und schätzen:

$$Unemployment = b_0 + b_1\ Inflation + e.$$

Verwenden Sie dazu den Datensatz „Schweden_Makrodaten_1960-2015" (.sva, bzw.
.dta). Wir ignorieren an dieser Stelle das Problem, dass es sich um Längsschnittdaten
handelt und sicherlich noch andere Einflussfaktoren existieren.

---

[25] Es handelt sich um einen konstruierten Datensatz, dessen Generierung im Anhang 2.1 beschrieben
wird. Die folgenden Dateien enthalten den Datensatz im SPSS-, Stata- und Excel-Format: PKW-
Marketing-Beispiel.sav, PKW-Marketing-Beispiel.dta und PKW-Marketing-Beispiel.xls.

Aufgaben:

a) Beurteilen Sie das Gesamtmodell anhand des (korrigierten) Determinationskoeffizienten und des F-Wertes.

b) Ermitteln und interpretieren Sie den Koeffizienten der Inflationsrate hinsichtlich der Signifikanz und der Relevanz des Einflusses.

c) Stellen Sie den Zusammenhang von Arbeitslosenquote (auf der Abszisse) und Inflationsrate (auf der Ordinate) grafisch dar und diskutieren Sie das Ergebnis.

Übung 2.6: Beantworten Sie die folgenden Fragen

a) Was versteht man unter der „Spezifikation" einer Regression?

b) Wie unterscheiden sich der Fehler und das Residuum einer Regressionsgleichung?

c) Erläutern Sie, was ein Schätzer (oder anders formuliert ein Schätzverfahren) ist?

d) Kennzeichen Sie die KQ-(d. h. OLS-)Methode.

e) Welche Nullhypothese testet der t-Test?

f) Erklären Sie, was das empirische und das gewählte Signifikanzniveau sind.

g) Welche Informationen enthält das Konfidenzintervall einer Koeffizientenschätzung?

h) Wozu dienen standardisierte Koeffizientenschätzungen (Beta-Koeffizienten)?

i) Die ermittelten Koeffizientenwerte (bei einer einfachen linearen Regression) sind die marginalen Effekte der betreffenden Variablen. Erläutern Sie diese Aussage.

j) Was besagt das Bestimmtheitsmaß einer Regression?

k) Was ist unter der Fehlspezifikation eines Regressionsmodells zu verstehen?

l) Der Einfluss einer unabhängigen Variablen wird mittels der Koeffizientenschätzung ceteris paribus berechnet. Was bedeutet dies?

m) Neben der statistischen Signifikanz einer Variablen muss deren Relevanz beurteilt werden. Legen Sie an einem Beispiel dar, warum dies notwendig ist.

A   Anhang

Anhang 2.1: Datengenerierung des PKW-Beispiels

Die Zahl der verkauften PKW (Absatzmenge) wurde nach folgender Gleichung ermittelt:

$$Menge = 110 + 3 \, Kontakte - 1{,}3 \, Preis + 2{,}1 \, Budget.$$

Die Werte für die unabhängigen Variablen wurden innerhalb der im Folgenden beschriebenen Grenzen willkürlich angenommen: Preis zwischen min. 13.000 € und max. 16.000 €; Werbebudget im Durchschnitt bei ca. 25.000 € je Region, Zahl der Kontakte zwischen min. 10 und max. 25 pro Quartal.

Auf dieser Wertebasis wurden die resultierenden Absatzmengen gerundet und mittels eines Zufallsverfahrens modifiziert.

Anhang 2.2: Statistikprogrammpakete

Aus der Vielzahl der existierenden Statistiksoftware werden hier nur einige ausgewählte kurz vorgestellt.

SPSS

Als statistisches Programmpaket in den Sozialwissenschaften und auch der BWL weit verbreitet. Sehr anwenderfreundlich und leicht zu bedienen – dank der menübasierten Steuerung. SPSS bietet auch eine syntaxbasierte Steuerung an, auf die hier nicht näher eingegangen wird. Mit dieser sind einige weitere und fortgeschrittene statistische Verfahren realisierbar. Eine wertvolle Quelle für Informationen sind die existierenden User-Gruppen, über die auch Macros für bestimmte Anwendungen zum Download bereitstehen (bspw. http://www.spssusers.co.uk/). In der Volkswirtschaft und Ökonometrie wird SPSS (fast) nicht eingesetzt, da wesentliche Teile der Regressionsanalyse und komplexere statistische Regressionsverfahren nicht (direkt) implementiert sind.

Stata

Sehr leistungsfähiges Programmpaket, das im akademischen Bereich einschließlich der VWL häufig verwendet wird. Verfügt in der Regressionsanalyse über umfangreiche Möglichkeiten und bietet spezielle Anwendungen. Es existiert eine weltweite User-Community, die sich wechselseitig unterstützt, Fragen beantwortet und zusätzliche Programmroutinen (Macros) kostenlos bereitstellt (http://www.stata.com/statalist/). Auch neueste statistische Verfahren sind so für den anwendungsorientierten Nutzer verfügbar. Jedes Jahr finden in Deutschland und anderen Ländern User-Konferenzen statt, in denen die aktuellen Verfahren und Anwendungen präsentiert werden. Nicht ganz so anwenderfreundlich wie SPSS.

R

Es handelt sich um eine Open Source Software, die kostenlos aus dem Internet downloadbar ist. Prinzipiell sehr umfangreiches und leistungsfähiges Programm. Eine aktive User-Community entwickelt die Software ständig fort. Ein wesentlicher Nachteil ist die befehlsorientierte Programmsprache. Die Einarbeitung ist damit recht aufwändig. Dies dürfte sich aber in Zukunft durch die Entwicklung von graphischen Benutzeroberflächen verbessern.

Literatur: Hazinger et al. (2014) und Hellbrück (2016) sind einführende Lehrbücher.

Einen genaueren Vergleich der jeweiligen Vor- und Nachteile dieser drei Programmpakete bietet: http://www.inwt-statistics.de/blog/tag/Statistik-Software.html

Zu den Programmpaketen SPSS, Stata und R existieren auch hilfreiche YouTube Videos. Ebenfalls empfehlenswert sind die Beiträge der Econometrics Academy: https://sites.google.com/site/econometricsacademy/

SAS

Umfangreiche Software mit Ausrichtung auf Geschäftsprozesse, die insbesondere im kommerziellen Sektor (Unternehmensberatungen, Marktforschung etc.) benutzt wird.

Excel

Mit Excel lassen sich einige statistische Berechnungen durchführen – auch bestimmte Teile der Regressionsanalyse. Dies aber auf eine sehr umständliche Art und Weise.

Weitere zum Teil auf bestimmte Anwendungen – etwa die Zeitreihenanalyse – spezialisierte Programme sind EViews, LIMDEP, RATS, TSP und GRETL. Letzteres ist als Open Source Software kostenlos verfügbar (http://gretl.sourceforge.net/win32). GAUSS ist speziell auf die eigene Programmierung der statistischen Verfahren mittels Matrizenrechnung ausgelegt – also für den anwendungsorientierten Nutzer weniger geeignet.

Literatur

Acock, A. C. (2016): A Gentle Introduction to Stata, 5th, ed., College Station, Texas

Ashley, R. A. (2012): Fundamentals of Applied Econometrics, Hoboken, New Jersey

Auer, B., Rottmann, H. (2010): Statistik und Ökonometrie für Wirtschaftswissenschaftler, Wiesbaden

Backhaus, K., Erichson, B., Plinke, W., Weiber, R. (2011): Multivariate Analysemethoden, 13. Auflage, Heidelberg et al.

Backhaus, K., Erichson, B., Weiber, R. (2013): Fortgeschrittene Multivariate Analysemethoden, 2. Auflage, Heidelberg et al.

Baltes-Götz, B. (2016): Generalisierte lineare Modelle und GEE-Modelle in SPSS Statistics. Online-Dokument: https://www.uni-trier.de/fileadmin/urt/doku/gzlm_gee/ gzlm_gee.pdf, (Zugriff: 20.11.2016)

Baum, Ch. F. (2006): An Introduction to Modern Econometrics Using Stata, College Station, Texas

Brosius, F. (2013): SPSS 21, 1. Auflage, München

Bühl, A. (2014): SPSS 22, Einführung in die moderne Datenanalyse, 14. Auflage, München

Bühner, M., Ziegler, M. (2009): Statistik für Psychologen und Sozialwissenschaftler, München

Cameron, L.A., Trivedi, P.K. (2010): Microeconometrics using Stata, Revised Edition, College Station, Texas

Cortinhas, C., Black, K. (2012): Statistics for Business and Economics, Chichester UK

Field, A. (2013): Discovering Statistics Using SPSS statistics: and sex and drugs and Rock 'n Roll, 4th ed., Ventura

Hamilton, L. C. (2013): Statistics with STATA, Updated for Version 12, Boston Mass.

Hazinger, R, Hornik, K., Nagel, H., Maier, M. (2014): R, Einführung durch angewandte Statistik, 2. Auflage, München

Hellbrück, R. (2016): Angewandte Statistik mit R, 3. Auflage, Wiesbaden

Kirchkamp, O. (2011): Empirische und Experimentelle Wirtschaftsforschung, BW 24.1, unveröffentlichter Skript, Jena.

Kohler, U., Kreuter, F. (2006): Datenanalyse mit Stata, 2. Auflage, München Wien

Kohler, U., Kreuter, F. (2012): Data Analysis Using Stata, Third Ed., College Station, Texas

Schira, J. (2005): Statistische Methoden der VWL und BWL. Theorie und Praxis, 2. Auflage, München

Schnell, R., Hill, P.B., Esser, E. (2013): Methoden der empirischen Sozialforschung, 10. Auflage, München

Skiera, B., Albers, S (2008): Regressionsanalyse, in: Herrmann, A., Homburg, C., Klarmann, M. (Hrsg.): Handbuch Marktforschung, 3. Auflage, Wiesbaden: 467–497

Stata (2015a): Stata 14 documentation, College Station, Texas, http://www.stata-press.com/manuals/documentation-set/ (Zugriff: 17.10.2016)

Studenmund, A.H. (2014): Using Econometrics – A Practical Guide, 6. Auflage, Boston

Tabachnick, B.G., Fidell, L.S. (2014): Using Multivariate Statistics, 6th ed. Harlow Essex

Wittenberg, R., Cramer, H., Vicari, B. (2014): Datenanalyse mit IBM SPSS Statistics – Eine syntaxorientierte Einführung, Konstanz, München

Erweiterungen des einfachen linearen Modells

3

Lernziele

Der Studierende soll:

- verstehen, wie nominal- und ordinalskalierte unabhängige Variablen in Form von Dummyvariablen in die Regressionsanalyse aufgenommen werden,
- an Beispielen erläutern können, wie dies den Anwendungsbereich der Regression erheblich erweitert,
- wissen, was das Dummy-Variablen-Problem ist und wie man es vermeiden kann,
- das Vorliegen nichtlinearer Zusammenhänge zwischen den abhängigen und unabhängigen Variablen verstehen,
- in der Lage sein, nichtlineare Zusammenhänge an Beispielen zu erläutern,
- die Berücksichtigung nichtlinearer Zusammenhänge durch Datentransformation (Logarithmierung, Quadrierung usw.) beherrschen,
- wissen, was Interaktionseffekte sind, diese modellieren und interpretieren können,
- fähig sein, Interaktionseffekte zwischen zwei metrischen und/oder Dummy-Variablen zu berechnen,
- die Interpretation der Koeffizientenschätzungen bei Logarithmierung der abhängigen und/oder der unabhängigen Variablen kennen.

▶ **Wichtige Grundbegriffe** Dummy-Variable, Value Label, Variable Label, linear in den Parametern, linear in den Variablen, Datentransformation, Logarithmierung, Quadrierung, Multikollinearität, Interaktionseffekt, Referenzgruppe

© Springer-Verlag GmbH Deutschland 2017
M.-W. Stoetzer, *Regressionsanalyse in der empirischen Wirtschafts- und Sozialforschung Band 1*, DOI 10.1007/978-3-662-53824-1_3

3.1 Überblick

In einer Reihe von Schritten wird im Folgenden die „einfachste" lineare Regression erweitert und damit für verschiedene empirische Problemstellungen anwendbar. Diese Ergänzungen sind die Einführung von qualitativen Variablen (Abschn. 3.2), von nicht-linearen Beziehungen (Abschn. 3.3) und von Interaktionseffekten (Abschn. 3.4). Anschließend fasst das Abschn. 3.5 die wichtigsten Aspekte kurz zusammen. Abschn. 3.6 enthält einige kurze Hinweise zur Umsetzung mittels SPSS und Stata.

3.2 Qualitative Variablen

3.2.1 Nominalskalierte unabhängige Variablen

Viele Einflussfaktoren sind nicht direkt in Zahlen, also quantitativ, erfassbar. Dies gilt zum Beispiel, wenn der Einflussfaktor lediglich die Kategorisierung einer Grundgesamtheit darstellt. Im PKW-Beispiel hat die Vertriebsverantwortliche die Vermutung, dass weibliche Außendienstmitarbeiterinnen erfolgreicher sind als ihre männlichen Kollegen. Wenn man unterstellt, dass es in jeder Vertriebsregion nur einen Außendienstmitarbeiter (bzw. -mitarbeiterin) gibt, so könnte als zusätzliche Variable das jeweilige Geschlecht des Mitarbeiters aufgenommen werden. Allerdings besitzt diese Variable lediglich zwei Ausprägungen, weist also ein **nominales Skalenniveau** auf. Der Einbezug erfolgt trotzdem problemlos mittels einer sogenannten **Dummy-Variablen**, die nur die Werte 0 oder 1 annimmt.[1] Zum Beispiel wird das Geschlecht „Weiblich" mit dem Wert 1 codiert und Männer erhalten eine Null (oder umgekehrt). In der Tab. 3.1 wird dazu eine weitere Spalte hinzugefügt, in deren Kopfzeile „Geschlecht" oder alternativ „Weiblich" steht.[2] Naheliegend ist es jetzt, eine weitere Spalte anzulegen, mit der Kopfzeile „Männlich" und in dieser Spalte allen männlichen Außendienstmitarbeitern eine 1 und entsprechend Frauen eine 0 zu geben. Dies ist aber nicht sinnvoll, da die Summe der beiden Spalten „weiblich" und „männlich" jetzt definitionsgemäß gleich 1 ist und damit genau der Spalte entspricht, die für das Absolutglied (die Konstante) gebildet wird. Das Absolutglied (b_0) liegt immer vor (in allen Beobachtungsregionen) und impliziert damit eine Spalte mit lauter Einsen.[3] Diese Spalte wird von den statistischen Programmpaketen automatisch angelegt, ohne in der Tabelle der Beobachtungswerte aufzutauchen. Das Resultat wäre perfekte **Multikollinea-**

---

[1] Hierfür existieren in der Literatur auch die folgenden Bezeichnungen: binäre Variablen, Indikatorvariablen, diskrete Variablen, Faktorvariablen.

[2] Sinnvoll ist es die Bezeichnung zu wählen, die der Kodierung mit dem Wert 1 entspricht. In unserem Fall sollte also diese Variable „Weiblich" genannt werden. Es ist dann bei der Interpretation sofort klar, dass der geschätzte Koeffizient sich auf die weiblichen Vertriebsmitarbeiterinnen bezieht.

[3] Das heißt jede Beobachtung y wird geschätzt als: $y = b_0 1 + b_1 X_1 + \ldots$

Tab. 3.1 Der PKW-Absatz

Region	Kontakte	Preis	Budget	Absatzmenge	Weiblich
1	22	14,5	26,3	214	1
2	18	16,0	27,1	202	1
3	20	15,2	22,2	198	0
4	13	13,4	22,9	178	0
5	13	13,8	25,0	184	1
6	25	14,1	21,2	210	0
7	11	13,0	24,0	179	0
8	17	13,1	28,0	205	0
9	18	15,7	23,4	192	1
10	14	15,9	23,9	181	0
11	10	13,7	21,0	164	0
12	23	14,1	24,0	213	1
13	21	14,8	26,9	210	0
14	17	14,8	26,3	198	1
15	18	14,3	27,0	200	1

Die Variablen beziehen sich auf die jeweilige Verkaufsregion und sind wie folgt definiert: *Region* Laufende Nummer der 15 Verkaufsregionen in Deutschland; *Kontakte* Zahl der Besuche der regionalen Produktmanager bei den PKW-Vertragshändlern; *Preis* Netto-Verkaufspreis in Tausend Euro; *Budget* Marketingbudget in Tausend Euro, *Absatzmenge* Stückzahl der verkauften PKW; *Weiblich* Weibliche Produktmanager: *1*; Männliche: *0*. Hier wird auch deutlich, warum die Statistiksoftware bei der Datenverwaltung die Option „Value Label" anbietet (neben „Variable Label"). „Value Label" erlaubt es, bei nominalskalierten Variablen den Ausprägungen inhaltliche Aussagen zuzuordnen. Hier wird also der Ausprägung *1* die Aussage „Weiblich" und der Ausprägung *0* die Aussage „Männlich" zugewiesen.

rität der erwähnten drei Spalten, was die Berechnung vereitelt und als Dummyvariablen-Falle bezeichnet wird (siehe dazu Abschn. 5.5).

Das Regressionsmodell muss sich also auf eine Spalte beschränken, in der entweder „Männlich" *oder* „Weiblich" mit 1 codiert wird. Welche Variante gewählt wird, spielt für die Schätzung selbst keine Rolle, ist aber für die Interpretation der geschätzten Koeffizienten dieser Dummyvariable wichtig. Tab. 3.1 enthält die um eine Spalte „Weiblich" ergänzten Datenwerte des PKW-Beispiels. Die Mitarbeiter in den Regionen 1, 2, 5, 9, 12, 14 und 15 sind Frauen, in allen anderen Regionen sind männliche Vertriebsangestellte tätig.

Welche Wirkung entfaltet eine solche Dummyvariable und wie ist der dazugehörige Koeffizientenwert zu interpretieren, wenn weibliche Vertriebsmitarbeiter mit 1 codiert werden?

Der geschätzte Koeffizient b_4 erfasst, ob in den Vertriebsregionen mit Frauen mehr oder weniger PKW verkauft werden (natürlich im Rahmen einer Ceteris-paribus-Betrachtung): Ist der Koeffizient b_4 positiv, verkaufen weibliche Vertriebsmitarbeiter mehr im Vergleich zu ihren männlichen Kollegen (bei negativem Koeffizienten weniger). Der Einfluss der

Ausprägung „Männlich" wird nicht extra ausgewiesen, sondern ist im Absolutglied (b_0) enthalten. Die mit Null codierte Kategorie ist die sogenannte Referenzgruppe (Referenzkategorie). In unserem Beispiel sind dies männliche Vertriebsmitarbeiter.

Die statistischen Aspekte der Regressionsschätzung bleiben unverändert. Der t-Wert des Koeffizienten b_4 ist ein Test auf die Nullhypothese, dass kein Unterschied im Verkaufserfolg zwischen weiblichen und männlichen Vertriebsmitarbeitern existiert. Er ist hinsichtlich seiner Signifikanz wie im zweiten Kapitel erläutert zu interpretieren.

Grafisch lässt sich der Zusammenhang einfach illustrieren. Die Regressionsgleichung wird um die unabhängige Variable *Weiblich* (Geschlecht) X_4 erweitert. In Abb. 3.1 ist dies die obere Funktion. Bei dieser handelt es sich um die mit 1 codierten Regionen mit weiblichem Außendienst. Für männliche Produktmanager ist die Dummyvariable X_4 gleich Null, so dass der Summand $b_4 X_4$ wegfällt. Es ergibt sich die untere Gerade in Abb. 3.1. Der Koeffizient b_4 der weiblichen Vertriebsmitarbeiter ist hier positiv und entspricht dem vertikalen Abstand der beiden eingezeichneten Geraden. In Beispiel der Abb. 3.1 verkaufen also Frauen im Mittel mehr PKW pro Quartal als ihre männlichen Kollegen. Dies ist im Zahlenbeispiel der Daten aus der Tab. 3.1 nicht der Fall, wie wir gleich sehen werden.

Wir überprüfen die Hypothese der erfolgreicheren weiblichen Produktmanagerinnen am Datensatz der Tab. 3.1 (Datensatz: PKW-Marketing-Beispiel-erweitert). Der Unterschied zu Kap. 2 besteht nur darin, dass wir jetzt als vierte exogene Variable *Weiblich*

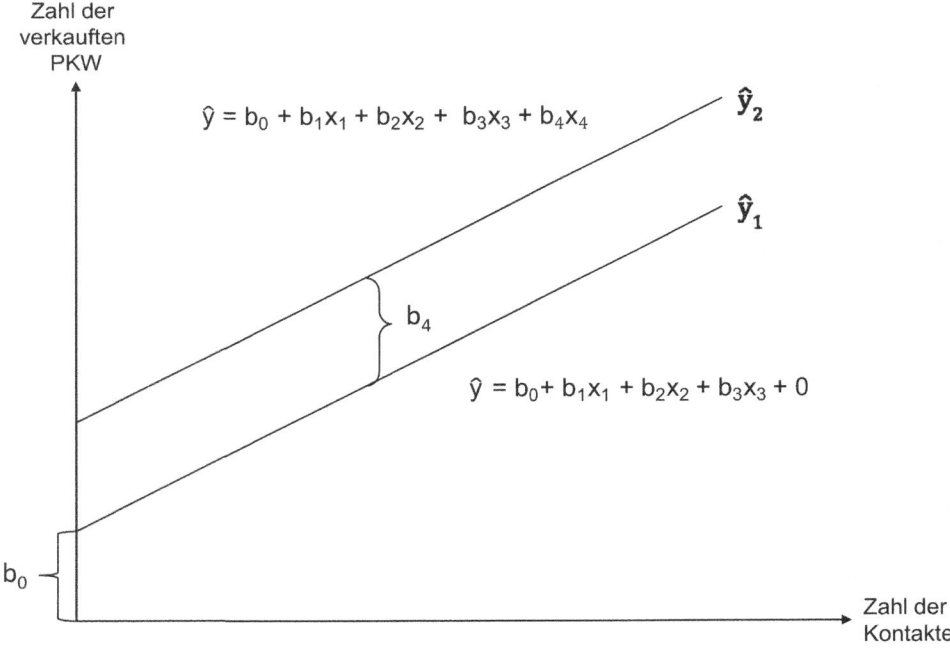

Abb. 3.1 Der Einfluss weiblicher Produktmanagerinnen

aufnehmen. Die Schätzung dieser Regression mittels SPSS oder Stata führt zu folgendem Ergebnis (mit Rundung der Koeffizienten auf zwei Kommastellen), wobei die t-Werte in Klammern unter den jeweiligen Koeffizientenschätzungen stehen:

$$Menge = 104,80 + 3,06\ Kontakte - 1,51\ Preis + 2,40\ Budget + 0,04\ Weiblich$$
$$(11,5)\quad\ (27,91)\qquad\qquad (-2,93)\qquad (10,66)\qquad\ (0,04) \tag{3.1}$$

Oder in anderer Darstellungsweise:

$$\hat{Y} = 104,80 + 3,06X_1 - 1,51X_2 + 2,40X_3 + 0,04X_4$$
$$\phantom{\hat{Y} = }(11,50)\quad (27,91)\quad (-2,93)\quad (10,66)\quad (0,04) \tag{3.2}$$

Die Variable *Weiblich* besitzt einen Koeffizienten von 0,04. Es zeigt sich aber, dass mit einem t-Wert von ebenfalls lediglich 0,04 die Variable *Weiblich* keinen Einfluss ausübt: Die Nullhypothese kann für diese Variable nicht abgelehnt werden. Männliche und weibliche Produktmanager unterschieden sich nicht in ihren Absatzmengen. Dieses Resultat ist selbstverständlich keine Überraschung. In diesem konstruierten Beispiel kennen wir ja den wahren Zusammenhang. Danach sind nur Kontakte, Preis und Budget einflussreich, was wir im zweiten Kapitel analysiert hatten. Die Variable *Weiblich* ist also in Wahrheit nicht relevant und genau dies ermittelt auch die Regression.[4]

Läge der t-Wert der Variable *Weiblich* bspw. bei 3,6, womit die Variable signifikant wäre, würde dies bedeuten, dass Frauen im Mittel 0,04 PKW pro Quartal mehr verkaufen als Männer. Der Koeffizient b_4 in Höhe von 0,04 wäre dann der vertikale Abstand der beiden Funktionen in Abb. 3.1.

Diese Vorgehensweise kann problemlos auf den Fall mehrerer Kategorien übertragen werden. Beispielsweise soll in einer Untersuchung zum Innovationsverhalten von Unternehmen die Frage geklärt werden, ob die Branchenzugehörigkeit eines Unternehmens wichtig ist. Wenn die empirische Studie Unternehmen aus fünf verschiedenen Branchen umfasst, sind vier Kategorien – also Branchen – zu berücksichtigen und es werden vier Spalten gebildet. Die erste Spalte steht bspw. für die Branche „Maschinenbau". Alle Unternehmen, die zu dieser Branche gehören, erhalten eine 1 – alle Unternehmen anderer Branchen eine 0. Dann folgt eine Spalte für die Unternehmen der „Elektrotechnik". Hier werden die Unternehmen der Elektrotechnikbranche mit einer 1 versehen und alle andern Unternehmen mit einer 0. Für die übrigen relevanten Branchen wird analog verfahren – etwa die Kfz-Industrie, die chemische Industrie und die Metallverarbeitung (siehe Tab. 3.2). In der Tab. 3.2 gehören die Unternehmen A, B und C zur Elektrotechnik, die Unternehmen D, E und R zum Maschinenbau und die Unternehmen H, I, L und N zur chemischen Industrie. Auch in diesem Fall ist darauf zu achten, dass eine Branche weggelassen wird – ansonsten ergibt sich die oben erläuterte perfekte Multikollinearität. Dies ist in der Tab. 3.2

---

[4] Der aufmerksame Leser registriert, dass die Koeffizienten und die t-Werte der Variablen *Kontakte*, *Preis* und *Menge* sich im Vergleich zu Kapitel zwei leicht verändert haben. Darauf kommen wir in Kap. 5 und 6 zurück.

Tab. 3.2 Die Dummy-Kodierung von fünf Branchen

Unternehmen	Innovations-neigung	Elektro-technik	Maschinenbau	Chemische Industrie	Metall-verarbeitung
A	356,8	1	0	0	0
B	113,2	1	0	0	0
C	200,4	1	0	0	0
D	95,2	0	1	0	0
E	78,9	0	1	0	0
F	423,6	0	0	0	1
G	108,4	0	0	0	1
H	279,9	0	0	1	0
I	244,2	0	0	1	0
J	187,2	0	0	0	1
K	398,6	0	0	0	0
L	304,4	0	0	1	0
M	425,3	0	0	0	0
N	178,0	0	0	1	0
O	156,9	0	0	0	1
P	411,2	0	0	0	0
Q	469,5	0	0	0	0
R	181,6	0	1	0	0

die Kfz-Industrie, die als Spalte nicht auftaucht. Wenn – anders als in Tab. 3.2 – eine Variable (und damit Spalte) *Kfz-Industrie* im Datensatz vorhanden ist, wird diese einfach nicht als exogene Variable in die Spezifikation der Regressionsgleichung aufgenommen. Welche Unternehmen aus Tab. 3.2 gehören zur Kfz-Industrie? Dies sind in der Tabelle alle Unternehmen, die in den vier Branchen (= Spalten) immer eine Null aufweisen. Für die Unternehmen P und Q trifft dies zu.

Die ermittelten Koeffizientenwerte sind jeweils der Unterschied zur weggelassenen Branche (der **Referenzkategorie**). Die Auswahl der Referenzkategorie sollte unter inhaltlichen Gesichtspunkten erfolgen. Ist die Forschungsfrage die besondere Innovationsneigung der deutschen Kfz-Industrie, kann diese die Referenzkategorie werden. Die geschätzten Koeffizienten der anderen Branchen sind alle negativ und signifikant, falls die Kfz-Industrie eine höhere Innovationsneigung als alle anderen einbezogenen Branchen besitzt.[5]

[5] Der Unterschied zur Referenzkategorie wird in den Sozialwissenschaften auch als Kontrast bezeichnet. Die in der Regression verwendete Dummyvariablen-Methode ist nur *eine* Möglichkeit zur Analyse von Kontrasten. Im Beispiel mit fünf verschiedenen Branchen werden nur die Unterschiede zur Referenzkategorie „Kfz-Industrie" analysiert. Es ist damit noch nicht möglich, eine Aussage bspw. darüber zu treffen, ob ein Unterschied zwischen der elektrotechnischen und der chemischen Industrie existiert. Auch eine Aussage dazu, inwieweit überhaupt die Branchenzugehörigkeit einen

Wenn keine bestimmte Forschungsfrage (d. h. Hypothese) hinsichtlich der Dummyvariablen (bspw. der Branchen) untersucht werden soll, sondern es lediglich darum geht, in einer Untersuchung den Einfluss von Branchenunterschieden als mögliche Einflüsse zu eliminieren, spielt die Auswahl der Referenzkategorie keine Rolle, da die Koeffizientenschätzungen *aller anderen* exogenen Variablen durch die Wahl der Referenzkategorie nicht verändert werden.

Es können auch mehrere (prinzipiell beliebig viele) solcher Dummyvariablen als exogene Variablen gleichzeitig berücksichtigt werden. Ein Beispiel zum Einfluss verschiedener nominalskalierter Variablen enthält Tab. 3.3. Es geht dabei um verschiedene Faktoren, die die Abschlussnote des Betriebswirtschaftsstudiums beeinflussen könnten. Dazu gehören das Geschlecht (Weiblich, Männlich), die Einhaltung der Regelstudienzeit (Ja, Nein), die Art der Hochschulzugangsberechtigung (allgemeine Hochschulreife, Fachhochschulreife, Sonstige Zugangsberechtigung) und der gewählte Studienschwerpunkt (Marketing, Personal usw.). Alumni A hat eine Abschlussnote von 2,1, die Regelstudienzeit eingehalten, ist eine Frau mit allgemeiner Hochschulreife und hat den Schwerpunkt Personal gewählt. Für die Regelstudienzeit und das Geschlecht sind die jeweiligen anderen Kategorien („Keine Einhaltung der Regelstudienzeit" und „Männlich") nicht gesondert als Variablenspalte angelegt worden. Bei der Art der Hochschulzugangsberechtigung sind dagegen alle drei möglichen Ausprägungen erfasst. Hier muss also darauf geachtet werden, bei der Aufnahme der Art der Hochschulzugangsberechtigung als unabhängige Variable eine der drei Kategorien, d. h. Variablen, wegzulassen (bspw. „Sonstige"). Diese Kategorie ist dann die Referenzkategorie.

Wenn mehr als zwei Kategorien existieren, ist es von Vorteil diese Kategorien (hier Arten der Hochschulzugangsberechtigungen) vollständig zu erfassen. Wir können dann nämlich die Referenzkategorie während der Durchführung der Regression beliebig wählen. Wenn wir die Variable *Sonstige* weglassen, ist dies die Referenzkategorie. Lassen wir

Tab. 3.3 Die Kodierung mehrerer nominalskalierter Variablen

Alumni	Abschluss-note	Einhaltung Regelstu-dienzeit	Weiblich	Art Hochschulzuggangs-berechtigung			Schwerpunkt	
				Allgemeine Hoch-schulreife	Fach-hoch-schul-reife	Sonstige	Marketing	Personal
A	2,1	1	1	1	0	0	0	1
B	1,2	1	0	1	0	0	0	1
C	2,7	1	0	0	0	1	0	0
D	3,2	0	1	0	0	1	1	0
E	2	0	1	0	1	0	0	0

Einfluss auf die Innovationsneigung besitzt, kann nicht getroffen werden. Im Anhang 3.1 werden weitergehende Verfahren zur Klärung solcher Probleme erläutert.

stattdessen *Allgemeine Hochschulreife* weg und nehmen *Fachhochschulreife* und *Sonstige* auf, analysieren wir, ob diese beiden Arten von Hochschulzugangsberechtigungen sich hinsichtlich der Abschlussnote im BWL-Studium von der Allgemeinen Hochschulreife unterscheiden.

Mit den beschriebenen Verfahren ist es möglich, alle qualitativen Variablen, die nicht direkt in Form von Zahlen erfassbar sind, auf indirektem Weg mittels Dummyvariablen in die Regressionsanalyse aufzunehmen. Eine genauere Darstellung findet sich bei Kennedy (2008) sowie Pindyck und Rubinfeld (1998).

3.2.2   Ordinalskalierte unabhängige Variablen

Bei dieser Art von Variablen liegen zwar Informationen über die Reihenfolge der verschiedenen Ausprägungen der Variablen vor, aber es existiert nicht unbedingt ein gleicher Abstand zwischen den Ausprägungen. Solche Informationen sind in Befragungen von Haushalten und Unternehmen häufig in Form von Likert-Skalen zu finden, bei denen der Befragte die Intensität der Ausprägung mittels einer Reihe von Kategorien von „Gar nicht" bis „Sehr hoch" o. ä. ankreuzen kann. Andere Beispiele sind Schulabschlüsse mit den vier ordinalskalierten Kategorien „Ohne Schulabschluss", „Regelschulabschluss", „fachgebundene Hochschulreife", „allgemeine Hochschulreife" oder die folgenden Netto-Einkommenskategorien: „< 1000 €", „1001 bis 2000 €", „2001 bis 3000 €", „3001 bis 4000 €", „> 4000 €". Wie können diese Variablen im Rahmen einer Regression einbezogen werden?

Eine Lösungsmöglichkeit besteht darin, die Variable einfach als metrisch skaliert aufzufassen, als eine solche in die Spezifikation der Regressionsgleichung aufzunehmen und die Koeffizientenschätzung wie üblich zu interpretieren. Dies geschieht, indem die niedrigste Kategorie eine 1 erhält, die darauf folgende mit 2 kodiert wird usw. Ein solches Vorgehen ist aber nur angebracht, wenn die Zahl der Kategorien der Ordinalskala ausreichend groß ist (mindestens sechs Kategorien) und davon ausgegangen werden kann, dass der Übergang von der einen in die nächste Kategorie einen konstanten Einfluss auf die abhängige Variable ausübt. Insbesondere diese Voraussetzung ist in der Regel aber nicht gegeben. Aus unseren Beispielen trifft dies noch am ehesten für die Einkommenskategorien zu.

Wenn bspw. nur vier Kategorien vorliegen (etwa im Hinblick auf die Innovationstätigkeit von Unternehmen die Abstufung „hoch-, mittel-, gering- und gar nicht innovativ") sollte auf die zweite Möglichkeit zurückgegriffen werden. Hierbei wird die Ordinalskala als eine Nominalskala aufgefasst. Die vier Innovationskategorien werden, wie oben für Branchen beschrieben, jeweils separat mittels einer Dummyvariablen in den Datensatz aufgenommen.

Eine dritte Möglichkeit existiert, indem aus den genannten vier Kategorien zwei gebildet werden. Zum Beispiel werden etwa „hoch- und mittel-innovativ" einerseits und „gering- und gar-nicht-innovativ" andererseits zusammengefasst. Anschließend analysieren wir diese neue nominalskalierte Variable mit zwei Ausprägungen als Dummyvariable. Bei dieser Verfahrensweise gehen allerdings durch die Zusammenfassung Informationen hinsichtlich der Abstufungen der Innovationsintensität verloren. Sie ist daher weniger geeignet.

3.3 Nicht-lineare Zusammenhänge

In vielen Fällen ist die Beziehung zwischen abhängiger und unabhängiger Variable keine Gerade, sondern weist irgendeine Art von Kurvenform auf (siehe Abb. 3.2).

Tab. 3.4 enthält diesen Zusammenhang von Kosten und Zahl der Produktvarianten bei einem Baumaschinenproduzenten. Bei zwei Typen von Flüssigbetonpumpen im Produktsortiment betragen die Kosten 7 Geldeinheiten und bei 9 Typen 84 Geldeinheiten.

Die in Abb. 3.2 basierend auf den Zahlen aus Tab. 3.4 dargestellte Funktionsform lautet: $Y = 3 + X^2$.

Eine einfache lineare Regression der Funktion $\hat{Y} = b_0 + b_1 X$ führt angewandt auf die Zahlen aus Tab. 3.4 zu einem falschen Resultat. Mittels SPSS oder Stata ergeben die Werte

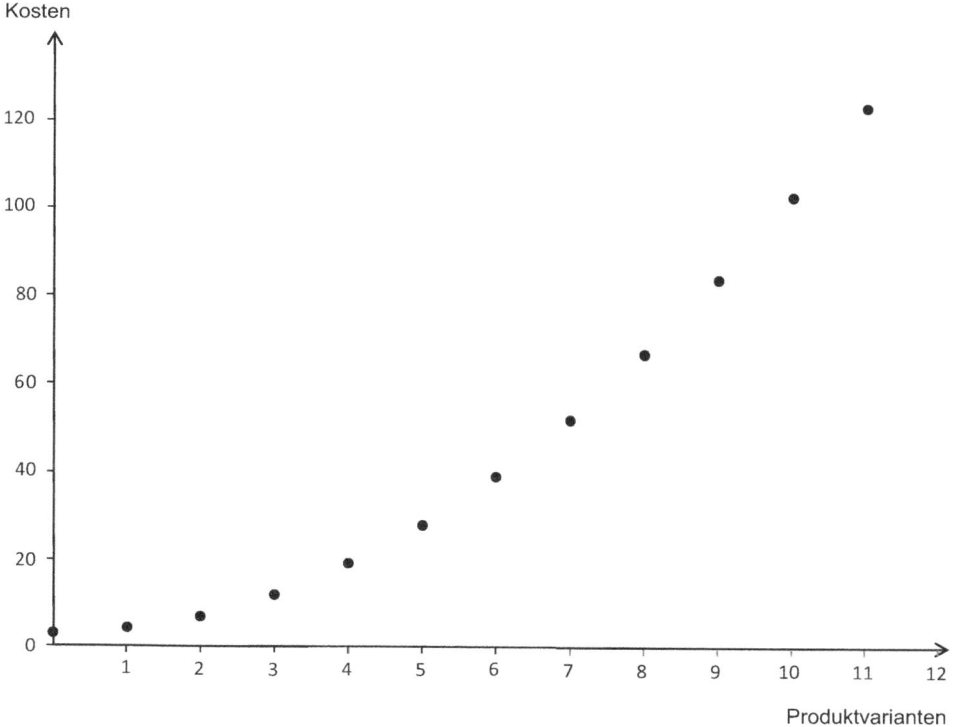

Abb. 3.2 Wahrer Einfluss der Produktvarianten auf die Kosten

Tab. 3.4 Nichtlineare Kosten

Produktvarianten (X) Typen Flüssigbetonpumpen	Kosten (Y)	Produktvarianten (X) Typen Flüssigbetonpumpen	Kosten (Y)
0	3	6	39
1	4	7	52
2	7	8	67
3	12	9	84
4	19	10	103
5	28	11	124

folgende Schätzung $\hat{y} = -12 + 10X$ (siehe Abb. 3.3). Die Interpretation dieser Regressionsschätzung ist, dass ein zusätzlicher Typ von Pumpen im Sortiment die Kosten um 10 Geldeinheiten steigen lässt.

Tatsächlich führt aber eine Vergrößerung der Zahl der Produktvarianten um eine einzige zusätzliche Variante von 10 auf 11 dazu, dass die Kosten geradezu explodieren (auf 124 also um 21 Einheiten). Die lineare Schätzung b_1 in Höhe von 10 wird also um mehr

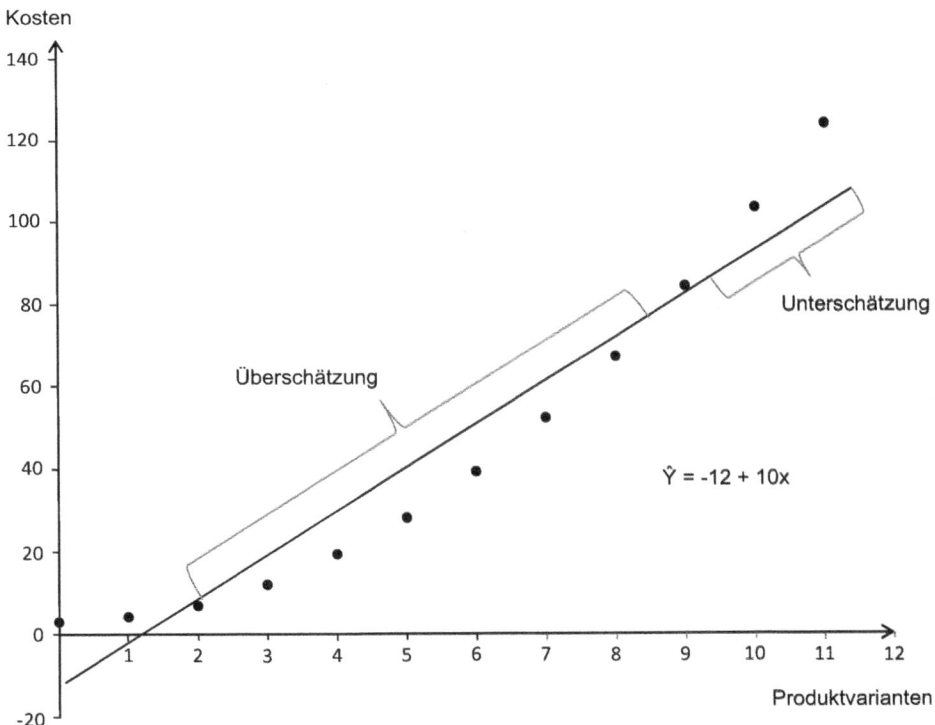

Abb. 3.3 Lineare Schätzung Kosten und Produktvarianten

als 100 % überschritten. Wenn es sich um die Auswirkungen auf die Kosten handelt, eine normalerweise nicht akzeptable Unterschätzung des Kostenzuwachses einer zusätzlichen Produktvariante. Das Resultat ist eine starke „Verschätzung", das heißt der tatsächliche Zusammenhang wird falsch wiedergegeben. Dies wird in der Regressionsanalyse als „**Verzerrung**" (bias) der geschätzten Koeffizientenwerte (hier b_0 und insbesondere b_1) bezeichnet. Gesucht wird aber eine unverzerrte Schätzung (unbiased estimator). Wenn Y die Gesamtkosten dieses Baumaschinenunternehmens sind und X die Zahl der verschiedenen Typen von Flüssigbetonpumpen, die dieses Unternehmen herstellt, dann ist der geschätzte Koeffizientenwert b_1 einer einfachen linearen Regression ökonomisch völlig irreführend. Der Einfluss der Zahl der Produktvarianten ist nichtlinear, da der Anstieg der Kosten zunächst gering, dann aber sehr groß ist. Folglich kann b_1 kein konstanter Parameter sein.

Festzuhalten ist, dass der faktische Zusammenhang (siehe Abb. 3.4) mit einer einfachen linearen Regression unter Umständen nur fehlerhaft erfasst wird. Dieser Fehler ist aber leicht zu beheben. Aufgrund des hier bekannten wahren Zusammenhangs zwischen X und Y ergibt sich folgende Lösung: Die Variable X muss quadriert werden. Tab. 3.5 enthält die resultierenden Zahlenwerte.

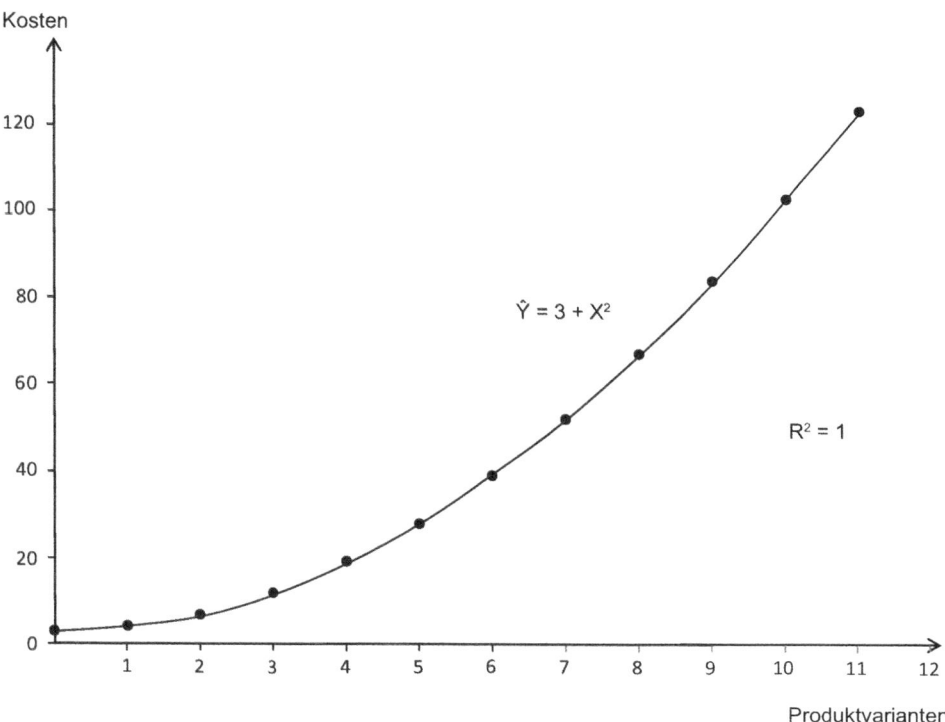

Abb. 3.4 Nichtlineare Schätzung Kosten und Produktvarianten

Tab. 3.5 Kosten und transformierte neue unabhängige Variable

Quadrierte Produktvarianten $z(=x^2)$	Kosten (y)	Quadrierte Produktvarianten $z(=x^2)$	Kosten (y)
0	3	36	36
1	4	49	52
4	7	64	67
9	12	81	84
16	19	100	103
25	28	121	124

Die neue Variable *Quadrierte Produktvarianten* wird zur Unterscheidung von X im Folgenden mit Z bezeichnet. Durch diese Variablentransformation von X wird der Zusammenhang zwischen Y und Z (das heißt dem quadrierten X) linear:

$$\hat{Y} = a_0 + a_1 X^2.$$

Die Koeffizienten werden jetzt als a_0 (Konstante) und a_1 (Steigung) bezeichnet, da es sich um andere Schätzwerte als in der linearen Regression handelt.

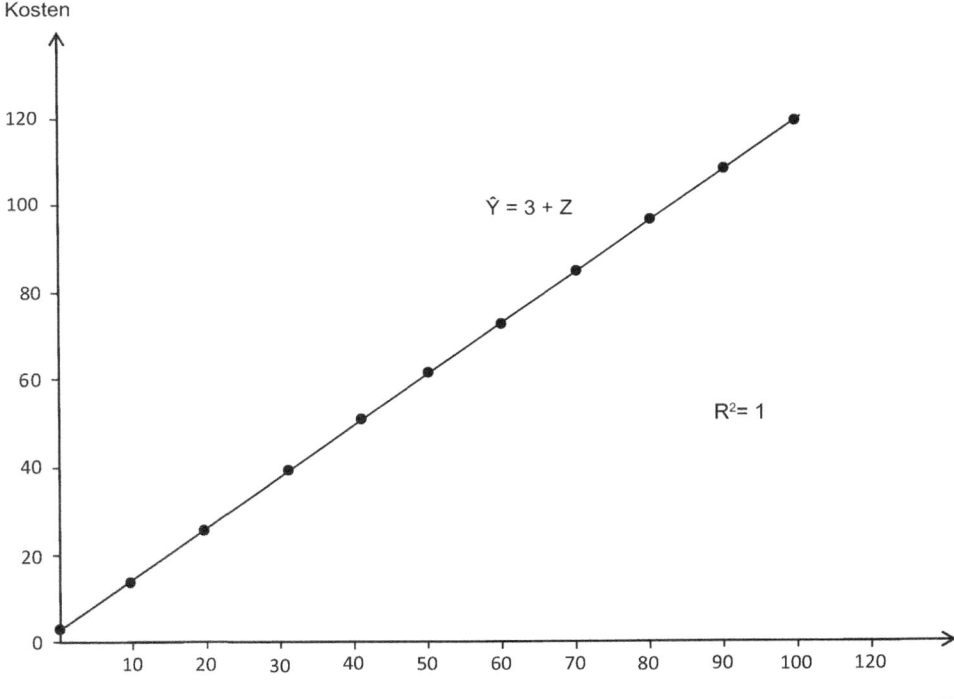

Abb. 3.5 Linearisierte Variable

Das Ergebnis der Schätzung lautet jetzt: $\hat{Y} = 3 + 1Z$, d. h. $a_0 = 3$ und $a_1 = 1$ (siehe Abb. 3.5). Wichtig ist allerdings bei der ökonomischen Interpretation des Koeffizienten a_1, dass Z das quadrierte ursprüngliche X darstellt. Der Wert des geschätzten Koeffizienten a_1 ist – wie in der Abbildung ersichtlich – gleich 1. Er kann aber natürlich auch jeden anderen Wert annehmen (bspw. $-0,4$ oder $15,68$). Wichtig ist nur, dass a_1 durch die Quadrierung von X ein konstanter Parameter geworden ist, der den Zusammenhang zwischen Y und Z korrekt wiedergibt. In der Regressionsanalyse heißt dies, das Modell ist **linear in den Parametern**. Damit kommt zum Ausdruck, dass a_0, a_1 usw. konstante Werte sind.

Dieses **Prinzip der Linearisierung** von ursprünglich nichtlinearen Funktionszusammenhängen kann – wie die Abb. 3.6, 3.7, 3.8, 3.9 und 3.10 verdeutlichen – vielfältig verwendet werden. Es ist übertragbar auf Modelle mit mehreren unabhängigen Variablen sowie auf andere nichtlineare Zusammenhänge zwischen einer abhängigen und den unabhängigen Variablen – also kubische, logarithmische oder sonstige beliebige Funktionsformen. Dabei können die Variablen auch einfach und zusätzlich quadriert o. ä. einbezogen werden. Außerdem ist es möglich nicht nur die unabhängigen, sondern auch die abhängige Variable auf vielfältige Weise zu transformieren. In diesem Zusammenhang wird bei der Logarithmierung der exogenen und/oder endogenen Variablen der natürliche Logarithmus (also $\ln Y$, $\ln X_1$ usw.) verwendet (siehe Abb. 3.9 und 3.10).

Insgesamt ist damit eine große Flexibilität in der Anwendung der Regressionsanalyse erreicht. Die verschiedensten nichtlinearen Zusammenhänge zwischen der endogenen und den exogenen Variablen sind so korrekt schätzbar. In Abhängigkeit von den konkreten Koeffizientenschätzungen (d. h. den Größe und Vorzeichen von b_0, b_1, b_2 usw.) können die Funktionen flexibel unterschiedliche Formen annehmen.

Abb. 3.6 Quadratische Funktionen

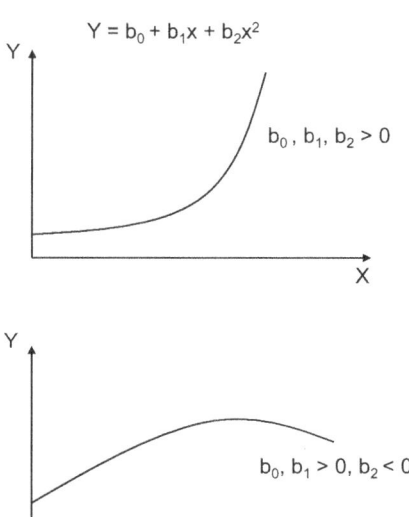

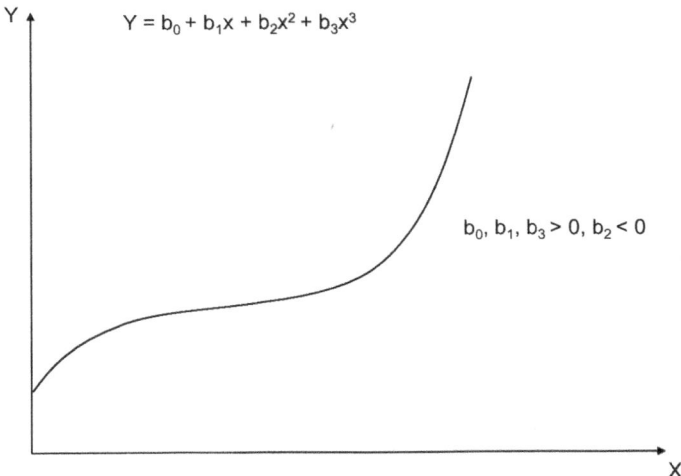

Abb. 3.7 Kubische Funktionen

Es stellt sich aber die Frage, welche der **Variablentransformationen** durchgeführt werden sollen, da schon bei drei unabhängigen Variablen die Zahl der möglichen mathematischen Umformungen und ihrer Kombinationen sehr groß wird. Hierzu lassen sich folgende praktische Vorgehensweisen identifizieren.

Ausgangspunkt ist, dass häufig nicht bekannt ist, ob ein linearer oder nichtlinearer Zusammenhang vorliegt. Dies ist zunächst anhand der einschlägigen Literatur zu prüfen.

Abb. 3.8 Kehrwertfunktionen

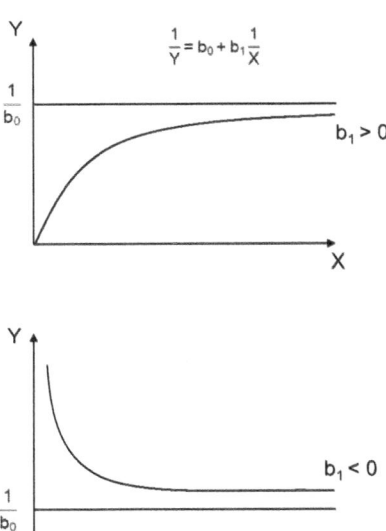

Abb. 3.9 Logarithmierung der endogenen oder exogenen Variable. **a** Logarithmierung der abhängigen Variable. **b** Logarithmierung der unabhängigen Variable

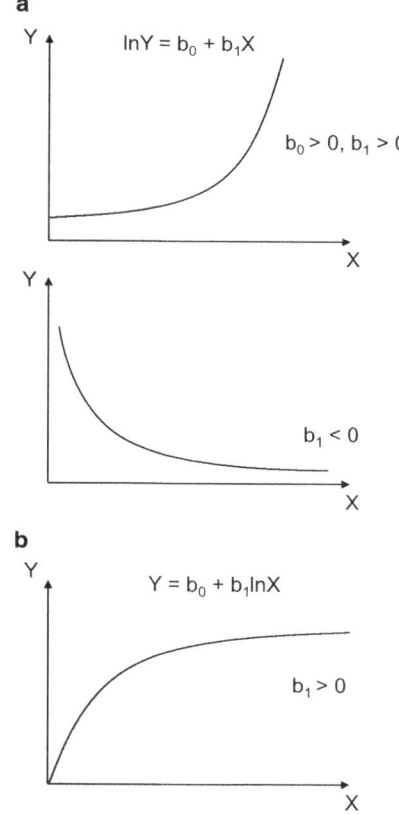

Erstens werden dazu vorhandene theoretische Modelle und Überlegungen ausgewertet. Im Idealfall ist bspw. aus der Theorie bekannt, dass eine ertragsgesetzliche Kostenfunktion vorliegen muss. Folglich wird eine kubische Funktionsform gewählt.

In der Regel (eigentlich fast immer) sagen die theoretischen Modelle und Überlegungen aber nur etwas hinsichtlich der erwarteten Vorzeichen der Koeffizienten und eventuell zur relativen Bedeutung des Einflusses einer Variablen aus. Der genaue Funktionszusammenhang bleibt auf der theoretischen Ebene ungeklärt. In vielen Fällen ist es aber zumindest plausibel, dass der Einfluss einer exogenen Variablen X_1 nicht linear verläuft, sondern mit steigenden Werten von X_1 abnimmt. Zum Beispiel dürfte mit den Ausbildungsjahren das Einkommen als abhängige Variable steigen. Die positive Wirkung zusätzlicher Ausbildungsjahre sollte aber in den ersten Jahren besonders stark sein und dann abnehmen. Dies entspricht in der Abb. 3.10 einem Koeffizienten b_1 zwischen Null und Eins.

Zweitens sind die in der Literatur vorhandenen empirischen Untersuchungen auszuwerten. Im Allgemeinen wird dabei deutlich, welche Art von Abhängigkeiten und welche Funktionsformen für die Modellspezifikation relevant und sinnvoll sind.

Abb. 3.10 Logarithmierung der abhängigen und unabhängigen Variablen

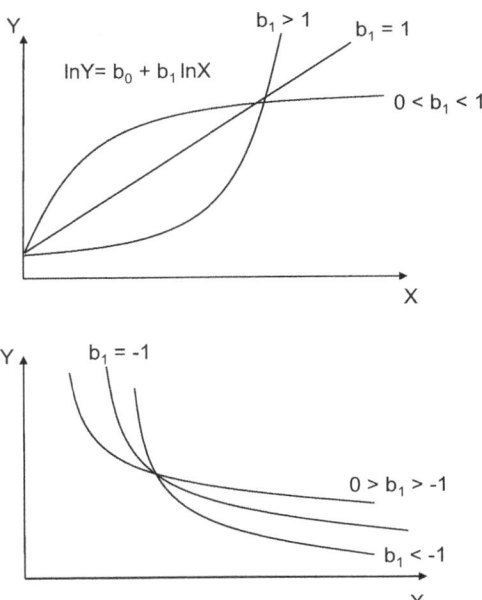

Sind die vorhandenen empirischen Studien in dieser Hinsicht widersprüchlich oder liegen keine empirischen und theoretischen Ergebnisse vor, wird als dritte Vorgehensweise eine visuelle Inspektion der Datenplots der abhängigen und jeweils einer unabhängigen Variablen vorgenommen. So lassen sich unter Umständen nichtlineare Beziehungen erkennen. Hat die Punktwolke bspw. das Aussehen der Abb. 3.11, handelt es sich offensichtlich um eine quadratische Funktion. Wir wählen dann die Spezifikation $\hat{Y} = b_0 + b_1 X + b_2 X^2$.

In der Praxis finden sich allerdings selten eindeutige Strukturen wie in Abb. 3.2 oder Abb. 3.11, sondern es liegen Streudiagramme vor, die nicht so leicht interpretierbar sind.

Im Fall mangelnder eindeutiger Informationen über die wahren Funktionsformen werden **verschiedene Spezifikationen** überprüft.

Ein gängiges Vorgehen ist es, die metrischen Variablen jeweils einfach und in ihrer **quadrierten Version** gemeinsam zu berücksichtigen. Diese Spezifikation ist in vielen Fällen flexibel genug, um die tatsächlichen Zusammenhänge abzubilden.

Besonders weite Verbreitung besitzt außerdem die **logarithmische Modellspezifikation**. Bei ihr werden von der abhängigen und ggf. den unabhängigen Variablen (soweit sie kardinal skaliert sind) die natürlichen Logarithmen gebildet.[6] Diese Vorgehensweise ist

---

[6] Dies ist allerdings nur möglich, wenn die Beobachtungen einer metrisch skalierten Variable größer als Null sind, da der Logarithmus von negativen Werten und Null nicht definiert ist. In der Praxis der empirischen Arbeit werden die Nullen hilfsweise durch eine relativ sehr kleine Zahl – etwa 0,01 – ersetzt und anschließend logarithmiert. Negative Werte von Variablen spielen in den Wirtschaftswissenschaften in der Regel keine Rolle.

Abb. 3.11 Streudiagramm
(Scatterplot)

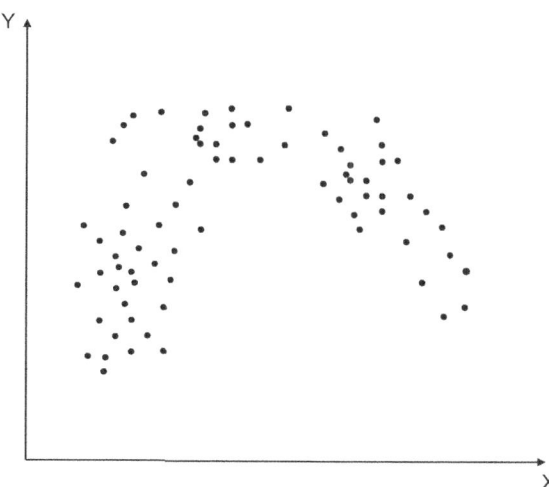

vorteilhaft, weil die Logarithmierung eine Vielzahl verschiedener wahrer Zusammenhänge zwischen X und Y zulässt, also eine sehr flexible Funktionsform darstellt. Abb. 3.10 macht deutlich, dass im Unterschied zur einfachen linearen Modellspezifikation (siehe Abb. 3.3) eine durchgehend logarithmische Spezifikation die Zusammenhänge nicht von vornherein stark einengt. Außerdem verringert eine Logarithmierung Probleme hinsichtlich der Normalverteilungs- und der Homoskedastie-Annahmen der OLS-Schätzung. Dies wird in den Abschn. 5.2 und 5.4 erläutert.

Drei verschiedene Ansätze sind zu unterscheiden, je nachdem, ob nur die exogene Variable, nur die endogen Variable oder beide logarithmiert werden. Die sich daraus ergebenden Modelle werden als Linear-log-, Log-linear- und Log-log-Modelle bezeichnet. Tab. 3.6 stellt die sich daraus ergebenden Interpretationen der geschätzten Regressionskoeffizienten zusammenfassend dar. Das Log-log-Modell, das heißt die doppelt logarithmische Spezifikation der exogenen und der endogenen Variablen ist in der Ökonomie besonders beliebt, weil die Koeffizienten dann direkt als Elastizitäten interpretierbar sind.

Dummyvariablen werden in die Quadrierung oder Logarithmierung natürlich nicht einbezogen. Bei diesen geht es ja nur um die Untersuchung von Mittelwertunterschieden zwischen Kategorien – eine bestimmte Funktionsform des Zusammenhangs liegt hier nicht vor. Auch metrisch skalierte exogene Variablen, die sich auf Jahre beziehen (Alter, Ausbildungszeiten, Berufserfahrung usw.) werden üblicherweise nicht logarithmiert. Gleiches gilt für Variablen, die als Anteile oder Prozentsätze erfasst sind (Arbeitslosigkeit, Abbrecher- oder Durchfallquoten usw.) (Wooldridge 2013, S. 191–192).

Die oben beschriebene Logik – wenn keine Informationen über die wahren Funktionsformen vorhanden sind, möglichst flexible Spezifikationen zu wählen – ist auch ein

Tab. 3.6 Die Interpretation der Koeffizientenschätzungen bei unterschiedlichen Funktionsformen

Abhängige Variable	Unabhängige Variable	Interpretation	Erläuterung	Beispiel *Abhängige Variable:* l = Stundenlohn in € *Unabhängige Variable:* Educ = Schulausbildung in Jahren
Y	X_1	$\Delta Y = b_1 \Delta X_1$	Marginale Veränderung der Variable Y um b_1, wenn sich die Variable X_1 um eine Einheit ändert. b_1 ist abhängig von der Skalierung von X_1 und Y	$\hat{l} = 2{,}78 + 0{,}93$ Educ $+ \ldots$ Ein Jahr zusätzlicher Schulbesuch erhöht den Stundenlohnsatz ceteris paribus um 0,93 €
Y	$\ln X_1$	$\Delta Y = b_1/100 \, \Delta X_1$	*Linear-log-Modell:* Wenn X_1 um ein Prozent verändert wird, ändert sich Y um $b_1/100$ Einheiten	$\hat{l} = 3{,}08 + 17{,}7$ Educ $+ \ldots$ Eine Erhöhung der Schulausbildungszeit um 1 % erhöht den Stundenlohnsatz ceteris paribus um 0,177 €
$\ln Y$	X_1	$\%\Delta Y = 100\, b_1 \, \Delta X_1$	*Log-linear-Modell:* Prozentuale Veränderung der Variable Y um $100b_1$, wenn sich die Variable X_1 um eine Einheit ändert[a]	$\hat{\ln l} = 1{,}41 + 0{,}19$ Educ $+ \ldots$ Ein Jahr zusätzlicher Schulbesuch erhöht den Stundenlohnsatz c. p. um 19 %
$\ln Y$	$\ln X_1$	$\%\Delta Y = b_1 \, \%\Delta X_1$	*Log-log-Modell:* Prozentuale Veränderung der Variable Y um b_1, wenn sich die Variable X_1 um 1 % verändert. b_1 ist eine Elastizität	$\widehat{\ln l} = 0{,}39 + 1{,}33$ $\ln(Educ) + \ldots$ Eine Erhöhung der Schulausbildungszeit um 1 % führt c. p. zu einer Steigerung des Lohnsatzes um 1,33 %

[a]Diese Aussage gilt nur näherungsweise bei kleineren Veränderungen der Variablen. Genauer dazu Stock und Watson (2014, S. 307–315), Wooldridge (2013, S. 183–186) und Weisberg (2014, S. 82–83)

Grund, ein Absolutglied b_0 in das Regressionsmodell aufzunehmen. Wenn die Konstante in Wahrheit gleich Null ist, wird dies von der OLS-Schätzung ermittelt.

Es stellt sich aber schließlich die Frage, welcher der möglichen **Variablentransformationen** der Vorzug gegeben werden soll. Wir gehen von unserem Basisbeispiel aus und wollen den PKW-Absatz mittels der Zahl der Vertreterkontakte erklären. Im einfachen Fall lediglich einer exogenen Variablen stehen nach dem bisher gesagten drei verschiedene Modellspezifikationen im Mittelpunkt:

$$Y = b_0 + b_1 X_1. \tag{3.3}$$

Dies ist die einfachste lineare Modellspezifikation. Hier unterstellen wir, dass die Vertreterkontakte (X_1) immer den gleichen Einfluss auf die verkauften PKW ausüben.

$$Y = b_0 + b_1 X_1 + b_2 X_1^2 \qquad (3.4)$$

Die Gleichung beschreibt den möglichen quadratischen Zusammenhang von Y und X_1 entsprechend Abb. 3.6 unterer Teil. Bei dieser Spezifikation ist ein nichtlinearer Einfluss – bspw. eine positive aber mit zunehmender Zahl der Vertreterkontakte sinkende und dann sogar negative „Wirksamkeit" der Kontakte möglich. In der empirischen Wirtschaftsforschung wird immer neben dem quadrierten auch der einfache lineare Einfluss mit in die Regression aufgenommen. In Modell 3.4 sind daher $b_2 X_1^2$ *und* $b_1 X_1$ enthalten.[7]

$$Y = b_0 + b_1 \ln X_1 \qquad (3.5)$$

Bei dieser semi-logarithmierten Spezifikation wird ein abnehmender Einfluss zusätzlicher Vertreterkontakte als denkbar angenommen, der aber nicht negativ wird.

Zur Klärung der Frage, ob Modellspezifikation 3.3 oder 3.4 zutrifft, führen wir die Regressionen für beide Modellspezifikationen durch. Kann die Nullhypothese für b_2 – also den quadrierten Einflussfaktor (X_1^2) – nicht abgelehnt werden, ist der Zusammenhang zwischen der Zahl der Kontakte X_1 und den verkauften PKW Y linear und wir verwenden Modell 3.3. Ist hinsichtlich b_2 die Nullhypothese abzulehnen, akzeptieren wir das nichtlineare Modell 3.4.

Zur Wiederholung: Bei der Interpretation des Modells 3.2 ist zu beachten, dass die Wirkung eines zusätzlichen Vertreterbesuchs vom Ausdruck $b_1 X_1 + b_2 X_1^2$ beschrieben wird. Das heißt, es ist nicht möglich, isoliert den Koeffizienten b_1 (oder auch b_2) zu interpretieren, da ja bei einem zusätzlichen Besuch automatisch auch die quadrierte Zahl der Kontakte zunimmt! Der marginale Effekt eines zusätzlichen Vertreterbesuchs sieht jetzt wie in der Gl. 3.6 aus. Er ist also nicht mehr – wie im linearen Modell des Kap. 2 – nur einfach gleich dem geschätzten Koeffizienten b_1.

$$\frac{\partial Y}{\partial X_1} = b_1 + 2b_2 \qquad (3.6)$$

Wir nehmen mal an, dass Modell 3.4 im Vergleich zu Modell 3.3 eine bessere Darstellung des wahren Zusammenhangs liefert. Im nächsten Schritt, muss dann geklärt werden, welches der beiden nichtlinearen Modelle 3.4 oder 3.5 vorzuziehen ist. Die Antwort darauf gibt ein Vergleich des korrigierten Determinationskoeffizienten der Regressionen 3.4 und 3.5. Wir wählen das Modell, das den größeren $\bar{R}^2$ besitzt. Dies wird im Abschn. 6.3.2 ausführlicher erläutert.

---

[7] Falls wir $b_1 X_1$ im Modell 3.4 weglassen, ist der Zusammenhang von Y und X_1 eine nach oben ($b_2 > 0$) bzw. nach unten ($b_2 < 0$) geöffnete Parabel. Mit zunehmendem X_1 wird dessen Einfluss auf Y unbegrenzt immer stärker. Dies ist ökonomisch nur im Ausnahmefall (bzw. einem begrenzten Wertebreich) plausibel.

Es ist aber selbstverständlich auch möglich die abhängige Variable Y zu logarithmieren. Dann resultieren die drei Modelle 3.7 bis 3.9:

$$\ln Y = b_0 + b_1 X_1, \tag{3.7}$$

$$\ln Y = b_0 + b_1 X_1 + b_2 X_1^2, \tag{3.8}$$

$$\ln Y = b_0 + b_1 \ln X_1. \tag{3.9}$$

Bei der Entscheidung zwischen den Spezifikationen 3.7 und 3.8 wird wie oben für die Modelle 3.4 und 3.5 bereits erläutert, vorgegangen. Gleiches gilt für die Wahl zwischen Modell 3.8 und 3.9: Wir optieren für das Modell mit dem höchsten korrigierten R^2. Allgemein gilt, dass wir bei Modellspezifikationen mit gleicher abhängiger Variable anhand des $\bar{R}^2$ auswählen. Zwischen den Modellen 3.3 bis 3.5 und auch zwischen den Modellen 3.7 bis 3.9 ist dies machbar.

Allerdings ist es nicht erlaubt, Modelle mit unterschiedlichen abhängigen Variablen so zu vergleichen – also bspw. Modell 3.7 mit Modell 3.3 oder Modell 3.8 mit Modell 3.4. Das (korrigierte) R^2 ist ein Maß für die Erklärung der Variation der abhängigen Variablen. Diese Variation ist aber bei ln Y auf jeden Fall kleiner als bei Y, da die Logarithmierung die Schwankung der Variable Y verringert (die Variable Y staucht). Folglich wird das $\bar{R}^2$ bei den Modellen 3.7 bis 3.9 tendenziell größer sein als bei den Modellen 3.3 bis 3.5.

Abschn. 6.3 kommt noch einmal auf die Möglichkeiten und Grenzen der Verwendung des korrigierten R^2 zu Ermittlung einer geeigneten Modellspezifikation zurück und erläutert alternative Verfahren. Die Wahl zwischen den obigen und komplizierteren nichtlinearen Modellen wird genauer behandelt von Stock und Watson (2014, S. 294–337) und Wooldridge (2013, S. 199–203). Komplexere Möglichkeiten der Transformation von Variablen sind die Box-Cox-Transformation, Translog-Funktionen und neuronale Netze. Die behandelten und weitere Methoden diskutieren Kennedy (2008, S. 104–108, 349–360), Weisberg (2014, S. 185–203) sowie Chatterjee und Hadi (2012, S. 163–190).

3.4 Interaktionseffekte

Bei der Einführung von Dummy-Variablen im Abschn. 3.1 wurde unterstellt, dass weibliche und männliche Vertriebsmitarbeiter unterschiedliche Fähigkeiten im Verkauf besitzen. Dieser Unterschied spiegelt sich in einem größeren Achsenabschnitt weiblicher Mitarbeiter nieder. Gleichzeitig wird davon ausgegangen, dass die Auswirkung der Vertreterkontakte bei beiden Geschlechtern identisch ist: der Anstieg der beiden Geraden ist genau gleich (siehe Abb. 3.1). Die Differenz zwischen beiden Mitarbeitergruppen ist also ein Niveauunterschied, während zusätzliche Vertreterkontakte unabhängig vom Geschlecht zu einer identischen Steigerung der verkauften Menge führen. Unter inhaltlichen Gesichtspunkten muss dies aber nicht so sein. Bspw. ist es möglich, dass weibliche Mitarbeiterinnen pro Vertreterbesuch eine höhere zusätzliche Verkaufsmenge erzielen als Männer. Dieser Fall wird in Abb. 3.12 dargestellt.

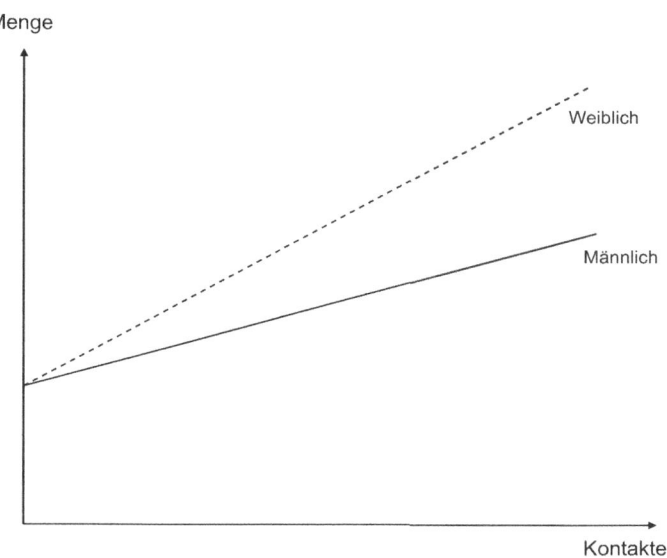

Abb. 3.12 Interaktionseffekte I

Denkbar wäre aber auch, dass weibliche Vertreterinnen-Kontakte die abgesetzten Mengen verringern (siehe Abb. 3.13).

In beiden Fällen ist die Wirkung der Variable *Kontakte* bei Männern und Frauen unterschiedlich. Anders formuliert hängt die Wirkung zusätzlicher Kontakte davon ab, ob es sich um weibliche oder männliche Vertriebsmitarbeiter handelt. Beide Variablen „interagieren" miteinander. Die Einführung solcher **Interaktionseffekte**[8] in die Spezifikation einer Regressionsgleichung ist einfach. Es wird eine neue Interaktionsvariable gebildet, die das **Produkt der beiden Einzelvariablen** darstellt. Dieses Verfahren funktioniert sowohl bei Dummyvariablen als auch bei metrischen Variablen sowie bei einer Kombination der beiden Variablentypen.

Im PKW-Beispiel wird die Variable *Weiblich* mit der Variable *Zahl der Vertreterkontakte* multipliziert. Die entstehende neue Variable erhält bspw. den Namen *InterWeiblichKontakte*. Die Variable *InterWeiblichKontakte* wird dann zusätzlich in die spezifizierte Regressionsgleichung aufgenommen. Weiterhin ist eine Kombination dieser Interaktionseffekte mit den genannten nicht-linearen Funktionsformen möglich. Zum Beispiel kann ein Interaktionseffekt der Variable *Weiblich* mit der quadrierten Zahl der Vertreterkontakte gebildet werden.

---

[8] In der Psychologie und zum Teil auch in der Soziologie werden Interaktionen als Moderatoreffekte bzw. die dazugehörigen Variablen als Moderatorvariablen bezeichnet (Bühner und Ziegler (2009, S. 694–703).

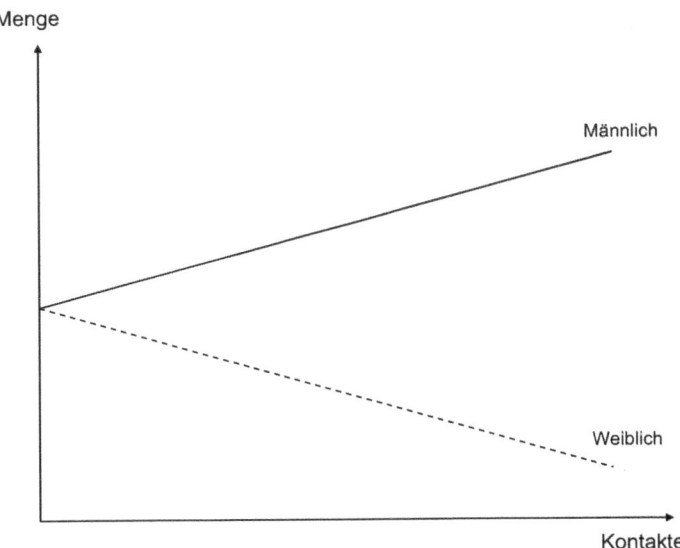

Abb. 3.13 Interaktionseffekte II

Im Hinblick auf die induktive Statistik ergeben sich keine Modifikationen. Der t-Wert und das dazugehörige Signifikanzniveau des jeweiligen Interaktionseffektes ist ein Test, ob der Interaktionseffekt einflussreich ist. Die Nullhypothese lautet also „der Interaktionseffekt ist nicht von Null verschieden" und wird wie üblich interpretiert.

Inhaltlich ergeben sich aber wichtige Änderungen in der Interpretation. Ohne den Interaktionseffekt ist der Koeffizient der Dummy-Variablen *Weiblich* einfach der Unterschied von Frauen und Männern hinsichtlich der verkauften PKW. Dieser Unterschied ist unabhängig von der Zahl der Kontakte immer gleich groß. Er entspricht grafisch dem vertikalen Abstand zwischen den beiden Linien in der Abb. 3.1. Dies ist im Abschn. 3.2.1 bereits erläutert worden.

Wenn zusätzlich ein Interaktionseffekt *InterWeiblichKontakte* in die Spezifikation aufgenommen wird, ist der dazugehörige Koeffizient wie folgt interpretierbar: Er besagt, wie sich die Zahl der Kontakte bei weiblichen Produktmanagerinnen im Unterschied zu Männern auf die Zahl der verkauften PKW auswirken. Wenn dieser Einfluss der Kontakte bei Frauen und Männern nicht identisch ist, verlaufen die Funktionen für beide Gruppen nicht mehr parallel. In der Abb. 3.12 wirken sich die Kontakte weiblicher Produktmanagerinnen stärker positiv aus als die Kontakte männlicher Vertriebsmitarbeiter. Die Abb. 3.13 illustriert den Fall gegensätzlicher Wirkungen. Männer erhöhen und Frauen verringern mit ihren Kontakten die Absatzmengen.

Im Vergleich zu Abschn. 3.2.1 ändert sich mit dem Interaktionseffekt auch die Interpretation des einfachen Effekts der Variable *Weiblich*. Der Koeffizient dieser Variablen beschreibt jetzt die Wirkung der weiblichen Produktmanagerinnen, wenn die Zahl der

Kontakte gleich Null ist. Dies ist häufig aber eine inhaltlich nicht weiter relevante Aussage, die für sich genommen – genau wie die Konstante der Regression – außer Acht gelassen wird.

Um diese Aussagen am Beispiel zu erläutern verwenden wir den PKW-Datensatz „PKW-Marketing-Beispiel-erweitert". Unter Einbezug von *Weiblich* und *InterWeiblich-Kontakte* ergibt sich folgendes Schätzergebnis:

$$Menge = 104{,}54^{***} + 3{,}01\ Kontakte^{***} - 1{,}46\ Preis^{**}$$
$$+2{,}42\ Budget^{***} - 3{,}18\ Weiblich + 0{,}18\ InterWeiblichKontakte \tag{3.10}$$

Die Zahl der Sterne an den einzelnen Koeffizientenschätzungen zeigt wie üblich das jeweilige Signifikanzniveau an: „* = Signifikant auf dem 10 %-Niveau", „** = Signifikant auf dem 5 %-Niveau" und „*** = Signifikant auf dem 1 %-Niveau". Kein Stern steht bei Koeffizienten, die auch auf dem 10 %-Niveau nicht signifikant sind. Wie zu erwarten, sind weder die Variable *Weiblich* noch deren Interaktionseffekt mit der Zahl der Kontakte, d. h. *InterWeiblichKontakte*, signifikant von Null verschieden. Um kein neues Zahlenbeispiel verwenden zu müssen, unterstellen wir einfach mal, dass diese beiden Variablen signifikant wären und wir außerdem sicher sind, dass die Gl. 3.10 richtig spezifiziert ist. Dann ergeben sich folgende inhaltliche Aussagen: Für männliche Produktmanager ist die Variable *Weiblich* mit Null kodiert, d. h. die beiden letzten Variablen der obigen Gl. 3.10 besitzen bei Männern den Wert Null. Die Konstante von 104,54 besagt dann, dass männliche Produktmanager bei Null Kontakten, einem Preis von Null und einem Werbebudget von Null Euro in ihren Absatzregionen 104,54 PKW verkaufen. Eine weibliche Produktmanagerin verkauft in ihrer Region (im Mittel) unter diesen Bedingungen 3,18 PKW weniger, also 101,36 Fahrzeuge. Allerdings sind diese Feststellungen für beide Geschlechter praktisch nicht relevant. Sie sind inhaltlich genauso wenig interpretierbar wie die Konstante im einfachen Regressionsmodell des Kap. 2. Der Interaktionseffekt bedeutet, dass Frauen als Produktmanagerinnen 0,18 PKW bei jedem Besuch zusätzlich mehr verkaufen als ihre männlichen Kollegen. Bei 30 Kontakten setzen sie folglich im Vergleich zu diesen $30 \times 0{,}18$ also 5,4 PKW mehr ab. Der Einfluss der Kontakte ist also unterschiedlich hoch und führt dazu, dass die Funktionen für beide Geschlechter nicht parallel verlaufen. Für Männer ist der Anstieg gleich 3,01 und für Frauen 3,01 plus 0,18, also mit 3,19 etwas steiler.

Fasst man die Wirkung der beiden Variablen *Weiblich* und *InterWeiblichKontakte* zusammen, ergibt sich für die Frauen eine niedrigere Konstante (= 101,36) und eine etwas stärkere Zunahme (= 3,19) als bei den männlichen Produktmanagern. Diesen Zusammenhang illustriert Abb. 3.14.

Die Abbildung verdeutlicht aber auch, dass in unserem PKW-Beispiel nicht wirklich ein Unterschied zwischen den Frauen und Männern existiert: Schon visuell ist kaum eine Differenz auszumachen und dies wird statistisch bestätigt, denn tatsächlich sind ja die beiden Variablen *Weiblich* und *InterWeiblichKontakte* nicht signifikant von Null verschieden.

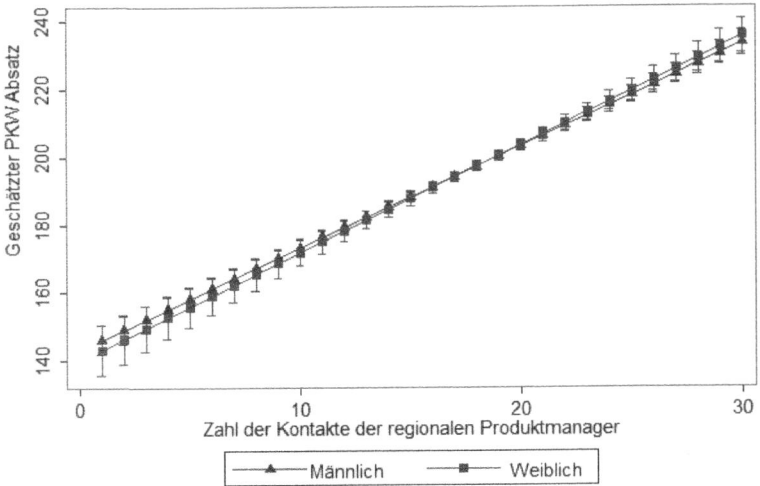

Abb. 3.14 Interaktionseffekte III

Zu beachten ist, dass, wenn Interaktionseffekte in die Spezifikation aufgenommen werden, die beiden dazugehörigen Einzeleffekte in der Regressionsgleichung zu berücksichtigen sind. Nur so können wir überprüfen, ob der Interaktionseffekt zusätzlich zu den Einzeleffekten der Variablen, aus denen er sich zusammensetzt, einen eigenständigen Einfluss auf die endogene Variable besitzt. Die Wirkungen des Interaktionseffektes können nicht unabhängig von den Wirkungen der dazugehörigen Einzeleffekte interpretiert werden und umgekehrt.

Denkbar ist natürlich auch eine Kombination eines Niveaueffektes einer Dummyvariablen mit einem Interaktionseffekt. Dies verdeutlicht Abb. 3.15.

Hier wird als weitere Dummyvariable zwischen Regionen im Westen und im Osten Deutschlands unterschieden. Wir sehen in diesem fiktiven Fall, dass im Westen in jeder Region im Mittel mehr PKW unabhängig von der Zahl der Kontakte verkauft werden und sich außerdem mit zusätzlichen Kontakten höhere Verkaufszahlen realisieren lassen. In den Verkaufsregionen im Osten haben zusätzliche Kontakte sogar einen leicht negativen Einfluss auf die Verkaufszahlen. Wie bereits erwähnt, sind bei Interaktionseffekten die einzelnen Variablen, die den Interaktionseffekt bilden (die sogenannten Einzel- oder Haupteffekte), jeweils mit aufzunehmen! Im Beispiel die Variable *Westen* wegzulassen, führt dazu, dass der Niveauunterschied zwischen Regionen Westen und Osten unterdrückt wird, was zu einer Verzerrung der Schätzung des Koeffizienten der Interaktionsvariablen führt. Abb. 3.15 illustriert, dass die simultane Aufnahme der Dummyvariable für *Westen* und des Interaktionseffektes *Westen × Kontakte* inhaltlich darauf hinausläuft, zwei ge-

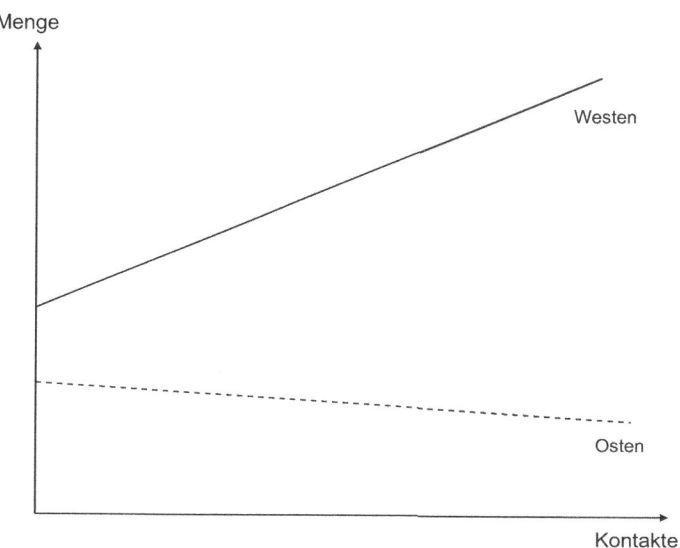

Abb. 3.15 Interaktionseffekte IV

trennte Regressionsfunktionen – eine für die Verkaufsregionen im Westen und eine für die im Osten – zu schätzen.[9]

Solche Effekte sind nicht auf den Fall der Interaktion einer Dummyvariablen einerseits mit einer metrischen Variablen andererseits beschränkt. Interagieren können auch ordinal- und metrisch skalierte Variablen unter- sowie miteinander. Als Beispiel ziehen wir den Einfluss der Berufserfahrung auf das Gehalt von Akademikern in Abhängigkeit von drei möglichen Hochschulabschlüssen heran. Universität, Fachhochschule und Berufsakademie sind drei Arten von Hochschulabschlüssen, die eine ordinalskalierte Variable „Typ des Hochschulabschlusses" darstellen. Das Ergebnis des Interaktionseffektes mit der Berufserfahrung zeigt Abb. 3.16.

Die Abbildung macht deutlich, dass die Einstiegsgehälter erhebliche Niveauunterschiede aufweisen, die Gehaltsunterschiede aber mit der Dauer der Berufserfahrung zwischen den drei Hochschulabschlüssen abnehmen. Darüber hinaus ist der Einfluss der Berufserfahrung nicht linear, sondern spielt mit zunehmender Berufserfahrung eine immer geringere Rolle.

Auf die gleiche Art und Weise lassen sich auch Interaktionen zwischen mehr als zwei Variablen bilden. In unserem PKW-Beispiel könnten die Kontakte von weiblichen und männlichen Vertriebsmitarbeitern zusätzlich unterschiedliche Wirkungen haben je nachdem, ob das Werbebudget klein oder groß ist. Dies entspricht einem Interaktionseffekt zwischen den Variablen *Weiblich*, *Kontakte* und *Budget*. In der angewandten Wirtschafts-

---

[9] Eine ausführliche Erläuterung dazu geben Pindyck und Rubinfeld (1998, S. 104–110).

Gehalt
(in Euro pro Monat)

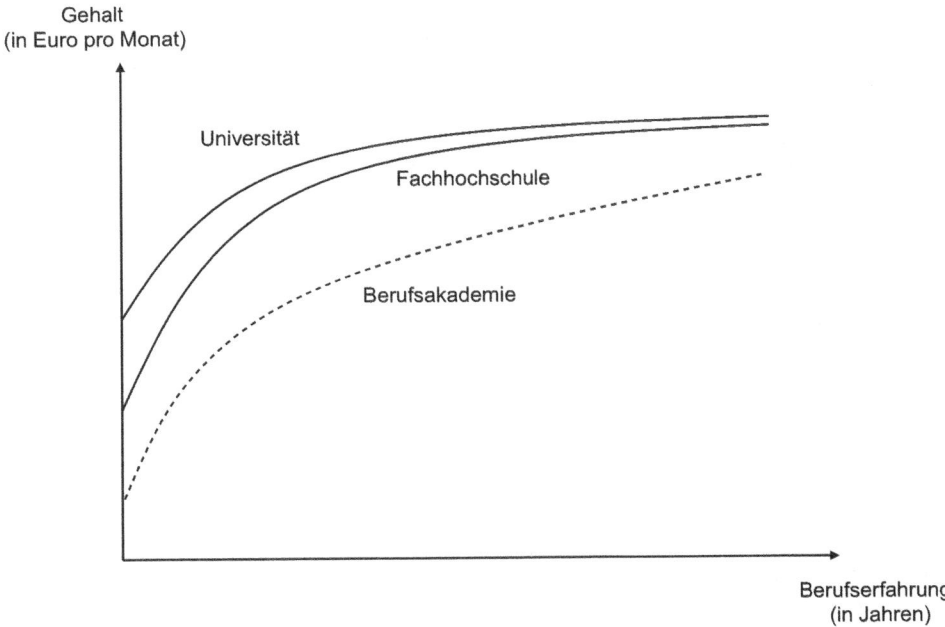

Abb. 3.16 Hochschulabschluss, Berufserfahrung und Gehalt

forschung werden Interaktionseffekte mit mehr als zwei Variablen in der Regel nicht betrachtet, während dies in der Soziologie und insbesondere Psychologie im Rahmen von Varianzanalysen häufiger anzutreffen ist. Interaktionseffekte von mehr als drei Variablen zu bilden, ist generell nicht sinnvoll, da die Wirkungen kaum noch interpretierbar sind (Bortz und Döring 2015).

Ein Problem bei der Aufnahme von Interaktionseffekten ist, dass sie häufig zu Multikollinearität zwischen den beteiligten Variablen führen. Dies wird im Abschn. 5.5 genauer behandelt.

3.5 Zusammenfassung

Die Ausführungen zeigen, dass die Zahl der möglichen Spezifikationen bei drei und mehr unabhängigen Variablen extrem groß wird, da die verschiedensten Variablentransformationen und Interaktionseffekte denkbar sind. Mittels der Statistikprogrammpakete können diese Transformationen leicht durchgeführt und geschätzt werden. Damit stellen sich zwei Probleme. Erstens, welche der vielen Möglichkeiten sollten geprüft werden und zweitens, welche der vielen Schätzungen ist die „richtige". Auf beide Fragen wird in Abschn. 6.3 genauer eingegangen.

Die Zusammenhänge können tatsächlich so komplex sein, dass eine völlig flexible Funktionsform sinnvoll ist. Im Bereich der Schätzung von Produktions- oder Kostenfunktionen werden dann häufig die bereits erwähnten Translog-Funktionen verwendet. Diese kombinieren Logarithmierung, Quadrierung und Interaktionseffekte der unabhängigen Variablen. Dougherty (2016) sowie Asteriou und Hall (2011) enthalten genauere Erklärungen zu den verschiedenen Möglichkeiten bei der Wahl der Funktionsform und der Bildung von Interaktionseffekten.

3.6   Durchführung in SPSS und Stata

SPSS

Abschn. 3.2 erläutert die Verwendung von Dummy-Variablen, wobei diese sozusagen „per Hand" als neue Variable in den Datensatz eingefügt werden. Ein solches Vorgehen ist bei vielen Beobachtungen bzw. einer großen Zahl von Kategorien (bspw. 128 Staaten oder 72 Branchen) nicht sinnvoll und praktikabel. Es stehen aber in SPSS verschiedene Routi-

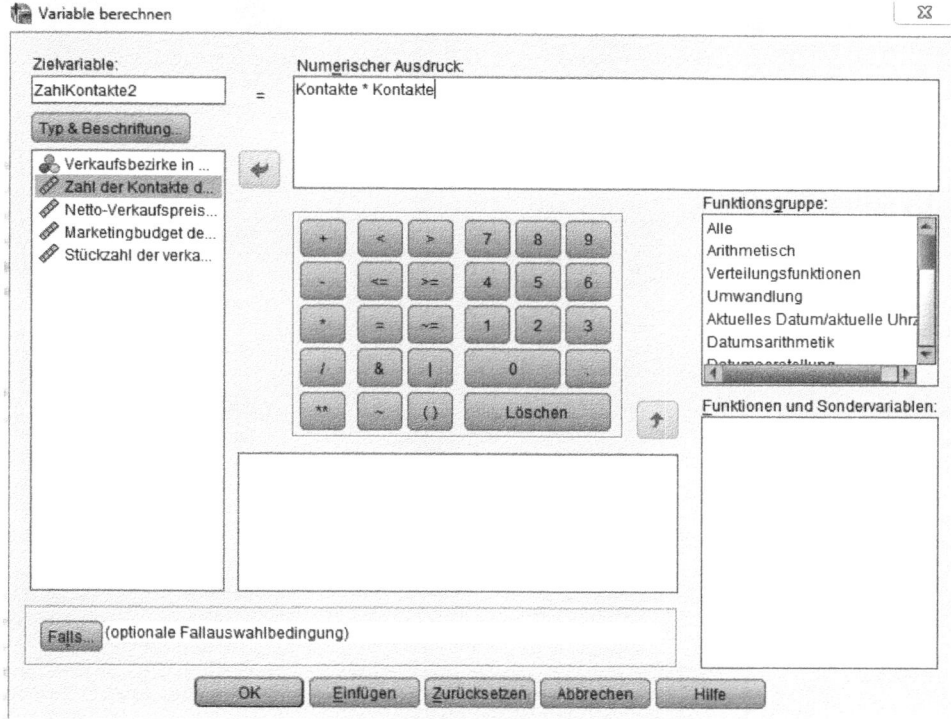

Abb. 3.17   SPSS Variablentransformation: Quadrierung

nen zur Verfügung, die es problemlos und „automatisiert" erlauben, Dummy-Variablen zu bilden. Entsprechende Erklärungen finden sich bei Brosius (2013) und Bühl (2014).

Die Berücksichtigung von nicht-linearen Beziehungen erfolgt mittels der Transformierung von Variablen. Dazu wird in SPSS [Transformieren > Variable berechnen] aufgerufen, im Feld „Zielvariable" ein Name für die neue transformierte Variable definiert und dann die Art der Transformation, das heißt, die Formel der Berechnung der neuen Variable in das Feld „Numerischer Ausdruck" eingegeben. In der Abb. 3.17 ist dies zum Beispiel eine Zielvariable mit dem Namen *ZahlKontakte2*. Diese enthält die quadrierte Zahl der Kontakte (Kontakte mal Kontakte) und wird von SPSS nach Anklicken von [OK] als weitere rechte Spalte automatisch dem Datensatz hinzugefügt. Wenn wir uns jetzt die Datendatei ansehen, finden wir diese neue Variable in der letzten Spalte.

Über das rechte Feld „Funktionsgruppe" lassen sich verschiedene Transformationen vornehmen. Nach Aktivierung von [Arithmetisch] in diesem Feld erscheinen darunter im Feld „Funktionen und Sondervariablen" eine größere Zahl von Optionen. Die Abb. 3.18 gibt eine Logarithmierung der Zahl der Kontakte wieder. Die so erzeugte neue Variable *LnZahlKontakte* enthält den natürlichen Logarithmus der Ursprungsvariable *Zahl der Kontakte*.

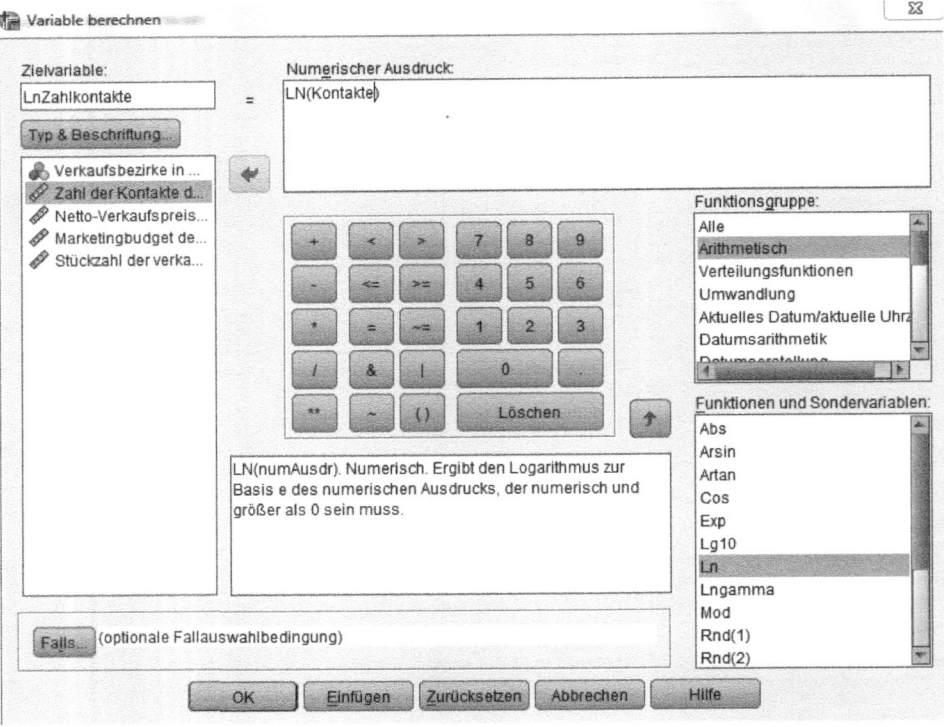

Abb. 3.18 SPSS Variablentransformation: Logarithmierung

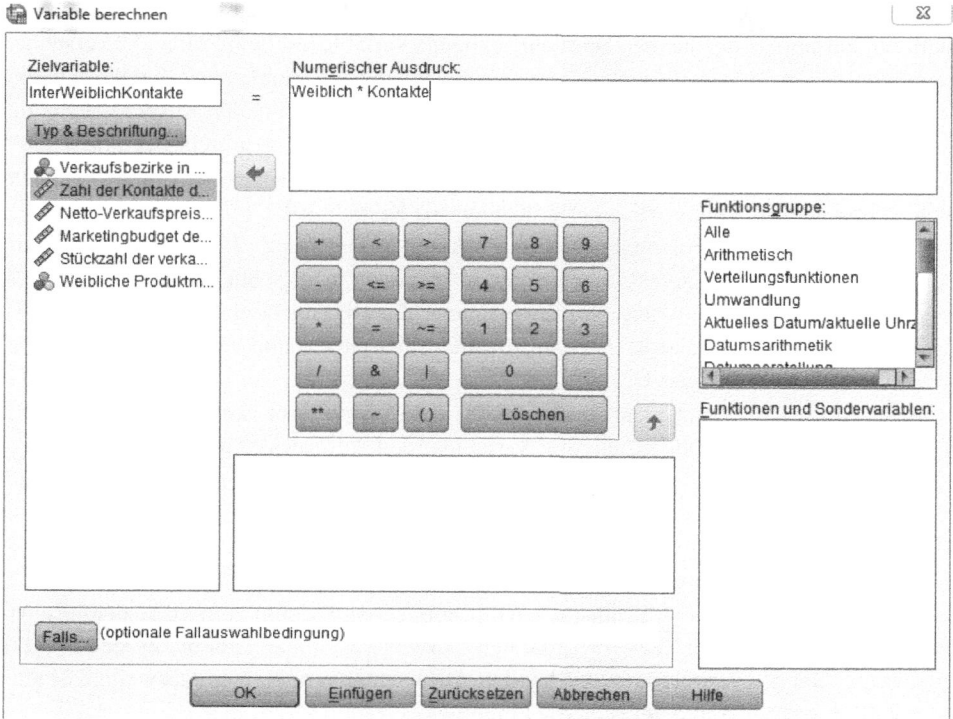

Abb. 3.19   SPSS Variablentransformation: Interaktionseffekte

Auf diese Art und Weise sind sehr einfach alle im Kap. 3 behandelten Datentransformationen zu realisieren. Die neu erzeugten Variablen können anschließend sofort als unabhängige oder abhängige Variable in die Regression aufgenommen werden. Unter [Analysieren > Regression > Kurvenanpassung] ist es möglich, alle hier erwähnten Funktionsformen direkt mittels des Setzens von Häkchen auszuwählen und zu berechnen – allerdings nur für jeweils eine bestimmte unabhängige Variable.

Ebenfalls ohne Probleme gestaltet sich die Berechnung von Interaktionseffekten. Der Interaktionseffekt von *Weiblich* und *Zahl der Kontakte* wird durch Multiplikation dieser beiden Variablen gebildet (Abb. 3.19). Der Interaktionseffekt bekommt den Namen *InterWeiblichKontakte*.

Stata

Auch in Stata sind verschiedene Möglichkeiten vorhanden, Dummy-Variablen automatisiert zu erzeugen (siehe dazu Kohler und Kreuter 2012, S. 80–81, 167–168). Mittels Faktorvariablen bietet Stata eine besonders einfache Lösung, um nominale (oder ordinale) Variable in Dummy-Variable zu verwandeln. Als Faktorvariablen bezeichnet Stata Variablen mit kategorialer Ausprägung, d. h. nominalem Skalenniveau. Solche Variablen werden mit dem Präfix „i." vor der Variable identifiziert, während das Präfix „c." metrisch skalierte Variable kennzeichnet. Wird eine exogene Variable mit dem Präfix „i." versehen, ermittelt Stata im Hintergrund die entsprechenden Dummy-Variablen und fügt diese in die Regressionsgleichung ein. Voreingestellt bildet die erste der nominalen Ausprägungen die Referenzkategorie. Andere Referenzkategorien können wir aber mittels des Präfix „ib" selbst festlegen. Zum Beispiel wird beim Präfix „ib(freq)." die Kategorie mit den meisten Beobachtungen zur Referenzkategorie (Kohler und Kreuter 2012, S. 303–304).

Wir verwenden im Folgenden den uns bekannten Datensatz „PKW-Marketing-Beispiel.dta". Die Bildung neuer transformierter Variablen erfolgt über [Data > Create or change data > Create new variable]. Es erscheint die Oberfläche der Abb. 3.20. Es soll die Variabel *Kontakte* quadriert werden. Im Feld „Variable name" geben wir der neuen Variablen den Namen *Kontakte2*.

Nach Anklicken von „Create" erscheint das Feld „Expression builder" der Abb. 3.21. Dort markieren wir im Feld „Category: Variables" den Ausdruck „Variables".

Es erscheinen jetzt im leeren Feld rechts die bereits vorhandenen Variablen. Um die *Kontakte* zu quadrieren, werden sie per Doppelklick in das obere leere Feld befördert. Dann wird im grau hinterlegten Feld der Operatoren das Zeichen für malnehmen „*" und anschließen noch einmal die Variabel *Kontakte* geklickt. Im vorher leeren oberen Feld steht jetzt: „Kontakte * Kontakte". Mit [OK] kehren wir zum vorhergehenden Reiter zurück. Dort erhalten wir nach [OK] die neue Variable *Kontakte2*, bei der es sich um die quadrierte Zahl der Vertreterkontakte handelt. Diese neue Variable wird als weitere Spalte automatisch von Stata in den Datensatz eingefügt.

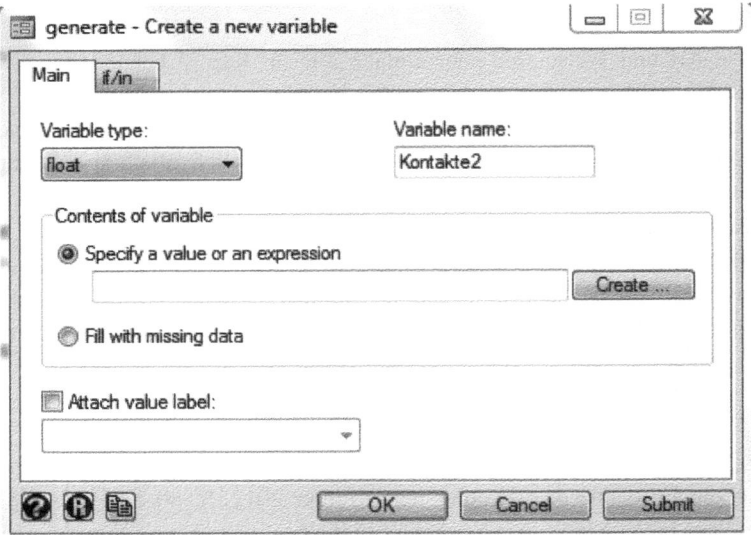

Abb. 3.20 Stata Datentransformation I

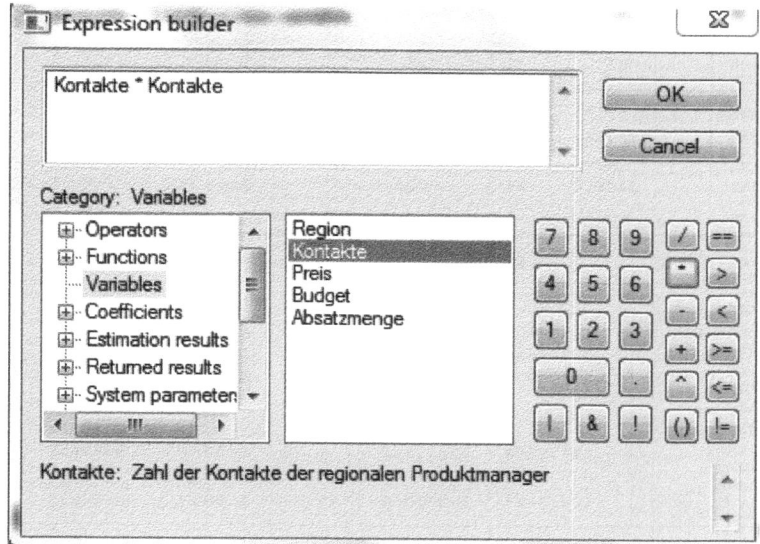

Abb. 3.21 Stata Datentransformation II

Interaktionseffekte können in Stata auf die bereits für SPSS beschriebene Art und Weise erzeugt und dann in die Regressionsgleichung aufgenommen werden. Eleganter ist dies mittels der Verwendung der erwähnten Faktorvariablen möglich.

Der Interaktionseffekt von *Weiblich* und *Kontakte* wird darauf basierend mittels dem Zeichen „#" aufgerufen. Die Eingabe des Interaktionseffektes lautet daher: [i.*Weiblich*#c. *Kontakte*] und findet sich in der oberen Zeile der Abb. 3.22 des Stata-Outputs als Teil der Spezifikation der Regression: „regress *Absatzmenge Kontakte Preis Budget* i.*Weiblich* i.*Weiblich*#c.*Kontakte*". Diese Befehlsfolge können wir direkt in das Kommandofeld (Command) eingeben.

Das Ergebnis der Regression im unteren Teil entspricht der oben behandelten Gl. 3.10. Die grafische Darstellung der Wirkungen der Zahl der Kontakte in Abhängigkeit vom Geschlecht der Produktmanager wie in der Abb. 3.14 ist in Stata mittels der Kommandos „margins" und „marginsplot" möglich (siehe unter [Statistics > Postestimation]). Bei anderen Daten und damit anderen Koeffizienten der Variablen *Weiblich* und des Interaktionseffektes von *Weiblich* und *Kontakte* könnten sich bspw. die Abb. 3.12, 3.13 oder 3.15 ergeben.

Die umfangreichen Anwendungen der beiden genannten Stata-Befehle werden ausführlich von Mitchell (2012) erläutert.

. regress Absatzmenge Kontakte Preis Budget i.Weiblich i.Weiblich#c.Kontakte

Source	SS	df	MS
Model	3130.54157	5	626.108315
Residual	27.8584262	9	3.09538068
Total	3158.4	14	225.6

Number of obs =	15
F(5, 9) =	202.27
Prob > F =	0.0000
R-squared =	0.9912
Adj R-squared =	0.9863
Root MSE =	1.7594

Absatzmenge	Coef.	Std. Err.	t	P>|t|	[95% Conf. Interval]	
Kontakte	3.008009	.1312914	22.91	0.000	2.711007	3.305011
Preis	-1.457468	.53331	-2.73	0.023	-2.663899	-.2510372
Budget	2.417684	.2322755	10.41	0.000	1.89224	2.943127
1.Weiblich	-3.181707	4.738249	-0.67	0.519	-13.90037	7.536958
Weiblich#c.Kontakte						
1	.1771289	.2538261	0.70	0.503	-.3970657	.7513235
_cons	104.5418	9.361805	11.17	0.000	83.36395	125.7197

Abb. 3.22 Interaktionseffekte in Stata

3.7 Übungsaufgaben

Übung 3.1: Dummyvariable im PKW-Beispiel

a) Führen Sie eine Regressionsanalyse des PKW-Beispiels unter Berücksichtigung des Geschlechts der Produktmanager in den 15 Verkaufsregionen durch. Legen Sie dazu im Datensatz zunächst eine weitere Spalte *Männlich* an (Hinweis: Das Geschlecht ergibt sich aus Tab. 3.1) und kodieren diese als Dummyvariable mit einer 1.
b) Interpretieren Sie das Ergebnis der Schätzung für die Variable *Männlich* und verglei- chen Sie es mit dem Ergebnis der umgekehrten Kodierung (Dummyvariable *Weiblich*) im Abschn. 3.2.1.

Übung 3.2: Nichtlineare Beziehungen im PKW-Beispiel

a) Diskutieren Sie, ob die im PKW-Beispiel spezifizierte (und den konstruierten Daten zugrundeliegende) lineare Beziehung zwischen der Zahl der Vertreterkontakte und der verkauften Menge an PKW in einer Untersuchung eines realen Datensatzes aus der Praxis verwendet werden sollte.
b) Wenn nein, welche Beziehung halten Sie für wahrscheinlich und wie spezifizieren Sie den Zusammenhang?
c) Bilden Sie im PKW-Beispiel eine neue Variable *Kontakte2*, indem Sie die Zahl der Kontakte quadrieren. Schätzen Sie die neue Modellspezifikation unter gleichzeitigem Einbezug von *Kontakte* und *Kontakte2*. Interpretieren Sie das Ergebnis.

Übung 3.3: Interaktionsvariable im PKW-Beispiel

a) Was bedeutet es inhaltlich, wenn in der Spezifikation als Dummy-Variable *Weiblich*
   und zusätzlich als Interaktionsvariable *InterWeiblichKontakte* berücksichtigt wird und
   beide positiv sowie signifikant sind? Wie kann der Zusammenhang prinzipiell graphisch dargestellt werden?

b) Bilden Sie den Interaktionseffekt von *Weiblich* und *Kontakte* und nehmen Sie diese
   Variable zusätzlich zu den Variablen *Kontakte*, *Preis*, *Budget* und *Weiblich* in die Regressionsgleichung unseres PKW-Beispiels auf. Interpretieren Sie das Ergebnis.

Übung 3.4: Hochschulabschlussnoten

Es geht um mögliche Einflussfaktoren der Hochschulabschlussnote. Verwenden Sie den
Datensatz „Hochschulabschlussnoten_BWL.sav" in SPSS (bzw. .dta in Stata), der auf einer Befragung von 263 Alumni basiert. Die abhängige Variable *Abschlussnote* ist die von
den Alumni an der EAH Jena im Studiengang BWL erreichte Endnote (Diplom- bzw.
Bachelorabschluss) in den Jahren 1997 bis 2011. Verwenden Sie dabei die folgenden unabhängigen Variablen: *Schulnote* (= Note der Hochschulzugangsberechtigung, d. h. in der
Regel Abiturnote), *EinSchwerpunkt* (= 1, wenn *ein* BWL-Schwerpunkt statt zwei Schwerpunkte in der Hauptausbildung absolviert wurde), *Weiblich* (= 1, falls der Alumni eine
Frau ist), *Alter* (= Alter des Alumni zum Zeitpunkt der Studienabschlusses) und *Aktuali-
tät* (des Studienabschlusses, d. h. „1" ist ein Abschluss aus dem Jahr 1997 und „15" ein
Abschluss aus dem Jahr 2011).

Interpretieren Sie die Koeffizientenschätzungen der fünf genannten exogenen Variablen.

Übung 3.5: Einflussfaktoren der Arbeitslosigkeit

Verwenden Sie wieder den Datensatz „Schweden_Makrodaten_1960-2015". Schätzen Sie
die unten als a) aufgeführte Regression, die die allgemeinen Überlegungen der Lösung zu
Übung 1.1 konkretisiert. Die Indikatorvariablen für die dort aufgestellte Gleichung sind:
Arbeitslosenquote = *Unemployment*, Inflationsrate = *Inflation*, Reallohnentwicklung = *Re-
alWageGrowth*, Gesamtwirtschaftliche Nachfrage = *GDP_growth*, Arbeitsangebot = *Population*, Importe = *Imports*. Die genauen Definitionen der Indikatorvariablen können im
Datenfile nachgelesen werden. Zum Beispiel ist die Variable *Population* definiert als „Bevölkerung im Alter von 15 bis 64 Jahren".

Überprüfen Sie zur Erklärung der Arbeitslosenquote in Schweden:

a) Folgendes Modell: $Unemployment = b_0 - b_1 Inflation + b_2 RealWageGrowth - b_3 GDP\_growth + b_4 Population + b_5 Imports + e$

b) Mögliche nichtlineare Einflüsse der exogenen Variablen *Inflation* durch erstens Quadrierung und zweitens Logarithmierung. Hinweis: Bei der Logarithmierung stellt sich
   das Problem mehrerer Jahre mit Deflation (das heißt negativen Inflationsraten) in
   Schweden. Der Logarithmus von negativen Werten ist nicht definiert (also berechen-

bar). In der Praxis ersetzt man in solchen Fällen die negativen Werte durch sehr kleine positive Zahlen. Wir behelfen uns, indem in diesen Jahren die negativen Werte durch eine Inflationsrate von 0,0001 substituieren.

Welche dieser beiden nichtlinearen Spezifikationen ist besser geeignet die Arbeitslosigkeit zu erklären?

c) Modellieren Sie zwei mögliche Strukturbrüche in der schwedischen Wirtschaftsentwicklung: Die erste Ölkrise im Jahr 1973 und den Beitritt Schwedens zur EU im Jahr 1995 (Hinweis: Verwenden Sie dazu Dummy-Variablen für die Jahre vor und nach diesen beiden Wirtschaftsschocks).

d) Analysieren Sie einen Interaktionseffekt der folgenden beiden exogenen Variablen *Ölschock* und *Inflation*. Dem liegt inhaltlich die Vermutung zugrunde, dass die Inflationsrate vor und nach der massiven Ölpreiserhöhung ab 1973 andere Ursachen und ggf. auch Wirkungen hat.

Übung 3.6: Beantworten Sie folgende Fragen

a) Erläutern Sie, was die Dummyvariablen-Falle ist.

b) Welche Möglichkeiten gibt es, um ordinal skalierte Variablen als exogene Einflussfaktoren in eine Regressionsgleichung aufzunehmen?

c) Es existiert ein ertragsgesetzlicher Kostenverlauf. Wie spezifizieren Sie in diesem Fall den Zusammenhang von Produktionsmenge und Kosten?

d) Beschreiben Sie die Wirkung eines Interaktionseffektes.

e) Wie ist der Koeffizient einer Regression zu interpretieren, wenn die betreffende exogene und die endogene Variable beide logarithmierte Werte darstellen?

f) Es existieren zwei Variablen X_1 und X_2. Warum müssen bei der Berücksichtigung des Interaktionseffektes (X_1 mal X_2) zusätzlich auch die beiden Einzelvariablen (d. h. Haupteffekte) X_1 und X_2 in die Spezifikation aufgenommen werden?

g) Wie ist der Einfluss einer exogenen Variablen zu interpretieren, wenn diese einfach und quadriert in der Regressionsgleichung auftaucht?

h) Welchen Einfluss besitzt eine Variable, die als Einzeleffekt und als Komponente eines Interaktionseffekts berücksichtigt wird?

A Anhang

Anhang 3.1: Varianzanalyse von Kontrasten mit mehreren Kategorien

Der oben eingeführte Vergleich zwischen Männern und Frauen oder zwischen den Unternehmen fünf verschiedener Branchen basiert darauf, eine Referenzkategorie auszuwählen und für jede der Kategorien außer der Referenzkategorie eine Dummy-Variable mit einer 0/1-Kodierung anzulegen. Dies ist das in der Regressionsanalyse gängige Verfahren. Es werden dabei die Einflussfaktoren Geschlecht bzw. Branche in ihre Kategorien aufgespalten: Die Variable *Geschlecht* in die beiden Gruppen (Kategorien) „Männlich" und „Weiblich" und in unserem Branchen-Beispiel die Variable *Branche* in die Kategorien „Elektrotechnik", „Maschinenbau", „Chemische Industrie", „Metallverarbeitung" und „Kfz-Industrie". Alternativ könnte man auch einfach jede Branche mit einem bestimmten numerischen Wert kodieren, also alle Unternehmen der Elektrotechnik erhalten eine 1, alle Unternehmen des Maschinenbaus eine 2 usw., bis zu den Unternehmen der Kfz-Industrie, die den Wert 5 zugewiesen bekommen. In vielen verfügbaren Datensätzen sind Variablen so kodiert. Sie werden als **kategoriale Variablen** oder **Faktorvariablen** bezeichnet.[10] Aus dem ersten Kapitel ist uns bekannt, dass diese verschiedenen Kategorien nur ein nominales Skalenniveau aufweisen. Die numerische Kodierung ändert daran natürlich nichts. Es macht daher keinen Sinn solche Faktorvariablen einfach wie jede andere numerisch skalierte Variable in die Regression aufzunehmen. Prinzipiell könnte zwar die exogene Variable *Branche* mit den Zahlenwerten 1 bis 5 in SPSS oder Stata eingefügt werden, eine sinnvolle Interpretation des geschätzten Koeffizienten der Variable *Branche* ist aber nicht möglich.

Bei solchen Faktorvariablen beziehen sich inhaltlich verwendbare Aussagen darauf, ob Unterschiede existieren und wenn ja, wie groß die Unterschiede zwischen den Kategorien sind. Bei lediglich zwei Kategorien (bspw. Männern und Frauen, Unternehmen mit einem oder mit mehreren Standorten usw.) bezieht sich der interessierende Unterschied natürlich immer auf die jeweils andere Kategorie. Gibt es allerdings drei oder mehr Kategorien, sind auch mehrere Unterschiede vorhanden. Bei den drei Branchen Elektrotechnik, Maschinenbau und Chemie liegen bereits mindestens drei Unterschiede vor: erstens zwischen Elektrotechnik und Maschinenbau, zweitens zwischen Elektrotechnik und Chemie und drittens zwischen Maschinenbau und Chemie. Bei der uns bekannten Dummy-Variablen-Kodierung, wählt man eine Referenzkategorie – bspw. Elektrotechnik – und vergleicht dann nur Maschinenbau mit Elektrotechnik einerseits und Chemie mit Elektrotechnik andererseits. Der dritte mögliche Vergleich zwischen Chemie und Elektrotechnik wird nicht berücksichtigt. Das heißt, es ist mit der gewählten Dummy-Variablen-Kodierung auch nicht möglich festzustellen, ob zwischen den beiden letztgenannten Branchen ein Unterschied existiert! Um diese Frage zu beantworten, müsste erst eine neue Regression jetzt mit bspw. der Chemie als neuer Referenzkategorie durchgeführt werden. Handelt es sich um eine Faktorvariable mit sehr vielen Kategorien, ist dieses Verfahren deutlich zu aufwändig. Nehmen wir an, in einer Untersuchung werden die Unterschiede im Pro-Kopf-BIP in der EU als abhängige Variable analysiert, wobei neben anderen Einflussfaktoren die 27 Mitgliedsländer der EU als unabhängige Variable dienen. Dabei interessiert, inwieweit zwischen den 27 Staaten signifikante Unterschiede vorliegen. Will man alle 27 Staaten jeweils auch untereinander mit allen anderen vergleichen, ist dies im Rahmen des Dummy-Variablen-Ansatzes nur durch entsprechende Wahl anderer Länder als immer neue Referenzkategorien möglich. Dieses Verfahren wird vor allem dann naheliegen, wenn vorab (a-priori) keine klare Hypothese vorliegt, welches Land (oder welche Länder)

---

[10] In der Soziologie und Psychologie firmieren sie auch als diskrete bzw. diskontinuierliche Variablen.

sich wie voneinander unterscheiden. Erst ex-post wird durch dieses „Probieren" analysiert, ob eventuell Unterschiede vorhanden sind. Neben dem praktischen Aufwand hat dieses Vorgehen aber auch noch die fatale Konsequenz, dass die ermittelten t-Werte und Signifikanzniveaus nicht gültig sind. Die Hypothesentests beruhen nämlich auf der Annahme, dass jeweils *eine* Stichprobe gezogen worden ist, mittels der *a-priori* aufgestellte Hypothesen getestet werden. Die Vielzahl an „durchprobierten" neuen Referenzkategorien und damit im Nachhinein (also a-posteriori) formulierten Hypothesen verletzt diese Annahme.[11] Dies führt zu einer faktisch erheblich größeren Wahrscheinlichkeit, dass irgendeine der vielen durchprobierten Hypothesen signifikant ist, obwohl eigentlich die Nullhypothese nicht abgelehnt werden kann.

Die **Kodierung von Unterschieden** mittels der Methode der Dummy-Variablen ist nur eine von vielen möglichen Verfahren. Die Unterschiede werden in den Sozialwissenschaften manchmal als **Kontraste** bezeichnet. Insbesondere in der Psychologie und Soziologie geht es häufig um den Einfluss von einer oder mehreren Faktorvariablen, die dort üblicherweise im Rahmen einer Varianzanalyse (unter dem Namen ANOVA – Analysis of Variance) untersucht werden. Die Varianzanalyse in den Programmpaketen SPSS und Stata eröffnet daher eine Reihe von unterschiedlichen Möglichkeiten solche Kontraste, das heißt **Mittelwertunterschiede**, einer abhängigen metrischen Variable zwischen verschiedenen Kategorien einer oder mehrerer Faktorvariablen, zu überprüfen.[12] Die Idee der Untersuchung, ob signifikante Mittelwertunterschiede zwischen drei Kategorien vorliegen, wird in der Abb. 3.23 illustriert. Es geht dabei um die unterschiedlichen Punkte der Songbeiträge im Eurovision Song Contest in den Wettbewerben der Jahre 1999 bis 2014.

Die Songbeiträge aus Armenien haben im Mittel 136 Punkte erhalten, die aus Deutschland 75 Punkte und die aus Norwegen 102 sowie Ungarn 91 Punkte (alle Werte auf volle Punkte gerundet). Die Varianzanalyse basiert wie die einfache Regression auf der Schätzung eines bedingten Mittelwertes. Unter der Bedingung, dass ein Song aus Deutschland kommt, ist zu erwarten, dass er im Mittel 75 Punkte erhält. Die Frage ist jetzt, ob diese Mittelwertunterschiede zwischen den Ländern statistisch signifikant sind. In der Abbildung ist zusätzlich zum Mittelwert jeweils das 95-% Konfidenzintervall eingezeichnet. Wir sehen, dass die Punkte stark um den Mittelwert schwanken. Das 95-% Konfidenzintervall für Armenien liegt zwischen 87 und 186 Punkten und für Deutschland zwischen 42 und 107 Punkten. Schon visuell wird deutlich, dass zwischen den vier betrachteten Ländern bei Berücksichtigung der Streuung kaum ein relevanter Unterschied auszumachen ist. Die Statistikprogramme enthalten dazu exakte Tests. Außerdem sind in deren Varianzanalysen Korrekturen der Irrtumswahrscheinlichkeiten implementiert, die das oben beschriebene Problem der vielfachen Tests mehrerer Hypothesen („durchprobieren") be-

---

[11] Bei N verschiedenen Kategorien sind N(N-1)/2 Paarvergleiche möglich. Im Fall der 27 Mitgliedsstaaten der EU resultieren 351 verschiedene Mittelwertvergleiche!

[12] Leider werden dabei von den Autoren unterschiedliche Begriffsabgrenzungen vorgenommen, was leicht zur Verwirrung führt. Bortz unterscheidet bspw. Dummy-, Effekt- und Kontrastcodierung (Bortz 2005, S. 484–485). Vorliegend ist Kontrast der Überbegriff für alle Arten von Kodierungen nominal skalierter Variablen.

rücksichtigen. Zwei solcher Verfahren, die häufig eingesetzt werden, sind der Scheffé-Test und die Bonferroni-Methode. Anwendungsfälle enthalten die SPSS- und Stata-Beispiele weiter unten.

Die Programmpakete bieten eine Vielzahl verschiedener Kontraste. Zum Beispiel den Vergleich aufeinander folgender Kategorien, den Helmert-Kontrast (Vergleich einer Kategorie mit dem Durchschnitt der folgenden Kategorien), den Abweichungs-Kontrast (Vergleich jeder Kategorie mit dem Gesamtmittelwert (Grand mean) aller Kategorien) usw. Tab. 3.7 gibt dazu einen Überblick. In ökonomischen Problemstellungen sind vor allem die ersten drei Kontrastarten von Bedeutung.

Die Abb. 3.23 verdeutlicht mit der gestrichelten waagrechten Linie die Dummy-Kodierung mit einer Referenzkategorie, nämlich dem Land Armenien. Die gepunktete Linie stellt als alternative Form eines Mittelwertvergleichs die Abweichungskodierung dar. In diesem Fall bildet der Gesamtmittelwert (Grand mean) der vier Länder (101 Punkte) die Referenzgröße. In beiden Arten von Kontrasten existieren keine signifikanten Mittelwertunterschiede zwischen den vier Ländern.

Bei allen **Verfahren der Kontrastbildung** entfällt jeweils eine Kategorie, so wie wir das bereits bei der Dummy-Variablen-Kodierung durchgeführt hatten. Welche der verschiedenen Kontraste verwendet werden sollte, muss anhand der jeweiligen Fragestellung

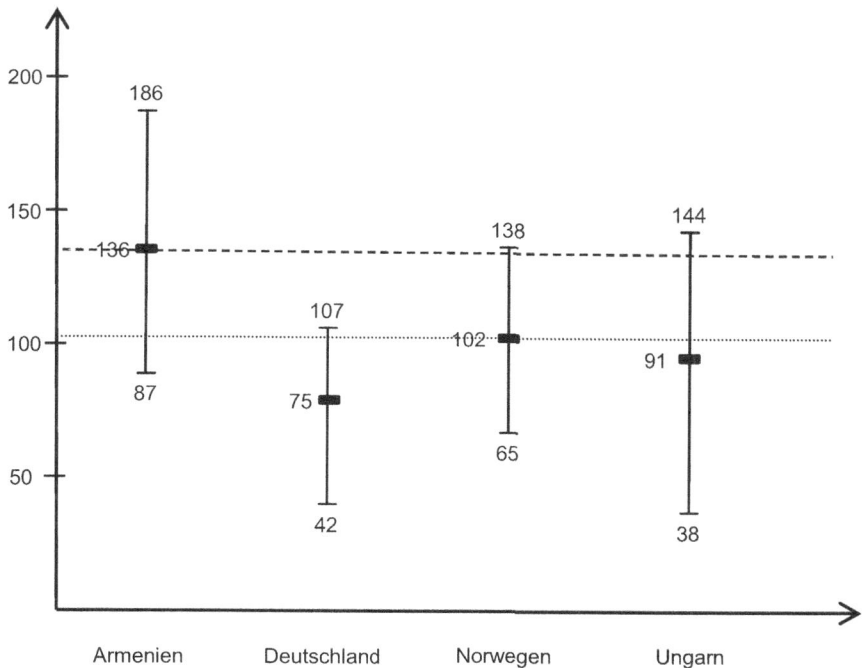

Abb. 3.23 Mittelwertunterschiede in der Varianzanalyse

Tab. 3.7 Arten von Mittelwert-Kontrasten in der Varianzanalyse

Kontrastbezeichnung	Art des durchgeführten Vergleichs
Dummy-(Einfache-)Kodierung	Vergleicht jede Kategorie einer Faktorvariablen mit einer ausgewählten Referenzkategorie (Kontrollgruppe)
Vollständige Kodierung	Vergleicht paarweise die Mittelwerte aller Kategorien
Abweichungs-Kodierung	Vergleicht die Abweichungen jeder Kategorie vom Gesamtmittelwert
Differenzkodierung	Vergleicht jede Kategorie einer Faktorvariablen mit der vorhergehenden Kategorie
Umgekehrte Differenzkodierung	Vergleicht jede Kategorie einer Faktorvariablen mit der darauf folgenden Kategorie
Helmert-Kodierung	Vergleicht jede Kategorie mit dem Mittelwert aller darauf folgenden Kategorien

entschieden werden. Einige der Möglichkeiten sind nur bei ordinalem statt nominalem Skalenniveau sinnvoll. Unabhängig vom gewählten Kontrast (und damit Kodierungsschema) bleibt der Gesamteinfluss der jeweiligen Faktorvariablen auf die exogene Variable der Gleiche. Eine einfaktorielle (einfache) Varianzanalyse liegt vor, wenn lediglich eine unabhängige kategoriale Variable untersucht wird. Bei zwei oder mehr unabhängigen Faktorvariablen spricht man von mehrfaktoriellen (multiplen) Varianzanalysen. Zusätzlich zu einer oder mehreren Faktorvariablen können metrisch skalierte Einflussgrößen berücksichtigt werden. Dann bezeichnen wir die Varianzanalyse als **Kovarianzanalyse**.[13]

Die Varianzanalyse ist verwendbar, wenn bestimmte Voraussetzungen gegeben sind. Die wichtigsten vier sind die Normalverteilung, die Varianzhomogenität, die Unabhängigkeit der Beobachtungen, und dass die Zahl der Beobachtungen in jeder Kategorie nicht zu unterschiedlich ist. Diese Voraussetzungen entsprechen im Prinzip denen der Regressionsanalyse und werden daher in Kap. 5 behandelt.[14]

Als **praktisches Fazit** ergibt sich Folgendes: Die in der Regression übliche Dummy-Variablen-Methode ist verwendbar, erstens soweit es nur um jeweils zwei Kategorien geht (Ja/Nein), zweitens, wenn die Faktorvariablen nur als Kontrollvariablen dienen und drittens, wenn es um **eine** bestimmte Referenzkategorie geht. Letzteres ergibt sich, wenn eine klare a-priori aufgestellte Hypothese geprüft wird, was prinzipiell angeraten ist. Im

---

[13] Genauere Darstellungen der Varianzanalyse geben Bortz (2005, S. 243–436), Bühner und Ziegler (2009, S. 325–582), Hair et al. (2014) und Acock (2016, S. 219–272) sowie speziell für die Marktforschung Herrmann und Landwehr (2008). Sie gehen auch auf Erweiterungen der Varianzanalyse ein, bspw. für den Fall von wiederholten Messungen, das heißt Datenerhebungen, bei denselben Beobachtungseinheiten.

[14] Im Detail gibt es allerdings deutliche Unterschiede zwischen den Ausführungen zu den Voraussetzungen der Varianzanalyse in den Statistiklehrbüchern der Psychologie und Soziologie einerseits und der Ökonomie andererseits. Inhaltlich wird der Normalverteilung in der Psychologie sehr viel größeres Gewicht beigemessen. Dies, weil in der Regel die Fallzahlen (d. h. die Zahl der Versuchspersonen) gering ist. Auf der Begriffsebene wird die Varianzhomogenität in der Ökonometrie als Homoskedastie bezeichnet.

Rahmen der Dummy-Variablen-Methode der Regression können dann auch robuste Standardfehler berechnet werden, die nicht auf der Annahme der Varianzhomogenität (d. h. Homoskedastie) beruhen. Dies wird im Abschn. 5.2 erläutert. Außerdem ist bei hinreichend großer Zahl der Beobachtungen die Normalverteilungsannahme nicht mehr zwingend erforderlich (siehe dazu Abschn. 5.4). Entsprechende Verfahren für den Fall nicht metrisch skalierter abhängiger Variablen sind ebenfalls vorhanden. Diese Tests wie der Kruskal-Wallace- oder der Friedman-Test werden als nicht-parametrische-Tests bezeichnet.

Genauere Darstellungen dazu sowie zu den Voraussetzungen und verschiedenen Methoden der Varianzanalyse geben Bühner und Ziegler (2009), Bühl (2014) und Acock (2016).

Anwendung in SPSS und Stata

SPSS

Im Folgenden wird der Frage nachgegangen, ob es systematische Einflüsse gibt, die das Abschneiden der verschiedenen Gesangs-Beiträge im **Eurovision Song Contest** (ESC) beeinflussen. Der dabei verwendete reale Datensatz (EuroSongCont.sav, bzw. -.dta) enthält Informationen zu den erzielten Punkten eines Beitrags (abhängige Variable) und verschiedenen Einflussfaktoren, zu denen der Startplatz in der Reihenfolge der Präsentationen, die Sprache des Beitrags (Englisch oder nicht), ein möglicher Heimvorteil (Host) und das Land, aus dem der Beitrag stammt, gehören. Der Datensatz umfasst 394 Beobachtungen, das heißt Song-Beiträge der Jahre 1999 bis 2014. Die Variable *Startplatz* ist metrisch skaliert, die anderen drei Variablen sind nominalskaliert. Die Faktorvariablen *Englisch* sowie *Host* besitzen jeweils nur zwei Ausprägungen (1 = Ja und 0 = Nein) und werden folglich als einfache Dummy-Variablen aufgenommen. Im Zeitraum 1999 bis 2014 haben insgesamt 44 verschiedene Länder am ESC teilgenommen. Für die Faktorvariable *Land* ergeben sich daher 44 Kategorien. Etwas ausführlichere inhaltliche Erläuterungen der Resultate finden Sie im nächsten Abschnitt zur Verwendung von Stata.

Zunächst führen wir eine Varianzanalyse lediglich mit der Faktorvariablen *Land* durch. Dazu wird in SPSS [Analysieren > Allgemeines Lineares Modell > Univariat] aufgerufen. **Univariat** steht hier für den Fall lediglich einer abhängigen Variable. Die Option „Multivariat" erlaubt auch die Untersuchung der hier nicht interessierenden Situation mehrerer endogener Variablen. Es handelt sich außerdem um eine einfaktorielle Varianzanalyse, da nur eine unabhängige Variable betrachtet wird. Anschließend geben wir – wie gewohnt – die abhängige Variable, hier *Punkte*, in das Feld „Abhängige Variable" und die Variable *Land* in das Feld „Feste Faktoren" ein. „Feste Faktoren" sind in der SPSS-Sprache Faktorvariablen, die alle überhaupt vorhandenen Kategorien enthalten.[15] Anschließend wird „Kontraste" angeklickt. Es resultiert die Abb. 3.24.

---

[15] Das Feld „Zufallsfaktoren" wird nur relevant, wenn die einbezogenen Kategorien lediglich eine Zufallsauswahl aller vorhandenen Kategorien darstellen.

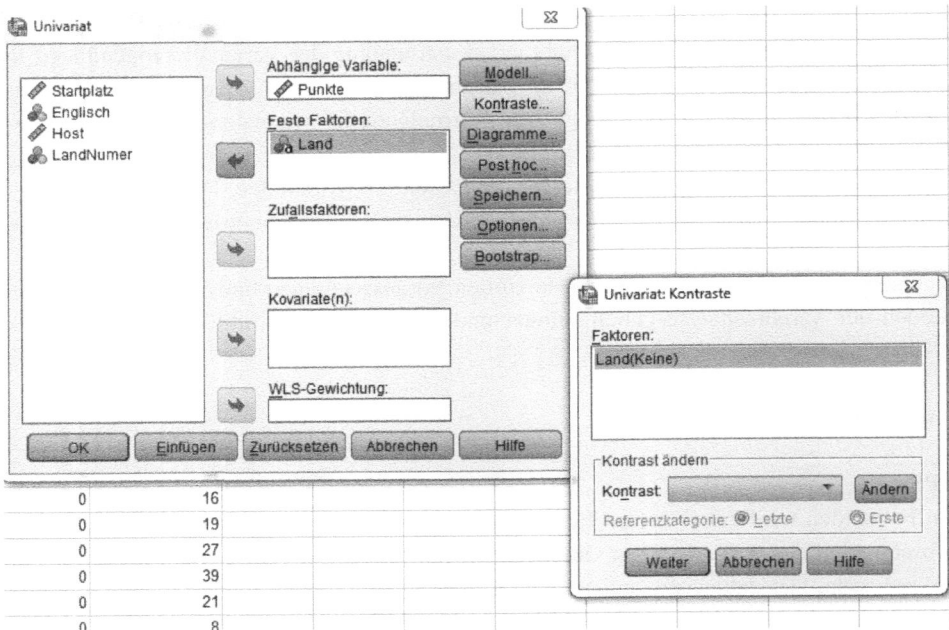

Abb. 3.24 Varianzanalyse

Wenn der Pfeil im Button „Kontrast" angeklickt wird, können wir im dadurch auf-klappenden Feld zwischen sieben verschiedenen von SPSS voreingestellten Kontrasten wählen. Die Optionen reichen von „Keine" bis „Polynomial". Voreingestellt ist „Keine", wenn eine andere gewählt werden soll, muss diese aktiviert und anschließend auf den Button „Ändern" gedrückt werden. In der Voreinstellung „Keine" wird nur getestet, ob die Faktorvariable „*Land*" global, d. h. überhaupt, einen Einfluss auf die erhaltenen Punk-te besitzt.

Nach der Durchführung mittels [Weiter > OK] stellen wir fest, dass für die Variable *Land* mit einem F-Wert von 2,744 auf dem Signifikanzniveau von 0,000 die Nullhypo-these „Kein Einfluss" abgelehnt werden kann. Die Variable *Land* besitzt also insgesamt (über alle Länder hinweg) einen Einfluss auf die von den Songs erhaltenen Punkte. Aber zwischen welchen Ländern existieren welche Unterschiede? Es ist so noch keine Aussage hinsichtlich der Mittelwertunterschiede zwischen den 44 Ländern möglich.

Im nächsten Schritt entscheiden wir uns deshalb für einen bestimmten Kontrast. Durch Auswahl des **Kontrastes „Einfach"** (dabei „Ändern" nicht vergessen!) wird im Hinter-grund automatisch eine Dummy-Variablen-Codierung durchgeführt. Durch Anklicken der Referenzkategorie „Letzte" wird die letzte Kategorie, das heißt in unserem Datensatz das Land Zypern die Referenzkategorie. Es wird jetzt für alle anderen 43 Länder getestet, ob sie im Mittel signifikant mehr oder weniger Punkte als Zypern erhalten. Das Anklicken der Referenzkategorie „Erste" führt dazu, dass das erste Land im Datensatz – Albanien – die Bezugsgruppe wird. Auch die Referenzkategorien müssen durch Anklicken von „Ändern" aktiviert werden. Unter dem Button „Optionen" gibt es im Feld „Anzeige" die Möglichkeit bei „Homogenitätstests" ein Häkchen zu setzen. Es wird dann der **Levene-Test** auf Gleichheit der Fehlervarianzen durchgeführt. Die Nullhypothese lautet „Varianzhomogenität liegt vor". Sie sollte daher möglichst nicht (!) abgelehnt werden.

Als zweite Möglichkeit suchen wir uns die **Kontrastart „Abweichung"** aus. Bei ihr wird als Bezugspunkt der Gesamtmittelwert (Grand mean) über alle Länder verwendet und für 43 Länder (ein Land muss wieder weggelassen werden) analysiert, inwieweit ihr jeweiliger Punktwert sich vom Gesamtmittelwert signifikant unterscheidet oder nicht. Nach Anklicken von „Post-hoc" eröffnet sich die Möglichkeit, bei einer Reihe von Tests ein Häkchen zu setzen, die das oben erwähnte Problem multipler Tests und verzerrter Signifikanzniveaus korrigieren. Darunter befinden sich auch Tests, die nicht auf der sonst üblichen Annahme der Varianzhomogenität in den Kategorien beruhen. Die verschiedenen Optionen werden bei Bühner und Ziegler (2009, S. 528–575, speziell zu Kontrastarten: 546) näher erläutert.

Wir führen als letzten Schritt eine **Kovarianzanalyse** durch. Hierbei werden als weitere Faktorvariable *Englisch* und *Host* aufgenommen und außerdem die Variable *Startplatz* in das Feld „Kovariate(n)" eingefügt (siehe Abb. 3.25).

Zusätzlich ist es aber jetzt in SPSS notwendig in der Option „Modell" zu definieren, welche Spezifikation genau berechnet werden soll. Voreingestellt ist in SPSS die Vari-

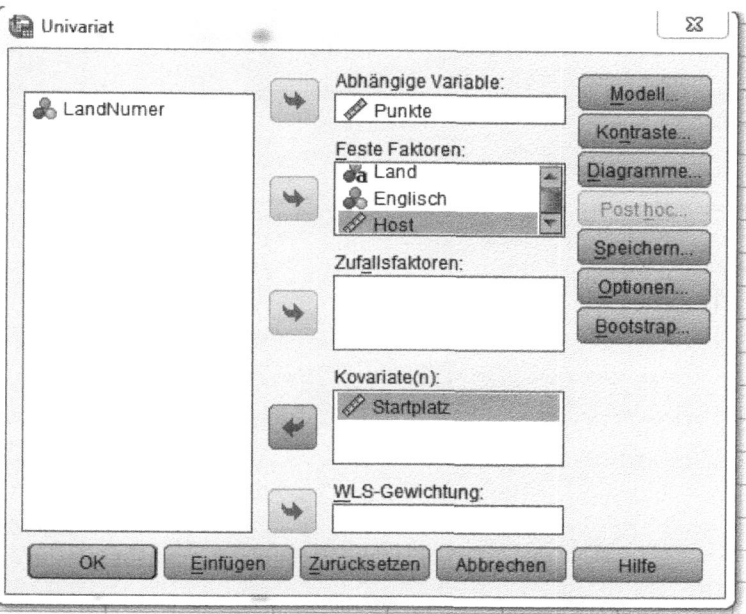

Abb. 3.25 Kovarianzanalyse

ante „Gesättigtes Modell". Dabei werden automatisch sämtliche Interaktionseffekte aller Faktorvariablen mit in das Modell aufgenommen. Dies sind bei den drei Faktorvariablen prinzipiell schon vier Interaktionseffekte. Um das Modell einfach zu halten, verzichten wir auf die Interaktionseffekte, indem wir unter dem Button „Modell" erst „Anpassen" und dann unter „Typ" die Option „Haupteffekte" auswählen. Anschließend ziehen wir im linken Feld „Faktoren und Kovariaten" die vier Variablen *Land*, *Englisch*, *Host* und *Startplatz* nach rechts in das Feld „Modell" (alternativ geht das auch über den Pfeil in der Mitte). Nach [Weiter > OK] wird die Kovarianzanalyse ausgeführt.

Bei dem hier verwendeten Datensatz sind Mittelwertvergleiche für einzelne Länder allerdings problematisch. Von den teilnehmenden Ländern treten 26 nur in weniger als 10 Jahren mit einem Songbeitrag auf. Die Mittelwerte aus einer so geringen Zahl von Beobachtungen pro Land sind, insbesondere in Verbindung mit der fehlenden Varianzhomogenität (d. h. Homoskedastie), wenig verlässlich (Acock 2016, S. 230).

Stata
Verwendet wird wieder der Datensatz zur Punktevergabe im European Song Contest – jetzt natürlich im Stata-Format (EuroSongCont.dta). In Stata geben wir [Statistics > Linear models and related > ANOVA/MANOVA > One-way ANOVA] ein. Die abhängige Variable *Punkte* kommt jetzt in das Feld „Response variable" und die Variable *Land* in das Feld

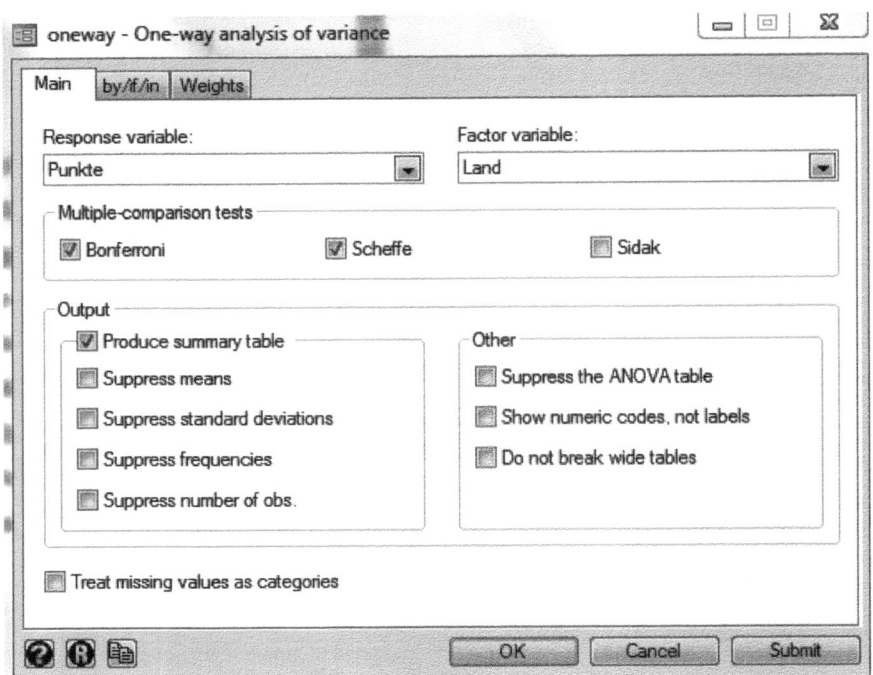

Abb. 3.26 Varianzanalyse in Stata

```
. oneway Punkte Land, bonferroni scheffe tabulate
```

	Summary of Punkte		
Land	Mean	Std. Dev.	Freq.
Albanien	82.609445	41.247289	6
Armenien	136.21857	53.912292	7
Aserbaidschan	165.17143	70.673117	7
Belgien	67.617143	65.284419	7
Bosnien-Herzegovina	92.675385	58.369991	13
Bulgarien	170.08333	0	1
Deutschland	74.687292	65.40207	16
Dänemark	113.33872	82.409212	13
Estland	98.857778	65.621111	9
Finnland	69.201112	94.892132	9
Frankreich	47.698542	48.417402	16
Georgien	99.448667	34.044443	5
Griechenland	136.24262	78.576106	14

Analysis of Variance

Source	SS	df	MS	F	Prob > F
Between groups	521552.943	43	12129.1382	2.74	0.0000
Within groups	1546947.73	350	4419.85066		
Total	2068500.67	393	5263.36049		

Bartlett's test for equal variances: chi2(39) = 76.3665 Prob>chi2 = 0.000

```
note: Bartlett's test performed on cells with positive variance:
      4 single-observation cells not used
```

Comparison of Punkte by Land
(Bonferroni)

Row Mean-Col Mean	Albanien	Armenien	Aserba..	Belgien	Bosnie..	Bulgar..
Armenien	53.6091					
	1.000					
Aserba..	82.562	28.9529				
	1.000	1.000				
Belgien	-14.9923	-68.6014	-97.5543			
	1.000	1.000	1.000			
Bosnie..	10.0659	-43.5432	-72.496	25.0582		
	1.000	1.000	1.000	1.000		

Abb. 3.27 Ergebnis Varianzanalyse in Stata

„Factor variable". Als voreingestellter Kontrast werden die Mittelwerte aller Kategorien (hier Länder) miteinander verglichen. Für die Korrektur der multiplen Mittelwertvergleiche bietet Stata im Feld „Multiple-comparison-tests" drei Optionen an (Abb. 3.26). Wir setzen ein Häkchen bei dem schon aus SPSS bekannten Scheffé-Test sowie zusätzlich bei „Bonferroni". Außerdem erhalten wir durch ein Häkchen bei „Produce summary table" die jeweiligen Punkt-Mittelwerte und Standardabweichungen der Länder.

Das Ergebnis wird auszugsweise in der Abb. 3.27 wiedergegeben. Oben steht der deskriptive Teil der „summary table" mit Mittelwert, Standardabweichung und Häufigkeit: Bspw. hat Albanien im Betrachtungszeitraum sechsmal mit einem Song teilgenommen, dabei im Mittel 82,61 Punkte erhalten und dies bei einer Standardabweichung von 41,25 Punkten. Bulgarien war nur einmal dabei, daher lässt sich keine Standardabweichung berechnen. Im unteren Teil sehen wir zunächst die uns schon bekannte Gesamtwirkung der Faktorvariable *Land* (F-Wert 2,74, auf 1-%-Niveau signifikant).

Direkt darunter ist der von Stata automatisch durchgeführte Test auf Varianzhomogenität zu finden. Stata verwendet den Bartlett-Test, das Ergebnis stimmt aber mit dem Levene-Test in SPSS überein. Die Nullhypothese „Varianzhomogenität ist gegeben" muss abgelehnt werden. Danach folgen in Form einer umfangreichen Tabelle paarweise alle Mittelwertunterschiede. Die Differenz der Punkt-Mittelwerte von *Armenien* minus *Albanien* beträgt 53,61. Dieser Unterschied ist wie das Signifikanzniveau von 1,0 unter diesem Wert zeigt, nicht signifikant. Dabei wurde die Korrekturmethode von Bonferroni für multiple Vergleiche verwendet. Dies steht in Klammern über der Tabelle. Keiner der Mittelwertunterschiede der Abb. 3.27 ist signifikant. Nicht mehr abgebildet ist die darauf folgende Tabelle mit den Mittelwertdifferenzen und dem Scheffé-Test.

Literatur

Acock, A. C. (2016): A Gentle Introduction to Stata, 5th, ed., College Station, Texas

Asteriou, D., Hall, S.G. (2011): Applied Econometrics, 2nd Ed., New York

Bortz, J. (2005): Statistik für Human- und Sozialwissenschaftler, 6. Auflage, Heidelberg

Bortz, J., Döring, N. (2015): Forschungsmethoden und Evaluation, 5. Auflage, Heidelberg

Brosius, F. (2013): SPSS 21, 1. Auflage, München

Bühl, A. (2014): SPSS 22, Einführung in die moderne Datenanalyse, 14. Auflage, München

Bühner, M., Ziegler, M. (2009): Statistik für Psychologen und Sozialwissenschaftler, München

Chatterjee, S., Hadi, A. (2012): Regression Analysis By Example, 5th ed., Hoboken

Dougherty, Ch. (2016): Introduction to Econometrics, 5th ed., Oxford

Hair, J., Black, W., Babin, B., Anderson, R. (2014): Multivariate Data Analysis, 7th Edition, Harlow

Herrmann, A.; Landwehr, J. (2008): Varianzanalyse, in: Herrmann, A.; Homburg, Ch.; Klarmann, M. (2008): Marktforschung – Methoden, Anwendungen, Praxisbeispiele, 3. Auflage, Wiesbaden: 579–606

Kennedy, P. (2008): A Guide to Econometrics, 6th Ed., Cambridge

Kohler, U., Kreuter, F. (2012): Data Analysis Using Stata, Third Ed., College Station, Texas

Mitchell, M. N. (2012): Interpreting and Visualizing Regression Models Using Stata, College Station, Texas

Pindyck, R.S., Rubinfeld, D.L. (1998): Econometric Models and Economic Forecasts, 4. Auflage, Singapur

Stock, J.H., Watson, M.W. (2014): Introduction to Econometrics, 3rd Ed. Boston

Weisberg, S. (2014): Applied Linear Regression, 4th Ed., Hoboken

Wooldridge, J.M. (2013): Introductory Econometrics – A Modern Approach, 5th Ed., Mason, Ohio

Kausalanalyse und Datenerhebung

4

Lernziele

Der Studierende soll:

- erklären können, warum eine Zufallsauswahl in einem kontrollierten Experiment es (prinzipiell) ermöglicht, kausale Beziehungen zwischen Variablen zu ermitteln,
- verstehen, inwieweit Erhebungen durch Umfragen zu verzerrten Schätzergebnissen führen,
- wissen, was eine echte Zufallsauswahl einer Stichprobe voraussetzt,
- die Begriffe Grundgesamtheit, Rücklaufquote und Repräsentativität einer Stichprobe einordnen und in praktischen Beispielen kritisch hinterfragen können,
- verstehen, wieso die Behauptung einer kausalen Wirkung eine kontrafaktische Aussage ist,
- in der Lage sein, ein Labor-, Feld und natürliches Experiment zu charakterisieren,
- die Probleme der Verwendung von Sekundärdaten darstellen können,
- überblicken, welche Möglichkeiten es gibt, kausale Zusammenhänge zu ermitteln
- die Methoden des Regression-discontinuity-Ansatzes, der Instrumentvariablen-Methode, der Kontrollgruppen- und des Paneldaten-Verfahrens beschreiben können.

▶ **Wichtige Grundbegriffe** Kausalwirkung, Rubin-Kausalmodell, randomisiertes Experiment, Grundgesamtheit, Stichprobe (Sample), Zufallsauswahl, Repräsentativität, Omitted Variable Bias, Verzerrung der Koeffizientenschätzung, Umfragedaten (Surveydaten), Unbeobachtete Heterogenität, Endogenitätsproblem

© Springer-Verlag GmbH Deutschland 2017   107
M.-W. Stoetzer, *Regressionsanalyse in der empirischen Wirtschafts- und Sozialforschung Band 1*, DOI 10.1007/978-3-662-53824-1_4

4.1 Überblick

Eine Zielstellung aller empirischen Wissenschaftsdisziplinen ist die Erklärung von Zusammenhängen. Die Ermittlung von Ursache-Wirkungs-Beziehungen auf der Basis von Daten steht also auch im Zentrum der meisten sozialwissenschaftlichen Fragestellungen. Die kausale Wirkung der exogenen Variablen auf die Zahl der verkauften PKW war im Kap. 2 einfach unterstellt worden. Aber wann liegt tatsächlich eine Ursache-Wirkungs-Beziehung zwischen Variablen vor? Die Antwort darauf wird mit Hilfe der Naturwissenschaften gegeben. Abschn. 4.2 stellt die Grundidee der experimentellen Datenerhebung dar und erläutert die daraus ableitbaren Schlussfolgerungen. Die Probleme, die sich folglich hinsichtlich der Datengewinnung in der Praxis der Wirtschafts- und Sozialwissenschaften ergeben, werden im Abschn. 4.3 untersucht. Abschn. 4.4 erläutert kurz die wichtigsten Ansätze, mit deren Hilfe kausale Zusammenhänge auch in den Sozialwissenschaften ermittelbar sind.

4.2 Das Experiment als Erhebungsmethode

Im Beispiel des deutschen PKW-Absatzmarktes geht es darum, welchen Einfluss eine Erhöhung der Zahl der persönlichen Kontakte der Produktmanager ausübt. Die Logik dahinter ist häufig, dass eine bestimmte **Maßnahme**, Entscheidung oder Behandlung (**treatment**) eine bestimmte **messbare Auswirkung zur Folge hat**. Mögliche Wirkungen bestimmter Maßnahmen zu überprüfen, ist aber auch in den Naturwissenschaften eine übliche Fragestellung. Die ideale Vorgehensweise, um den Effekt einer Maßnahme und seine genaue Höhe nachzuweisen, setzt bereits bei der Gewinnung der Daten an und besteht in der Durchführung eines Experiments.

Wie sieht ein solches **Experiment** aus? In der Agrarwissenschaft besteht die Maßnahme bspw. im Einsatz eines Düngemittels ($150\,g$ pro m^2) und es soll getestet werden, ob dies zu einer Steigerung der Weintraubenernte führt und wenn ja, in welchem Umfang (kg pro Weinstock). Nehmen wir an, ein Winzer besitzt 100 Weinstöcke, die gleichmäßig auf seiner Rebfläche von $400\,m^2$ verteilt sind (jeder Weinstock benötigt $4\,m^2$ Boden). Diese Rebfläche verteilt sich wie in Abb. 4.1 dargestellt rechts und links eines Baches in einem kleinen Seitental des Neckars.

Der Winzer will jetzt wissen, ob der neue Superdünger „Traubengold" der Südagrar AG wirklich – wie im Verkaufsprospekt versprochen – den Traubenertrag um 25 % zunehmen lässt (wenn pro m^2 $150\,g$ Dünger verwendet werden). Zur Überprüfung entwickelt er vier Ideen alternativer **Vorgehensweisen** (sogenannte **Experimentdesigns**).

a. Er düngt seine gesamte Rebfläche (mit $150\,g$ pro m^2) und vergleicht das Ernteergebnis vom letzten Jahr ohne Düngung mit dem Ernteertrag in diesem Jahr mit Düngung. Das Problem dabei ist, das der Vergleich von zwei Jahren (weitgehend) sinnlos ist, da die Ernte stark vom Wetter beeinflusst wird. Das Verfahren ist nur zielführend, wenn Daten

Wald										
1	2	3	4	5	6	7	8	9	10	
11	12	13	14	15	16	17	18	19	20	Nordhang
21	22	23	24	25	26	27	28	29	30	
31	32	33	34	35	36	37	38	39	40	
41	42	43	44	45	46	47	48	49	50	
51	52	53	54	55	56	57	58	59	60	
61	62	63	64	65	66	67	68	69	70	
→ Bach										
71	72	73	74	75	76	77	78	79	80	
81	82	83	84	85	86	87	88	89	90	Südhang
91	92	93	94	95	96	97	98	99	100	
Wiese										

Abb. 4.1 Weinanbaufläche

zu Erträgen und Wetterbedingungen für einen längeren Zeitraum vorhanden sind. Dies erfordert eine Zeitreihen- bzw. Paneldatenanalyse.

b. Der Winzer düngt den Südhang aber nicht den Nordhang. Dieses Vorgehen ist dem Einwand ausgesetzt, dass wegen der unterschiedlichen Sonneneinstrahlung der Ertrag auf dem Südhang größer sein könnte. Der darauf basierende größere Ertrag des Südhangs wird fälschlicherweise auf den Superdünger zurückgeführt, der aber tatsächlich wirkungslos ist.

c. Er düngt die zwei Reihen Rebstöcke rechts und links des Baches, die oberen Reihen jeweils nicht. Wie im Fall b. wird möglicherweise ein wichtiger Einflussfaktor übersehen, bspw. die Bodenfeuchtigkeit.

d. Er düngt die Hälfte der Rebstöcke die bachaufwärts liegen und die andere Hälfte bachabwärts nicht. Hier stellt sich ganz ähnlich das Problem des möglichen Einflusses des Schattens aufgrund des Waldes.

Wie sollte vorgegangen werden, um die unterschiedlichen Einflüsse von Wasser und Sonne, abhängig vom Wald, dem Bach und den Hanglagen zu berücksichtigen? Die Lösung besteht darin, dass der Winzer nach einem Zufallsverfahren 50 Rebstöcke auswählt, die gedüngt werden (Versuchsgruppe, sample group). Die anderen 50 Rebstöcke bleiben ohne Düngung (Vergleichsgruppe, matching group).

Ein solches Vorgehen wird als **kontrolliertes Zufallsexperiment** (RCT – randomized controlled trial) bezeichnet. Es erlaubt die Ermittlung der kausalen Wirkung des Düngers. Dies ist möglich, weil alle anderen Einflussfaktoren – wie Nord- oder Südhang, nah oder entfernt zum Bach, wenig oder viel Waldschatten – unabhängig von der Düngung sind und daher gleichermaßen auf die Versuchs- und die Vergleichsgruppe wirken. Sie können also nicht für Unterschiede in der Traubenernte verantwortlich sein. Es gibt keinen systematischen Zusammenhang zwischen der Düngung (dem Treatment) und den anderen Einflussfaktoren. Dies wird durch die rein zufällige Auswahl der gedüngten Rebstöcke sichergestellt. Wenn es einen Unterschied gibt, dann muss er auf dem Superdünger beruhen. Aus statistischer Perspektive existiert aufgrund der Zufallsauswahl keine Korrelation des Treatments mit den anderen Einflussfaktoren. Voraussetzung für diese Kausalanalyse ist die reine Zufallsauswahl einer genügend großen Zahl von Rebstöcken (50 wie im Beispiel sind eher wenig).[1]

Ein Aspekt ist dabei von großer Bedeutung: Die oben beschriebene Überprüfung einer Kausalwirkung ist durchführbar, ohne dass die sonstigen möglichen Einflussfaktoren überhaupt bekannt sein müssen. Eventuell sind ja auch noch Bodenqualität, Hauptwindrichtung und weitere Variablen relevant. Dies spielt aber keine Rolle für die Schätzung der kausalen Wirkung der Treatment-Variablen, wenn eine echte Zufallsauswahl der Versuchsgruppe stattgefunden hat. Diese Schlussfolgerung hat gerade für die Ökonomie große Relevanz, da hier immer eine umfangreiche Zahl von bekannten, vermuteten und eben auch unbekannten möglichen Einflussfaktoren vorliegt.

Die Sozialwissenschaften einschließlich der Ökonomie und auch die Medizin stehen aber vor dem Problem, dass kausale Beziehungen sich auf Menschen beziehen und von deren Verhalten abhängen. Das **individuelle Verhalten** reagiert aber schon im Vorfeld oder während des Experiments, so dass ein Zufallsexperiment nur schwer realisierbar ist. Gleiches gilt in noch stärkerem Maß für Befragungen (Surveys) und ggf. Beobachtungsdaten.

Zum Beispiel werden in der medizinischen Forschung zur Wirksamkeit von Medikamenten Experimente in Form von **randomisierten Doppel-Blind-Studien** durchgeführt. Es erfolgt eine Zufallsauswahl von Patienten, von denen ein Teil das Medikament und ein Teil ein Placebo erhält.

Eine Placebo-Gruppe muss vorhanden sein, um sicherzustellen, dass ein Referenzwert für die Wirkung eines Medikamentes existiert, nämlich in Form der fehlenden Wirkung in der Placebo-Gruppe. Sie dient als Kontrollgruppe (Matching group).

Die Zufallsauswahl ist notwendig, damit keine Selbstselektion der Patienten stattfindet. Zum Beispiel könnten besonders schwer erkrankte Krebspatienten dazu neigen, an einem solchen Medikamententest teilzunehmen, weil dies aus ihrer Sicht die letzte Hoffnung ist, doch noch geheilt zu werden. Leichte Erkrankungsfälle haben eher die Risiken in Form von unbekannten Nebenwirkungen im Auge und nehmen an der Studie nicht teil. Als Konsequenz dieses Patientenverhaltens sind die Probanden der Studie keine Zufallsauswahl mehr. Die Wirksamkeit des Krebsmedikaments wird nicht entdeckt, bspw. weil vor allem schwere Krebsfälle teilnehmen, bei denen von vornherein höhere Mortalitätsraten zu erwarten sind.

---

[1] Dies führt zum Problem der Ermittlung eines optimalen Stichprobenumfangs (siehe dazu Abschn. 5.9).

Doppel-blind meint „blind" sind zum einen die Patienten, die nicht erfahren, ob sie das Medikament oder das Placebo bekommen. „Blind" sind aber auch die Ärzte, die die Tabletten an die Patienten verteilen. Sie wissen ebenfalls nicht, welche ihrer Patienten mit dem Medikament und welche mit dem Placebo behandelt werden. Auf diese Weise wird sichergestellt, dass keine bewussten oder unbewussten Reaktionen bzw. Verhaltensweisen auf Seiten der Patienten oder der Ärzte die Ergebnisse beeinflussen.

Aber selbst bei solchen Doppelblind-Studien werden die Ergebnisse durch Verhaltensreaktionen der Patienten (oder auch Ärzte) unter Umständen verzerrt. Ein Problem ist, inwieweit die Placebo-Empfänger nicht Selbstmedikation betreiben. Wenn aufgrund des Placebos keine Besserung des Gesundheitszustandes eintritt, greifen diese Probanden auf andere Medikamente zurück und verheimlichen dies gegenüber den Experimentverantwortlichen. Die Placebo-Empfänger sind dann keine adäquate Kontrollgruppe mehr. Die Probanden mit dem wahren Medikament könnten andererseits auf die Medikamenteneinnahme heimlich verzichten – insbesondere, wenn die Einnahme mit unangenehmen Nebenwirkungen verbunden ist. Auch dies macht das Experiment unter Umständen wertlos.

Solche (Selbst-)**Selektionsprobleme** sind auch in den Wirtschafts- und Sozialwissenschaften allgegenwärtig. Zum Beispiel sind die freiwilligen Teilnehmer an einem Weiterbildungsprogramm für Langzeitarbeitslose vermutlich stärker motiviert endlich einen Arbeitsplatz zu erhalten als andere Arbeitslose. Diese höhere Motivation dürfte dazu führen, dass sie mit höherer Wahrscheinlichkeit später einen Arbeitsplatz finden. Eine Studie, die den Erfolg bei der Arbeitsplatzsuche zwischen Teilnehmern und Nicht-Teilnehmern am Weiterbildungsprogramm untersucht, ermittelt irrtümlich die Teilnahme am Weiterbildungsprogramm als Ursache für den späteren Erfolg auf dem Arbeitsmarkt. Tatsächlich ist aber die höhere Motivation der ausschlaggebende Faktor. Ähnliche Argumente gelten – um noch zwei weitere Beispiele zu nennen – für die Wirksamkeit von Subventionen zur Erhöhung der Innovationsneigung von Unternehmen oder die positiven Arbeitsplatzeffekte in Unternehmen, die in einen Technologie- und Innovationspark aufgenommen worden sind.

Das fundamentale Problem besteht darin, dass Individuen, Unternehmen, politische Einheiten usw. die Experimental- bzw. Befragungssituation in ihre Reaktionen einbeziehen und daher nicht nur auf das Treatment reagieren. In den Natur- und Agrarwissenschaften können wir unterstellen, dass den Rebstöcken nicht bewusst ist, einem Düngungs-Experiment ausgesetzt zu sein. Hier findet nur eine Reaktion auf das Treatment statt. Für die Sozialwissenschaften wäre es also (in der Regel) ideal, wenn die Probanden überhaupt nicht registrieren, dass sie an einem Experiment teilnehmen.[2]

In den Wirtschafts- und Sozialwissenschaften besteht die Schwierigkeit außerdem darin, dass solche **(verborgenen) kontrollierten Zufallsexperimente** aus verschiedenen Gründen nicht oder **nur begrenzt möglich** sind. Hindernisse sind vor allem Wettbewerbs-

---

[2] Ein Beispiel für ein solches Experiment ist die Untersuchung von Winking und Mizer (2013) zum rationalen eigennutzorientierten Verhalten von Individuen.

verzerrungen, prohibitiv hohe Kosten, ethische Einwände und mangelnde Praktikabilität. Die Frage, ob die Einführung der Todesstrafe tatsächlich die Zahl der Morde in einem Staat verringert, kann nicht durch ein Experiment getestet werden, bei dem zufällig ausgewählte Bundesländer mit und ohne Todesstrafe operieren.[3] Auch die Auswirkungen kleiner Klassen auf den Lernerfolg von Schülern so zu analysieren, trifft auf den Einwand, dass damit Gruppen von Schülern eventuell auf eine Weise benachteiligt werden, die ihren gesamten weiteren Bildungsweg und damit ihr Erwerbsleben beeinflussen kann. Ethische Einwände sprechen natürlich auch gegen viele verborgene Experimente. Nur in bestimmten Formen und Ausgestaltungen ist dies denkbar und dann muss nach den gängigen Ethikkodexen in den Sozialwissenschaften hinterher den Beteiligten offengelegt werden, dass sie Probanden waren und diese müssen ihr Einverständnis mit der Verwertung der Ergebnisse erklären.

Schließlich sind bei vielen makroökonomischen Problemen und Fragen der kausalen Wirkung politischer Rahmenbedingungen Experimente nicht praktikabel, weil eine zufällige Auswahl von Staaten, die einem bestimmten Treatment ausgesetzt werden, nicht realisierbar ist.

Das kontrollierte Zufallsexperiment ist aber trotzdem ein ideales Referenzmodell, wie eine Kausalwirkung ermittelt werden kann. Seine formale Formulierung erfolgt anhand des **Rubin-Kausalmodells (RCM – Rubin Causal Model)**:[4] Um bspw. den Lernerfolg kleiner Klassengrößen zu ermitteln, müsste erstens bekannt sein, wie der Lernerfolg dieser Schüler ausgesehen hätte, wenn sie nicht in einer kleinen Klasse unterrichtet worden wären. Zweitens wäre es notwendig den Lernerfolg zu kennen, den Schüler großer Klassen gehabt hätten, wenn sie in kleinen Klassen unterrichtet worden wären. Dies sind sogenannte **kontrafaktische Aussagen (potential outcomes)**, denn wir haben ja nur entweder Schüler, die in kleinen Klassen oder solche die in großen Klassen unterrichtet worden sind. Dies ist das fundamentale Problem jeder kausalen Fragestellung. Kontrafaktische Aussagen können wir auf der Ebene der *einzelnen* Individuen, Unternehmen, Regionen und Staaten nicht beobachten, aber die Mittelwerte von Gruppen mit und ohne Treatment lassen unter bestimmten Bedingungen trotzdem kausale Schlussfolgerungen zu.

Die Zufallsauswahl in einem Experiment ist eine Möglichkeit Vergleichsgruppen von Schülern zu gewinnen (hier Rebstöcke oder auch behandelte Patienten oder Teilnehmer an einem Weiterbildungsprogramm), die dem Ideal der kontrafaktischen Beobachtung entsprechen oder zumindest nahe kommen.

Wann liegt eine Kausalität vor?

Das Rubin-Kausalmodell ist einer Reihe von Einwänden ausgesetzt. Insbesondere ist danach eine kausale Wirkung nur dann zu ermitteln, wenn eine Veränderung (eine Manipulation, ein Eingriff, ein Treatment) bei einem Einflussfaktor vorgenommen wer-

---

[3] Das Problem, ob die Todesstrafe nicht aus grundsätzlichen Erwägungen und völlig unabhängig von ihrer Abschreckungswirkung abgelehnt werden sollte, bleibt dabei ausgeklammert.
[4] Auch als Roy-Rubin- oder Rubin-Neyman-Kausalmodell bezeichnet.

den kann. Dies ist in unserem Beispiel die Düngung. Andere Beispiele sind staatliche Subventionen zur Innovationsförderung, die Erhebung von Studiengebühren oder eine Zinssenkung der Zentralbank. Die Regression bezieht aber auch Analysen ein, bei denen von Natur aus keine kontrafaktischen Beobachtungen möglich sind. Zum Beispiel stellt sich die Frage, ob Frauen und Männer unterschiedliche Verhaltensmuster bei Kaufentscheidungen besitzen. Das Geschlecht wird dabei als ursächlich unterstellt. Das kontrafaktische Verhaltensmuster des Rubin-Kausalmodells ist hier kaum anwendbar, da ein Treatment, das (zufällig) das Geschlecht verändert, nur sehr bedingt eine sinnvolle Vergleichsgröße darstellt. Bei der Ermittlung von Vergleichsgruppen stellt sich außerdem das Problem der SUTVA (Stable Unit Treatment Value Assumption): Es muss (prinzipiell) sichergestellt sein, dass das Treatment nur die behandelte Gruppe beeinflusst und nicht gleichzeitig auch die Kontrollgruppe.

Neben dem Rubin-Kausalmodell spielen in der Regression zwei weitere Kausalitätskonzepte eine Rolle, die **Granger-Kausalität** und die Kausalanalyse in Form von Strukturgleichungsmodellen.

Die Idee der Granger-Kausalität ist, dass eine Ursache zeitlich vor der Wirkung liegen muss. Dies setzt voraus, dass Daten in Form von Zeitreihen bzw. Paneldaten vorliegen. Strukturgleichungsmodelle (Pfadanalysen, **Kausalmodelle**) sind komplexere Regressionsanalysen, in denen auch latente Variablen (Konstrukte) und Interdependenzen zwischen den Variablen berücksichtigt werden. Ob überhaupt und wenn ja, inwieweit beide Ansätze geeignet sind kausale Beziehungen zu ermitteln, ist fraglich. Die Bezeichnung Kausalmodelle für bestimmte Formen von Strukturgleichungsmodellen ist insoweit irreführend. In jedem Fall basieren sie auf Annahmen, die im Vergleich zum Rubin-Kausalmodell als restriktiver anzusehen sind.

Als Einstieg in die Literatur zum Thema, was überhaupt eine Kausalaussage ist und wie sie überprüft werden kann, siehe die Beiträge im Journal of Economic Literature (2010) und im Handbuch von Morgan (2013).

In der Betriebswirtschaftslehre sind kontrollierte Zufallsexperimente innerhalb eines Unternehmens durchaus realisierbar und werden auch praktiziert (bspw. zur Arbeitsplatzgestaltung oder in Form von Testmärkten). Insbesondere die Forschung zum Konsumentenverhalten setzt seit langem und vielfach Experimente ein, um Einflussfaktoren von Kaufentscheidungen zu analysieren. In der Volkswirtschaftslehre gibt es Experimente insbesondere in der Mikroökonomie zum Entscheidungsverhalten von Individuen.[5]

Allerdings werden in den Sozialwissenschaften häufig **Laborexperimente** durchgeführt, bei denen Probanden nicht per Zufallsauswahl bestimmt werden. Stattdessen handelt sich bspw. um Studierende, die mittels Bezahlung zur Teilnahme motiviert werden. Bei **Feldexperimenten** wird das Experiment im normalen sozialen Umfeld der Proban-

---

[5] Ein frühes Beispiel eines Laborexperiments bei Kaufentscheidungen ist Venkatesan (1966). Einen aktuellen Überblick zum Einsatz von Labor- und Feldexperimenten im Marketing gibt Haruvy (2016). Der Klassiker in der Volkswirtschaftslehre ist Vernon L. Smith (als Überblicksaufsatz siehe Smith (1982)).

den durchgeführt, bspw. am Arbeitsplatz oder im gewohnten Einzelhandelsgeschäft des Verbrauchers. Beide Formen treffen auf den bereits oben erwähnten Einwand, dass die Experimentalsituation das Verhalten der Teilnehmer beeinflusst.[6] Manchmal sind auch **natürliche Experimente** anzutreffen. Bei natürlichen Experimenten existieren, ohne dass dies im Rahmen eines Forschungsdesigns geplant worden wäre, zwei Gruppen von Beobachtungseinheiten. Die eine Gruppe wird einem bestimmten Treatment ausgesetzt, die andere nicht und dient als Kontrollgruppe. Wenn sich beide Gruppen ansonsten nicht unterscheiden, lassen sich daraus Wirkungsanalysen ableiten. Dies setzt aber voraus, dass die entsprechende Maßnahme (das Treatment) tatsächlich exogen ist. Ein Beispiel ist die Einführung von Studiengebühren in Deutschland in einer Reihe von Bundesländern vom WS 2006/2007 bis zum WS 2014/2015. Die Einführung von Studiengebühren war von wechselnden politischen Mehrheiten in den einzelnen Bundesländern abhängig und kam daher einer Zufallsauswahl von Hochschulen mit und ohne Gebühren sehr nahe. Die Hochschulen in Bundesländern ohne Studiengebühren bilden eine naheliegende Kontrollgruppe zur Untersuchung der Frage, ob Studiengebühren vom Studium abschrecken.[7]

Ein gängiger Typ von Experiment ist zum Beispiel (auch) in der Marktforschung das **EBA-CBA-Design**: Hier werden zwei Gruppen von Beobachtungseinheiten (bspw. Individuen oder Unternehmen) gebildet, eine Experimentalgruppe (E = Experimental Group), die dem Treatment ausgesetzt wird und eine Kontrollgruppe (C = Control Group), bei der dies nicht der Fall ist. Für beide Gruppen wird vor (B = Before) und nach (A = After) dem Treatment die abhängige Variable gemessen. Der Unterschied in der Veränderung der abhängigen Variable zwischen beiden Gruppen ist (unter bestimmten Voraussetzungen) die kausale Wirkung des Treatment.

Genauere Erläuterungen zu verschiedenen Formen von Experimenten, deren Vor- und Nachteilen sowie geeigneten Experimentdesigns finden sich bei Barrett und Carter (2010), Christensen (2007), Koschate-Fischer und Schandelmeier (2014) und Montgomery (2012). Einen guten Zugang aus sozialwissenschaftlicher Perspektive bietet auch Diekmann (2014, S. 329–372). Die Möglichkeiten und Grenzen natürlicher Experimente mit Beispielen aus den verschiedensten Anwendungsgebieten beschreibt Dunning (2012).

Die **Regressionsanalyse** stellt im Grunde genommen den Versuch dar, die Kausalanalyse eines solchen kontrollierten Zufallsexperimentes nachzuvollziehen, indem die Auswirkungen verschiedener Variablen berücksichtigt werden, so dass im Idealfall der isolierte Einfluss einer oder mehrerer interessierender Einflussfaktoren deutlich wird. Dies gelingt aber nur, wenn auch tatsächlich alle einflussreichen exogenen Variablen erfasst worden sind. Im Beispiel zur Wirkung von Weiterbildungsprogrammen für Langzeitarbeitslose könnte die Kausalwirkung der Programmteilnahme ermittelt werden, wenn Motivation, Leistungsbereitschaft usw. bekannt und messbar wären.

---

[6] Dies wird in der Literatur stellenweise als „Hawthorne-Effekt" bezeichnet. Eine Erläuterung und Diskussion geben Wickström und Bendix (2000).
[7] Ein bekanntes Beispiel in der Arbeitsmarktforschung ist die Untersuchung von Card und Krueger (1994) zur Wirkung von Mindestlöhnen auf die Zahl der Arbeitsplätze in den USA.

Ist dies nicht der Fall, resultiert eine Verzerrung der Koeffizientenschätzungen (omitted variable bias). Die Resultate der Regressionsanalyse sind damit nicht mehr brauchbar (siehe Übung 2.1, Aufgabe 1.1 und 1.2.). Eine genauere Darstellung des Problems erfolgt im Abschn. 5.6, das sich mit der Fehlspezifikation von Schätzgleichungen auseinandersetzt. Im Vorgriff darauf wird schon hier deutlich, dass dieses Problem dann auftritt, wenn die „vergessene" aber tatsächlich einflussreiche Variable mit den anderen exogenen Variablen korreliert. Im Weinberg-Beispiel könnte eine solche vergessene Variable die Bodenqualität sein. Wenn die Bodenqualität im gesamten Weinbaugebiet identisch ist (also ein homogener Boden vorliegt) kann dieser Einflussfaktor unberücksichtigt bleiben, da er das Ergebnis im Hinblick auf die Wirkung des Superdüngers nicht beeinflusst. Gleiches gilt, wenn die Bodenqualität zufällig verteilt über die 100 Rebstöcke schwankt.

4.3 Andere Methoden der Datengewinnung

4.3.1 Eigene Umfragen und Beobachtungen

An Stelle von Experimenten setzen die Wirtschaftswissenschaften häufig **Umfragen (Surveys)** ein, um die gewünschten empirischen Daten zu erheben. Solche Umfragen als Methode der Primärdatenerhebung werden für Befragungen von Individuen, Unternehmen oder Haushalten sowohl in der Marktforschung und anderen Bereichen der BWL wie auch in der mikroökonomisch ausgerichteten VWL verwendet.

Eine wichtige Anforderung ist dabei die **Repräsentativität** der erhobenen Daten. Umfragen beziehen sich fast immer nur auf einen Teil der interessierenden Haushalte oder Unternehmen, die im Rahmen einer Stichprobe berücksichtigt werden. Die Grundgesamtheit aller relevanten Haushalte oder Unternehmen kann aus Kostengründen fast nie befragt werden. Wichtig ist daher, dass die in der untersuchten Stichprobe ermittelten Zusammenhänge auch für die Grundgesamtheit gelten, also auf alle interessierenden Haushalte bzw. Unternehmen übertragbar (d. h. verallgemeinerbar) sind. Dies wird als **externe Validität** bezeichnet. Der Schluss von der Stichprobe auf die Grundgesamtheit erfolgt mittels induktiver statistischer Methoden, das heißt Hypothesentests (t-Test, F-test usw.). Solche Hypothesentests sind nur möglich, wenn es sich bei der Stichprobe um eine Zufallsstichprobe handelt. Bei einer Zufallsstichprobe (random sample) besitzt jedes Element der Grundgesamtheit eine angebbare Wahrscheinlichkeit, die größer als Null ist, in die Stichprobe zu gelangen.[8] Diese Wahrscheinlichkeit kann vor der Auswahl berechnet werden (Schnell et al. 2013, S. 264).

---

[8] Bei einer uneingeschränkten (einfachen) Zufallsstichprobe besitzt jedes Element der Grundgesamtheit die gleiche Wahrscheinlichkeit Teil der Stichprobe zu werden. Genauer zu Stichprobenziehungen Bühner und Ziegler (2009, S. 149–153), Lohr (2010), Schnell et al. (2013, S. 263–309) und Statistiklabor (2016).

In der **Praxis der empirischen Forschung** sind andere Auswahlverfahren vorherrschend. Die Unternehmen, Personen oder Haushalte, die befragt werden und geantwortet haben, sind eigentlich nie eine Zufallsauswahl. Die Auswahl erfolgt bspw. oft nach dem, was als Befragungseinheit gerade greifbar ist. Es werden verfügbare Studierende der eigenen Hochschule, vorbeikommende Passanten, im Internet surfende Personen, die gerade mal Zeit und Lust haben an der Online-Befragung in einem Forum teilzunehmen oder Unternehmen, zu denen Kontakte bestehen, ausgewählt bzw. berücksichtigt. Dann handelt es sich aber um willkürliche Auswahlen (Ad-hoc-Auswahlen, Auswahlen aufs Geratewohl) und nicht um Zufallsauswahlen im eben definierten Sinn! Problem ist dabei insbesondere die massive Selbstselektion der Teilnehmer: Der Umfrage-Verantwortliche hat keine Kontrolle darüber, dass die Probanden der Grundgesamtheit mitmachen und ist nicht in der Lage, die dazugehörigen Teilnahme-Wahrscheinlichkeiten zu berechnen.

Dies hat fatale Konsequenzen für die Auswertungen und die Ergebnisinterpretation. Da die Wahrscheinlichkeit Element einer solchen willkürlichen Auswahl im Hinblick auf die Grundgesamtheit zu sein, nicht berechnet werden kann, sind die Voraussetzungen für Hypothesentests nicht gegeben.[9]

Damit werden **vier Aspekte bei Umfragen wichtig**: Erstens muss eine Grundgesamtheit festgelegt werden, für bzw. über die eine Aussage getroffen werden soll. Diese Grundgesamtheit besteht nie einfach nur aus „allen Unternehmen" oder „allen Konsumenten". Zweitens muss (im Idealfall) die Ziehung einer zufälligen Stichprobe aus dieser Grundgesamtheit durchgeführt werden. Dazu ist es im Prinzip notwendig, über eine vollständige Liste aller Einheiten der Grundgesamtheit zu verfügen, aus der eine Zufallsziehung erfolgt. Drittens müssen alle in der Stichprobe enthaltenen Befragten auch antworten bzw. die Gründe für die Verweigerung an der Umfrage teilzunehmen, müssen rein zufälliger Natur sein – also nichts mit den Fragen der Erhebung zu tun haben. Viertens müssen alle Befragten wahrheitsgemäß antworten. Der letzte Gesichtspunkt bezieht sich auf die bekannten Schwierigkeiten bei Umfragen: Den Einfluss des Interviewers, dessen Erläuterungen oder Reaktionen das Antwortverhalten der Befragten in eine bestimmte Richtung lenken; den Einfluss der Fragestellungen und des Fragebogendesigns auf die Antworten, die man erhält; den Einfluss von Antizipationseffekten und ein strategisches Antwortverhalten auf Seiten des Befragten, d. h. der Befragte berücksichtigt, welche Folgen es für ihn hat, wenn er eine bestimmte Antwort gibt oder er orientiert sich an „sozial erwünschten" Antworten.[10]

---

[9] Ein in der Regel wenig sinnvoller Ausweg ist es, die Grundgesamtheit so umzudefinieren, dass sie zur Stichprobe passt. Die Grundgesamtheit sind dann bspw. „Studierende des 4. Semesters des Studiengangs Betriebswirtschaft an der Hochschule xy" oder „Passanten auf der Einkaufsstraße Kurfürstendamm in Berlin an einem Samstagnachmittag im Juli".
[10] Auch der Versuch alle Befragten des Samples zu einer Teilnahme zu motivieren, kann genau solche Verzerrungen verursachen! Die Probleme werden als „Methodenverzerrung", „Common Method Bias" oder „Common Method Variance" bezeichnet. Schnell et al. (2013, Kapitel 7) erläutern dies ausführlich aus sozialwissenschaftlicher Perspektive und Chang et al. (2010) betriebswirtschaftlicher Sicht. Letztere beschreiben auch eine Reihe von Lösungsmöglichkeiten.

Erst, wenn alle vier genannten Voraussetzungen gegeben sind, ist es möglich, die Ergebnisse auf die Grundgesamtheit und das tatsächliche Verhalten zu übertragen.

Die in vielen Studien häufig in den Vordergrund gestellten **Rücklaufquoten** empirischer Befragungen sind dagegen weitgehend irrelevant. Selbst eine Rücklaufquote einer Unternehmensbefragung von 30 % oder auch von 50 % – praktisch werden solch hohe Quoten nie erreicht – sagt nichts über die Repräsentativität der Stichprobe aus.

Praktisches Beispiel: Prognose der Präsidenten-Wahlen in den USA 1936

Das Unternehmen Literary Digest zog eine Stichprobe von 2,4 Mio. Personen über Listen von PKW- und Telefonbesitzern (Rücklauf 24 %). Die darauf basierende Vorhersage lautete: Sieg des Präsidentschaftskandidaten Alf Landon mit ca. 55 % aller Stimmen. Das Markforschungsunternehmen Gallup realisierte eine Quotenstichprobe von weniger als 10.000 Personen mit repräsentativen Anteilen nach Geschlecht, Rasse, Stadt-Land-Bevölkerung und Bildungsniveau. Die Prognose von Gallup war ein eindeutiger Sieg Franklin D. Roosevelts.

Das tatsächliche Wahlergebnis lautete: Landon 36,5 % und Roosevelt 60,8 % der Wählerstimmen.

Die Erklärung für das stark verzerrte Resultat der Umfrage des Literary Digest besteht in dem Auswahlverfahren der befragten Personen. Im Jahr 1936 waren die Telefon- bzw. PKW-Besitzer in den USA den höheren Einkommensschichten der Bevölkerung zugehörig. Die Stichprobe des Literary Digest war daher keine Zufallsstichprobe aus der Gesamtbevölkerung! Daran ändern auch der sehr große Stichprobenumfang und die hohe Rücklaufquote nichts.

(Diekmann 2014, S. 373–376)

Auch der Nachweis, dass die Stichprobe hinsichtlich bestimmter Merkmale (Anteile von Frauen und Männern, Altersverteilung, Anteil von KMU usw.) mit der Grundgesamtheit übereinstimmt, ist kein Beweis, dass das Sample repräsentativ ist. Dies wäre nur der Fall, wenn alle anderen interessierenden Merkmale (Konsumneigung, Innovationsneigung usw.) in diesen Gruppen homogen verteilt wären. Das bestimmte beobachtete Merkmale im Sample und der Grundgesamtheit gleich verteilt sind, ist nur ein erster Hinweis, dass keine offensichtlichen Verzerrungen vorliegen.

Darüber hinaus ist aber auch der Totschlagsvorwurf „die Untersuchung ist ja gar nicht repräsentativ" für sich genommen wenig aussagekräftig. Da jede empirische Umfrage sich nur auf eine bestimmte Grundgesamtheit bezieht, ist die fehlende Repräsentativität hinsichtlich der inhaltlich relevanten Grundgesamtheit zu erläutern.

Ein Beispiel hierfür ist, dass eigentlich keine einzige empirische Erhebung existiert, die repräsentativ für alle Unternehmen in Deutschland ist. Dies liegt daran, dass überhaupt keine Erfassung aller Unternehmen für Deutschland existiert. Die vorhandenen Datenbanken (Unternehmensregister, Handelsregister, Creditreform, Hoppenstedt etc.) enthalten bspw. nicht registrierungspflichtige Unternehmen (Freiberufler, Kleingewerbe) nicht oder zumindest nicht vollständig.

Allerdings existieren diese Probleme prinzipiell auch bei Experimenten und damit in unserem Weinberg-Beispiel. Die Wirkung des Superdüngers kann mit Hilfe des beschriebenen Zufallsexperimentes vom Winzer für seinen Weinberg kausal ermittelt werden. Das heißt aber noch nicht, dass die Wirkung auch für andere Weinberge gilt! Der eine untersuchte Weinberg ist keine Zufallsauswahl aus der Grundgesamtheit aller möglichen Weinbaugebiete – also nicht repräsentativ für alle Weinberge. Dies ist das Problem der internen und externen Validität einer empirischen Untersuchung (siehe dazu Kap. 7). Es ist etwa möglich, dass aufgrund der speziellen, schlechten Bodenqualität dieses Weinbergs der Superdünger den Ertrag positiv beeinflusst, aber die Wirkung bei Weinanbaugebieten mit anderen Bodenqualitäten nicht eintritt. Beispielsweise könnte der Superdünger Nährstoffe enthalten, die bei besserer Bodenqualität überflüssig sind oder durch zu hohe Konzentration sogar negativ auf den Ertrag wirken.

Eigene **Beobachtungsdaten** sind selbst erhobene Informationen insbesondere zum tatsächlichen Verhalten von Individuen und Unternehmen. Sie beziehen sich bspw. auf das (Kauf-)Verhalten von Kunden in einem Supermarkt oder bei Internetauktionen und die Patentierungsentscheidungen von Unternehmen. Im Unterschied zu Umfragen bilden die Daten das reale Verhalten ab und basieren nicht nur auf „Antworten" eines Fragebogens. Eine Reihe von Problemen bei Umfragen sind aber auch bei Beobachtungsdaten virulent. Weiterhin ist der Datenerhebungsaufwand unter Umständen hoch und bestimmte Informationen – zum Beispiel zu den Motiven, die hinter einem beobachteten Verhalten stehen – mit dieser Methode nicht zu erfassen.

4.3.2 Sekundärdaten

Als Alternative zur Primärdatenerhebung besitzen **Sekundärdaten** zu Experimenten, Umfragen oder Beobachtungen als Quellen empirischer Informationen verschiedene Vorteile. In erster Linie ist der Aufwand der Datengewinnung gering. Gegebenenfalls können die Daten einfach downgeloadet werden. Häufig handelt es sich auch um die einzig mögliche Informationsquelle. Bei makroökonomischen Problemen (Bruttoinlandsprodukt, Geldmenge, Arbeitslosigkeit, Außenhandel etc.) muss bspw. auf die staatlichen Statistikämter, die OECD oder die Zentralnotenbanken zurückgegriffen werden. Gleiches gilt für viele makrosoziologische Fragestellungen, die räumlich aggregierte Daten analysieren (bspw. zur Soziodemografie, Wahlbeteiligungen, Scheidungen und Verkehrsunfälle). Ein weiterer Vorteil von Sekundärdaten wird unter Umständen darin gesehen, dass die Verantwortung für Qualität der Daten auf die Originalquelle „abgewälzt" wird.

Dem steht eine Reihe von Problemen gegenüber. Eventuell sind die benötigten Daten nirgendwo vorhanden oder die Kosten für den Datenerwerb (von der GfK oder einem anderen Marktforschungsunternehmen etc.) sind (zu) hoch. Außerdem bleibt dabei die Qualität der Datenerhebung häufig offen. Diese ist nicht kontrollierbar und zum Teil nicht einmal nachvollziehbar. Schließlich werden Definitionen und Abgrenzungen von Begriffen nicht oder nicht klar genug dargelegt (bspw. steht der Fragebogen bzw. Interviewleitfaden, der den Daten zugrunde liegt, nicht zur Verfügung). Die sorgfältige Dokumentation der Methoden, Definitionen und Systematisierungen der Datenerhebung ist hier ein wichtiges Indiz für die Qualität der Daten und Voraussetzung für ihre Verwendung im eigenen Forschungsvorhaben. Diese Einwände gelten bspw. hinsichtlich der Daten vieler Marktforschungsinstitute und (auch renommierter) Beratungsunternehmen. Umfragedaten, die hohe Qualitätsstandards einhalten, sind für Deutschland bspw. das SOEP, die ALLBUS-Befragung und die Gesundheitssurveys des Robert-Koch-Instituts (siehe Kap. 10 am Ende des Buchs). Aber auch bei letzteren sind natürlich Probleme der (Selbst-)Selektion und umgekehrter Kausalrichtung nach wie vor vorhanden.

4.4 Strategien zur Identifizierung kausaler Zusammenhänge

In der wirtschafts- und sozialwissenschaftlichen Forschung der letzten 30 Jahre ist deutlich geworden, dass tatsächlich **unzählige relevante Einflüsse** existieren, die in den empirischen Modellen unbeobachtet bleiben. Der Versuch alle relevanten Faktoren zu berücksichtigen ist daher in der Regel zum Scheitern verurteilt. In der Betriebswirtschaft ist offensichtlich, dass der Unternehmenserfolg von Größen wie Mitarbeiterqualifikation und -motivation, Managementkompetenz, Investitionsentscheidungen, Reaktionen der Konkurrenten, Markteintrittsbarrieren, Konjunkturschwankungen, Innovationsfähigkeiten, Servicekompetenzen, Unternehmensimage und vielen anderen Größen abhängt. Selbst wenn es gelingt, beobachtbare Maßzahlen bestimmter Dimensionen dieser Faktoren zu identifizieren, werden kaum alle möglichen relevanten Variablen erfasst. Es bleibt nur die Hoffnung, dass die nicht berücksichtigten aber tatsächlich einflussreichen exogenen Variablen die Wirkung der einbezogenen exogenen Variablen nicht verzerren (siehe dazu Abschn. 5.7.3).

Zudem kann selbst die Berücksichtigung aller beobachtbaren Faktoren nicht das Problem der **umgekehrten Kausalität** lösen. Dies liegt vor, wenn bspw. ein steigender Gewinn die Innovationsfähigkeiten eines Unternehmens erhöht und umgekehrt. Häufig ist dann nur feststellbar, dass viele Faktoren sich wechselseitig beeinflussen: Nachhaltige Innovationsaktivitäten steigern den Gewinn und anders herum ermöglicht ein hoher Gewinn vermehrte Innovationstätigkeiten eines Unternehmens.

In der empirischen Sozialforschung wird die mangelnde Berücksichtigung von Einflussfaktoren als **unbeobachtete Heterogenität** bezeichnet. Das Problem der umgekehrten Kausalrichtung firmiert auch als **Endogenität der unabhängigen Variablen** (siehe dazu Abschn. 5.7). Bereits das erste Kapitel hatte darauf hingewiesen, dass die einfache Regression unterstellt, dass die Einflussfaktoren exogen sind. Nur unter dieser Annahme sind die Interpretationen der Koeffizientenschätzungen auch als Ursachen zu interpretieren.[11]

Übersicht 4.1: Beispiele unbeobachteter Heterogenität
Wirkung von Weiterbildungsprogrammen für Langzeitarbeitslose:

a) Vergleich der Teilnehmer mit Nicht-Teilnehmern: Die Teilnehmer der Weiterbildungskurse sind keine Zufallsauswahl aus allen Langzeitarbeitslosen, sondern vermutlich die sowieso eher motivierten/fähigen Arbeitslosen, die sich um eine Aufnahme in den Kurs bemüht haben. Die positive Wirkung der Kursteilnahme wird überschätzt (Koeffizient zu groß). Unbeobachteter Einflussfaktor: Motivation/Fähigkeit wird nicht berücksichtigt

b) Vergleich der Teilnehmer vor und nach dem Weiterbildungskurs: Nach Beendigung des Kurses liegt eine andere gesamtwirtschaftliche Situation vor, bspw. eine Rezession. Die Wirkung der Kursteilnahme wird dann unterschätzt. Fehlender Einflussfaktor: Konjunkturelle Unterschiede in den Zeitpunkten (vorher/nachher), die alle Teilnehmer betreffen, werden nicht berücksichtigt.

Auswirkungen der Heirat auf die Lebenszufriedenheit einer Person:

a) Problem der Selbstselektion, d. h. zufriedene Personen heiraten eher als unzufriedene. In diesem Fall überschätzt eine einfache Regression wieder die positive Wirkung einer Heirat.

b) Außerdem existieren ggf. zeitliche Einflüsse, die die Lebenszufriedenheit aller Befragten erhöhen. Ein Vorher-Nachher-Vergleich überschätzt dann ebenfalls den Einfluss einer Heirat.

Solche Schwierigkeiten gelten für Primär- und Sekundärdaten sowie für Umfrage-, Beobachtungs- und Experimentaldaten. Auch Labor- und Feldexperimente sind kein sicherer Ansatz kausale Wirkungen zu ermitteln, weil die prinzipiell „gekünstelte" Experimentalsituation die Ergebnisse unter Umständen verzerrt. Nur im Fall randomisierter Experimente, bei denen die Beobachtungseinheiten nicht bemerken, dass sie einem Experiment ausgesetzt sind, ist zumindest interne Validität gegeben.

---

[11] Der Ausdruck „Endogenität" der unabhängigen Variablen wird zum Teil auch als Oberbegriff für die verschiedenen im Folgenden erläuterten inhaltlichen Probleme bei der Identifizierung von Kausalwirkungen benutzt. Er ist ein Oberbegriff, weil diese verschiedenen inhaltlichen Probleme (i. d. R.) zu dem gleichen statistischen (bzw. ökonometrischen) Problem führen: Sie schlagen sich in der Korrelation der exogenen Variablen mit den Störtermen nieder. Dies widerspricht der Annahme, dass die Störterme nur reine Zufallseinflüsse sind.

Bei Primärdatenerhebungen mittels Umfragen stellt sich das oben erläuterte Problem der Repräsentativität der auswertbaren Fragen der Stichprobe für die Grundgesamtheit. Klassisch wird diesem – oben bereits behandelten – Problem begegnet, indem die **Antworten gewichtet** werden. Zum Beispiel ist bekannt, dass 30 % der Unternehmen in der Grundgesamtheit KMU sind. Von den auswertbaren Fragebögen stammen aber nur 20 % von kleinen und mittleren Unternehmen. Dann werden die Antworten der KMU in der Stichprobe mit dem Faktor 1,5 (30/20) multipliziert – gehen also 1,5mal in die Berechnungen der Regression ein. Solche Gewichtungen sind aber kaum ein geeignetes Verfahren, um die Gültigkeit der Befragungsergebnisse für die Grundgesamtheit sicherzustellen. Dies folgt aus dem bereits behandelten Problem, dass die Übereinstimmung der Verteilung beobachteter Merkmale in der Stichprobe und in der Grundgesamtheit kein Beweis der Repräsentativität ist.

Gleichzeitig gilt, dass Analysen der Wirkungen von Maßnahmen und Entscheidungen grundlegend für die Betriebs- und Volkswirtschaft sind. Sicher zu sein, dass eine bestimmte Maßnahme eine bestimmte Folge hat – bspw. der Einsatz von Assessment-Centern für die Personalauswahl oder die Förderung von FuE-Vorhaben der Unternehmen durch die staatliche Innovationspolitik – bedeutet aber nichts anderes als die kausalen Wirkungszusammenhänge zu kennen.[12] Wie können angesichts der genannten Probleme kausale Beziehungen ermittelt werden? Auch ohne randomisierte Experimente ist es, dank der methodischen Fortschritte in den letzten 25 Jahren, möglich kausale Wirkungen (besser) zu identifizieren. Im Wesentlichen sind vier Ansätze vorhanden, nämlich Kontrollgruppen-Methoden, das Regression-Discontinuity-Design, die Methode der Instrumentvariablen und Analyseverfahren auf der Basis von Paneldaten.

Kontrollgruppen (Matching-Group-Verfahren)

Das zentrale Problem der Kausalanalyse besteht darin, dass der kontrafaktische Vergleich nicht vorhanden ist. Also:

- man nicht weiß, wie sich die Wirtschaft in der DDR entwickelt hätte, wenn kein zentralplanwirtschaftliches System eingeführt worden wäre;
- unbekannt ist, wie erfolgreich eine Existenzgründung gewesen wäre, wenn sie nicht in den Technologie- und Innovationspark eingezogen wäre;
- offen bleibt, ob der Umsatz größer ausgefallen wäre, wenn keine Kürzung des Marketingbudgets um 20 % stattgefunden hätte.

Ein erster Ansatz, dieses Problem in den Griff zu bekommen, besteht in der Wahl einer definierten Kontrollgruppe (Matching-Group). In den einfachen Regressionsanalysen wird

---

[12] Insbesondere in der Arbeitsmarktforschung sind entsprechende Evaluationsanalysen verbreitet und methodisch führend. In den 1990er-Jahren eingeführte Arbeitsbeschaffungsmaßnahmen der Bundesanstalt für Arbeit wurden im Jahr 2012 wieder abgeschafft, weil Untersuchungen keine kausalen Wirkungen nachweisen konnten (EFI 2014, S. 23). Einen Überblick zu Anwendungen in der Wirtschaftspolitik geben Kugler et al. (2014) und Wissenschaftlicher Beirat BMWiE (2013).

diese Idee auf den ersten Blick bereits simuliert, da im PKW-Beispiel einige Verkaufsregionen ja eine hohe Anzahl von Verkäuferkontakten erhalten und eine andere Gruppe von Verkaufsregionen eine niedrige Zahl von Kontakten. Damit findet ein Vergleich zweier Gruppen statt – mit niedriger und hoher Zahl von Kontakten. Problem ist aber, dass es sich eben nicht um dieselben Regionen handelt, die einmal wenig und einmal vielen Kontakten ausgesetzt sind. Dies ist – wie oben erläutert – die Grundlage des Rubin-Kausalmodells.

Daraus resultieren zwei Schwierigkeiten. Erstens sind die einfachen Regressionsergebnisse fragwürdig, wenn sich die beiden Gruppen von Verkaufsregionen systematisch in anderer Hinsicht unterscheiden – bspw. bezüglich der durchschnittlichen Kaufkraft der potentiellen Autokäufer. Zweitens bleibt offen, ob die abhängige Variable genau umgekehrt die Zahl der Kontakte beeinflusst (umgekehrte Kausalrichtung).

Das erste Problem wird durch die bewusste Auswahl einer Kontrollgruppe vermieden. Die zugrundeliegende Idee ist es, zusammenpassende Paare von Untersuchungseinheiten zu finden, die einander so weit wie möglich in allen beobachtbaren Eigenschaften gleichen. Es geht also darum „**statistische Zwillinge**" der Beobachtungseinheiten zu identifizieren. Dazu werden Verkaufsregionen, Unternehmen, Käufer, Studierende usw. ermittelt, die sich weitestgehend ähneln. Verzerrte Schätzungen der Treatment-Effekte können so ggf. vermieden werden.[13] Dies setzt aber voraus, dass alle relevanten Einflussfaktoren berücksichtigt werden. Es ist auf diese Weise auch nicht möglich, das Problem der umgekehrten Kausalrichtung zu beseitigen. Der Ansatz entspricht weitgehend einer Regression, bei der alle relevanten Einflüsse berücksichtigt worden sind (Angrist und Pischke 2009, S. 69).

Verschiedene Verfahren sind vorhanden, mit denen möglichst ähnliche Paare zutage gefördert werden. Speziell beim **Propensity Score Matching** wird dabei zweistufig vorgegangen. Auf der ersten Stufe werden in einer Logistischen Regression (Logit-, Probit-Modell) Koeffizientenschätzungen durchgeführt, die die Wahrscheinlichkeit ermitteln, zu einer Treatment- oder einer Kontrollgruppe zu gehören. Diese Wahrscheinlichkeiten werden im zweiten Schritt benutzt, um die Resultate einer „normalen" Regression zu korrigieren. Die Korrektur läuft darauf hinaus, die nicht vorhandenen kontrafaktischen Werte der abhängigen Variablen zu schätzen und bei der Ermittlung der Einflüsse einer unabhängigen Variablen zu berücksichtigen. Die Verwendung geeigneter Kontrollgruppen kann auch mit den im Folgenden behandelten Verfahren kombiniert werden.

Regression-Discontinuity-Verfahren

Regressions-Diskontinuitäten basieren darauf, dass die Frage, ob bei einer Beobachtungseinheit ein Treatment vorliegt oder nicht, von einem bestimmten **Schwellenwert** abhängt. Zum Beispiel existieren viele Fördermaßnahmen der staatlichen Wirtschaftspolitik, die auf kleine und mittlere Unternehmen beschränkt sind. Sie stehen also großen Unterneh-

---

[13] Ein bekanntes Beispiel ist die Untersuchung von Angrist (1989), der mit diesem Ansatz die Auswirkungen eines freiwilligen Militärdienstes auf das spätere Einkommen von Soldaten in den USA analysiert.

men nicht offen. Der Schwellenwert ist hier die definierte Grenze von KMU einerseits und großen Unternehmen andererseits. Nehmen wir an, die Aufnahme in einen Technologie- und Innovationspark (TIP) ist auf Unternehmen der Biomedizin beschränkt, die höchstens 20 Mitarbeiter beschäftigen. Es gibt also Unternehmen der Biomedizin im Technologie- park, die 18, 19 oder 20 Mitarbeiter haben und Firmen außerhalb des Technologieparks mit etwa 21, 22 oder 23 Mitarbeitern. Ob ein Unternehmen knapp über oder unter dem Schwellenwert von 20 Mitarbeitern liegt, hängt oft vom Zufall ab. Es kann unterstellt werden, dass es zwischen diesen beiden Gruppen von Unternehmen keine systematischen anderen Unterschiede gibt. Unter dieser Prämisse ist es möglich, den Einfluss der Variable „Ist in einem Technologiepark angesiedelt" zu ermitteln. Der Vergleich von Unternehmen knapp ober- und knapp unterhalb des Schwellenwerts ermöglicht es, den Effekt zu be- stimmen (Abb. 4.2). Ein solcher liegt vor, wenn es bei den Unternehmen links und rechts vom Schwellenwert Unterschiede gibt, zum Beispiel hinsichtlich Gewinn oder Umsatz- entwicklung. Beim Schwellenwert ist dann eine Diskontinuität (ein Sprung) von Gewinn oder Umsatz feststellbar.

In Abb. 4.2 wird ein solcher Sprung sichtbar: Unternehmen im Technologiepark haben ein deutlich höheres Umsatzwachstum im Vergleich zu Unternehmen außerhalb des TIP. Unter der Prämisse, dass die Aufnahme in den TIP darauf beruht, dass ein Unternehmen zufällig weniger als zwanzig Mitarbeiter hat, ist der Sprung im Umsatzwachstum ursäch- lich auf die Mitgliedschaft im TIP zurückzuführen. Der willkürliche Schwellenwert von 20 Mitarbeitern simuliert die zufällige Auswahl eines randomisierten Experiments. Fehlt eine solche Diskontinuität beim Schwellenwert, hat die Variable „Technologiepark" kei- nen Einfluss.

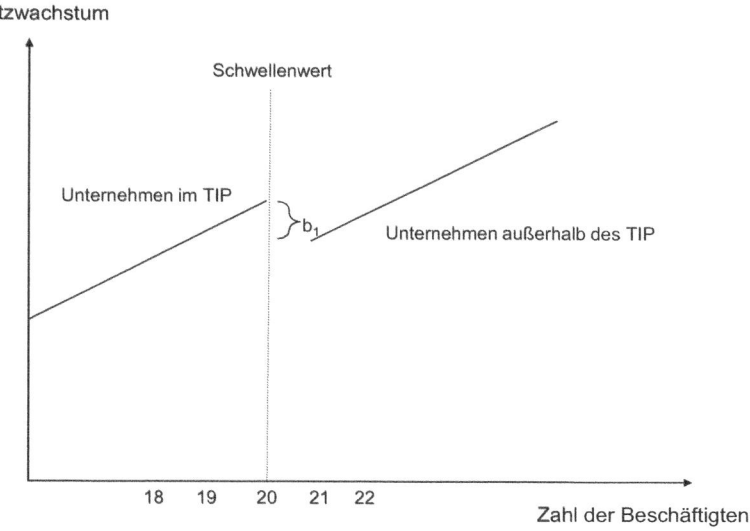

Abb. 4.2 Regressions-Diskontinuität

Allerdings basiert diese Folgerungen auf der Annahme, dass das Treatment – hier die Aufnahme in den TIP – nur vom Zufall (gerade maximal 20 Mitarbeiter zu beschäftigen) abhängt. Dies ist nicht der Fall, wenn Unternehmen in den TIP aufgenommen werden, gerade weil sie bessere Umsatzerwartungen aufweisen.

Instrumentvariablen-Ansatz

In vielen Situationen, in denen kausale Effekte untersucht und quantifiziert werden sollen, besteht eine Korrelation zwischen dem Fehler und der erklärenden Variable. Möchten wir zum Beispiel den Effekt des formalen Bildungsniveaus (X) auf das Arbeitseinkommen einer Person (Y) untersuchen, so könnten wir ein Modell folgender Art schätzen:

$$Y = B_0 + B_1 X_1 + E$$

(wobei E den Fehlerterm darstellt).

Die OLS-Methode zur Schätzung von B_1 beruht jedoch unter anderem darauf, dass der Fehlerterm und die erklärende Variable unkorreliert sind.[14] Also zwischen ihnen keine Zusammenhänge vorliegen. In unserem Modell sollten also X_1 und E nicht korrelieren.

Dies ist jedoch im genannten Fall sehr unwahrscheinlich. Es lassen sich leicht viele Variablen ermitteln, die nicht im Modell auftauchen, allerdings sowohl einen Effekt auf das Bildungsniveau, als auch auf das Einkommen haben (bspw. Ehrgeiz, Begabung, Anerkennungssucht). Manche dieser Variablen sind obendrein kaum oder gar nicht messbar und können deswegen auch nicht als Kontrollvariablen mit in das Modell aufgenommen werden. So ist zum Beispiel der Ehrgeiz einer Person mit großer Wahrscheinlichkeit sowohl mit dem formalen Bildungsniveau dieser Person als auch mit ihrem Einkommen positiv korreliert: Besonders ehrgeizige Menschen absolvieren eher mit Erfolg einen höheren Schulabschluss und ein Studium. Auch im Arbeitsleben werden sie tendenziell mehr leisten und daher ein höheres Einkommen erzielen.

Da das Konstrukt „Ehrgeiz" nicht messbar ist und deswegen im Fehlerterm verbleibt, wird somit eben jene Korrelation zwischen der exogenen Variable (Bildungsniveau) und dem Fehlerterm hervorgerufen, die nicht existieren darf, wenn die Methode der kleinsten Quadrate zu kausal interpretierbaren Ergebnissen führen soll.[15] Zur Lösung des Problems werden Instrumentvariablen gesucht. Eine Instrumentvariable ist mit der interessierenden exogenen Variablen, aber nicht mit der abhängigen Variable und damit dem Fehlerterm korreliert. Dies könnten bspw. das Bildungsniveau der Eltern oder die Entfernung des Wohnortes von der nächsten Hochschule zum Zeitpunkt des Erwerbs der Hochschulzugangsberechtigung sein. Diese Variablen erhöhen die Wahrscheinlichkeit der Aufnahme

---

[14] Alle Annahmen und der Umgang mit ihnen werden im Kap. 5 genauer erläutert.

[15] In einem solchen Fall besteht ein Problem aufgrund ausgelassener Variablen (omitted variables). Die Korrelation zwischen dem Fehlerterm und den erklärenden Variablen wird als Endogenität bezeichnet. Neben ausgelassenen Variablen kann dieses Problem auch entstehen, wenn die Variablen nicht genau, sondern nur mit Messfehler gemessen werden können und wenn eine beidseitige, simultane Kausalität besteht (X hat einen kausalen Effekt auf Y, Y hat einen kausalen Effekt auf X). Genauere Ausführungen dazu geben Abschn. 5.7 und 5.8.

eines Hochschulstudiums, besitzen aber (vermutlich) keinen Einfluss auf das Einkommen einer Person. Diese Instrumentvariablen erklären zum Teil das Hochschulstudium. In der weiteren Analyse wird nur der Teil der Varianz des Hochschulstudiums in die Regressionsgleichung für das Einkommen aufgenommen, der mit diesen Instrumentvariablen erklärt werden kann. Dieser Teil der Varianz des Hochschulstudiums kann nicht auf Ehrgeiz beruhen. Ergibt sich für diesen Teil der Varianz des Hochschulstudiums eine signifikante (positive) Wirkung auf das Einkommen, so ist dies kausal auf die Wirkung des Hochschulstudiums zurückzuführen.

Der Ansatz beruht erstens auf der Korrelation der Instrumentvariablen mit der endogenen unabhängigen Variablen und zweitens auf der fehlenden Korrelation mit dem Fehlerterm bzw. der abhängigen Variable. Sind diese Voraussetzungen nicht oder nur bedingt erfüllt (sogenannte „Weak instruments"), wird auch die Ermittlung kausaler Einflüsse fraglich. Wooldridge (2013, S. 512–543) und Ashley (2012, S. 303–330) gehen näher auf dieses Verfahren ein.[16]

Paneldaten-Verfahren
Echte Paneldaten enthalten Beobachtungen für immer dieselben Unternehmen oder anderen Beobachtungseinheiten zu mehreren Zeitpunkten (bspw. Monaten, Quartalen oder Jahren). Ein zentrales Problem der Kausalanalyse ist, dass unbeobachtete oder unbeobachtbare Faktoren vorhanden sind, die sowohl das Treatment (d. h. die interessierende exogene Variable) als auch die abhängige Variable beeinflussen (d. h. mit diesen korrelieren). Zur Erklärung des Umsatzes oder Gewinns verschiedener Unternehmen einer Branche sind dies bspw. die unterschiedlichen Managementfähigkeiten der Geschäftsleitung. Wenn die Geschäftsführung sich über mehrere Jahre nicht ändert, sind Variationen im Gewinn und Umsatz über diesen Zeitraum hinweg nicht durch die ja gleich bleibenden aber unbeobachtbaren Managementfähigkeiten zu erklären. Die Gewinn- und Umsatzänderung muss also auf anderen Einflussfaktoren beruhen, deren Wirkung damit identifizierbar ist. Mittels Paneldaten lässt sich das oben erwähnte EBA-CBA-Design eines Experimentes näherungsweise simulieren.

Den Einsatz der vier beschriebenen Methoden sowie von Zufallsexperimenten bezeichnet man als **evidenzbasierte Forschung**. Vorreiter in den Sozialwissenschaften ist neben der Arbeitsmarktforschung die Forschung zur Verbesserung der staatlichen Bildungspolitik, insbesondere in den USA.[17] Von dort ausgehend werden inzwischen auch für entwicklungspolitische Maßnahmen evidenzbasierte Evaluationen gefordert und realisiert.[18] In

---

[16] Hoxby (2000) ist ein Beispiel für die Verwendung von Instrumentvariablen in der Bildungsforschung, Falck et al. (2011) zum Einsatz in der Regionalökonomie.
[17] Becker's Online Handbook enthält eine Einführung und Übersicht methodischer Aspekte und praktischer Anwendungsbeispiele (Becker 2010).
[18] Zum Einsatz von kontrollierten Zufallsexperimenten in der Entwicklungspolitik und geeigneten ökonometrischen Verfahren gibt das J-PAL (Abdul Latif Jameel Poverty Action Lab) am Massachussetts Institute of Technology, USA, einen Überblick (www.povertyactionlab.org/research-resources/introduction-evaluations).

Deutschland haben der wissenschaftliche Beirat beim Bundesministerium für Wirtschaft und Energie und die Expertenkommission Forschung und Innovation der Bundesregierung den Einsatz der oben kurz beschriebenen Methoden eingefordert (Beirat BMWiE 2013; EFI 2014). Einschränkend ist zu bemerken, dass auch diese Verfahren alle auf bestimmten Voraussetzungen basieren und insoweit nur begrenzt gültig sind. Auf einige dieser Probleme wird im Kap. 7 eingegangen.

Als nicht-mathematischen Einstieg in die Verwendung dieser Methoden ist Dunning (2012) zu empfehlen, der sie insbesondere im Kontext natürlicher Experimente erläutert. Diekmann (2014, S. 337–372) beschreibt und diskutiert verschiedene Formen der Ausgestaltung von Experimenten (Experimentdesigns) durch die Verknüpfung von Erhebungen und Versuchs- sowie Kontrollgruppen. Formal anspruchsvollere Einführungen sind Stock und Watson (2014, Kapitel 10, 12 und 13) sowie Wooldridge (2013, Kapitel 13–15). Weitergehende Erläuterungen geben Guo und Fraser (2015).

Ein völlig anderer Ansatz ist es, auf **kausale Analysen zu verzichten**. Die Resultate der Regressionsschätzungen sind dann nur noch Aussagen über Zusammenhänge, ohne dass der Anspruch erhoben wird, Ursache-Wirkungsbeziehungen zu identifizieren. **Regressionsschätzungen** sind entsprechend interpretiert sehr nützlich und besitzen ein weites Einsatzgebiet in den Wirtschafts- und Sozialwissenschaften.

Sie können zum Beispiel **für Prognosen** verwendet werden: Signifikante exogene Variablen spielen dann die Rolle von Indikatoren (Prädiktoren) der Veränderungen der abhängigen Variablen. Eine Reihe von Beispielen war uns bereits in der Übersicht 1.1 im ersten Kapitel begegnet: Vorhersagen der Wahlentscheidungen für bestimmte Parteien oder Kandidaten im Rahmen von Bundestagswahlen, Prognosen des Kaufverhaltens von Verbrauchern bei Online-Einkäufen oder die Ermittlung von Ausfallrisiken von Privatkundenkrediten (Kreditscoring) im Bankensektor.[19]

Schließlich sind rein **explorative Analysen** denkbar, mittels denen Strukturen identifiziert werden sollen. Sie zielen darauf ab, als Ergebnis mögliche Hypothesen zu gewinnen, die dann erst in einem nächsten Schritt auf der Basis anderer Datensätze getestet werden.

4.5   Übungsaufgaben

Übung 4.1: Experiment Weinberg und Traubenertrag
Es geht darum, den Einfluss der Düngung auf den Traubenertrag zu ermitteln.

Die Aufteilung der Weinstöcke und ihre Nummerierung ist im obigen Text in der Abb. 4.1 „Weinanbaufläche" wiedergegeben. Die Dateien „Weinstöcke.sav" bzw. „Weinstöcke.dta" enthalten einen Datensatz für die Erträge jedes der 100 Weinstöcke. Er ist so konstruiert, dass der Nordhang und der Waldschatten den Ertrag eines Weinstocks um 3

---

[19] Ein wichtiges Anwendungsgebiet ist in der medizinischen Forschung die Ermittlung von Prädiktoren für Krankheiten. Diese können durchaus lediglich Symptome (also keine Ursachen) sein. Sie sind trotzdem nützlich für die Diagnose einer bestimmten Krankheit.

bzw. 2 Einheiten verringern und die Düngung den Ertrag um zwei Einheiten erhöht. Dies jeweils ausgehend von einem Normalertrag von 10 Einheiten pro Weinstock. Der wahre Zusammenhang lautet also als Regressionsgleichung:

$$Ertrag = 10 - 3\ Nordhang - 2\ Waldschatten + 2\ D\ddot{u}ngung$$

Beschreibung des Datensatzes:

Spalte 1: „*Weinstock*": Laufende Nummer der Weinstöcke entsprechend Abb. 4.1 im Text.

Spalte 2: „*Ertrag_W*" Der Ertrag, der resultiert, wenn willkürlich nur die Weinstöcke mit den laufenden Nummern 1 bis 50 gedüngt werden.

Spalte 3: „*Nordhang*" Dummyvariable gleich 1, wenn der Weinstock auf dem Nordhang liegt. Dies sind die Weinstöcke 1 bis 70.

Spalte 4: „*Waldschatten*" Dummyvariable gleich 1, wenn ein Weinstock im Waldschatten liegt. Dies sind die Weinstöcke der ersten und zweiten Zeile (Weinstock 1 bis 20) sowie die Weinstöcke der ersten vier Spalten (zusätzlich zu den Weinstöcken 1 bis 20 die Weinstöcke 21 bis 24, 31 bis 34, 41 bis 44, . . . , 91 bis 94).

Spalte 5: „*Düngung_W*" Dummyvariable gleich 1, wenn ein Weinstock nach Willkürauswahl gedüngt wird. Im Fall „*Düngung_W*" sind dies die Weinstöcke auf dem Nordhang mit den Nummern 1 bis 50.

Spalte 6: Die Zufallsauswahl basiert auf einem Zufallszahlengenerator, der eine Reihe von Zufallszahlen aus dem Zahlenraum 1 bis 100 ermittelt hat. Die resultierende Zahlenreihe findet sich in dieser Spalte. Die Weinstöcke mit Zufallszahlen im Wertebereich 1 bis 50 wurden gedüngt (also bspw. die Weinstöcke mit den laufenden Nummern 2, 3, 5, 6 usw.). Die Weinstöcke mit Zufallszahlen des Wertebereichs von 51 bis 100 wurden nicht gedüngt (also bspw. die Weinstöcke mit der laufenden Nummer 1, 4, 9 usw.).

Spalte 7: „*Ertrag_Z*" Der Ertrag, der resultiert, wenn die 50 zufällig ausgewählten Weinstöcke gedüngt werden.

Spalte 8: „*Düngung_Zufall*" Dummyvariable gleich 1, wenn ein Weinstock nach dem Zufallsprinzip gedüngt wird. Im Fall „*Düngung_Zufall*" sind dies die Rebstöcke mit der laufenden Nummer 2, 3, 5, 6, 7, 8, 10 usw.

Aufgaben:

a) Ermitteln Sie unter Verwendung von SPSS oder Stata die Auswirkungen der willkürlichen Düngung, also der Düngung der Weinstöcke mit den laufenden Nummern 1 bis 50. Dies wie folgt:
   - Abhängige Variable: *Ertrag_W* und als einzige unabhängige Variable: *Düngung_W*
   - Abhängige Variable: *Ertrag_W* und die drei unabhängigen Variablen: *Düngung_W*, *Nordhang, Waldschatten*

Vergleichen und interpretieren Sie die Resultate dieser beiden Regressionen.

b) Ermitteln Sie unter Verwendung von SPSS oder Stata die Auswirkungen der Düngung der Weinstöcke, wobei die Auswahl der gedüngten Weinstöcke nach dem beschriebenen Zufallsprinzip durchgeführt wird. Dies wie folgt:

- Abhängige Variable: *Ertrag_Z* und die unabhängige Variable: *Düngung_Zufall*.
- Abhängige Variable: *Ertrag_Z* und die drei unabhängigen Variablen: *Düngung_Zufall, Nordhang, Waldschatten*.

Vergleichen und interpretieren Sie die Resultate von a) und b).

Übungsaufgabe 4.2: Natürliches Experiment
Die Einführung der Planwirtschaft in der DDR nach den Vorgaben der Sowjetunion in den Jahren 1945 bis 1990 kann als natürliches Experiment im großen Maßstab zur Effizienz der zentralen Planung einer Volkswirtschaft aufgefasst werden.

Dies wird als Beweis der Ineffizienz von Zentralplanwirtschaften gewertet. Welche Einwände können dagegen geltend gemacht werden?

Übungsaufgabe 4.3: Umfragen als Methode der Datenerhebung

a) Zur Ermittlung und Verbesserung der Attraktivität des Weihnachtsmarktes der Stadt Duisburg wird an zwei Samstag-Vormittagen in der Adventszeit eine Umfrage unter den Besuchern des Weihnachtsmarktes durchgeführt.
b) Um die Innovationsfähigkeit aller Unternehmen des produzierenden Gewerbes im Land Hamburg zu analysieren, wird an alle entsprechenden Hamburger Betriebe ein Fragebogen verschickt, der von 24 % der befragten Unternehmen auch beantwortet wird.

Diskutieren Sie, inwieweit die beiden Umfrageergebnisse geeignet sind, die jeweiligen Problemstellungen zu analysieren.

Übungsaufgabe 4.4: US Air Force
Es handelt sich um ein reales Beispiel aus dem zweiten Weltkrieg. Eine Abteilung der US Air Force in den USA (Statistical Research Group) erhielt den Auftrag, Schwächen der amerikanischen Bomber im praktischen Einsatz zu ermitteln und Verbesserungsvorschläge zu machen.

Die Abteilung ging wie folgt vor: Sie analysierte die Einschusslöcher bei den Bomben-Flugzeugen nach ihren Einsätzen gegen Japan und Deutschland. Dabei wurde untersucht, welche Teile der Flugzeuge besonders viele Einschusslöcher aufwiesen. Eine daraus abgeleitete Empfehlung war, diese Flugzeugpartien mittels doppelter Metallbleche usw. zu verstärken.

Diskutieren Sie, ob auf diese Weise die Kampfkraft der Bomber erhöht werden kann.

Übungsaufgabe 4.5: Virusmedikament

Zur Behandlung einer gefährlichen tropischen Viruserkrankung wird 30 erkrankten Patienten ein neues Medikament verabreicht (in beiden Szenarien erhalten die erkrankten Patienten dasselbe Medikament!).

Szenario A: Nach achtwöchiger Einnahme dieses Medikaments leben noch 24 Patienten, 6 sind verstorben. Welche Schlussfolgerungen ziehen Sie hinsichtlich der Wirksamkeit des Medikaments?

Szenario B: Nach achtwöchiger Einnahme dieses Medikaments leben noch 9 Patienten, 21 sind verstorben. Was bedeutet das nach Ihrer Meinung für die Wirksamkeit des Medikaments?

Übungsaufgabe 4.6: Studiendesign

„Die Ergebnisse von Studien, die nur einen Vorher-Nachher-Vergleich zeigen oder nicht für genügend Einflussfaktoren kontrollieren, können nicht als valide Ergebnisse angesehen werden, da hier nicht sichergestellt ist, dass das Ergebnis tatsächlich eine Folge der Förderung ist und nicht auf anderen, unbeobachteten Einflüssen beruht" (EFI 2014, S. 27).

Erläutern Sie die inhaltlichen Aussagen dieses Zitats.

Übungsaufgabe 4.7: Beantworten Sie die folgenden Fragen

a) Erläutern Sie die grundlegende Idee des Rubin-Kausalmodells.

b) Was besagt die Repräsentativität einer Umfrage und wie kann sie sichergestellt werden?

c) Erläutern Sie, inwiefern Selbst-Selektion ein Problem für die Interpretation von Regressionsergebnissen darstellt.

d) Welchen Schwierigkeiten und Grenzen sind Zufallsexperimente ausgesetzt?

e) Legen Sie dar, inwiefern Paneldaten- bzw. Regression-Discontinuity-Untersuchungen in der Lage sind kausale Beziehungen zu ermitteln.

f) Welche Einwände lassen sich ggf. gegen die Verwendung von Sekundärdaten ins Feld führen?

g) Beschreiben Sie vier Probleme, die dazu führen, dass Umfragen unter Umständen nur zu verzerrten Ergebnissen führen.

Literatur

Angrist, J.D. (1989): Lifetime Earnings and the Vietnam Era Draft Lottery:Evidence From Social Security Administrative Records, American Economic Review, 80: 313–335

Angrist, J.D.; Pischke, J.-S. (2009): Mostly Harmless Econometrics, Princeton, New Jersey

Ashley, R. A. (2012): Fundamentals of Applied Econometrics, Hoboken, New Jersey

Barrett, Ch. B., Carter, M.R. (2010): The Power and Pitfalls of Experiments in Development Economics: Some Non-random Reflections, Applied Economic Perspectives and Policy, 32 (4): 515–548

Becker, W.E. (2010): Online Handbook for the Use of Contemporary Econometrics in Economic Education Research, https://www.aeaweb.org/about-aea/committees/economic-education/econometrics-training-modules, (Zugriff: 13.09.2016)

BMWiE (Hrsg.) (2013): Evaluierung wirtschaftspolitischer Fördermaßnahmen als Element einer evidenzbasierten Wirtschaftspolitik, Gutachten des Wissenschaftlichen Beirats beim Bundesministerium für Wirtschaft und Energie, Berlin

Bühner, M., Ziegler, M. (2009): Statistik für Psychologen und Sozialwissenschaftler, München

Card, D., Krueger A.B. (1994): Minimum wages and employment: a case study of the fast-food industry in New Jersey and Pennsylvania, American Economic Review, 84: 772–793

Chang, S.J., van Witteloostuijn, A., Eden, L. (2010): From the Editors: Common method variance in international business research, Journal of International Business Studies, 41: 178–184

Christensen, L.B. (2007): Experimental methodology, Boston

Diekmann, A. (2014): Empirische Sozialforschung, Grundlagen, Methoden, Anwendungen, 8. Auflage, Reinbek bei Hamburg

Dunning, Th. (2012): Natural Experiments in the Social Sciences, Cambridge

EFI – Expertenkommission Forschung und Innovation (Hrsg.) (2014): Gutachten zu Forschung, Innovation und Technologischer Leistungsfähigkeit Deutschlands, Jahresgutachten 2014, Berlin

Falck, O., Fritsch, M., Heblich, S. (2011): The Phantom of the Opera: cultural amenities, human capital, and regional economic growth, Labour Economics 18: 755–766

Guo, S., Fraser, M.W. (2015): Propensity Core Analysis, Statistical methods and Applications, 2nd ed., Thousand Oaks CA et al.

Haruvy, E. (2016): Experimental Economics in Marketing, Foundations and Trends in Marketing, 9 (4): 267–336

Hoxby, C. M. (2000): Does Competition among Public Schools Benefit Students and Taxpayers? American Economic Review, 90 (5): 1209–1238

Journal of Economic Literature (2010): Articles und Forum on the Estimation of Treatment Effects, 48 (2): 281–455

Koschate-Fischer, N.; Schandelmeier, S. (2014): A guideline for designing experimental studies in marketing research and critical discussion of selected problem areas, Journal of Business Economics (Zeitschrift für Betriebswirtschaft) Volume 84 (6): 793–826

Kugler, F., Schwerdt, G., Wößmann, L. (2014): Ökonometrische Methoden zur Evaluierung kausaler Effekte der Wirtschaftspolitik, in: Perspektiven der Wirtschaftspolitik, 15 (2): 105–132

Lohr, S. L. (2010): Sampling: Design and Analysis, 2nd ed., Boston, Mass. et al.

Montgomery, D.C. (2012): Design and analysis of experiments, 8th Ed., Hoboken

Morgan, S.L. (Ed.) (2013): Handbook of Causal Analysis for Social Research, Dordrecht, Heidelberg, New York, London

Schnell, R., Hill, P.B., Esser, E. (2013): Methoden der empirischen Sozialforschung, 10. Auflage, München

Smith, V.L. (1982): Microeconomic Systems as an Experimental Science, American Economic Review, 72 (5): 923–955

Statistiklabor (2016): http://www.fernuni-hagen.de/ksw/neuestatistik/content/MOD_27531/html/comp_27532.html (Zugriff: 12.10.2016)

Stock, J.H., Watson, M.W. (2014): Introduction to Econometrics, 3rd Ed. Boston

Venkatesan, M. (1966): Experimental Study of Consumer Behavior Conformity and Independence, Journal of Marketing Research, 3 (4): 384–387

Wickström, G., Bendix, T. (2000): The „Hawthorne effect" – what did the original Hawthorne studies actually show? Scandinavian Journal of Work, Environment and Health, 26 (4): 363–367

Winking, J., Mizer, N. (2013): Natural-field dictator game shows no altruistic giving, Evolution and Human Behavior, 34: 288–293

Wissenschaftlicher Beirat BMWiE (2013): Evaluierung wirtschaftspolitischer Fördermaßnahmen als Element einer evidenzbasierten Wirtschaftspolitik, Gutachten des Wissenschaftlichen Beirats beim Bundesministerium für Wirtschaft und Energie, Berlin

Wooldridge, J.M. (2013): Introductory Econometrics – A Modern Approach, 5th Ed., Mason, Ohio

Voraussetzungen und Probleme der einfachen Regression

5

Lernziele

Der Studierende soll:

- erklären können, was Heteroskedastie ist und welche Auswirkungen dies für die Schätzergebnisse hat,
- anhand von Beispielen erläutern können, worauf Heteroskedastie zurückgeführt werden kann,
- wissen, wie prinzipiell durch visuelle Inspektion der Residuen Heteroskedastie aufzudecken ist und welche formalen Testverfahren für die Überprüfung existieren,
- verstehen, was Autokorrelation ist und warum dieses Problem bei Zeitreihendaten häufig auftritt,
- überblicken, welche Auswirkungen eine Verletzung der Annahme der Normalverteilung hat und wie diese überprüft werden kann,
- den Begriff Multikollinearität verstehen, Tests zu Überprüfung kennen und Auswirkungen von Multikollinearität beschreiben können,
- erklären können, was unter der Fehlspezifikation eines Modells zu verstehen ist,
- in der Lage sein, die inhaltliche Bedeutung von Scheinkorrelationen, „Omitted variable bias" und „Endogenität der unabhängigen Variablen" zu erläutern,
- die Probleme einflussreicher Beobachtungen und Ausreißern unter den Beobachtungen kennen,
- überblicken, welche Folgen eine zu kleine oder auch „zu große" Stichprobe für die Ergebnisinterpretation hat.

© Springer-Verlag GmbH Deutschland 2017

M.-W. Stoetzer, *Regressionsanalyse in der empirischen Wirtschafts- und Sozialforschung Band 1*, DOI 10.1007/978-3-662-53824-1_5

▶ **Wichtige Grundbegriffe** Homoskedastie, Heteroskedastie, Verallgemeinerte kleinste Quadrate, Generalized Least Squares (GLS), gewichtete kleinste Quadrate, White-Test, Breusch-Pagan-Test, Residuenplot, Multikollinearität, Schiefe, Kurtosis, Jarque-Bera-Test, Shapiro-Wilk-Test, Variance Inflation Factor (VIF), Tolerance, verzerrte Koeffizientenschätzung (bias), RESET-Test, Kausalrichtung

5.1 Überblick

Die Ergebnisse einer einfachen linearen Regressionsanalyse sind – wie bei allen statistischen Analysen – nur unter bestimmten Voraussetzungen gültig und sinnvoll interpretierbar. Im Folgenden werden diese hinsichtlich inhaltlicher und praktischer Gesichtspunkte behandelt. Diese Prämissen betreffen erstens die Verteilung der Störgrößen. Die Störgrößen des wahren Zusammenhangs zwischen endogener und exogenen Variablen sind unbekannt, können aber mittels der Residuen geschätzt werden. Die Residuen müssen das Ergebnis eines reinen Zufallsprozesses sein, d. h. sie sind unabhängig und identisch verteilt (i. i. d. – independently and identically distributed). Die identische Verteilung entspricht der Annahme der Abwesenheit von Heteroskedastie (Abschn. 5.2) und bei einer unabhängigen Verteilung darf keine Autokorrelation vorliegen (Abschn. 5.3). Unter Umständen wird diese Annahme noch ergänzt von der zusätzlichen Forderung, dass die Residuen normalverteilt sind (Abschn. 5.4).

Zweitens ist ein praktisches Problem bei der Berechnung einer Regression, dass zur Ermittlung der Parameterschätzungen keine Multikollinearität (Abschn. 5.5) vorliegen darf. Drittens wird die Frage behandelt, wie empfindlich die Regressionsergebnisse auf einzelne Beobachtungen des zugrundeliegenden Datensatzes reagieren, das heißt, welche Bedeutung Ausreißern und einflussreichen Beobachtungen zukommt (Abschn. 5.6). Verschiedene Schwierigkeiten beziehen sich viertens auf die Form und die Berücksichtigung von Variablen. Sie werden unter dem Begriff Fehlspezifikation (Abschn. 5.7) zusammengefasst. Fünftens beschreibt Abschn. 5.8 summarisch das Problem fehlerbehafteter Werte bei den exogenen Variablen. Abschließend geht Abschn. 5.9 kurz auf den für eine Schätzung notwendigen Stichprobenumfang ein.

Eigenschaften der Schätzer
Der Ausdruck „Schätzer" bezeichnet die verschiedenen Verfahren zur Ermittlung der Koeffizientenwerte (und der Standardfehler) unserer Regressionsgleichung. Die einfachste Methode ist das im Kap. 2 erläuterte OLS-Verfahren. Bei der Beurteilung der Auswirkungen von Verletzungen der Annahmen sind drei Eigenschaften von Schätzverfahren von grundlegender Bedeutung. Dabei handelt es sich um die Verzerrung, die Konsistenz und die Effizienz der jeweiligen Schätzmethode.

Unverzerrtheit (Erwartungstreue, unbiasedness): Ein Schätzer ist frei von Verzerrung, wenn bei einer Vielzahl von Stichproben, die aus einer Grundgesamtheit gezogen werden, die jeweiligen Regressionskoeffizienten im Mittel dem wahren Koeffizientenwert der Grundgesamtheit entsprechen.

Konsistenz (consistency): Ein Schätzer ist konsistent, wenn sich die Koeffizientenschätzung mit wachsendem Stichprobenumfang (d. h., wenn die Stichprobe immer größer wird) dem unbekannten wahren Koeffizientenwert nähert. Dies ist immer der Fall, wenn das Schätzverfahren unverzerrt ist. Im Vergleich zur Unverzerrtheit ist die Konsistenz eine etwas schwächere Anforderung.

Alle guten Schätzverfahren sollten unverzerrt sein oder zumindest die Eigenschaft der Konsistenz besitzen. Allerdings gibt es viele Schätzverfahren, die diese Bedingungen erfüllen. Als weiteres Kriterium, um zwischen solchen Schätzern einen besser oder schlechter geeigneten zu identifizieren, dient die Effizienz.

Effizienz (Wirksamkeit, efficiency): Sie ist vorhanden, wenn ein Schätzer (unter allen unverzerrten bzw. konsistenten Schätzern) eine möglichst geringe Streuung um den wahren Koeffizientenwert aufweist. Dies ist intuitiv nachvollziehbar: Wenn eine Schätzmethode unverzerrt (konsistent) ist, erhalten wir nur im Durchschnitt (in großen Sampeln) ein korrektes Ergebnis. Effizienz sorgt dafür, dass die mögliche Abweichung vom wahren Koeffizienten im Mittel kleiner ausfällt. Dies ist natürlich wünschenswert.

Der Abschn. 8.3 am Ende des Buchs gibt eine etwas formalere, kurze Übersicht der statistischen Grundlagen der linearen Regression. Für die exakten mathematischen Herleitungen sind Greene (2012) sowie Cameron und Trivedi (2007) heranzuziehen.

Die folgenden Abschn. 5.2 bis 5.8 besitzen eine gemeinsame interne Gliederung. Zunächst wird das Problem definiert („Inhaltliche Beschreibung"), dann erfolgt die Erläuterung der Auswirkungen („Folge"), anschließend werden Methoden zur Überprüfung dargestellt („Überprüfung") sowie das Vorgehen in der empirischen Forschungspraxis beschrieben („Handling des Problems"). Abschließend gibt es immer einige Hinweise und Beispiele zur Umsetzung bzw. Anwendung in den Statistikprogrammen SPSS und Stata („Praktische Anwendung").

5.2 Heteroskedastie

Inhaltliche Beschreibung

Die Residuen müssen zufällig verteilt sein und dürfen keine Muster oder Strukturen aufweisen. Wenn dies der Fall ist, liegt **Homoskedastie** vor. Ist dies nicht gegeben, weil die Residuen von den exogenen Variablen abhängen (mit diesen korrelieren), spricht man von **Heteroskedastie**.

Ein Beispiel ist die Abhängigkeit des Konsums vom Einkommen – üblicherweise steigt die Varianz der Residuen mit zunehmendem Einkommen eines Individuums oder Haushalts. Inhaltlich ist dies darauf zurückzuführen, dass ein geringes Einkommen komplett für unbedingt notwendige Ausgaben verwendet werden muss, während bei einem hohen Einkommen Freiräume existieren, die von einigen Haushalten zum Sparen genutzt werden, von anderen Haushalten aber nicht (siehe Abb. 5.1a). Ein zweites Beispiel bei einer

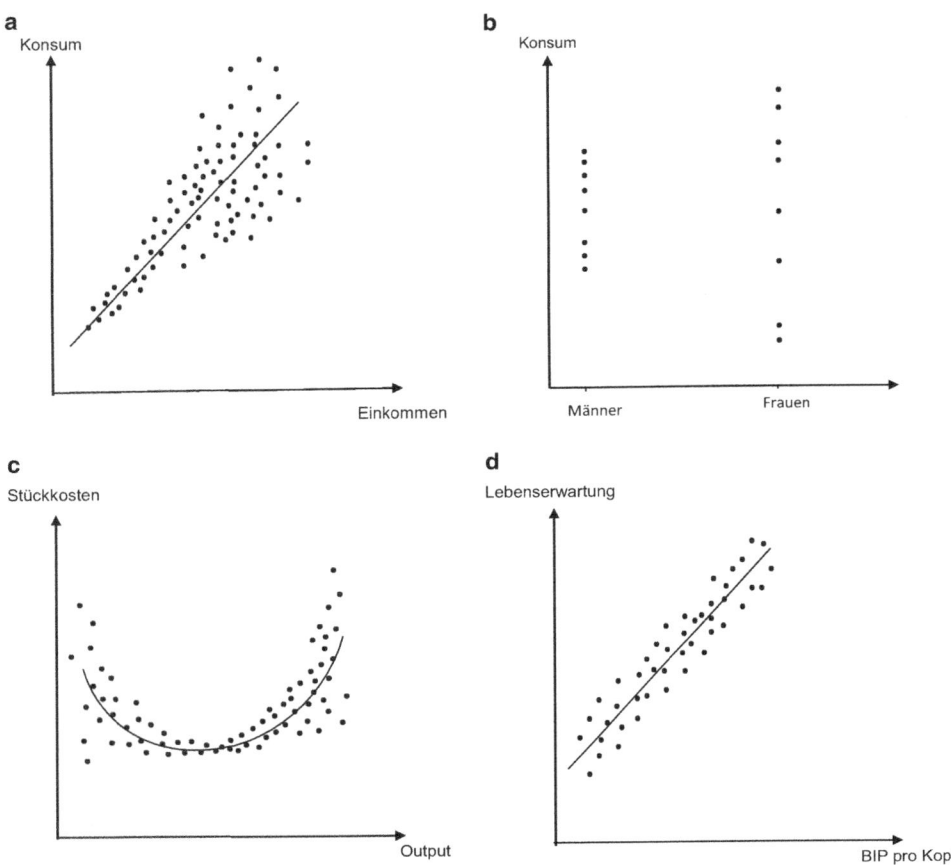

Abb. 5.1a–d Heteroskedastie und Homoskedastie

binären Variable bezieht sich auf die (unterstellte) unterschiedliche Varianz des Konsums bei Männern und Frauen (siehe Abb. 5.1b). Hier ist festzustellen, dass Frauen im Mittel genauso viel konsumieren wie Männer, aber der Konsum bei Frauen erheblich stärker schwankt, das heißt die Varianz der Konsumnachfrage ist bei Frauen größer. Auch im Fall der Abb. 5.1c ist eine Struktur in Form einer zunächst abnehmenden und dann zunehmenden Varianz zu beobachten. Dagegen ist in der Abb. 5.1d keine Struktur erkennbar, hier liegt also Homoskedastie vor.

Folge
Der OLS-Schätzer ist nach wie vor unverzerrt und konsistent. Das heißt zunächst, dass die Koeffizientenschätzungen verlässlich sind und durch die Heteroskedastie nicht beeinflusst

werden.[1] Allerdings liefert die OLS-Methode keinen effizienten Schätzer mehr. Das heißt, die **Schätzungen der Standardfehler sind zu groß oder zu klein** und damit werden die t-Werte sowie die darauf basierenden Aussagen zur Signifikanz einer Koeffizientenschätzung unzuverlässig. Außerdem sind dann natürlich auch die Konfidenzintervalle der OLS-Schätzung nicht länger gültig (Stock und Watson 2014, S. 197–203). Das Problem besteht darin, dass bei der OLS-Schätzung die quadrierten Abweichungen minimiert werden. Besonders große Abweichungen sind aber für die Schätzung der Standardfehler weniger „sicher". Ihr Informationsgehalt ist kleiner und sie sollten daher in geringerem Maß berücksichtigt werden.

Überprüfung

Eine **visuelle Prüfung** durch Inspektion des Residuenplots gegen die geschätzten Werte der abhängigen Variablen (und gegen die verschiedenen unabhängigen Variablen) ist sinnvoll. Dabei können die Residuen, die absoluten Residuen oder auch die standardisierten Residuen benutzt werden. Die Residuenplots zu den Beispielen aus Abb. 5.1 sind in der Abb. 5.2 zu finden.

Die Residuen besitzen in den Grafiken 5.2a bis 5.2c eine systematische Abhängigkeit von den exogenen Variablen. Bei Homoskedastie ist dagegen keinerlei Zusammenhang erkennbar (siehe Abb. 5.2d). In der Praxis sind aber selten solche eindeutigen Muster zu identifizieren. Bei kleineren Sampeln streuen die Residuen außerdem in konkreten Anwendungen an den beiden Extremen (bspw. bei einem sehr geringen und sehr hohen BIP pro Kopf) häufig weniger als in der Mitte (Williams 2015b).

Es ist daher üblich, auf statistische Tests zurückzugreifen, die klarer interpretierbare Resultate liefern. Hierfür existieren verschiedene statistische Ansätze. Zu den modernen Verfahren gehören der Breusch-Pagan-Test (Cook-Weisberg-Test) und der White-Test.[2]

Der **Breusch-Pagan-Test** ist eine Regression der quadrierten Residuen als abhängige Variable auf die unabhängigen Variablen. Der dazugehörige F-Test stellt den Breusch-Pagan-Test dar. Ist der F-Wert auf einem bestimmten Niveau signifikant, liegt Heteroskedastie vor (die Nullhypothese der Homoskedastie wird abgelehnt!). Wie ist das inhaltlich zu erklären? Der F-Test einer Regression überprüft, ob eine der unabhängigen Variablen (bzw. mehrere zusammen) einen Einfluss auf die abhängige Variable besitzen (siehe oben Kap. 2). Wenn der F-Test die Nullhypothese ablehnt, existiert eine irgendwie geartete Beziehung zwischen den exogenen Variablen und den quadrierten Residuen. Das bedeutet aber, dass eine Struktur vorhanden ist und die Residuen weisen ja keinerlei Struktur auf, wenn sie nur noch von Zufallseinflüssen abhängen.

Beim **White-Test** in seiner ursprünglichen Form werden die quadrierten unabhängigen Variablen sowie alle Interaktionseffekte zwischen den unabhängigen Variablen hinzuge-

---

[1] Dies gilt nur für die OLS-Schätzung. Bei den nichtlinearen Logit-, Probit- usw. Schätzverfahren, die hier nicht behandelt werden, führt Heteroskedastie auch zu verzerrten Koeffizientenschätzungen!
[2] Eine früher gängige Methode ist der Goldfeld-Quandt-Test. Eine weitere Variante ist der Test von Glejser, bei dem die absoluten Werte der Residuen als abhängige Variable auf die unabhängigen Variablen regressiert werden. Hackl (2013, S. 192–194) erläutert diese Verfahren.

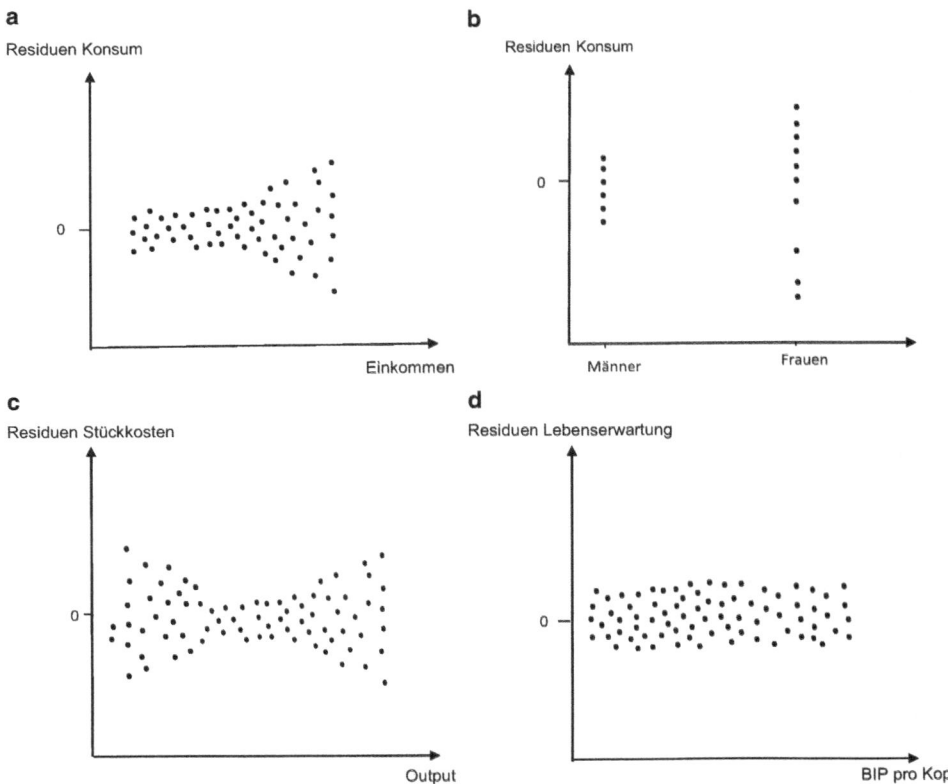

Abb. 5.2a–d Residuenplots

fügt und eine Regression mit den quadrierten Residuen als abhängiger Variable durchgeführt. Da dieses Verfahren schnell zu sehr vielen unabhängigen Variablen führt, gibt es eine Modifikation des White-Tests, bei der die quadrierten Residuen (abhängige Variable) auf die geschätzten Werte von Y (d. h. $\hat{Y}$) und deren Quadrate regressiert werden (Wooldridge 2013, S. 271–276).[3] Es wird also die folgende Regressionsgleichung spezifiziert:

$$e^2 = b_0 + b_1\hat{Y} + b_2\hat{Y}^2 + \text{Fehlerterm.} \qquad (5.1)$$

Auch der White-Test überprüft die Nullhypothese „Es liegt Homoskedastie vor" und die Ablehnung der Nullhypothese bedeutet, dass in der Gleichung eine Beziehungsstruktur vorliegt: b_1 und/oder b_2 sind signifikant von Null verschieden. Dies würde bei Homoskedastie nicht der Fall sein.

---

[3] Zum Teil wird diese Form des Tests auch als Variante des Breusch-Pagan-Tests aufgefasst (Cameron und Trivedi 2010, S. 101).

Handling des Problems

Drei verschiedene Ansätze existieren, erstens eine Transformation der Variablen, zweitens die unterschiedliche Gewichtung der Beobachtungen und drittens eine Korrektur der Standardfehler der geschätzten Koeffizienten.

Häufig führt eine **Transformation der Variablen** zur Homoskedastie der Residuen. Eine geeignete, die Varianz – und damit die Standardfehler und Residuen – stabilisierende Transformation muss allerdings erst einmal gefunden werden. In der praktischen Anwendung ist die Logarithmierung der unabhängigen Variablen in vielen Fällen eine geeignete Maßnahme. Darüber hinaus finden sich bei Gujarati (2015, S. 103–110) Empfehlungen. Eine solche Transformation verändert aber die inhaltliche Interpretation der geschätzten Koeffizientenwerte (siehe oben Abschn. 3.3). Ob dies gerechtfertigt ist, muss unter inhaltlichen Gesichtspunkten entschieden werden.

Eine klassische Möglichkeit sind zudem Methoden der **gewichteten kleinsten Quadrate (WLS – Weighted Least Squares)**.[4] Wenn bspw. bekannt ist, dass die Residuen mit steigendem Einkommen eine größere Varianz besitzen, können die Beobachtungen mit gegenläufiger Gewichtung in die Berechnungen eingehen – also niedrige Einkommen erhalten ein hohes Gewicht und hohe Einkommen ein geringes Gewicht. Bei einer solchen „richtigen" Gewichtung ist das Ergebnis dieser Methode eine effiziente (siehe Abschn. 5.1) Schätzung der Standardfehler. Die WLS-Methode führt also zur kleinstmöglichen Streuung bei der Schätzung der Standardfehler.

Üblich ist es, auf der Grundlage moderner Statistikprogrammpakete eine **Korrektur der einfachen Standardfehler** vorzunehmen. Dabei wird häufig eine gegen Heteroskedastie robuste Varianz-Kovarianz-Matrix nach dem Verfahren von White geschätzt. Daraus ermittelt man Standardfehler, die asymptotisch gelten, unabhängig von der Frage, ob die Residuen homoskedastisch oder heteroskedastisch sind.[5] Es handelt sich um sogenannte **(Heteroskedastie-)robuste Standardfehler**[6] (Wooldridge 2013, S. 265 ff.). Die robusten Standardfehler können im Vergleich zu den üblichen Standardfehlern größer oder kleiner ausfallen. Häufig sind sie in der angewandten Regressionsanalyse aber größer.[7] Letzteres spricht für die oben genannte klassische Vorgehensweise des WLS-Verfahrens, denn bei korrekter Spezifikation besitzt dieses eine höhere Effizienz. Allerdings wird da-

---

[4] Der WLS-Schätzer ist eine Form der Methode der verallgemeinerten kleinsten Quadrate (GLS – Generalized Least Squares bzw. FGLS – Feasible Generalized Least Squares).

[5] Das Verfahren firmiert auch als Huber-White- bzw. Sandwich-Schätzer.

[6] Diese robusten Standardfehler sind nicht mit Verfahren robuster Koeffizientenschätzungen zu verwechseln. Letztere kommen ggf. bei Ausreißern und einflussreichen Beobachtungen zum Einsatz (siehe Abschn. 5.7).

[7] Simulationsstudien weisen darauf hin, dass bei Dummy-Variablen mit unterschiedlichen Fallzahlen (Sub-Sample-Umfängen) und unterschiedlichen Standardfehlern in den verschiedenen Ausprägungen ein kleines Sub-Sample mit hohem Standardfehler dazu führt, dass die Irrtumswahrscheinlichkeit des t-Tests zu gering ausgewiesen wird. Der robuste Standardfehler wird dann größer sein als der normale Standardfehler. Umgekehrt ist der robuste Standardfehler kleiner als der normale Standardfehler, wenn in einem kleinen Sub-Sample einer Dummy-Variablen-Ausprägung der Standardfehler relativ klein ist (UCLA ATS 2011). Siehe auch Sribney (1998).

bei eine korrekte Spezifikation der Regressionsgleichung vorausgesetzt. Schließlich bietet das **Bootstrapping-Verfahren** eine weitere Alternative. Es betrachtet das Sample als Grundgesamtheit und zieht daraus eine große Zahl von Stichproben (Resampling). Aus den Standardfehlern dieser neuen Stichproben wird eine verlässliche Schätzung des Standardfehlers der Grundgesamtheit gewonnen. Auf diese Methode wird im Folgenden nicht weiter eingegangen. Eine Einführung in das Bootstrapping im Rahmen der Regressionsanalyse geben Cameron und Trivedi (2007, S. 357–383) und Fox (2016, S. 647–668).

Bei der Überprüfung und der Interpretation ist immer im Blick zu behalten, dass Heteroskedastie auch ein Indiz für eine Fehlspezifikation sein kann. Beispielsweise wird fälschlicherweise ein linearer Zusammenhang angenommen, obwohl in Wahrheit eine nichtlineare Beziehung existiert. Dies illustriert Abb. 5.3. Der wahre Zusammenhang von X_1 und Y ist als kubische Funktion eingezeichnet. Wird fälschlich eine lineare Funktion entsprechend $\hat{Y}$ geschätzt, so sind die Residuen (bzw. Fehler) zunächst für niedrige $\hat{Y}$ (bzw. niedrige X_1-Werte) alle negativ (e_1 bis e_4) und dann bei größeren $\hat{Y}$ (bzw. größeren X_1) alle positiv (e_5 bis e_8). Es gibt also eine klare Systematik in den Residuen, die eben nicht mehr rein zufällig verteilt sind.

Auch unser erstes Beispiel, die mit steigendem Einkommen zunehmende Schwankung der Konsumausgaben, kann als Fehlspezifikation aufgefasst werden: Es gibt eine nicht berücksichtigte exogene Variable „Konsumneigung", die in der Regressionsgleichung fehlt, aber tatsächlich zusätzlich zum Einkommen einflussreich ist.

Eine ausführliche Darstellung der Ursachen, Folgen, Tests und möglichen Verfahrensweisen bei Heteroskedastie findet sich bei Kaufman (2013) und Ashley (2012, S. 224–258).

Abb. 5.3 Heteroskedastie bei nichtlinearer Funktion

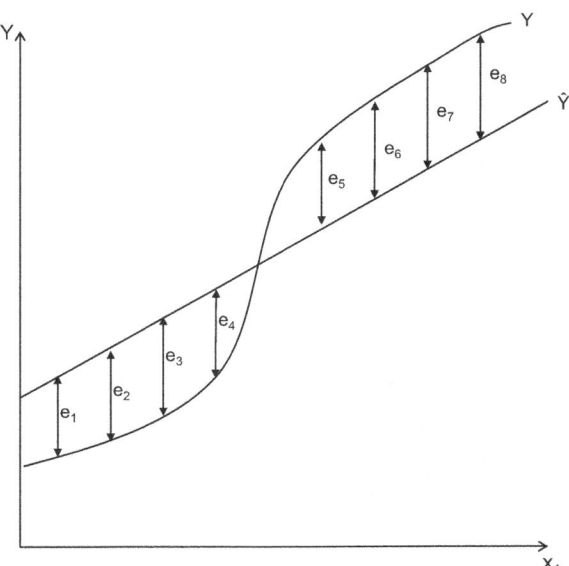

Praktische Anwendung

SPSS

Direkt kann Homoskedastie mit SPSS nur graphisch überprüft werden. Dazu werden in einer Regression die vorhergesagten Werte und Residuen wie folgt gespeichert: Durchführen der Regression mittels [Analysieren > Regression > Linear]; abhängige und unabhängige Variablen festlegen; dann innerhalb der linearen Regression [Diagramme] anklicken. Dort befördern wir „*ZPRED" (die standardisierten vorhergesagten Werte der abhängigen Variable) auf die X-Achse und „*ZRESID" (die standardisierten Residuen) auf die Y-Achse des Diagramms. Dies wird in der Abb. 5.4 wiedergegeben. Nach dem anklicken von [Weiter > OK] erscheint das gewünschte Diagramm.

Das gleiche Ergebnis erhalten wir, indem wir in der linearen Regression den Button [Speichern] anklicken. Danach müssen Häkchen im Feld „Vorhergesagte Werte" bei „Standardisiert" sowie im Feld „Residuen" bei „Standardisiert" gesetzt werden. Die vorhergesagten Werte von Y, das heißt die $\hat{Y}$ und die Residuen e, werden dann von SPSS als zusätzliche Spalten ganz rechts in der Datentabelle eingefügt (unter den Namen „ZPR_1" (Standardized Predicted Value) und „ZRE_1" (Standardized Residual)). Nach Eingabe von [Weiter > OK] bildet SPSS zusammen mit dem üblichen Regressionsoutput die-

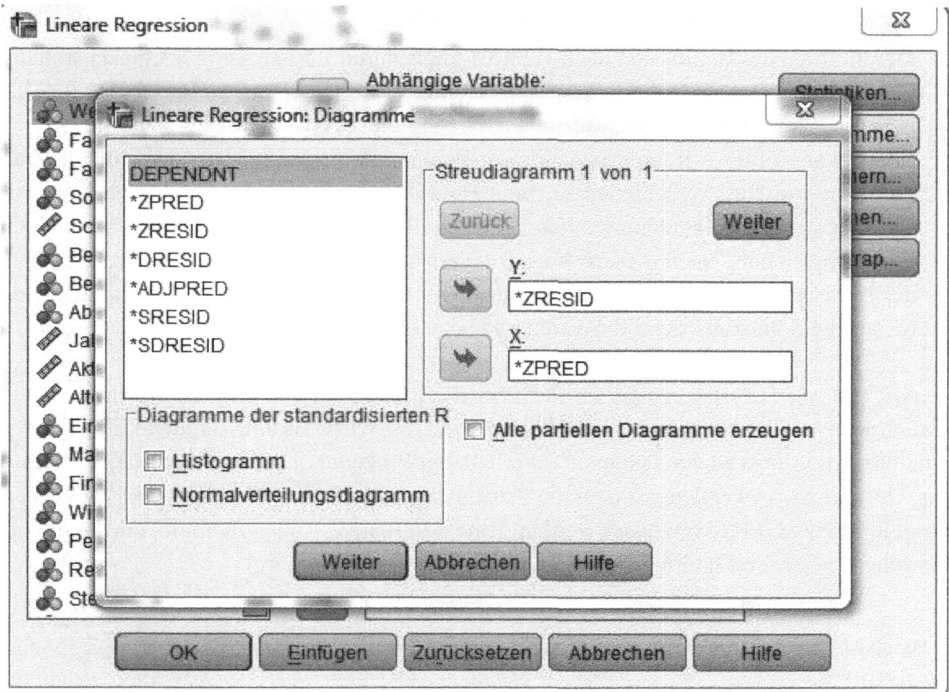

Abb. 5.4 Grafische Residuenprüfung

se beiden neuen Variablen in einem **Streudiagramm** (Scatterplot) ab. Alternativ ist es uns auch möglich, für diese beiden neuen Variablen ein solches Streudiagramm mittels [Grafik > Diagrammerstellung] anzufertigen. Interaktiv erstellen wir ein einfaches Streudiagramm mit einer Y-Achse, auf der sich die standardisierten Residuen und einer X-Achse, auf der sich die standardisierten vorhergesagten Werte einer Beobachtung befinden. Statt der standardisierten Werte können auch die unstandardisierten Werte bei dem eben beschriebenen Vorgehen gewählt werden. Ein Beispiel für die resultierende Grafik in beiden Varianten enthält Abb. 5.5. Nach dem gleichen Muster lassen sich Diagramme der Residuen und der einzelnen unabhängigen Variablen einer Regression erzeugen.[8]

Wie ist Abb. 5.5 zu interpretieren? Erstens wird deutlich, dass es keine Rolle spielt, ob die standardisierten oder nicht-standardisierten Werte verwendet werden. Zweitens ist keine offensichtliche Struktur in den Residuen zu erkennen. Dies spricht dafür, dass Homoskedastie gegeben ist. Bei Homoskedastie sind die Residuen zufällig verteilt und danach sieht es in der Abb. 5.5 aus.

Der modifizierte White-Test ist indirekt in SPSS mit folgendem Vorgehen realisierbar:

a. Durchführen der Regression und Speichern von vorhergesagten Werten $\hat{Y}$ und den Residuen e wie eben beschrieben.
b. Vorhergesagte Werte und Residuen quadrieren: [Transformieren/Variable Berechnen], neuen Namen für quadrierte vorhergesagte Werte definieren und Variable mittels [**2] quadrieren, dasselbe für die Residuen durchführen.
c. Durchführen der Regression nach White: [Analysieren > Regression > Linear], abhängige Variable sind jetzt die quadrierten Residuen, die unabhängigen Variablen sind die „Vorhergesagten Werte" und die „quadrierten vorhergesagten Werte".
d. Interpretation dieses Regressionsoutputs: Wenn das so spezifizierte Gesamtmodell signifikant von Null verschieden ist, liegt Heteroskedastie vor. Wir prüfen also mittels des F-Tests, ob die beiden unabhängigen Variablen $\hat{Y}$ und $\hat{Y}^2$ gemeinsam signifikant von 0 abweichen. Nach diesem Muster lassen sich auch der einfache White-Test und der Breusch-Pagan-Test in SPSS durchführen.[9] Die Schritte a) bis d) sind nichts anderes als die Schätzung der Gl. 5.1, die uns oben begegnet ist.

Als Test auf Heteroskedastie ist in SPSS der Levene-Test verfügbar, der in der ökonometrischen Literatur nicht behandelt wird. Der Test wird von Janssen und Laatz (2007) erläutert. Allerdings ist der Test nicht innerhalb der Prozedur „Lineare Regression" aufrufbar. Um ihn zu verwenden, können die Prozeduren „GENLIN" (Verallgemeinerte Linear Modelle) bzw „GEE" verwendet werden. Eine Alternative – aber ebenfalls umständliche Vorgehensweise – erläutern Urban und Mayerl (2011, S. 248–249).

---

[8] Datenbasis: Hochschulabschlussnoten_BWL.sav. Spezifikation der Regression: Abhängige Variable: *Abschlussnote*, Unabhängige Variablen: *Schulnote, EinSchwerpunkt, Weiblich, Alter, Aktualität*.
[9] Ein SPSS-Macro dazu wird beschrieben von Hayes und Cai (2007) und erläutert in: http://www.youtube.com/watch?v=paYqAb2npTc.

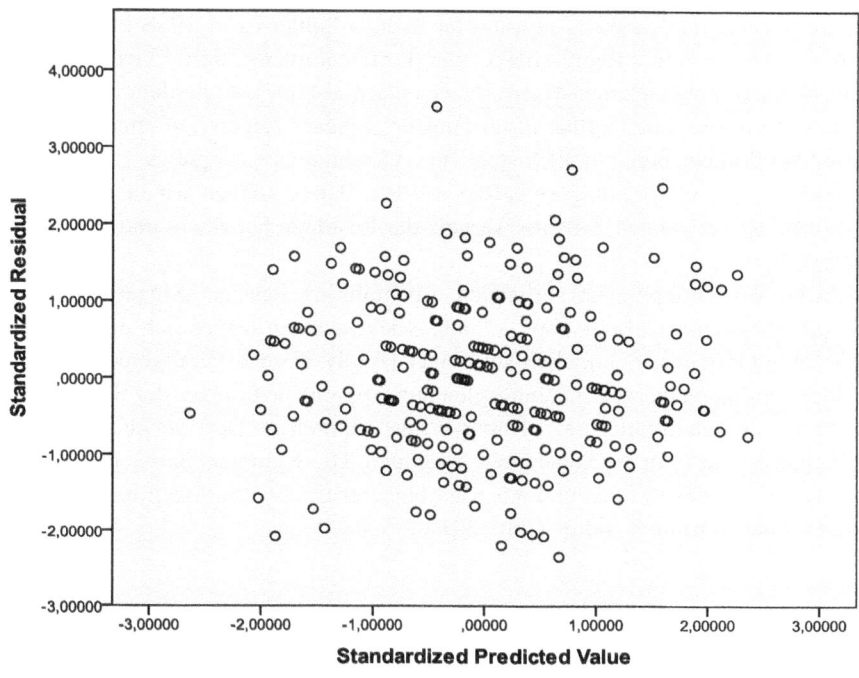

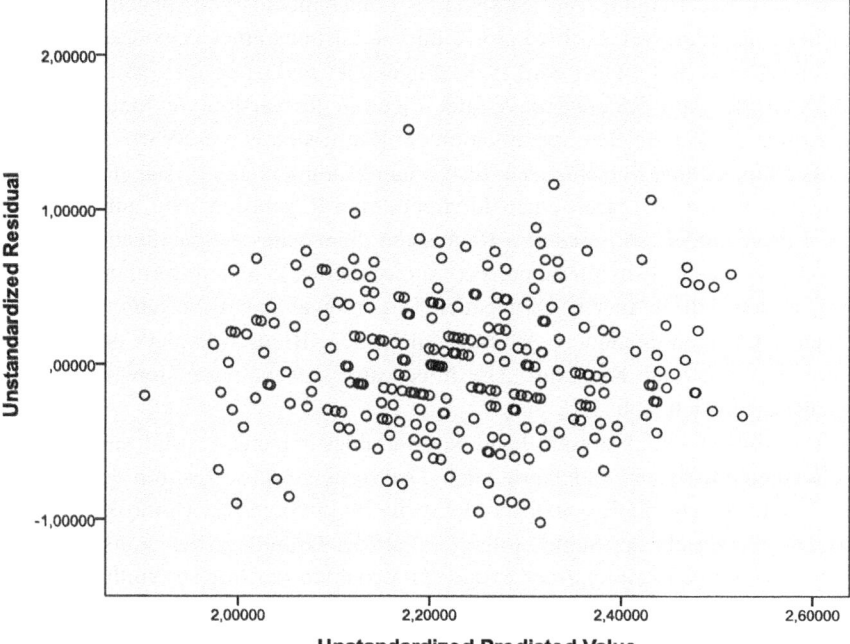

Abb. 5.5 Streudiagramm Residuen I

Die Berechnung Heteroskedastie-robuster Standardfehler ist in SPSS im Rahmen der Prozeduren [Analysieren > Regression] ebenfalls nicht implementiert. Es existiert aber ein von SPSS-Nutzern entwickelter Macro (Hayes und Cai 2007). Außerdem ist es möglich, gewichtete Analysen durchzuführen. Im Fenster „Lineare Regression" finden wir unten ein Feld „WLS-Gewichtung" (WLS steht für „Weighted Least Squares"). Hier kann eine Variable für die Gewichtung eingefügt werden. Bspw. können wir hier die Variable *EinSchwerpunkt* verwenden, falls die Varianz der Residuen bei einem und zwei Schwerpunkten variiert.

Auch das Bootstrapping ist vorhanden. Ebenfalls im Fenster „Lineare Regression" gibt es die Möglichkeit „Bootstrap . . . " anzuklicken. Dann öffnet sich ein Fenster mit detaillierteren Optionen. Schließlich sind unter [Analysieren > Verallgemeinerte lineare Modelle > verallgemeinerte Schätzungsgleichungen], das heißt unter der SPSS Prozedur GEE, robuste Standardfehler nach Huber-White ermittelbar. Dort versteckt unter „Robuster Schätzer" im Ordner „Schätzung" zu finden. Die Komplexität der Prozedur GEE ist aber außergewöhnlich hoch und nur nach längerer Einarbeitungszeit nachvollziehbar. Einen Überblick vermittelt Baltes-Götz (2016).

Stata

Stata offeriert einmal die Möglichkeit der graphischen Analyse. Der Befehl „rvfplot" dient dazu, eine Grafik der Residuen in Abhängigkeit von den geschätzten Werten der abhängigen Variable zu erzeugen (Verwendeter Datensatz: Hochschulabschlussnoten_BWL.dta). Die Eingabe von [Statistics > Linear models and related > Regression diagnostics > Residual-versus-fitted plot] führt zur Öffnung eines Fensters „rvfplot – Residual-versus-fitted plot". Dort wird „OK" angeklickt und es ergibt sich die uns bereits von SPSS aus der Abb. 5.5 bekannte Grafik – jetzt in der Version von Stata als Abb. 5.6. Dies natürlich nur bei gleicher Spezifikation der Regression wie in SPSS.

Darüber hinaus sind verschiedene Testverfahren implementiert. Für die Tests gehen wir folgendermaßen vor: Nach einer durchgeführten Regression wird aufgerufen: [Statistics > Linear models and related > Regression diagnostics > Specification tests, etc.], durch Anklicken von „Tests for heteroscedasticity (hettest)" und „Information matrix test (Imtest)" lassen sich die hier beschriebenen Tests (sowie andere Verfahren) aufrufen. In der ersten der beiden genannten Alternativen ist der „Breusch-Pagan/Cook-Weisberg"-Test voreingestellt. Nach Klick auf „Use fitted values oft the regression" (ebenfalls voreingestellt) ergibt sich Abb. 5.7.

Nach Anklicken von „Use right-hand-side variables in the test" folgt, siehe Abb. 5.8.

Die Testergebnisse sind widersprüchlich. Der voreingestellte Test mit den geschätzten Werten $\hat{Y}$ und $\hat{Y}^2$ als Einflussfaktoren weist die Nullhypothese „Homoskedastie" nicht zurück. Dies entspricht der Schlussfolgerung auf der Grundlage der grafischen Analyse der Abb. 5.5. Bei Verwendung der exogenen Variablen wird diese Nullhypothese aber abgelehnt. Eine genauere Analyse zeigt, dass speziell die beiden exogenen Variablen *EinSchwerpunkt* und *Alter* heteroskedastische Strukturen aufweisen. Es ist daher empfehlenswert, vorsichtshalber Heteroskedastie-robuste Standardfehler zu verwenden.

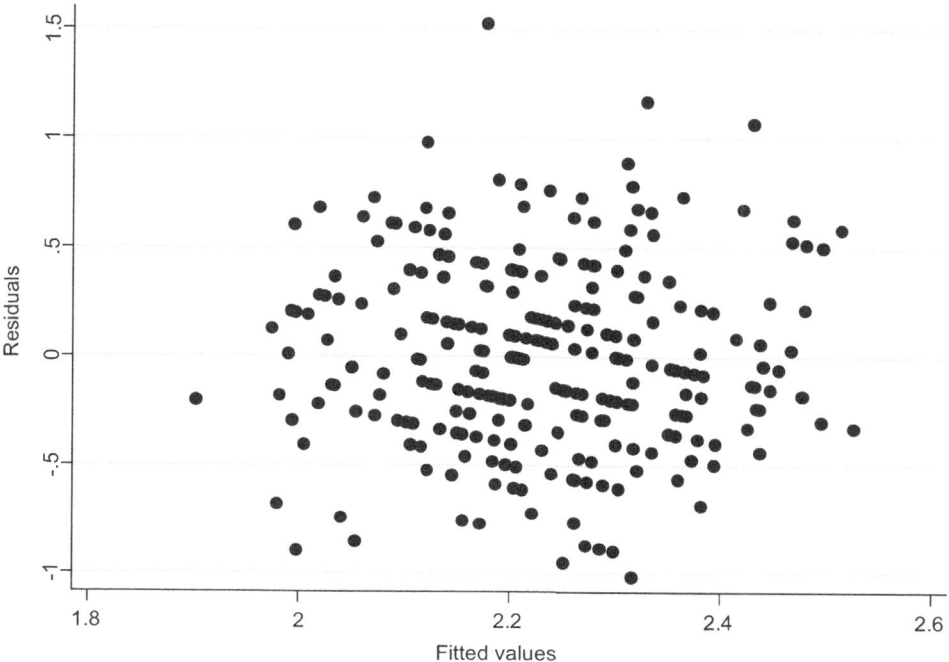

Abb. 5.6 Streudiagramm Residuen II

Die Berechnung Heteroskedastie-robuster Standardfehler ist in Stata problemlos möglich. Dies erfolgt, indem bei der Durchführung der Regression [Statistics > Linear models and related > Linear Regression] durch Anklicken von „SE Robust" und anschließend „Robust" die Anweisung erteilt wird, robuste Standardfehler zu berechnen (Abb. 5.9).

```
. estat hettest

Breusch-Pagan / Cook-Weisberg test for heteroskedasticity
         Ho: Constant variance
         Variables: fitted values of Abschlussnote

         chi2(1)     =      0.01
         Prob > chi2 =    0.9400
```

Abb. 5.7 Heteroskedastie-Test 1

```
. estat hettest, rhs

Breusch-Pagan / Cook-Weisberg test for heteroskedasticity
        Ho: Constant variance
        Variables: Schulnote EinSchwerpunkt Weiblich Alter Aktualitaet

        chi2(5)      =     18.25
        Prob > chi2  =    0.0026
```

Abb. 5.8 Heteroskedastie-Test 2

```
. regress Abschlussnote Schulnote EinSchwerpunkt Weiblich Alter Aktualitaet, vce(robust)

Linear regression                              Number of obs =      263
                                               F( 5,    257) =     4.93
                                               Prob > F      =   0.0003
                                               R-squared     =   0.0788
                                               Root MSE      =  .43138
```

Abschlussnote	Coef.	Robust Std. Err.	t	P>|t|	[95% Conf. Interval]	
Schulnote	.1898056	.0521571	3.64	0.000	.0870958	.2925153
EinSchwerpunkt	.1469767	.0694426	2.12	0.035	.0102277	.2837257
Weiblich	.0800652	.0535027	1.50	0.136	-.0252944	.1854248
Alter	-.0016195	.0142699	-0.11	0.910	-.0297203	.0264812
Aktualitaet	-.0079877	.0080122	-1.00	0.320	-.0237656	.0077901
_cons	1.850951	.3787835	4.89	0.000	1.105037	2.596866

Abb. 5.9 Heteroskedastie-robuste Standardfehler

Auch diesmal eröffnet Stata zusätzliche – hier nicht behandelte – Optionen.[10] Dazu gehört auch die Möglichkeit des Bootstrapping.

Die Koffizientenschätzungen sind dieselben wie in der obigen „einfachen" Regression der Lösung zu Übung 3.2. Dies ist immer so, da ja das Problem der Heteroskedastie sich nicht auf die Koeffizientenschätzungen auswirkt, sondern nur die Standardfehler betrifft. Kleinere Änderungen ergeben sich bei den Standardfehlern („Robust Std. Err.") und den darauf basierenden t-Werten, Irrtumswahrscheinlichkeiten und Konfidenzintervallen. Die inhaltlichen Aussagen werden davon aber nicht berührt: Die Variablen *Schulnote* und *Ein-*

---

[10] Die Optionen werden als HC_1, HC_2 und HC_3 bezeichnet. Genauer dazu Weisberg (2014, S. 163), Angrist und Pischke (2009, S. 293–315) und insbesondere Kaufman (2013, S. 43–50). Eine weitere hier nicht behandelte Lösung ist in Stata die Verwendung Cluster-robuste Standardfehler. Wie in der Einleitung zu diesem Kapitel beschrieben, müssen die Residuen identisch verteilt sein. Häufig ist aber plausibel, dass zwischen verschiedenen Beobachtungsgruppen (Clustern) die Residuen unterschiedlich hoch sind. Zum Beispiel die Varianz des Konsumes zwischen Männern und Frauen oder die Varianz der Noten zwischen verschiedenen Schwerpunkten der Studierenden. Diese Unterschiede können durch geeignete Verfahren berücksichtigt werden.

Schwerpunkt sind auf dem 1-%-, bzw. 5-%-Niveau signifikant, alle anderen Variablen sind nicht signifikant.

Das Vorgehen bei GLS-, bzw. FGLS- und WLS-Verfahren wird detailliert beschrieben von Cameron und Trivedi (2010, S. 153–167).

5.3 Autokorrelation

Inhaltliche Beschreibung

Die Residuen der Beobachtungen müssen von Beobachtung zu Beobachtung nur in völlig zufälliger Reihenfolge angeordnet sein. Auch in dieser Hinsicht **dürfen keine Muster bzw. systematischen Strukturen** erkennbar sein. Dann ist keine Autokorrelation vorhanden. Gehorchen die Residuen in ihrer Reihenfolge dagegen bspw. einem der folgenden beiden Muster (siehe Abb. 5.10), liegt Autokorrelation vor. Zwei Fälle sind zu unterscheiden:

- Auf positive Residuen folgen regelmäßig eher positive Residuen und auf negative eher negative (= **positive Autokorrelation** 1. Ordnung)
- Auf ein positives Residuum folgt ein negatives, dann wieder ein positives, dann ein negatives usw. (= **negative Autokorrelation** 1. Ordnung).

Anders formuliert: Bei Autokorrelation 1. Ordnung steht die Größe des Residuums bei einer Beobachtung in einem Zusammenhang mit der Größe des Residuums der darauf folgenden Beobachtung.

Das Problem wird normalerweise bei Querschnittsdaten (Cross-section-analysis) keine Rolle spielen, da bei diesen keine natürliche Reihenfolge der Beobachtungen existiert. Das heißt, wenn die Reihenfolge der Beobachtungen einer Querschnittsdatenanalyse beliebig vertauscht wird, ändert sich das Regressionsergebnis nicht.

Das Problem ist aber sehr häufig bei der **Analyse von Zeitreihen** relevant, da hier mit dem Zeitablauf eine natürliche Reihenfolge der Beobachtungen vorliegt. Die Bezeichnung 1. Ordnung bezieht sich auf den Einfluss des jeweiligen Wertes auf den Wert der sich zeitlich unmittelbar anschließenden Periode. Der Einfluss kann prinzipiell auch mit einer Verzögerung auftreten, dann handelt es sich um Autokorrelationen 2. und höherer Ordnungen. Bei Quartalsdaten ist häufig eine Autokorrelation 4. Ordnung zu beobachten: Zum Beispiel sind die Umsätze in der Spielwarenbranche im 4. Quartal jedes Jahres außergewöhnlich groß. Bei Monatsdaten existiert in vielen Fällen eine Autokorrelation 12. Ordnung. Beispielsweise sind die Arbeitslosenzahlen im Januar jedes Jahres besonders hoch.

a

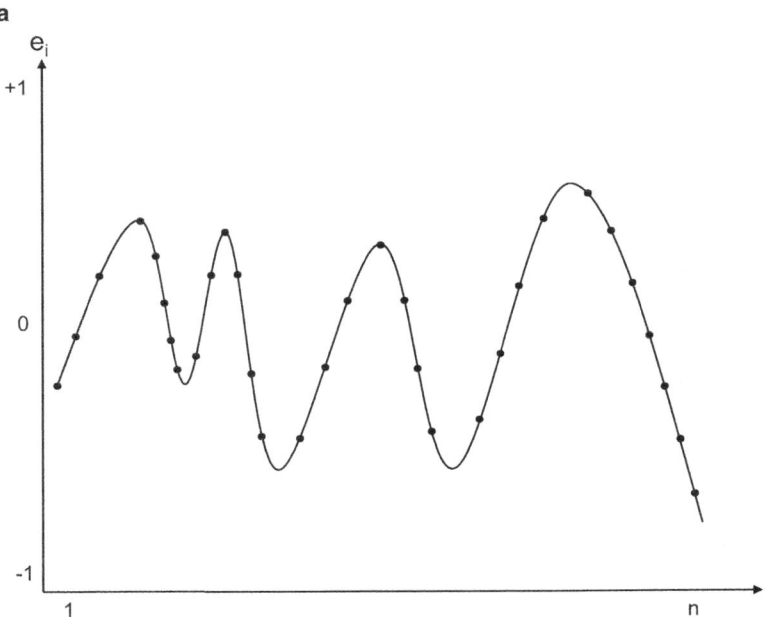

Laufende Nummer der Beobachtung

b

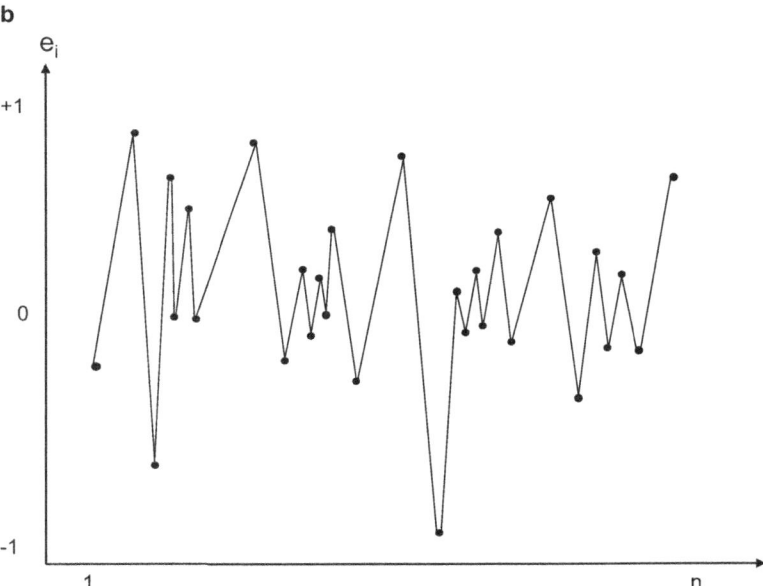

Laufende Nummer der Beobachtung

Abb. 5.10 Autokorrelation der Residuen. **a** Positive Autokorrelation 1. Ordnung; **b** Negative Auto-korrelation 1. Ordnung

Folge

Die mittels OLS geschätzten Koeffizientenwerte bleiben unverzerrt und konsistent. Die Schätzungen der Standardabweichungen sind aber zu groß oder zu klein und damit werden die t-Werte und die darauf basierenden Aussagen zur Signifikanz einer Koeffizientenschätzung sowie zum Konfidenzintervall unzuverlässig (Wooldridge 2013, S. 412–440).[11]

Überprüfung

Visuell kann eine Inspektion der **Residuenplots** gegen die verschiedenen unabhängigen Variablen erfolgen. Zwei ideale Beispiele für Residuen mit Autokorrelation 1. Ordnung sind in Abb. 5.10 zu finden. Aber auch in diesem Fall gilt, dass der Augenschein der Plots häufig keine klaren Ergebnisse liefert. Insbesondere bei Autokorrelationen höherer Ordnung wird deshalb auf verschiedene statistische Verfahren zurückgegriffen.

Eine weit verbreitete Methode ist der **Durbin-Watson-Test (DW-Test, Durbin d-Test)**. Seine Prüfgröße liegt zwischen 0 und 4. Als Daumenregel gilt, dass bei einem Wert nahe 2 (ca. 1,6–2,4) keine Autokorrelation vorhanden ist, während ein Wert nahe 0 auf starke positive und ein Wert nahe 4 auf starke negative Autokorrelation hinweist. Der Test ist nicht immer eindeutig, da er auch einen Unsicherheitsbereich besitzt, in dem keine klare Aussage möglich ist. In der Normalversion ist dies außerdem nur ein Test auf Autokorrelation 1. Ordnung. Er kann weiterhin im Rahmen von Zeitreihenanalysen nicht verwendet werden, wenn eine verzögerte endogene Variable als unabhängiger Einflussfaktor in die Spezifikation aufgenommen wird. In diesem Fall ist eine Modifikation in Form des **Durbin-h-Tests** einzusetzen.

Eine andere Möglichkeit ist die Untersuchung, ob ein signifikanter Zusammenhang zwischen den Residuen bei verschiedenen Lags (d. h. zeitlichen Verzögerungen) vorliegt. Dies lässt sich auch in einem **Korrelogramm der Residuen** unterschiedlicher Lags darstellen, mit dem gleichzeitig überprüft wird, ob eine Korrelation signifikant ist (Hill et al. 2008, S. 239–242). Ein weiterer simultaner Test auf einfache und höhere Autokorrelation ist der **Breusch-Godfrey-Test** (Wooldridge 2013, S. 406–409). Er fügt die verzögerten Residuen (e_{t-1}, e_{t-2}, usw.) zur ursprünglich geschätzten Spezifikation hinzu und überprüft, ob die dazugehörigen Koeffizienten c_1, c_2 usw. (also der Koeffizientenschätzungen $c_1 e_{t-1}$ usw.) signifikant von Null verschieden sind. Ist dies der Fall, liegt Autokorrelation vor. Vor Anwendung des Tests ist zu entscheiden, bis zu welcher Verzögerung die Residuen berücksichtigt werden sollen. Beim Q-Test von Box-Pierce handelt es sich um eine Variante, die die Autokorrelationen bis zu einer gewählten Verzögerung verwendet (Hackl 2013, S. 212–216; Baum 2006, S. 156).[12]

---

[11] Bei der Analyse von Zeitreihen führt Autokorrelation unter Umständen auch zu verzerrten Koeffizientenschätzungen (Auer und Rottmann 2010, S. 540 ff.). Dies ist bei der Verwendung von dynamischen Modellen mit verzögerten endogenen Variablen der Fall, die hier nicht behandelt werden.

[12] Eine modifizierte Form ist der Ljung-Box-Test, der bei kleinen Sampeln zu bevorzugen ist (Hackl 2013, S. 215).

Handling des Problems

Ähnlich wie bei Heteroskedastie kann, wenn die Form der Autokorrelation bekannt ist, diese verwendet werden, um die Variablenwerte so zu transformieren, dass die Autokorrelation beseitigt wird.[13] Alternativ ist es (analog zum White-Schätzer bei Heteroskedastie) möglich mit dem **Newey-West-Schätzer** eine gegen Autokorrelation und Heteroskedastie robuste Schätzung der Standardfehler vorzunehmen. Die Methode wird auch als HAC-Schätzer bezeichnet (HAC – Heteroscedastic and autocorrelation consistent) (Baum 2006, S. 139–141). Weitere Verfahren, die bei Zeitreihen- bzw. Paneldaten einsetzbar sind (bspw. die Bildung erster Differenzen) beschreiben Gujarati (2015, S. 121–129) und Dougherty (2016, S. 467–528). Bei festgestellter Autokorrelation ist ebenfalls zu berücksichtigen, dass sie ein Indiz für eine Fehlspezifikation sein kann.

Heteroskedastie wird üblicherweise bei der Analyse von Querschnittsdaten als mögliches Problem angesehen, während Autokorrelationsuntersuchungen auf Zeitreihen beschränkt bleiben. Tatsächlich kann Autokorrelation aber auch bei Querschnittsdaten auftreten und inhaltlich interpretiert werden, wenn die Beobachtungen nach irgendeinem natürlichen Ordnungskriterium in dem analysierten Datensatz aufeinander folgen. Dies ist beispielsweise der Fall, wenn in einer industrieökonomischen Analyse die Unternehmen jeweils einer Branche im Datensatz hintereinander erfasst sind oder wenn in einer Untersuchung die Beobachtungseinheiten räumlich sortiert sind. Genauso kann prinzipiell bei Zeitreihen ebenfalls Heteroskedastie vorliegen (Kockläuner 1988, S. 71).

Im Folgenden überprüfen wir, ob in unserem Datensatz zu den Einflussfaktoren der Hochschulabschlussnoten im Studiengang BWL Autokorrelation vorliegt. Normalerweise sind in einem Querschnittsdatensatz die Beobachtungen völlig willkürlich sortiert, so dass die Überprüfung von Autokorrelation keinen Sinn macht. Zu Übungszwecken wird hier trotzdem auf Autokorrelation untersucht!

Praktische Anwendung

SPSS

Verwendet wird der Datensatz „Hochschulabschlussnoten_BWL.sav". Anschließend an die Regression aus Übung 3.4 speichern wir die Residuen wie in Abschn. 5.2 beschrieben. Die grafische Analyse erfolgt mittels der schon bekannten Möglichkeit ein Diagramm zu erstellen. Am einfachsten ist dies wie folgt realisierbar: [Grafik > Alte Dialogfelder > Streu-/Punktdiagramm], dann „Einfaches Streudiagramm" aktivieren und Button „Definieren" drücken. Jetzt platzieren wir die standardisierten Residuen auf der Y-Achse und auf der X-Achse die im Datensatz vorhandene Variable *Laufende Nummer der Beobachtung*. Dies simuliert eine Zeitreihe, bei der die erste Beobachtung gleichzeitig die älteste Beobachtung ist und die letzte Beobachtung die jüngste. Abb. 5.11 zeigt das Ergebnis.

---

[13] Hierzu existieren verschiedene Möglichkeiten: Das Prais-Winston-, Cochran-Orcutt- und Hildreth-Lu-Verfahren sind die gängigsten (Baum 2006, S. 159 f.).

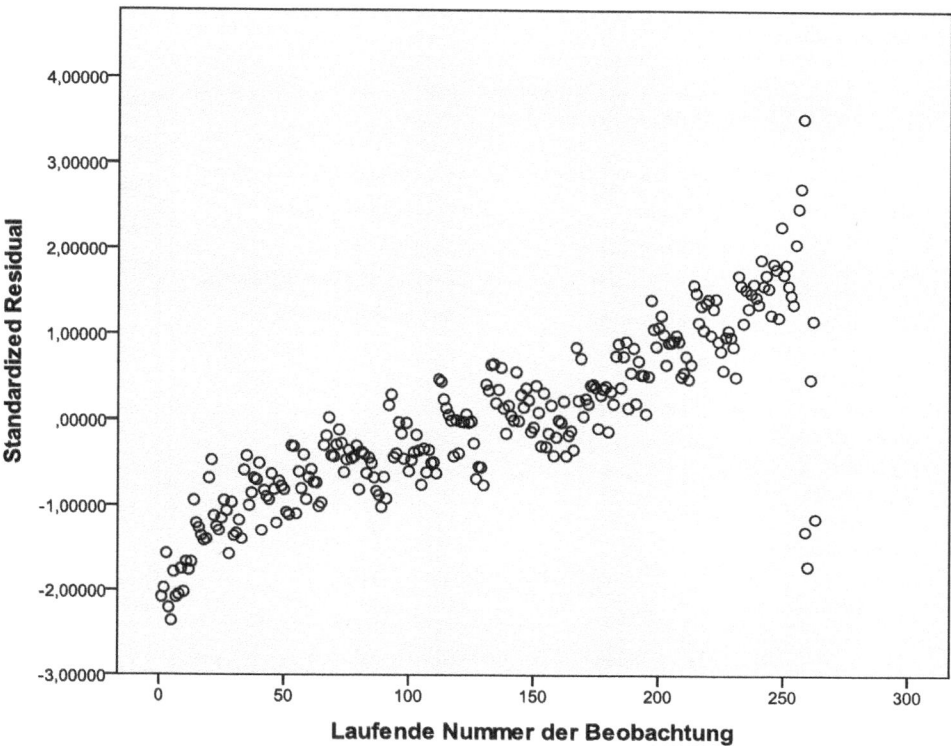

Abb. 5.11 Visuelle Analyse der Autokorrelation

Die Residuen offenbaren erstaunlicherweise ein deutliches Muster. Sie steigen mit der Nummer der Beobachtung an, das heißt auf ein negatives Residuum folgt ein weiteres negatives Residuum und auf ein positives Residuum ein weiteres positives Residuum. Es liegt also klar eine sehr starke positive Autokorrelation vor. Wie ist das zu erklären? Die Antwort ergibt sich aus dem Verfahren bei der Dateneingabe. Die beantworteten Online-Fragebögen wurden für die Eingabe nach der Abschlussnote sortiert. Die erste Beobachtung ist die beste Note im Datensatz usw. Von dieser Regel wird bei den letzten 5 Beobachtungen abgewichen: Dies sind Antworten, die erst ein paar Tage nach dem offiziellen Ende der Umfrage eingingen und nachträglich ohne Berücksichtigung der Abschlussnote eingefügt worden sind. Diese sind am rechten Rand der Beobachtungen in Abb. 5.11 zu erkennen.

In SPSS ist der Durbin-Watson-Test in der linearen Regression unter [Statistiken] durch Setzen eines Häkchens aufrufbar (siehe Abb. 5.12).

Das Ergebnis ist der SPSS-Output der Abb. 5.13. Die Durbin-Watson-Statistik findet sich im Abschnitt „Modellzusammenfassung". Sie liegt bei 0,277 und weist auf die sehr starke positive Autokorrelation hin, die wir bereits bei der visuellen Inspektion der Resi-

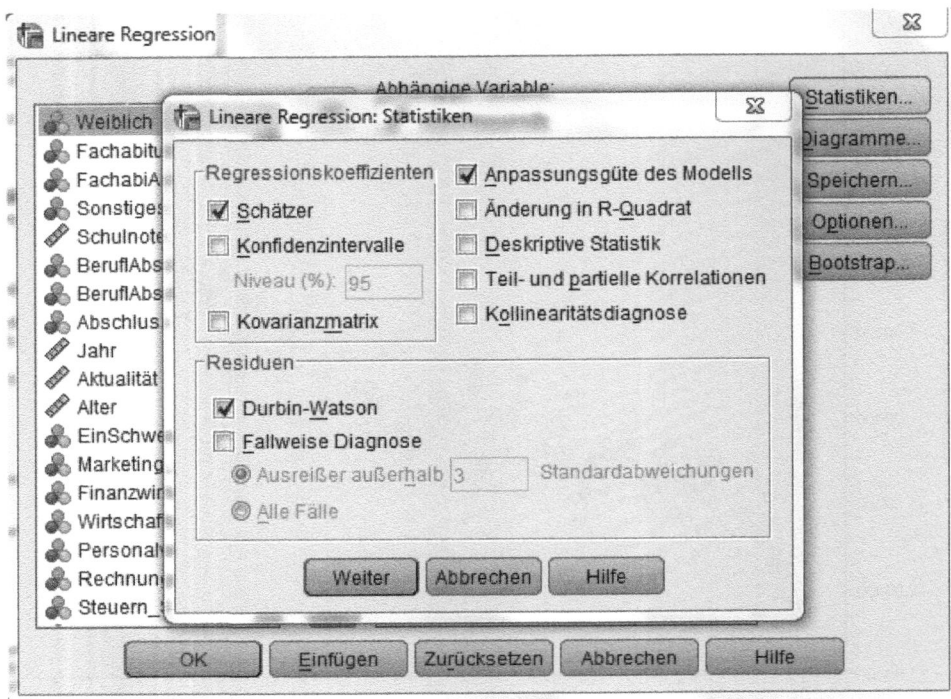

Abb. 5.12 Durbin-Watson-Test

duen erkannt haben. Leider werden die Irrtumswahrscheinlichkeiten der Durbin-Watson-Statistik von SPSS nicht ausgewiesen.

Aufgrund der beschriebenen Sortierung der Beobachtungen ist die vorliegende Autokorrelation weniger überraschend. Sie ist aber interessant, da in diesem Querschnittsdatensatz die S-förmige (nichtlineare) Struktur in Abb. 5.11 einen Hinweis auf eine mögliche Fehlspezifikation der linearen Regressionsgleichung gibt.

Stata

In Stata wird mit dem Befehl „estat dwatson" der Durbin-Watson-Test auf Autokorrelation 1. Ordnung durchgeführt. Er findet sich nach einer durchgeführten Regression unter [Statistics > Linear models and related > Regression diagnostics > Specification tests, etc.]. Es erscheint ein Fenster, in dem sich unter „Reports and statistics (subcommand)" eine Reihe von Tests eröffnen. Durch Scrollen erscheint darunter auch der Durbin-Watson d-Test. Dieser und andere Tests, die prinzipiell lediglich bei Zeitreihen sinnvoll sind, werden von Stata nur durchgeführt, wenn die Daten vorher als Zeitreihendaten definiert worden sind. Für unsere Querschnittsdaten erhalten wir daher die Fehlermeldung „time variable not set, use -tsset varname ...". Die Definition von Daten als Zeitreihendaten geschieht mittels Eingabe von „tsset *varname*" im Fenster „Command". Unter „*varname*" geben

Aufgenommene/Entfernte Variablen[b]

Modell	Aufgenommene Variablen	Entfernte Variablen	Methode
1	Aktualität, Alter, Schulnote, Weiblich, Ein Schwerpunkt	.	Einschluß

a. Alle gewünschten Variablen wurden eingegeben.
b. Abhängige Variable: Abschlussnote

Modellzusammenfassung[b]

Modell	R	R-Quadrat	Korrigiertes R-Quadrat	Standardfehler des Schätzers	Durbin-Watson-Statistik
1	,281[a]	,079	,061	,4314	,277

a. Einflußvariablen : (Konstante), Aktualität, Alter, Schulnote, Weiblich, EinSchwerpunkt
b. Abhängige Variable: Abschlussnote

ANOVA[b]

Modell		Quadrat-summe	df	Mittel der Quadrate	F	Sig.
1	Regression	4,091	5	,818	4,397	,001[a]
	Nicht standardisierte Residuen	47,824	257	,186		
	Gesamt	51,915	262			

a. Einflußvariablen : (Konstante), Aktualität, Alter, Schulnote, Weiblich, EinSchwerpunkt
b. Abhängige Variable: Abschlussnote

Abb. 5.13 Resultat des Durbin-Watson-Tests

wir die Variable ein, die im Datensatz die Zeitreihe definiert, bspw. die Beobachtungs-jahre. Ein Korrelogramm zur Analyse des Problems, das auch Autokorrelationen höherer Ordnung testet, wird mittels des Befehls „corrgram" realisiert [Graphics > Time-series graphs > Correlogram(ac)]. Dabei erfolgt für alle Autokorrelationen ein **Ljung-Box Port-manteau-Test**, der die Nullhypothese „keine Autokorrelation" überprüft (Hamilton 2013, S. 371 f.).

5.4 Normalverteilung

Inhaltliche Beschreibung

Die Hypothesentests und die Konfidenzintervalle der Koeffizienten basieren im einfachs-ten Fall auf der Annahme, dass die Fehlerterme normalverteilt sind. Inhaltlich wird dies damit begründet, dass der Fehlerterm die Summe verschiedener unabhängiger und zufälliger Einflüsse abbildet. Insbesondere sind die Mittelwerte zufällig gezogener Stichproben normalverteilt. Abschn. 9.2 am Ende des Buchs enthält dazu genauere Erläuterungen.

Folge

Die statistischen Aussagen zu den Standardfehlern, zur Signifikanz und zu den Konfidenzintervallen der F- und t-Tests sind in kleinen Stichproben nicht mehr gültig (Hill et al. 2008, S. 89). Die eigentlichen Koeffizientenschätzungen, das heißt die ermittelten Werte für b_0, b_1, b_2 usw., sind davon aber nicht betroffen. Diese sind auch ohne Normalverteilung konsistent und unverzerrt. Überhaupt setzt die OLS-Schätzung nur voraus, dass die Fehler bzw. Residuen identisch und unabhängig voneinander verteilt sind. Dies nennt sich – wie schon im Abschn. 5.1 erläutert – iid-Verteilung: Identical and Independent Distribution. Auch die exogenen Variablen müssen nicht normalverteilt sein. Andernfalls könnten Dummyvariablen in einer Regression gar nicht verwendet werden: Deren Null-Eins-Verteilung entspricht nie einer Normalverteilung.

Überprüfung

Die (wahren) Fehler sind uns nicht bekannt und können daher nicht untersucht werden (siehe Kap. 2). An ihre Stelle treten die Residuen. Mittels einer **visuellen Inspektion** der Residuen (bzw. Variablen) können grobe Verletzungen der Annahme identifiziert werden. Dazu geeignet ist ein Histogramm der standardisierten Residuen, das dann mit der Dichtefunktion der Normalverteilung verglichen wird. Ebenfalls verwendbar ist ein Quantilsplot der standardisierten Residuen gegen die Quantile der Normalverteilung. Sind die Residuen normalverteilt, befinden sich die Punkte auf einer Geraden.

Exakter sind wiederum verschiedene statistische Tests. Weit verbreitet sind der **Shapiro-Wilk-** und der **Kolmogorov-Smirnov-Test**. Viele der vorhandenen Methoden verwenden die Schiefe (skewness) und die Wölbung (Kurtosis) einer Verteilung zur Überprüfung. Die Schiefe gibt an, wie symmetrisch eine Variable (bspw. die Residuen) um den Nullwert verteilt ist. Bei einer perfekt symmetrischen Verteilung ist die Schiefe gleich Null. Die Kurtosis beschreibt, wie spitz bzw. flach die Wölbung einer eingipfligen Verteilung ausfällt. Die Kurtosis einer Normalverteilung hat den Wert Drei. Abweichungen der Kurtosis und Schiefe von diesen Werten können also direkt als Indizien für eine fehlende Normalverteilung interpretiert werden. Die Nullhypothese des Shapiro-Wilk- und des Kolmogorov-Smirnov-Tests ist das Vorliegen einer Normalverteilung. Fallen die berechneten Teststatistiken groß aus, wird die Nullhypothese zurückgewiesen (Hill et al. 2008, S. 89 f.). Auch bei den anderen Verfahren lautet die Nullhypothese üblicherweise, dass eine Normalverteilung gegeben ist. Die Ablehnung der H_0 bedeutet also, dass keine Normalverteilung vorliegt, bzw. exakter, dass die Annahme der Normalverteilung auf dem gewählten Signifikanzniveau zurückgewiesen werden muss.

Handling des Problems

In der Praxis wird es in den Wirtschaftswissenschaften im Allgemeinen ignoriert.[14] Dafür spricht, dass sich nach dem zentralen Grenzwertsatz die Verteilung der Koeffizientenschätzungen mit wachsender Zahl der Beobachtungen (asymptotisch) einer Normalverteilung nähert (siehe dazu Kap. 9). Dies folgt aus der Annahme, dass der Fehlerterm einer Regression die Summe einer großen Zahl von zufälligen nicht beobachteten Einflüssen darstellt. Damit sind asymptotisch alle Signifikanzaussagen gültig. Außerdem sind die Parameterschätzungen für die Koeffizienten sowieso von Verletzungen dieser Annahme nicht betroffen. Allerdings bleibt offen, ab wie vielen Beobachtungen diese asymptotische Gültigkeit unterstellt werden kann. Die Untergrenze hängt ab von der Zahl der exogenen Variablen und den Verteilungen der Variablen. Dies wird im Abschn. 5.9 kurz erläutert. Für eine Analyse der Normalverteilungsannahme spricht, dass sie Hinweise auf Ausreißer und besondere Beobachtungen geben kann (dazu ausführlicher Abschn. 5.6).[15]

Häufig führt auch eine **Logarithmierung von Variablen** zu einer Annäherung an die Normalverteilung, da der Wertebereich der Variablen durch die Logarithmierung „gestaucht" wird. Eine Daumenregel zur Transformation von Variablen, die (zu) stark von der Normalverteilung abweichen, weil sie asymmetrisch verteilt sind, ist die von Tukey (1977) entwickelte Transformationsleiter (Ladder of Transformations, Ladder of powers). Sie wird auch zur Linearisierung der Beziehungen zwischen den Variablen verwendet. Nähere Ausführungen dazu finden sich bei Hamilton (2013, S. 129–131) und Cortinhas und Black (2012, S. 583–584).

Praktische Anwendung

SPSS

Zum einen ist es möglich, visuelle Analysen durchzuführen. Hierzu können die Verteilungen der Variablen bzw. Residuen betrachtet werden. Wir geben [Analysieren > Deskriptive Statistiken > Häufigkeiten] ein, wählen dann die gewünschte Variable aus, klicken [Diagramme > Histogramme] an und versehen schließlich „Normalverteilungskurve im Histogramm anzeigen" mit einem Häkchen (siehe Abb. 5.14).

Das Resultat dieser Befehlsfolge ist in der Abb. 5.15 wiedergegeben. Sie zeigt das Histogramm der unstandardisierten Residuen und eine darüber gelegte Normalverteilungskurve.

Die Schlussfolgerung aus dem Histogramm ist eine begrenzte Abweichung der unstandardisierten Residuen von der Normalverteilung. Dies gilt bspw. in den Extremen. Links

---

[14] In der Psychologie und anderen Sozialwissenschaften wird darauf größerer Wert gelegt (Borz 2005, S. 75–79; Bühner und Ziegler 2009, S. 716–717). Siehe auch Ashley (2012, S. 228–237).

[15] Allerdings ist unter Umständen die Normalverteilung grundlegend. Das Maximum-Likelihood-Schätzverfahren (ML-Schätzung) basiert häufig auf der Annahme, dass die Normalverteilung gilt (siehe Anhang 5.1). Es sollte nur bei größeren Stichprobenumfängen eingesetzt werden, da die Wahrscheinlichkeit einen Fehler zweiter Art zu begehen, bei kleinen Stichproben mit der Zahl der exogenen Variablen stark zunimmt (Hart und Clark 1999).

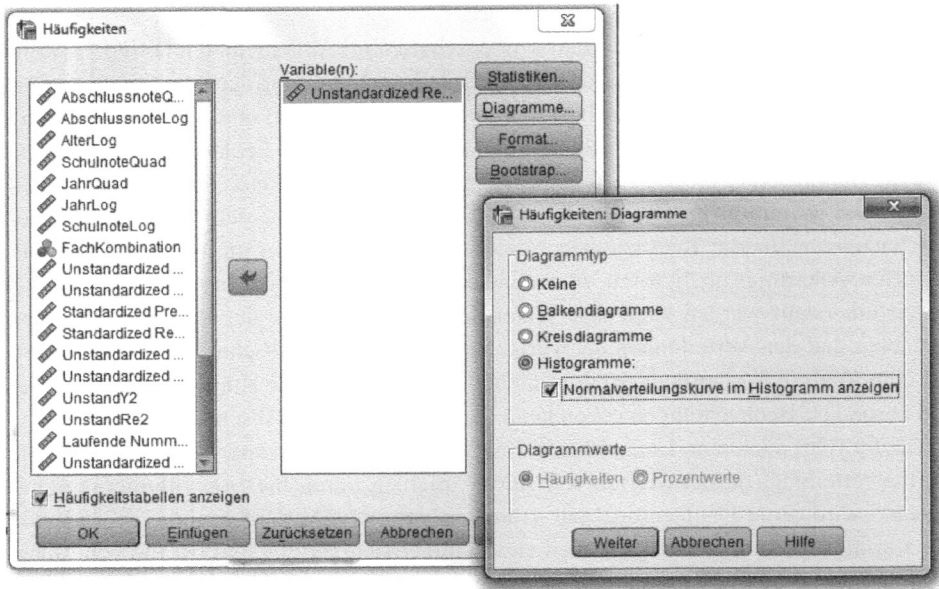

Abb. 5.14 Grafische Inspektion Normalverteilung der Residuen

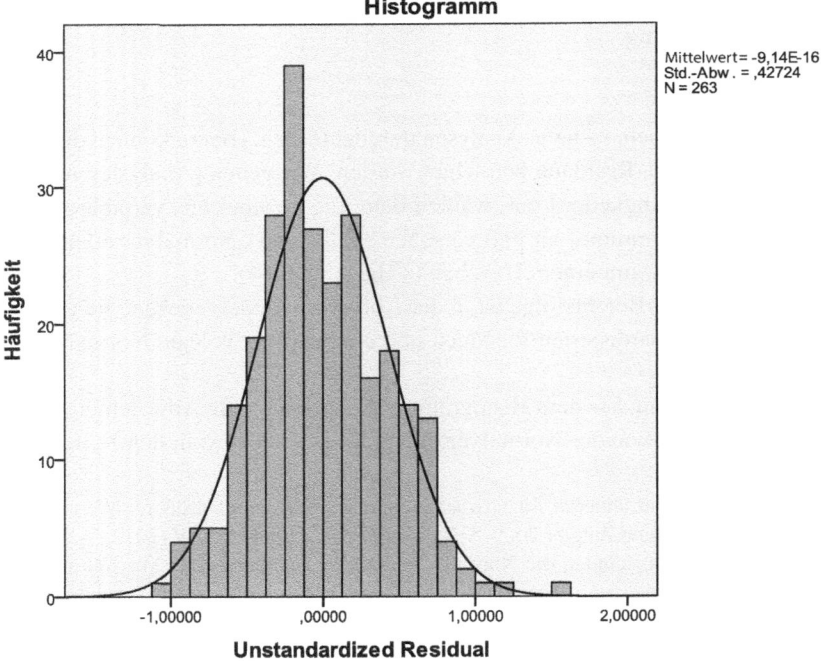

Abb. 5.15 Histogramm Residuen

a

Verarbeitete Fälle

	Fälle					
	Gültig		Fehlend		Gesamt	
	N	Prozent	N	Prozent	N	Prozent
Unstandardized Residual	263	98,1%	5	1,9%	268	100,0%

Deskriptive Statistik

			Statistik	Standardfehler
Unstandardized Residual	Mittelwert		,0000000	,02634478
	95% Konfidenzintervall des Mittelwerts	Untergrenze	-,0518744	
		Obergrenze	,0518744	
	5% getrimmtes Mittel		-,0034281	
	Median		-,0133211	
	Varianz		,183	
	Standardabweichung		,42724054	
	Minimum		-1,01611	
	Maximum		1,52233	
	Spannweite		2,53844	
	Interquartilbereich		,57082	
	Schiefe		,256	,150
	Kurtosis		,068	,299

Tests auf Normalverteilung

	Kolmogorov-Smirnov[a]			Shapiro-Wilk		
	Statistik	df	Signifikanz	Statistik	df	Signifikanz
Unstandardized Residual	,053	263	,075	,993	263	,231

a. Signifikanzkorrektur nach Lilliefors

b

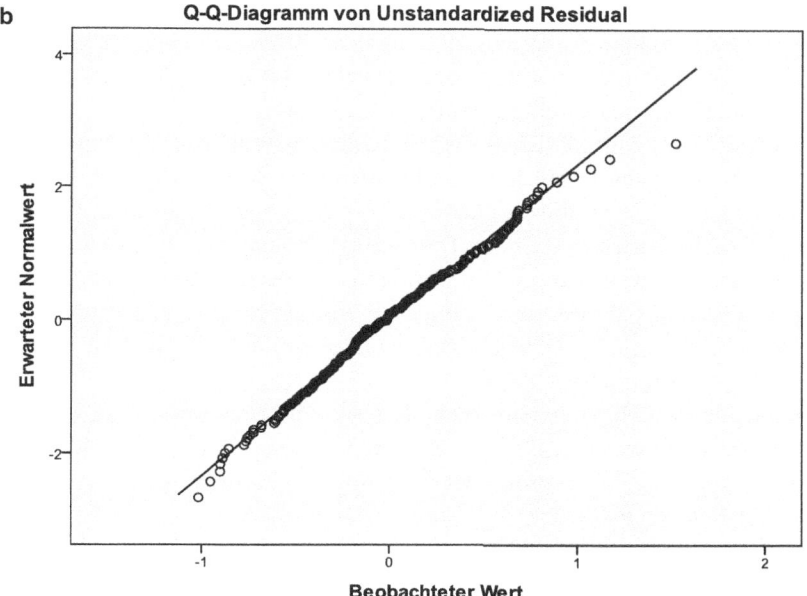

Abb. 5.16 Normalverteilung. a Statistische Tests; b Quantilsplot

gibt es „zu wenig" und rechts „zu viele" Residuen. Unter [Analysieren > Deskriptive Statistiken > deskriptive Statistik], mittels Anklicken von „Optionen" und Häkchen bei „Schiefe" und „Kurtosis" erhält man die beiden genannten Größen. Dabei wird in SPSS die Zahl 3 von der Kurtosis abgezogen, um den Wert auf 0 zu normieren! Auf die Analyse am Beispiel wird hier verzichtet.

Als exaktere Tests auf Normalverteilung sind der Kolmogorov-Smirnov- und der Shapiro-Wilk-Test verfügbar. Beide werden in SPSS mittels [Analysieren > Deskriptive Statistiken > Explorative Datenanalyse] durchgeführt, dann wird die gewünschte Variable ausgewählt und anschließend [Diagramme] eingegeben. Dort ist bei „Normalverteilungsdiagramm mit Tests" ein Häkchen zu setzen. Das Ergebnis sind beide genannten Normalverteilungstests (Abb. 5.16a) sowie zusätzlich als Grafik der Quantilsplot (Abb. 5.16b).

Der Kolmogorov-Smirnov und der Shapiro-Wilk-Test finden sich im unteren Kasten „Tests auf Normalverteilung" der Abb. 5.16a. Sie kommen zu unterschiedlichen Ergebnissen. Der Kolmogorov-Smirnov-Test lehnt die Nullhypothese „Normalverteilung" auf dem 10-%-Niveau ab, während der Shapiro-Wilk-Test die Normalverteilung auch auf dem 20-%-Niveau nicht verwirft. Es ist allerdings bekannt, dass der Kolmogorov-Smirnov-Test dazu tendiert, in großen Sampeln die Nullhypothese zu häufig abzulehnen. Da der Shapiro-Wilk-Test verlässlicher ist, spricht dies für eine Annahme der Nullhypothese. Normalverteilung ist also insoweit in hinreichendem Ausmaß vorhanden. Auch der Quantilsplot der Abb. 5.16b stützt dies. Eine Abweichung der Residuen von der Normalverteilungsgeraden ist nur bei den Extremen beobachtbar.

Stata

Eine grafische Überprüfung erfolgt mittels eines Plots der Variablen bzw. der Residuen. Im Anschluss an die Regression wird das „predict"-Kommando verwendet, mit diesem die Residuen ermittelt und dann werden die Befehle „kdensity", „qnorm" und „pnorm" eingesetzt, um die Normalverteilung der Residuen zu prüfen.

Als exakter Test wird üblicherweise der Shapiro-Wilk-Test durchgeführt: [Statistics > Summaries, tables, and tests > Distributional plots and tests > Shapiro-Wilk normality test]. Eine ganze Reihe weiterer Testverfahren und Optionen ist verfügbar. Die Transformation der Variablen nach der Transformationsleiter von Tukey ist mittels [Statistics > Summaries, tables, and tests > Distributional plots and tests > Ladder of powers] realisierbar. Gleichzeitig wird ein kombinierter Test auf Schiefe und Kurtosis durchgeführt („sktest"). Für jede Variablentransformation wird die Nullhypothese getestet, dass diese neue Variable normalverteilt ist.

Zusammenfassend bleibt zu bemerken, dass auf eine Überprüfung der Normalverteilung der Residuen in unserem Beispiel normalerweise verzichtet würde. Mit 263 Beobachtungen ist der Datensatz so groß, dass die Gültigkeit des zentralen Grenzwertsatzes als gegeben angenommen wird.

Unter Umständen ist aus inhaltlichen Gesichtspunkten klar, dass die abhängige Variable nicht normalverteilt sein kann – bspw. bei einer Untersuchung der Auslands-Urlaubsreisen in den vergangenen 12 Monaten einer Haushaltsstichprobe. Eine gewisse Zahl von

Haushalten hat vermutlich keine Auslands-Urlaubsreise durchgeführt, sehr viele Haushalte weisen eine bis zwei Urlaubsreisen auf, während bspw. sieben oder acht Auslandsreisen nur noch bei einer sehr kleinen Zahl von Haushalten zu verzeichnen sind. Die resultierende Verteilung der Zahl der Urlaubsreisen ist stark rechtsschief (bzw. linkssteil). Es sind dann andere Schätzverfahren zu verwenden. Je nach Verteilung kommen beispielsweise Tobit-Schätzung, Poisson-Regression oder Negative Binomial-Regression in Frage.

Genauere Darlegungen zu diesen Verfahren finden sich bei Wooldridge (2010, S. 667–852) und Hilbe (2014).

5.5 Multikollinearität

Inhaltliche Beschreibung

Die exogenen Variablen dürfen nicht linear voneinander abhängig sein. Exakte Multikollinearität besteht, wenn eine oder mehrere der unabhängigen Variablen perfekt miteinander korrelieren.[16] Inhaltlich bedeutet dies, dass für zwei oder mehrere der exogenen Variablen ihr separater Einfluss nicht ermittelt werden kann. Ein Beispiel für zwei solcher Variablen sind die Zinssätze für Konsumentenkredite (i_K) einerseits und Hypothekenkredite (i_H) andererseits. Beide Zinssätze unterscheiden sich unter Umständen nur um einen bestimmten Betrag (bspw. 2 Prozentpunkte), sind aber ansonsten gleich hoch oder niedrig: $i_K = i_H + 2$. Ihr Korrelationskoeffizient besitzt den Wert 1. Ein unterschiedlicher Einfluss beider Zinssätze auf die abhängige Variable „Konsumausgaben" ist in diesem Fall nicht zu berechnen, da beide Zinssätze ja immer genau parallel verlaufen. Die Wirkung beider Variablen wird – wie wir aus Kap. 2 wissen – durch die jeweilige Steigung der Regressionsgeraden erfasst. Diese Steigungen sind die Regressionskoeffizienten.

Die Abb. 5.17 macht aber deutlich, dass zu jeder Beobachtung des Hypothekenkreditzinssatzes i_H (bspw. die Punkte A, B und C) ein um zwei Prozentpunkte höherer Konsumentenkreditzinssat i_K gehört (hier die Punkte A′, B′ und C′). Bei einer Erhöhung des Hypothekenzinses um 0,5 Prozentpunkte (Bewegung von A nach B) steigt automatisch auch der Konsumentenkreditzinssatz (von A′ nach B′). Folglich ist es unmöglich, den einen Zinssatz zu verändern und gleichzeitig den anderen Zinssatz konstant zu halten. Die Wirkung einer Erhöhung des Zinssatzes um 0,5 Prozentpunkte ist eindeutig: In unserem Beispiel sinken die Konsumausgaben um 110 Einheiten. Es ist aber nicht möglich, diese Wirkung einem der beiden Zinssätze ursächlich zuzuordnen, da sich beide immer simultan um den gleichen Betrag verändern.

Ein weiteres Beispiel ist die oben im dritten Kapitel genannte Dummyvariablen-Falle (Dummy-variable-Trap). Aber auch bei metrischen Skalenniveaus ist es vorstellbar, in eine solche Falle zu laufen. Beispielsweise, wenn die Absatzregionen mittelständischer Maschinenbauunternehmen im Rahmen einer Umfrage ermittelt werden und einmal der Gesamtumsatz und dann noch einmal die Umsätze für die vier Absatzregionen „regio-

---

[16] Multikollinearität wird in der Literatur auch einfach als Kollinearität bezeichnet.

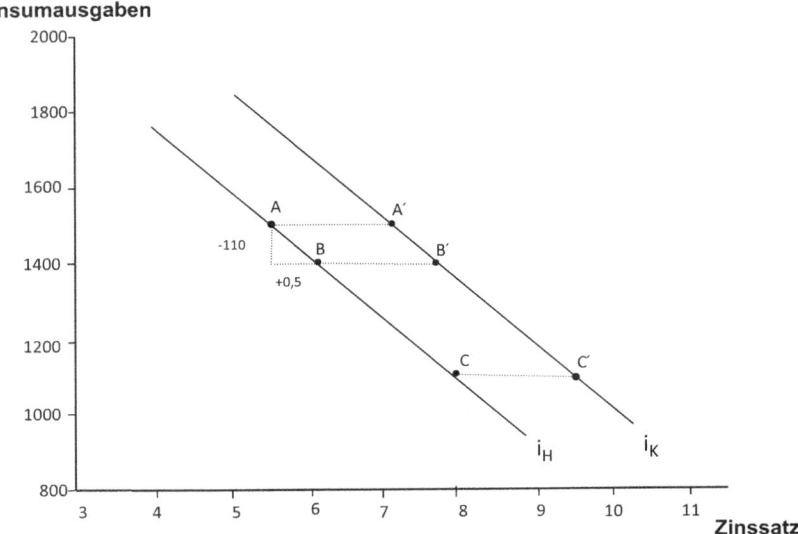

Abb. 5.17 Multikollinearität bei metrisch skalierten Variablen

nal", „übriges Deutschland", „übriges Europa" und „übrige Welt" erfasst werden. Werden alle fünf Umsätze als exogene Variablen in die Modellgleichung aufgenommen, ist der Gesamtumsatz nichts anderes als die Summe der vier regionalen Teilumsätze und sein Einfluss kann nicht von dem der vier anderen Teilumsätze getrennt werden.

Allgemein formuliert ist perfekte Multikollinearität gegeben, wenn eine exogene Variable eine Linearkombination einer oder mehrerer anderer exogener Variablen darstellt. Im Beispiel der Zinssätze ist der Konsumentenkredit-Zins immer um 2 Prozentpunkte größer als der Hypothekenkredit-Zins. Andere Beispiele für solche Linearkombinationen der exogenen Variablen X_1 bis X_5 sind:

$$X_3 = X_1 + X_2;$$
$$X_4 = 3X_1, (\text{d. h. } X_4 = X_1 + X_1 + X_1);$$
$$X_5 = 2 + X_1 + 4X_2 + X_3.$$

Folge

Bei den Auswirkungen ist zu beachten, dass Multikollinearität nicht einfach vorliegt oder abwesend ist, sondern deren Ausmaß das Problem darstellt. Entsprechend kann zwischen schwacher, starker, extremer und perfekter Multikollinearität differenziert werden (Übersicht 5.1).

Übersicht 5.1: Folgen von Multikollinearität

Schwache Multikollinearität: Keine ökonometrischen Probleme
Starke Multikollinearität: Standardfehler werden größer; t-Werte sinken
Extreme Multikollinearität: u. U. numerische Instabilität; dann inhaltlich sinnlose und nicht interpretierbare Resultate
Perfekte Multikollinearität: Wird von Statistikprogrammen erkannt und durch automatische Eliminierung von exogenen Variablen beseitigt

Schwache Multikollinearität liegt vor, wenn zwei oder mehr der exogenen Variablen in gewissem Umfang miteinander korrelieren.[17] Dies ist in empirischen Datensätzen aus der Praxis eigentlich immer gegeben, stellt aber kein Problem hinsichtlich der Koeffizientenschätzungen, der Signifikanzniveaus usw. dar.

Für die praktische empirische Arbeit ist vor allem der Fall **starker Multikollinearität** relevant. Sie vergrößert die geschätzten Standardfehler der Koeffizienten, wodurch Hypothesentests und Konfidenzintervalle für die Regressoren ihre Aussagekraft verlieren. Als Ergebnis ist im Extremfall keiner der Regressoren signifikant von Null verschieden, obwohl der F-Wert für das gesamte Modell genügend groß ist, um die Nullhypothese, dass keine Beziehung zwischen der abhängigen und den exogenen Variablen besteht, zu verwerfen (Belsley et al. 1980, S. 88–91, 114–117). Einzelne Variablen, die nicht signifikant sind, üben unter diesen Umständen eventuell gemeinsam doch einen signifikanten Einfluss aus. Aufgrund ihrer Korrelation lassen sich nur die individuellen Einflussbeiträge nicht isolieren.

Eine **extreme Multikollinearität** ist gegeben, wenn in einem Datensatz die mathematischen Berechnungen der Koeffizienten von den Statistikprogrammen nur noch gerade so durchgeführt werden können. Es liegt eine sogenannte numerische Instabilität vor.[18] Diese bewirkt unter Umständen, dass die geschätzten Regressionskoeffizienten sehr sensitiv auf nur winzig kleine Änderungen in den zugrunde gelegten Daten sowie auf einbezogene oder entfernte Variable reagieren (Belsley et al. 1980, S. 114). Daraus resultieren verheerende Konsequenzen: Die Koeffizientenschätzungen und auch deren Signifikanz-

---

[17] Wenn zwei Variablen überhaupt nicht miteinander korrelieren, sind diese orthogonal zueinander. Siehe dazu auch Abschn. 5.7.
[18] Zur Berechnung von b muss die Matrix der Beobachtungsdaten $X'X$ invertiert werden (siehe Abschn. 8.2 am Ende des Buchs). Wenn einige Eigenwerte der Matrizen sehr groß sind und andere sehr nahe an Null liegen, kann die Inversion zu beliebig großen numerischen Fehlern führen. Winzige Veränderungen der beiden Werte führen damit zu völlig anderen Schätzergebnissen.

niveaus sind dann extrem unzuverlässig und nicht mehr interpretierbar, da ggf. sinnlose Koeffizientenwerte statistisch auch noch signifikant werden können.[19]

Bei **perfekter (exakter) Multikollinearität** ist die Berechnung der Koeffizienten der betroffenen Variablen unmöglich.[20] In der Forschungspraxis ist perfekte Multikollinearität normalerweise kein Problem. Die statistischen Programmpakete SPSS und Stata zeigen automatisch an, dass sie die Berechnung bestimmter Variablen wegen perfekter Multikollinearität nicht durchführen können und lassen selbständig Variablen weg, so dass die Schätzung realisierbar ist. Allerdings muss die Ursache des Problems analysiert und auf Basis inhaltlicher Überlegungen entschieden werden, wie damit umgegangen wird (dazu unten im Abschnitt „Handling des Problems" mehr).

Überprüfung

Wie oben bereits erwähnt, sind fehlende Signifikanzen einzelner eigentlich inhaltlich gut fundierter Einflussfaktoren, völlig unplausible Koeffizientenschätzungen sowie sehr stark schwankende Koeffizientenschätzungen bei leichten Veränderungen des zugrundeliegenden Datensatzes oder der Modellspezifikation Indikatoren möglicher Multikollinearitäten.

Exakte Tests sind nicht vorhanden und auch eine genaue Abgrenzung der vier Fälle der Übersicht 5.1. ist nicht möglich. Erster Schritt ist eine Berechnung der Korrelationen der unabhängigen Variablen. Hohe Korrelationskoeffizienten zwischen den exogenen Variablen (betragsmäßig nahe Eins) sind ein Indiz für Multikollinearität. Die Untersuchung der **Korrelationsmatrix der Variablen** erweist sich aber als nicht ausreichend, da eine hohe paarweise Korrelation zwischen zwei Variablen nur eine hinreichende aber keine notwendige Bedingung für Multikollinearität ist: Eine Variable kann auch eine Linearkombination von zwei oder mehreren anderen Variablen sein. Diese Form der Multikollinearität zwischen drei oder mehr Variablen lässt sich mittels der paarweisen Korrelationen naturgemäß nicht aufdecken. Dies trifft auf unser Beispiel mit dem Gesamtumsatz und den regionalen Teilumsätzen eines Unternehmens zu.

Bessere Überprüfungsmöglichkeiten bezüglich der Existenz von Multikollinearität bieten daher Verfahren wie die **Varianzinflationsanalyse** (**VIF** – Variance Inflation Factor) und **Toleranz** (TOL – Tolerance), wobei letztere der Kehrwert des VIF ist (Belsley et al. 1980, S. 91–117). Die Berechnung der Toleranz für jede der exogenen Variablen basiert auf der Regression der jeweiligen Variable auf die übrigen unabhängigen Variablen. Diese Regression hat einen Determinationskoeffizienten R^2. Liegt dieses R^2 bei Eins, heißt das, die betreffende Variable ist eine perfekte Linearkombination der anderen unabhängigen Variablen. Je näher R^2 sich dem Wert Eins nähert, desto ausgeprägter ist die Multikol-

---

[19] Fox (2016, S. 682) enthält dazu ein Beispiel auf der Grundlage eines realen Datensatzes. Die in einigen Lehrbüchern zu lesende Aussage, dass Multikollinearität die BLUE-Eigenschaften der Koeffizientenschätzungen nicht berührt, ist insoweit problematisch. Das OLS-Verfahren besitzt zwar diese statistische Eigenschaft, aber dies nützt praktisch wenig, wenn die Koeffizientenschätzungen komplett unzuverlässig sind.

[20] Eine Spalte der Matrix X ist in diesem Fall eine Linearkombination (siehe oben) mindestens einer anderen Spalte (siehe auch Abschn. 8.2 am Ende des Buchs).

linearität. Die Toleranz der Variablen X_k ist definiert als: $T_k = 1 - R_k^2$. Die Toleranz gibt wieder, welcher Anteil der Varianz einer Variablen nicht von den anderen unabhängigen Variablen erklärt wird. Damit ist eine sehr kleine Toleranz (nahe 0) problematisch. Der VIF ergibt sich daraus wie folgt: $VIF_k = 1/(1 - R_k^2)$. Inhaltlich zeigt der VIF-Wert an, um wieviel die Varianz der betreffenden exogenen Variablen aufgrund der Korrelation mit anderen exogenen Variablen aufgebläht („inflationiert") wird. Ein VIF-Wert von 12 bedeutet, dass diese exogene Variable eine um den Faktor 12 höhere Varianz aufweist, als wenn sie mit den anderen exogenen Variablen nicht korrelieren würde.

Ein VIF nahe 1 bedeutet für eine Variable, dass keine Probleme mit Multikollinearität existieren. Ab welcher Größe der VIF einer exogenen Variable ein Problem anzeigt, wird in der Literatur unterschiedlich beurteilt. VIF-Werte größer als 5 sind Hinweise auf Multikollinearität und ab einem Wert über 10 liegt mittelstarke Multikollinearität vor (Baum 2006, S. 85; Gujarati 2015, S. 86). Zum Teil wird diese Grenze aber erst bei einem VIF-Wert von 30 gezogen (Stata 2011, S. 1739). Ein klarer Schwellenwert, ab dem der Sonderfall extremer Multikollinearität vorliegt, ist ebenfalls nicht zu ziehen.

Ein weiteres Verfahren ist die **Konditionszahl** (Konditionsindex, condition number, condition index). Sie ist ein Maß dafür, wie nahe die Matrix der Beobachtungswerte dem Grenzfall perfekter Multikollinearität kommt.[21] Der Konditionsindex ist der entsprechende Wert der jeweiligen exogenen Variablen. Werte größer als 20 bzw. 30 deuten auf Probleme hin (Baum 2006, S. 84; Hackl 2013, S. 181). Bei Werten größer als 100 bewegen wir uns in Richtung extremer Multikollinearität. Allerdings ist die Konditionszahl nach „oben offen", hat also keine natürlich Obergrenze. Eine eindeutige Aussage ist nur hinsichtlich sehr kleiner Konditionszahlen möglich: Werte von unter 10 oder 5 zeigen an, dass nur schwache Multikollinearität vorliegt (Belsley 1991, S. 43).

Handling des Problems

Zunächst stellt sich die Frage, ob es überhaupt notwendig ist, das Schätzverfahren oder die Spezifikation zu ändern. Wenn Multikollinearitätsprobleme nur zwischen Variablen auftauchen, deren Koeffizientenschätzungen inhaltlich nicht relevant sind, kann die vorhandene Multikollinearität ignoriert werden. Dies ist möglich, weil die Koeffizientenschätzungen und die Signifikanzniveaus der anderen Variablen nicht beeinflusst werden. Sofern Multikollinearität nur die Kontrollvariablen betrifft, kann dies also vernachlässigt werden. Liegt Multikollinearität bei den inhaltlich relevanten Variablen vor, sind zwei Fälle zu unterscheiden. Ist eine inhaltlich relevante exogene Variable signifikant, obwohl Multikollinearität gegeben ist, schränkt dies ebenfalls die statistische Aussagekraft nicht ein (O'Brien 2007). Eine Ausnahme von dieser Regel ist der Fall extremer Multikollinearität mit numerischer Instabilität.

---

[21] Mathematisch wird eine nicht invertierbare Matrix als singulär bezeichnet. Inhaltlich bedeutet dies, dass die mathematische Berechnung nicht durchführbar ist. Die Konditionszahl ergibt sich aus dem Verhältnis von maximalem zu minimalem Eigenwert der Matrix $X'X$ (siehe auch Abschn. 8.2).

Problematischer ist der Fall, bei dem die t-Werte interessierender Variablen nicht signifikant sind, aber die Variablen gemeinsam einen signifikanten Einfluss ausüben. Dies ist bspw. gegeben, wenn verschiedene exogene Variablen den gleichen inhaltlichen Sachverhalt messen: Die Zahl der Patentanmeldungen, die Zahl der Beschäftigten in der FuE-Abteilung, der Anteil der Beschäftigten mit Hochschulabschluss, der Umsatzanteil der FuE-Aufwendungen, die Zahl der Innovationskooperationen. Dies sind alles Indikatoren, mit denen die Innovationsfähigkeit eines Unternehmens erfasst werden kann. Es ist plausibel, dass in einem Unternehmen alle diese Indikatoren gemeinsam größer oder kleiner ausfallen, so dass zwischen ihnen zumindest schwache aber ggf. auch (mittel-)starke Multikollinearität vorhanden ist. Das Konstrukt (die latente Variable) „Innovationsfähigkeit" ist dann inhaltlich eben das gemeinsame Ergebnis aller dieser Indikatoren (siehe dazu bereits Abschn. 1.5).

Zur Überprüfung können Tests auf den gemeinsamen Einfluss mehrerer Variablen an Stelle der t-Tests durchgeführt werden (bspw. Wald-Test, F-Test). Darauf wird in Kap. 6 näher eingegangen. Unter inhaltlichen Gesichtspunkten ist dann zu überlegen, ob diese multikollinearen exogenen Variablen zusammengefasst werden sollten. Dies ist bspw. mittels einer Hauptkomponentenanalyse bzw. einer Faktoranalyse möglich. Salopp formuliert, bündeln diese statistischen Verfahren sehr ähnlich (gleich) wirkende Variable als neue Einflussfaktoren. Ein sehr einfaches – aber in der Praxis durchaus weit verbreitetes – Vorgehen ist es, verschiedene Indikatoren eines identischen Konstruktes durch einfache Aufsummierung zu einer neuen Indikatorvariable zusammenzuziehen.

Korrelationsproblemen kann erstens durch die **Erweiterung des Datensatzes** (mehr Beobachtungen) begegnet werden. Diese Lösung scheidet aber häufig wegen des Aufwands oder mangelnder Verfügbarkeit aus. Zweitens können (eine oder mehrere) von Multikollinearität betroffene Variablen eliminiert werden. Häufig werden in der Praxis **Variablen weggelassen**, um die Multikollinearität zu beseitigen. Dies birgt aber die Gefahr einer Fehlspezifikation des Modells aufgrund der Nicht-Beachtung einflussreicher Variablen. Drittens existiert ein **alternatives Schätzverfahren** (Ridge-Regression), bei dem allerdings die verringerte Varianz zu Lasten einer Verzerrung der Koeffizientenschätzung geht (Kennedy 2008, S. 200–201). Viertens könnte – soweit möglich – eine **gezielte Veränderung einer Variablen** erfolgen. Im PKW-Beispiel wäre es möglich, die Zahl der Vertreterkontakte systematisch bei unverändertem Werbebudget zu erhöhen oder zu verringern. Durch die kontrollierte Variation ist so die Multikollinearität zwischen Vertreterkontakten und Werbebudget vermeidbar. Fünftens kann in bestimmten Fällen eine **Datentransformation** helfen. Im Fall von Multikollinearität zwischen einer Variablen und ihrem Quadrat (bspw. X_1 und X_1^2) sowie Interaktionseffekten von Variablen führt unter Umständen die Zentrierung dieser Variablen zu einer besseren Trennung des Einflusses der verschiedenen Variablen (Hamilton 2013, S. 203). Die Zentrierung erfolgt, indem von den Werten jeder Variablen ihr Mittelwert subtrahiert wird. Bei Faktorvariablen bzw. Dummyvariablen ist es sechstens möglich Multikollinearität durch die Wahl einer **geeig-**

neten Referenzkategorie zu verringern. Es ist die Referenzkategorie zu wählen, die die größte Zahl von Fällen aufweist.[22]

Siebtens ist es – wie oben bereits erläutert – ggf. sinnvoll **Variablen zusammenzufassen**, die sehr ähnliche Eigenschaften messen (bspw. die Innovationsfähigkeit eines Unternehmens) und daher aus inhaltlichen Gründen multikollinear sind. Dazu wird aus den ursprünglichen Variablen eine neue Variable gebildet, die einen Indikator der latenten Eigenschaft (bspw. Innovationsfähigkeit) darstellt.

Im Unterschied zu den anderen Prämissenverletzungen ist Multikollinearität aber ein Problem des vorhandenen Datensatzes und kein Fehler des formulierten Modells oder der Vorgehensweise (Wooldridge 2013, S. 97 ff.). Wichtig ist, dass Multikollinearität nicht nur bei der OLS-Methode sondern auch bei anderen Verfahren der Regressionsanalyse relevant ist. Da es ein Problem der Beziehungen der exogenen Variablen darstellt, können die in diesem Abschnitt im Rahmen des einfachen OLS-Ansatzes behandelten Analysen und Lösungen eingesetzt werden (Menard 2002).

Genauere Darstellungen der Probleme geben Chatterjee und Hadi (2012, S. 233–297) sowie Kennedy (2008, S. 192–202) und auch Belsley et al. (1980).

Praktische Anwendung

SPSS
Als praktische Anwendung verwenden wir zunächst den Datensatz unseres Abschlussnoten-Beispiels (SPSS Datenfile „Hochschulabschlussnoten_BWL.sav"). Zur Überprüfung wird zunächst auf die Korrelationsmatrix eingegangen. Hierbei rufen wir erstens die Regression auf [Analysieren > Regression > Linear] und fügen die endogene (*Abschlussnote*) sowie die folgenden fünf exogenen Variablen (*Schulnote, EinSchwerpunkt, Weiblich, Alter, Aktualität*) ein. Anschließend klicken wir [Statistiken] an und setzen dort ein Häkchen bei „Kovarianzmatrix" (Abb. 5.18).

Dann führt [Weiter] und [OK] zur Berechnung und Ausgabe der Korrelationsmatrix aller exogenen Variablen. Diese findet sich im oberen Teil der Abb. 5.19 im Abschnitt „Korrelationen". Die Variablen korrelieren mit sich selbst natürlich perfekt, daher besteht die Hauptdiagonale (von links oben nach rechts unten) aus lauter Einsen. In der ersten Spalte sehen wir, dass der Korrelationskoeffizient zwischen den Variablen *Aktualität* und *Schulnote* bei minus 0,228 liegt. Zwischen *Aktualität* und *EinSchwerpunkt* beträgt er plus 0,424.

Alle Korrelationskoeffizienten sind dem Betrag nach weit von dem Wert 1 entfernt. Die Schlussfolgerung lautet, dass es keine Hinweise auf Multikollinearität gibt.

Die VIF-Werte sind in SPSS ebenfalls verfügbar. In der linearen Regression ist – wie eben beschrieben – statt bei „Kovarianzmatrix" ein Häkchen bei „Kollinearitätsdiagnose" zu setzen. Dies führt zum Output der Abb. 5.20.

---

[22] Das Gegenteil ist eine „weak reference category", das heißt eine Referenzgruppe mit sehr wenigen Fällen (Wissman et al. 2007).

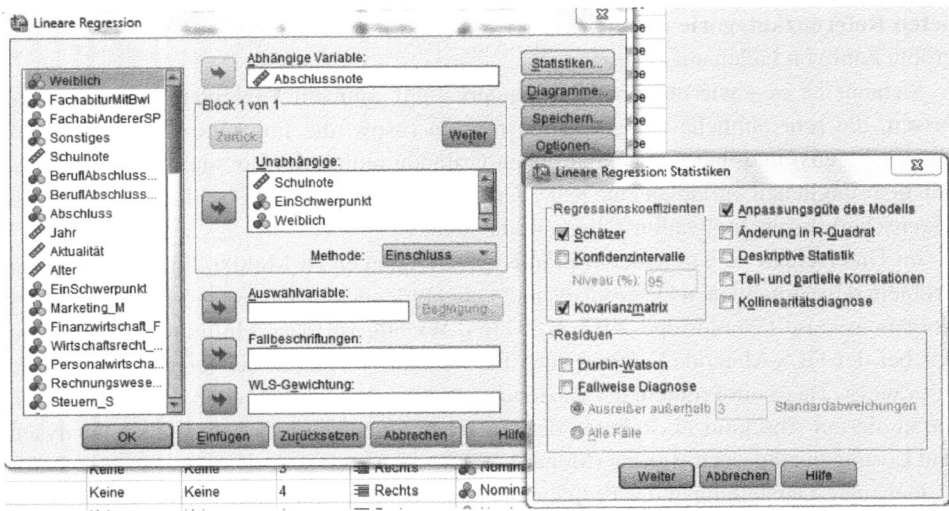

Abb. 5.18 Korrelationsmatrix der Koeffizienten I

Im oberen Teil „Koeffizienten" sehen wir in den zwei Spalten ganz rechts die uns interessierenden Werte für die Toleranz und den VIF. Alle VIF-Werte liegen erheblich unter dem Schwellenwert von 5. Multikollinearität liegt in diesem Datensatz daher nicht vor. Im unteren Teil „Kollinearitätsdiagnose" der Abb. 5.20 sind weitere Parameter ausgewiesen. Taucht in der Spalte „Konditionsindex" ein Wert von über 20 oder sogar über 30 auf, exis-

Korrelation der Koeffizienten[a]

Modell			Aktualität	Alter	Schulnote	Weiblich	EinSchwer-punkt
1	Korrelationen	Aktualität	1,000	-,005	-,228	-,104	,424
		Alter	-,005	1,000	-,093	,331	-,004
		Schulnote	-,228	-,093	1,000	,096	-,040
		Weiblich	-,104	,331	,096	1,000	,015
		EinSchwerpunkt	,424	-,004	-,040	,015	1,000
	Kovarianzen	Aktualität	5,370E-5	-3,887E-7	-8,947E-5	-4,397E-5	,000
		Alter	-3,887E-7	,000	-5,548E-5	,000	-2,906E-6
		Schulnote	-8,947E-5	-5,548E-5	,003	,000	,000
		Weiblich	-4,397E-5	,000	,000	,003	5,365E-5
		EinSchwerpunkt	,000	-2,906E-6	,000	5,365E-5	,004

a. Abhängige Variable: Abschlussnote

Abb. 5.19 Korrelationsmatrix der Koeffizienten II

Koeffizienten[a]

Modell		Nicht standardisierte Koeffizienten: Regressionskoeffizient B	Nicht standardisierte Koeffizienten: Standardfehler	Standardisierte Koeffizienten: Beta	T	Sig.	Kollinearitätsstatistik: Toleranz	Kollinearitätsstatistik: VIF
1	(Konstante)	1,851	,319		5,810	,000		
	Schulnote	,190	,054	,221	3,546	,000	,924	1,082
	EinSchwerpunkt	,147	,062	,158	2,383	,018	,814	1,229
	Weiblich	,080	,058	,089	1,390	,166	,865	1,156
	Alter	-,002	,011	-,009	-,146	,884	,875	1,143
	Aktualität	-,008	,007	-,074	-1,090	,277	,768	1,303

a. Abhängige Variable: Abschlussnote

Kollinearitätsdiagnose[a]

Modell	Dimension	Eigenwert	Konditionsindex	Varianzanteile: (Konstante)	Schulnote	EinSchwerpunkt	Weiblich	Alter	Aktualität
1	1	4,806	1,000	,00	,00	,01	,01	,00	,00
	2	,682	2,656	,00	,00	,66	,03	,00	,01
	3	,389	3,513	,00	,01	,02	,79	,00	,02
	4	,083	7,619	,01	,06	,29	,00	,01	,96
	5	,036	11,572	,03	,92	,01	,01	,05	,00
	6	,004	34,755	,96	,01	,01	,15	,94	,01

a. Abhängige Variable: Abschlussnote

Abb. 5.20 Untersuchung der Multikollinearität

tieren Kollinearitätsprobleme. Die dazugehörige Zeile der Varianzanteile zeigt, zwischen welchen der unabhängigen Variablen kollineare Beziehungen vorliegen. Dies ist der Fall, wenn in einer Zeile zwei oder mehr unabhängige Variablen hohe Varianzanteile von größer 0,5 besitzen. Es trifft im Beispiel für die Dimension 6 (Konditionsindex 34,76) und die beiden exogenen Variablen *Konstante* (Varianzanteil 0,96) und *Alter* (Varianzanteil 0,94) zu. Inhaltlich ist das Problem darauf zurückzuführen, dass im vorliegenden Datensatz die Variable *Alter* nur sehr wenig streut, genau wie die Konstante der Regressionsschätzung, die ja definitionsgemäß immer gleich groß ist. Praktisch ergeben sich aber im Beispiel keine Hinweise auf relevante Multikollinearitätsprobleme.

Auf Möglichkeiten der Aggregation von Variablen in SPSS wird kurz am Ende des anschließenden Teils zu Stata hingewiesen.

Stata

In Stata erhalten wir die Korrelationen (und Kovarianzen) zwischen den Variablen mittels [Statistics > Summaries, tables, and tests > Summary and descriptive statistics > Correlations and covariances]. Die VIF- und Toleranz-Werte im Anschluss an eine durchgeführte Regressionsschätzung ergeben sich mittels [Statistics > Linear models and related > Regression diagnostics > Specification tests, etc.]. Im Feld „Reports and statistics: (subcommand)" findet sich nach Scrollen „Variance inflation factors for the independent variables (vif)". Nach Anklicken werden die beiden Werte für alle exogenen Variablen ausgegeben. Für das Hochschulabschlussnoten-Beispiel kann dies leicht selbständig nachvollzogen und mit den obigen Ergebnissen für SPSS verglichen werden.

Als zweiten Praxisfall verwenden wir wieder den Datensatz zum Eurovision Song Contest, aber jetzt in einer um eine ganze Reihe von exogenen Variablen erweiterten Form (EuroSongCont 04_2015.dta). Menügesteuert oder über das untere Syntaxfeld wird die folgende Spezifikation geschätzt: [regress *Punkte Startplatz Englisch Franzoesisch Mehrsprachig EU Warsch_Pakt Benelux Jugoslawien Sowjetunion Skandinavien Englischsprachig Deutschsprachig Romanischsprachig Slawischsprachig Weiblich Transgender Gemischt_m_w Duo Gruppe Host Punkteausgleich i.Länderdummies*].

Zur Erinnerung: Es geht darum, die erhaltenen Punkte des Beitrags eines Landes beim European Song Contest zu erklären. Der Datensatz enthält Informationen zu den erhaltenen Punkten und weiteren Variablen für 394 Songbeiträge der Wettbewerbe aus den Jahren 1999 bis 2014. Neben dem Startplatz sind unter anderem die Sprache des jeweiligen Songs (Englisch, Französisch usw.), die teilnehmenden Länder (EU: Mitgliedsländer der EU, Jugoslawien: ehemalige Teile Jugoslawiens usw.) als Dummyvariablen einbezogen. Außerdem wird berücksichtigt, ob es systematische Unterschiede zugunsten oder zulasten einzelner Staaten gibt, indem alle teilnehmenden Länder eine individuelle Dummykodierung erhalten. Dies erfolgt mittels der Faktorvariablen *i.Länderdummies*. Den Output dieser Regression gibt Abb. 5.21 auszugsweise wieder. Von den Länderdummies sind nur die Länder 2 bis 4 in der Abbildung enthalten, die anderen werden aus Platzgründen weggelassen.

Der F-Wert und der Determinationskoeffizient des Gesamtmodells sind wie üblich zu interpretieren. Inhaltlich besagt der Koeffizient der exogenen Variablen *Startplatz*, dass eine um einen Platz spätere Präsentation des Songs im Mittel zu 1,88 mehr Punkten führt (mit einem t-Wert von 3,84 auf dem 1-%-Niveau signifikant). Ein inhaltlich interessantes und plausibles Ergebnis.

Uns interessiert hier aber mögliche Multikollinearität. Diese existiert erstens in Form perfekter Multikollinearität. Bei der Verwendung der Länderdummies lässt Stata (voreingestellt) das erste Land weg und verwendet es als Referenzkategorie. Im unteren Teil der Abb. 5.21 fehlt daher die Zeile für Land 1. Außerdem meldet Stata zu Beginn des Outputs, dass es automatisch weitere acht Länder wegen (perfekter) Multikollinearität eliminiert hat. Es handelt sich um die Länder 25, 29, 32, 35, 40, 41, 42 und 44. Stata meldet dies wie folgt: „note: 25.Länderdummies omitted because of collinearity" usw.

```
      Source |       SS       df       MS              Number of obs =       394
-------------+------------------------------          F( 55,   338) =      3.16
       Model |  696498.714     55   12663.613          Prob > F      =    0.0000
    Residual |  1356308.8     338   4012.74794         R-squared     =    0.3393
-------------+------------------------------          Adj R-squared =    0.2318
       Total |  2052807.52    393   5223.4288          Root MSE      =    63.346
```

Punkte	Coef.	Std. Err.	t	P>|t|	[95% Conf. Interval]	
Startplatz	1.883469	.4904392	3.84	0.000	.9187712	2.848166
Englisch	-3.494505	10.39836	-0.34	0.737	-23.94815	16.95914
Franzoesisch	-45.1468	28.96216	-1.56	0.120	-102.1156	11.82197
Mehrsprachig	8.404595	12.69904	0.66	0.509	-16.57452	33.38371
EU	-21.17575	22.67873	-0.93	0.351	-65.78497	23.43347
Warsch_Pakt	9.437259	34.83986	0.27	0.787	-59.093	77.96752
Benelux	43.78561	40.19457	1.09	0.277	-35.27739	122.8486
Jugoslawien	184.9395	92.17412	2.01	0.046	3.632354	366.2467
Sowjetunion	201.7666	87.65518	2.30	0.022	29.34818	374.1849
Skandinavien	84.73835	36.00883	2.35	0.019	13.90872	155.568
Englischsprachig	1.845774	35.50861	0.05	0.959	-67.99992	71.69147
Deutschsprachig	26.86158	40.88844	0.66	0.512	-53.56628	107.2894
Romanischsprachig	4.250836	31.67507	0.13	0.893	-58.05426	66.55593
Slawischsprachig	-202.4092	85.2501	-2.37	0.018	-370.0968	-34.72166
Weiblich	5.588084	7.718994	0.72	0.470	-9.595234	20.7714
Transgender	167.3083	48.13926	3.48	0.001	72.61803	261.9986
Gemischt_m_w	-.1333486	12.85608	-0.01	0.992	-25.42135	25.15466
Duo	-.8743799	14.21965	-0.06	0.951	-28.84453	27.09577
Gruppe	-5.470215	9.618097	-0.57	0.570	-24.38908	13.44865
Host	-18.17481	16.92246	-1.07	0.284	-51.46141	15.11178
Punkteausgleich	25.54713	8.286493	3.08	0.002	9.24754	41.84672
Länderdummies						
2	-154.5895	94.90157	-1.63	0.104	-341.2616	32.08261
3	-117.2342	94.50618	-1.24	0.216	-303.1286	68.66013
4	-4.939927	34.54701	-0.14	0.886	-72.89416	63.0143

Abb. 5.21 Extreme Multikollinearität I

Zweitens entdecken wir in Abb. 5.21 einige Koeffizientenwerte, die höchst verwirrend sind: Songs aus Ländern, die aus dem ehemaligen Jugoslawien hervorgegangen sind, bekommen im Mittel fast 185 Punkte mehr (t-Wert 2,01 auf dem 5-%-Niveau signifikant), und Beiträge aus Staaten, die ehemals der Sowjetunion zugehörig waren, fast 202 Punkte mehr (t-Wert 2,3 auf dem 5-%-Niveau signifikant). Da der Mittelwert aller Songs im Datensatz bei 86,62 Punkten liegt, sind dies enorm starke positive Einflüsse bei diesen Ländergruppen. Noch mehr verwundert, dass gleichzeitig die Songs slawischsprachiger Länder (Variable *Slawischsprachig*) erheblich weniger Punkte erzielen: Koeffizient von minus 202,4, der mit einem t-Wert von −2,37 ebenfalls auf dem 5-%-Niveau signifikant ist. Dies würde eine starke Diskriminierung der Songs aus slawischsprachigen Ländern darstellen.

Abb. 5.22 enthält (auszugsweise) die von Stata berechneten VIF-Werte der exogenen Variablen. Wir erkennen sofort, dass bei den Variablen *Jugoslawien* (82,67), *Sowjetunion* (126,55) und *Slawischsprachig* (118,66) der kritische Grenzwert von 30 deutlich überschritten wird. Es handelt sich um ein Beispiel extremer – aber nicht perfekter – Multikollinearität. Dies führt in diesem Fall zu numerischer Instabilität der Koeffizientenschätzungen und damit inhaltlich sinnlosen Resultaten, obwohl die Koeffizienten berechnet werden und statistisch signifikant sind!

Abb. 5.22 Extreme Multikollinearität II

```
. estat vif
```

Variable	VIF	1/VIF
Startplatz	1.20	0.831197
Englisch	2.42	0.412528
Franzoesisch	2.43	0.411180
Mehrsprachig	1.69	0.590308
EU	12.62	0.079210
Warsch_Pakt	23.85	0.041929
Benelux	5.44	0.183947
Jugoslawien	82.76	0.012084
Sowjetunion	126.55	0.007902
Skandinavien	14.11	0.070891
Englischsp~g	11.04	0.090569
Deutschspr~g	11.19	0.089340
Romanischs~g	8.99	0.111286
Slawischsp~g	118.66	0.008428
Weiblich	1.45	0.688269
Transgender	1.72	0.581623
Gemischt_m_w	1.92	0.521013
Duo	1.69	0.591957
Gruppe	1.58	0.634681
Host	1.10	0.912850
Punkteausg~h	1.43	0.700269
Länderdumm~s		
2	15.43	0.064801
3	15.30	0.065344
4	2.04	0.488999
5	3.73	0.267963
6	2.69	0.371544
7	3.38	0.295477
8	1.83	0.547148
9	19.76	0.050605
10	1.58	0.632928

Weiteres „Ausprobieren" unterschiedlicher Spezifikationen der Regression zeigt dann auch, dass die Koeffizientenschätzungen dieser Variablen von Spezifikation zu Spezifikation hinsichtlich Betrag und Vorzeichen stark schwanken und insoweit völlig unzuverlässig sind.

Wenn eine Zusammenfassung von einzelnen multikollinearen Variable zu einer gemeinsamen Indikatorvariablen inhaltlich sinnvoll ist, stehen verschiedene Optionen zur Verfügung. Eine solche Aggregation von Variablen – bspw. mittels simpler Aufsummierung – kann mittels des Kommandos [Statistics > Multivariate analysis > Cronbach's alpha] überprüft werden. **Cronbachs Alpha** zeigt, wie genau die ursprünglichen Variablen (in der Psychologie: Items eines Tests) ein Konstrukt (eine latente Variable, Indikatorvariable) messen. Weitere Möglichkeiten statistisch ausgefeilterer Verfahren für die Zusammenfassung einzelner Variablen stellen die **Faktorenanalyse** bzw. die **Hauptkomponentenanalyse** (Principal Component Analysis) dar. Wir finden sie unter [Statistics > Multivariate analysis > Factor and prinicipal component analysis].

Diese Verfahren sind auch in SPSS verfügbar. Unter [Analysieren > Dimensionsreduktion > Faktorenanalyse] eröffnet SPSS eine ganze Reihe zusätzlicher Optionen. Die ggf. inhaltlich sinnvollen Indikatorvariablen bzw. Konstrukte (sogenannte Komponenten bzw. Faktoren) können als neue Variable auch direkt abgespeichert werden. Dies erfolgt innerhalb der Faktorenanalyse durch Anklicken des Buttons „Scores" und Setzen eines Häkchens bei „Als Variable speichern".

Generelle Ausführungen zur Faktorenanalyse enthalten Bortz (2005, S. 511–563) und Child (2006). Zur Anwendung in SPSS können Backhaus et al. (2011, S. 329–393) und Brosius (2013, S. 789–820) herangezogen werden. Für Stata finden sich gute Einführungen bei Hamilton (2013, S. 313–349) und im Stata Multivariate Statistics Reference Manual unter „factor" bzw. „pca" (Stata 2015b).

5.6 Ausreißer und einflussreiche Beobachtungen

Inhaltliche Beschreibung

Die geschätzten Koeffizientenwerte sollen normalerweise verallgemeinerbar sein. Daher ist es wichtig zu wissen, ob die Ergebnisse nur auf bestimmte Besonderheiten des vorliegenden Datensatzes zurückzuführen sind. Diese Besonderheiten könnten einzelne Beobachtungen sein, die die Regressionsergebnisse sehr stark beeinflussen. Die Sensitivität der Schätzergebnisse im Hinblick auf einzelne Beobachtungen ist also zu beurteilen. Es liegt auf der Hand, zur Beantwortung dieser Frage die Residuen heranzuziehen. Zur Erinnerung: Ein Residuum ist die Differenz zwischen dem beobachteten und dem geschätzten (vorhergesagten) Wert für die abhängige Variable Y einer Beobachtung i:

$$e_i = Y_i - \hat{Y}_i. \tag{5.2}$$

Diese Differenz ist in der Grafik der Regressionsgeraden der vertikale Abstand zwischen Y_i und $\hat{Y}_i$.

Leider sind diese Störterme nicht immer besonders aussagekräftig. Die Schwierigkeiten im Zusammenhang mit Ausreißern und einflussreichen Beobachtungen werden
in Abb. 5.23 illustriert. In Abb. 5.23a gibt es eine Beobachtung (rechts oben), die extrem einflussreich ist. Die eingezeichnete Regressionsgerade kommt nur wegen dieser
einen Beobachtung zustande. Das Residuum dieser Beobachtung ist aber gleich Null, da
die Regressionsgerade genau durch diese Beobachtung verläuft. Abb. 5.23b enthält eine
stark abweichende Beobachtung (unten in der Mitte), die ein großes Residuum besitzt.
Gleichzeitig ist aber diese Beobachtung für den geschätzten Koeffizienten der Regressionsgerade, das heißt die Steigung der eingezeichneten Regressionsgerade, überhaupt
nicht einflussreich: Die betreffende Beobachtung macht aufgrund ihrer Lage in der Mitte der Daten die Regressionsgerade weder steiler noch flacher. In Abb. 5.23c treffen wir
dagegen rechts außen auf einen Datenpunkt, der weit entfernt von den anderen Beobachtungen liegt und gleichzeitig die Regressionsgerade wegen seiner starken Hebelwirkung
erheblich beeinflusst (gestrichelte statt durchgezogener Gerade).

Die inhaltliche Interpretation kann wie folgt zusammengefasst werden: Ausreißer sind
nicht unbedingt einflussreiche Beobachtungen und einflussreiche Beobachtungen weisen
unter Umständen keine großen Residuen auf.

Folge
Das zentrale Problem ist die Frage, wie sensitiv die ermittelte Regression auf einzelne
Beobachtungen reagiert. Diese **Sensitivität** existiert hinsichtlich der Koeffizientenschät-
zungen und der Standardfehler. Im Rahmen einer OLS-Schätzung, die die quadrierten
Abweichungen minimiert und insbesondere in kleinen Stichproben ist diese Sensitivität
oft hoch!

Überprüfung
Zunächst sind von allen Variablen die wichtigsten **deskriptiven Lageparameter** zu analysieren. Dazu gehören zumindest Minimum, Maximum, Mittelwert und Median. Dies ist
sinnvoll, um mögliche Probleme in den Datenwerten vorab zu identifizieren. Zur Ermittlung kann außerdem wieder auf die visuelle Inspektion der Verteilung der Beobachtungswerte und der Residuen zurückgegriffen werden. Dies haben wir bereits in Abschn. 5.4 zur
Normalverteilung behandelt. Streudiagramme der einzelnen Variablen erlauben es oft visuell außergewöhnliche Beobachtungswerte, die „aus der Reihe tanzen", zu identifizieren.
Neben den einfachen Residuen werden dazu auch die **standardisierten Residuen** herangezogen. Zur Erinnerung: Die Standardisierung der Residuen bezeichnet die oben schon
erläuterte z-Transformation. Standardisierte Residuen, die einen kritischen Grenzwert von
zwei oder drei Standardabweichungen überschreiten, sind genauer zu überprüfen.[23]

---

[23] Die Begriffe standardisierte Residuen (standardized residuals) und studentisierte Residuen (studentized residuals) werden in der Literatur von verschiedenen Autoren unterschiedlich definiert
(Stata 2013, S. 1873).

Abb. 5.23 Einflussreiche Beobachtungen und Ausreißer.
a Einflussreiche Beobachtung;
b Ausreißer; **c** Hebelwirkung

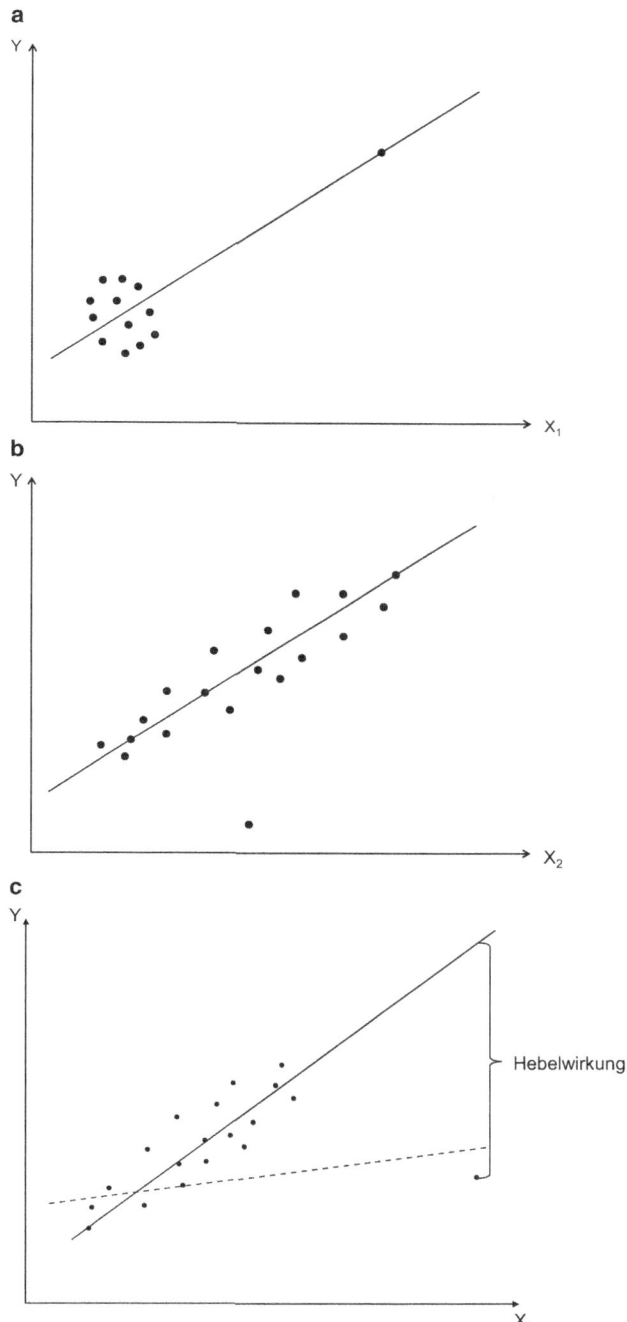

Es gibt darüber hinaus eine ganze Reihe von statistischen Maßen zur Identifizierung einflussreicher Beobachtungen. Gebräuchlich sind die studentisierten Residuen, der Leverage-Wert, DFBETA, COVRATIO und Cook's D.[24]

Die **studentisierten Residuen** sind inhaltlich wie folgt zu erklären. Für eine bestimmte Beobachtung i wird eine Dummyvariable in die Regression aufgenommen. Der Koeffizient dieser Dummyvariablen zeigt, wie stark die Beobachtung i vom Regressionsresultat aller anderen Beobachtungen abweicht. Das studentisierte Residuum ist der zu dieser Dummyvariablen gehörende t-Wert (Wooldridge 2013, S. 328–330). Ein hoher absoluter t-Wert zeigt an, dass die Beobachtung i sich gemessen an ihrem Standardfehler bedeutend von der Regression ohne die Beobachtung i unterscheidet. Als kritischer Wert wird zum Teil ein studentisiertes Residuum in Höhe von absolut 2 angenommen. Dies kennen wir bereits aus dem Kap. 2 als Daumenregel für den kritischen t-Wert. Häufig wird aber auch ein eher vorsichtiger Grenzwert von absolut 3 vorgeschlagen. Es ist inhaltlich leicht nachvollziehbar, dass auf diese Weise der überragende Einfluss der Beobachtung rechts unten in Abb. 5.23c entdeckt wird. Das studentisierte Residuum dieser Beobachtung wird sehr groß sein, da ohne diese Beobachtung ein völlig anderer (erheblich größerer) Regressionskoeffizient ermittelt wird.

Ein weit verbreitetes Maß für die Extremität von Werten der exogenen Variablen ist die **Leverage** (auch als Leverage-h-Wert bezeichnet). Beobachtungen besitzen eine hohe Leverage, das heißt eine große Hebelwirkung, wenn sie ungewöhnliche Werte bzw. Werte-Kombinationen der unabhängigen Variablen aufweisen. Für jede Beobachtung wird basierend auf dem Unterschied von beobachtetem Wert (bzw. Werte-Kombination) einer exogenen Variablen und dem Mittel der exogenen Variablen die Leverage h berechnet. Das Minimum liegt bei 1/n und das Maximum bei 1. Je näher die Leverage bei 1 liegt desto größer ist die Hebelwirkung. In kleinen Sampeln wird von einer großen Hebelwirkung gesprochen, wenn der Leverage-h-Wert größer ist als 3 k/n. In größeren Stichproben liegt die Grenze bei (2 k + 2)/n (Williams 2015a).

DFBETA ermittelt die Differenz zwischen dem Regressionskoeffizienten einer Variablen, wenn eine Beobachtung i einbezogen wird und wenn diese Beobachtung weggelassen wird. Dabei wird der Standardfehler der betreffenden Variable zur Skalierung benutzt. Eine Tabelle mit den DFBETA-Werten für alle exogenen Variablen und Beobachtungen gibt einen kompletten Überblick des Einflusses jeder Beobachtung auf die Koeffizientenschätzungen aller exogenen Variablen. Als Daumenregel sind DFBETA-Werte von absolut größer Eins problematisch. Ein anderer Vorschlag empfiehlt als Grenze absolute Werte von größer $2/\sqrt{n}$ (Hamilton 2013, S. 202).

---

[24] Weitere mögliche Größen sind unter anderem DFFITS, Mahalanobis distance und Welsch's W. Warum existieren verwirrend viele unterschiedliche Verfahren? Sie fokussieren (zumindest zum Teil) unterschiedliche Probleme, die beim Einsatz nur eines dieser Ansätze eventuell übersehen werden (Williams 2015a).

COVRATIO ist ein Maß für den Einfluss der Beobachtung i auf die Varianz-Kovarianz-Matrix der Regressionsschätzung und folglich die ermittelten Standardfehler. Der kritische Grenzwert lautet: Absoluter COVRATIO - 1 Wert $\geq$ 3 k/n (Hamilton 2013, S. 202).

Cook's D ist im Unterschied zu DFBETA und COVRATIO ein Indikator für die Auswirkungen einer Beobachtung auf das komplette Regressionsmodell. Er berechnet die Folgen, eine Beobachtung einzubeziehen oder wegzulassen hinsichtlich der Koeffizientenschätzungen des Modells insgesamt. Der dazugehörige Grenzwert liegt bei 4/n (Hamilton 2013, S. 201). Im Original wird allerdings ein Grenzwert von 1 empfohlen (Cook und Weisberg 1982; Weisberg 2014, S. 221) und auch eine Grenze von 4/(n− k− 1) ist in der Literatur zu finden (Schwab 2006, S. 7).

Die Übersicht 5.2 enthält eine Aufstellung empfohlener kritischer Grenzen, die nicht überschritten werden sollten. Auch hier geht es um Daumenregeln, die – wie bereits deutlich geworden ist – je nach Quelle (etwas) unterschiedlich ausfallen. Zur Erinnerung: Bei k handelt es sich um die Zahl der unabhängigen Variablen und n ist die Zahl der Beobachtungen der Stichprobe.

Übersicht 5.2: Kritische Grenzwerte einflussreicher Beobachtungen

Maß	Kritischer Wert
I rstudent I	> 2, bzw. > 3
Leverage	> (2 k + 2)/n, bzw. > 3k/n
I DFBETA I	> 2/$\sqrt{n}$, bzw. > 1
I COVRATIO - 1 I	$\geq$ 3 k/n
Cook's D	> 4/n, bzw. > 1

Handling des Problems

Die als einflussreich identifizierten Beobachtungen sollten einer **Kontrolle** unterzogen werden. Im günstigsten Fall handelt es sich um Datenübertragungs- oder Kodierungsfehler, die korrigiert oder eliminiert werden können. Sind diese Erklärungen nicht zutreffend, ist der weitere Umgang mit den betreffenden Beobachtungen nur im Einzelfall und nach sorgfältiger Analyse entscheidbar. Bei Befragungen kann eventuell aus dem Kontext geschlossen werden, dass es sich um eine falsche oder unsinnige Antwort handelt. Auf keinen Fall können diese Beobachtungen schematisch weggelassen werden. Unter Umständen sind gerade diese Daten wichtig für die Identifizierung der wahren Zusammenhänge (siehe dazu Übungsaufgabe 5.1). Bei einer kleinen Zahl von Beobachtungen könnte etwa ein unberücksichtigter aber wichtiger Einflussfaktor für die Abweichungen verantwortlich sein. Die abweichenden Beobachtungen sind dann auf eine Fehlspezifikation in Form nicht-berücksichtigter einflussreicher Variablen zurückzuführen.

Die Probleme sind insbesondere bei einer kleinen Zahl von Beobachtungen relevant. Für Datensätze mit mehreren Hundert oder sogar Tausend Beobachtungen spielen sie in der Regel keine Rolle. Allerdings werden in den publizierten angewandten empirischen Regressionsanalysen solche Untersuchungen (leider) auch bei kleinen Datensätzen nur selten durchgeführt.

Um ihre Bedeutung für die Regressionsergebnisse einzuschätzen, kann eine sogenannte **robuste Regression** durchgeführt werden.[25] Hierzu existieren verschiedene Schätzverfahren, bspw. die Minimierung der Summe der **absoluten Abweichungen (LAD** – Least absolute deviations), statt der quadrierten Abweichungen bei der OLS-Schätzung.[26] Dadurch werden Ausreißer wie in der Abb. 5.23c weniger einflussreich. Die Resultate sind dann mit den OLS-Ergebnissen zu vergleichen, um die Auswirkungen zu beurteilen (Wooldridge 2013, S. 334). Analog können die Ergebnisse der OLS-Regression mit und ohne die einflussreichen Beobachtungen gegenübergestellt werden, um einen Hinweis zu erhalten, wie stark die Regressionsergebnisse von einzelnen Beobachtungen abhängen.

Genauer behandelt werden verschiedene – auch anspruchsvollere – Methoden der robusten Regression von Andersen (2007) und Kennedy (2008, S. 345–360).

Praktische Anwendung

SPSS
Wir verwenden wieder den PKW-Marketing-Datensatz und gehen für die standardisierten Residuen folgendermaßen vor: Nach Spezifikation einer Regressionsgleichung mittels [Analysieren > Regression > Linear] wird [Statistiken] aufgerufen und ein Häkchen im Feld „Residuen" bei „Fallweise Diagnose" gesetzt. Dann klicken wir „Ausreißer außerhalb" an und setzen dort konservativ im Leerfeld statt der voreingestellten 3 Standardabweichungen eine „2" ein. Mittels [Weiter] und [OK] wird die Eingabe abgeschlossen. Das Resultat enthält Abb. 5.24.

Die letzte Zeile in Abb. 5.24 liefert uns die Information, dass keines der standardisierten Residuen der Beobachtungen die gewählte Grenze von 2 Standardabweichungen überschreitet.

Zum Vergleich führen wir die entsprechende Analyse anhand unseres Abschlussnoten-Beispiels aus Abschn. 5.2 durch (Datensatz Hochschulabschlussnoten_BWL.sav). Die Ergebnisse zeigt Abb. 5.25.

Im unteren Teil, der „Residuenstatistik", sehen wir in der letzten Zeile, dass standardisierte Residuen kleiner und größer als 2 Standardabweichungen vorliegen. Das kleinste standardisierte Residuum beläuft sich auf −2,355 und das größte auf 3,529. Im Abschnitt „Fallweise Diagnose" sind alle elf Beobachtungen mit solchen Ausreißern aufgelistet. Die

---

[25] Der Begriff „robust" bezieht sich hier auf die Unempfindlichkeit der Regressionsergebnisse hinsichtlich des Weglassens bzw. Hinzufügens einzelner (weniger) Beobachtungen. Daneben wird in der Literatur auch von „robust" im Sinne von Unempfindlichkeit bezüglich der Existenz von Heteroskedastie (siehe oben Abschn. 5.2) gesprochen. Diese unterschiedliche Bedeutung des Ausdrucks „robust" führt leicht zu Verwirrung.
[26] Verschiedene Schätzer (das heißt Schätzverfahren) werden kurz im Anhang 5.1 zu diesem Kapitel beschrieben.

Residuenstatistik[a]

	Minimum	Maximum	Mittelwert	Standardab-weichung	N
Nicht standardisierter vorhergesagter Wert	165,18	213,41	195,20	14,950	15
Nicht standardisierte Residuen	-3,172	2,488	,000	1,448	15
Standardisierter vorhergesagter Wert	-2,008	1,218	,000	1,000	15
Standardisierte Residuen	-1,941	1,523	,000	,886	15

a. Abhängige Variable: Stückzahl der verkauften PKW

Abb. 5.24   Standardisierte Residuen I

Beobachtung Nummer 5 ist die mit dem Wert $-2,355$ und die Beobachtung Nummer 258 weist den Wert 3,529 auf. Letzteres ist ein wenig erfolgreicher Alumni. Seine tatsächliche Abschlussnote liegt erheblich höher als seine geschätzte, das heißt im Mittel zu erwartende, Abschlussnote. Dabei ist wieder zu beachten, dass hohe Abschlussnoten eine schlechtere Leistung darstellen.

Da – wie einführend zu diesem Kapitel beschrieben – die (standardisierten) Residuen nur begrenzt informativ sind, sollten verschiedene statistische Maße analysiert werden. Die studentisierten Residuen werden gerne in einem Streudiagramm abgebildet. Bereits bekannt ist die Auswahl von Streudiagrammen zu einer Regression über [Analysieren > Regression > Linear > Diagramme]. Auf der Y-Achse ist „*SDRESID" (studentisierte Residuen) und auf der X-Achse: „*ZPRED" (standardisierte geschätzte Werte) einzufügen. Was wir hier als studentisierte Residuen bezeichnen, nennt SPSS „Studentisiertes ausgeschlossenes Residuum", abgekürzt: SDRESID (studentized deleted residual). Dies führt im Fall der Abschlussnoten zu Abb. 5.26.

Optisch ist zu erkennen, dass auch hier einige Beobachtungen über- und unterhalb des kritischen Grenzwertes von absolut 2 liegen.

Unter [Speichern] bietet SPSS im Rahmen der linearen Regression die Möglichkeit der Berechnung verschiedener statistischer Kenngrößen. Abb. 5.27 zeigt die vorhandenen Optionen. Wir beschränken uns im Beispiel auf die oben behandelten statistischen Maßgrößen DFBETA, Leverage h und Cook's D, indem bei diesen ein Häkchen gesetzt wird. SPSS verwendet folgende Bezeichnungen: „nach Cook" für Cook's D, „Standardisiertes DfBeta" für DFBETA und „Hebelwerte" für den Leverage-Wert h.

Wie bereits mehrfach beschrieben, führen wir diese Analyse mittels [Weiter > OK] durch. SPSS speichert dann die gewählten Maßgrößen als weitere Variable ab und fügt dem Datensatz entsprechende Spalten hinzu. Gleichzeitig wird das Ergebnis der Abb. 5.28 ausgegeben.

a

Fallweise Diagnose^a

Fallnummer	Standardisierte Residuen	Abschlussnote	Nicht standardsierter vorhergesagter Wert	Nicht standardisierte Residuen
1	-2,083	1,1	1,998	-,8985
4	-2,205	1,3	2,251	-,9514
5	-2,355	1,3	2,316	-1,0161
7	-2,084	1,4	2,299	-,8989
8	-2,054	1,4	2,286	-,8859
10	-2,023	1,4	2,273	-,8728
249	2,268	3,1	2,122	,9785
255	2,061	3,2	2,311	,8889
256	2,479	3,5	2,431	1,0692
257	2,713	3,5	2,330	1,1704
258	3,529	3,7	2,178	1,5223

a. Abhängige Variable: Abschlussnote

b

Residuenstatistik^a

	Minimum	Maximum	Mittelwert	Standardabweichung	N
Nicht standardisierter vorhergesagter Wert	1,903	2,527	2,232	,1250	263
Nicht standardisierte Residuen	-1,0161	1,5223	,0000	,4272	263
Standardisierter vorhergesagter Wert	-2,639	2,356	,000	1,000	263
Standardisierte Residuen	-2,355	3,529	,000	,990	263

a. Abhängige Variable: Abschlussnote

Abb. 5.25 Standardisierte Residuen II

Die unteren zwei Zeilen der Residuenstatistik enthalten Cook's D (= „Cook-Distanz")
und den Leverage-Wert (= „Zentrierter Hebelwert"). Cook's D beträgt maximal 0,137.
Da unser Datensatz 263 Beobachtungen enthält, beträgt der Grenzwert $4/263 = 0,015$.
Cook's D liegt darüber. Verwenden wir den ebenfalls in der Literatur vorgeschlagenen

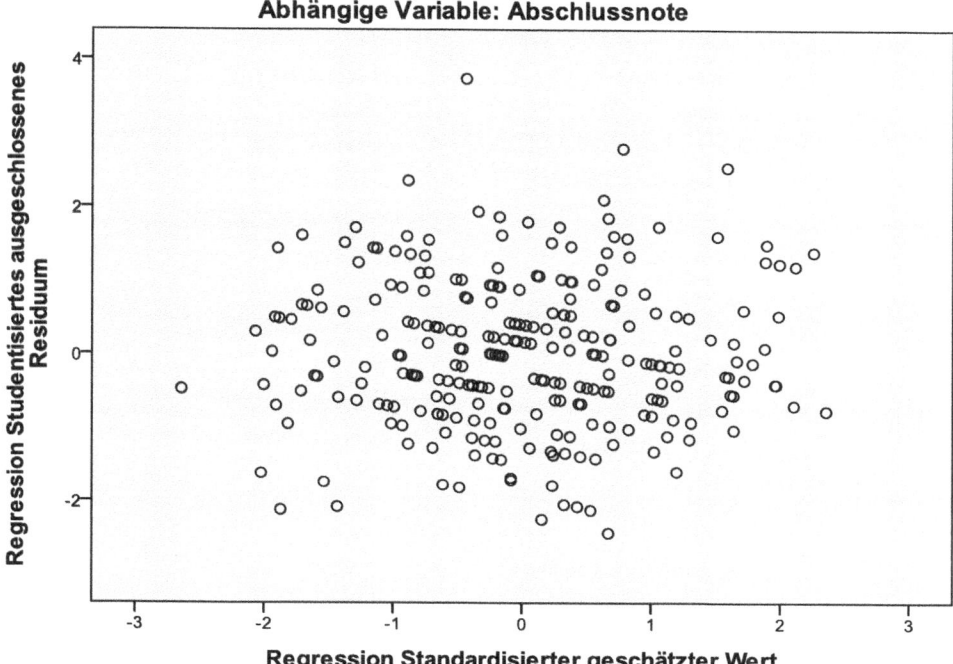

Abb. 5.26 Studentisierte Residuen

Grenzwert von 1, ist unser Cook's D allerdings kleiner. Die Leverage beläuft sich auf maximal 0,085 und übersteigt damit ebenfalls in geringem Umfang den Grenzwert aus Übersicht 5.2 in Höhe von $(2 \cdot 6 + 2)/263 = 0{,}053$.

Zusammenfassend deuten die verschiedenen Analysemöglichkeiten auf die Existenz von in begrenztem Umfang einflussreichen Beobachtungen hin. Um welche Beobachtungen es sich dabei handelt, kann mit Hilfe der von SPSS neu erzeugten Variablen identifiziert werden. Im Datensatz erscheinen jetzt zusätzliche Spalten „COO_1" und „LEV_1", die für jede Beobachtung Cook's D und den Leverage h enthalten. Außerdem existieren jetzt die Spalten SDB0_1 bis SDB5_1. In diesen befinden sich die DFBETA-Werte für die fünf unabhängigen Variablen (*Konstante* bis *Aktualität*). Hier können wir durch Ablesen in den Spalten (sozusagen zu Fuß) die kritischen Beobachtungen ermitteln. Eleganter ist dies durch geschickte Verwendung der Filterfunktionen und der Ausgabe von Datenwerten erreichbar.

Eine Inspektion der einflussreichen Beobachtungen offenbart aber keine Kodierungs- oder Übertragungsfehler. Daher wird auch die Beobachtung des wenig erfolgreichen Alumni nicht aus dem Datensatz entfernt.

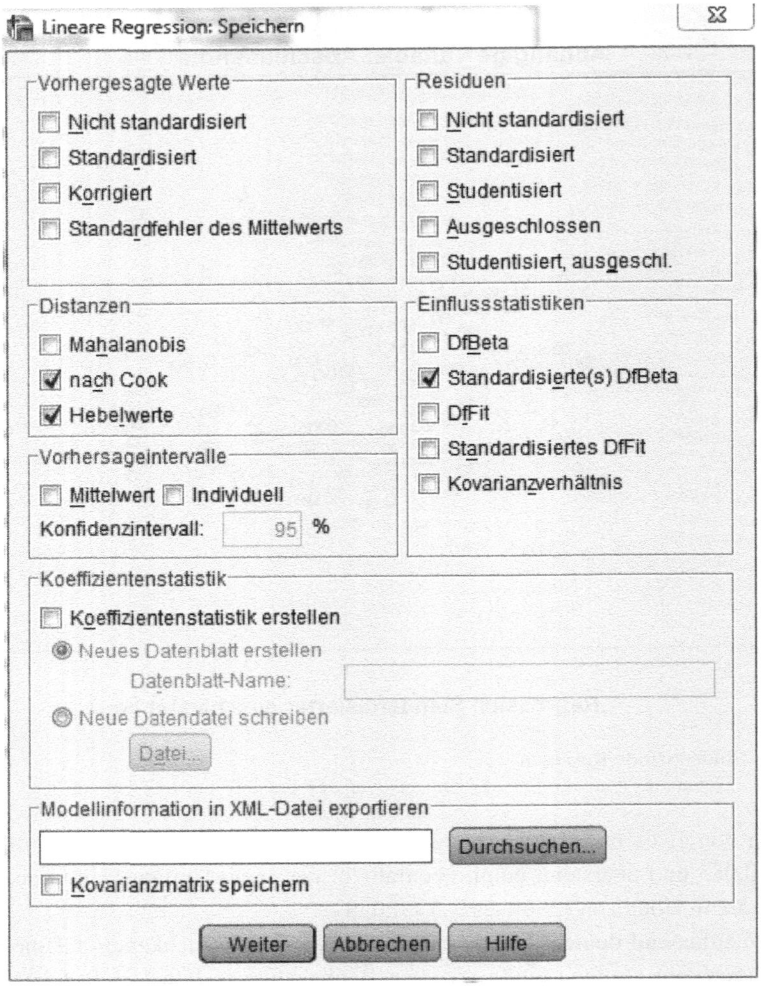

Abb. 5.27 Maßgrößen einflussreicher Beobachtungen I

Stata

Im Anschluss an die Durchführung einer Regression [regress] usw. können verschiedene Streudiagramme eingesetzt werden, um einflussreiche bzw. ungewöhnliche Beobachtungen dingfest zu machen. Dazu rufen wir wieder [Statistics > Linear models and related > Regression diagnostics] auf. Es wird eine Reihe von Optionen angeboten, darunter „Leverage-versus-squared-residual plot", „Residual-versus-fitted plot", „Residual-versus-predicted plot".

Durch [Statistics > Postestimation > Prediction, residuals, etc.] erhalten wir die Möglichkeit alle genannten Größen zu ermitteln: „Standardized residuals", „Studentized re-

Residuenstatistik[a]

	Minimum	Maximum	Mittelwert	Standard-abweichung	N
Nicht standardisierter vorhergesagter Wert	1,903	2,527	2,232	,1250	263
Standardisierter vorhergesagter Wert	-2,639	2,356	,000	1,000	263
Standardfehler des Vorhersagewerts	,040	,129	,063	,015	263
Korrigierter Vorhersagewert	1,911	2,542	2,233	,1257	263
Nicht standardisierte Residuen	-1,0161	1,5223	,0000	,4272	263
Standardisierte Residuen	-2,355	3,529	,000	,990	263
Studentisierte Residuen	-2,416	3,637	,000	1,004	263
Gelöschtes Residuum	-1,0692	1,6171	-,0004	,4390	263
Studentisierte ausgeschlossene Residuen	-2,439	3,727	,000	1,008	263
Mahalanobis-Abstand	1,273	22,318	4,981	3,079	263
Cook-Distanz	,000	,137	,005	,011	263
Zentrierter Hebelwert	,005	,085	,019	,012	263

a. Abhängige Variable: Abschlussnote

Abb. 5.28 Maßgrößen einflussreicher Beobachtungen II

siduals", „Leverage", „COVRATIO", „Cook's distance", „DFBETA". Außerdem können weitere hier nicht behandelte Parameter berechnet werden.

Zur Durchführung von gegen Ausreißer robusten Regressionen enthält Stata umfangreiche Möglichkeiten unter dem Kommando [Statistics > Linear models and related > Quantile regression > Quantile regression]. Die einfachste Variante ist das erwähnte Verfahren der Minimierung der absoluten Abweichungen (LAD). Sie ist mit dem 50 %-Quantil voreingestellt.

5.7　Fehlspezifikation

5.7.1　Einleitung

In einer empirischen Untersuchung sind zum Beispiel die Daten für vier Variablen A bis D verfügbar. Die Zusammenhänge und Kausalbeziehungen der Variablen untereinander bleiben zunächst völlig offen (siehe Abb. 5.29a). Erst aufgrund theoretischer Überlegungen oder vorhandener empirischer Analysen erhalten die Beziehungen zwischen den Variablen A bis D eine Struktur (siehe Abb. 5.29b und 5.30).

Im Rahmen der klassischen Regressionsanalyse werden für die Variablen Hypothesen hinsichtlich der Einflussbeziehungen formuliert, bei der drei exogene Variablen (bspw. A bis C) auf eine endogene Variable (bspw. D) wirken. Anders formuliert „verursachen" die drei Einflussfaktoren A bis C Veränderungen bei den beobachteten Werten der Variable D. In unserem PKW-Beispiel war D die Zahl der verkauften PKW und A, B und C waren die Vertreterkontakte, der Preis und das Werbebudget.

Der Kausalzusammenhang wird also in einem linearen rekursiven, das heißt keine Wechselwirkungen enthaltenden Eingleichungsmodell abgebildet. Das so spezifizierte Modell zeigt Abb. 5.29b. Dieses empirische Modell – unsere Spezifikation – stellt aber nur *eine* Möglichkeit aus der prinzipiell großen Zahl denkbarer Ursache-Wirkungsbeziehungen zwischen den vier Variablen dar, von denen die Abb. 5.30a bis d vier Konstellationen wiedergeben.

Wenn der Zusammenhang entsprechend Abb. 5.29b modelliert ist, heißt richtige Spezifikation vor allem (Johnston 1997, S. 207–233; Wooldridge 2013, S. 191–200, 303–308):

- Die richtige Funktionsform ist gewählt worden. Es liegt tatsächlich ein linear-additiver Zusammenhang vor und umgekehrte Kausalbeziehungen (D beeinflusst A) (Abb. 5.30a) sowie nichtlineare Beziehungen (Abb. 5.30b) sind ausgeschlossen.
- Es existiert keine Interdependenz zwischen der endogenen und den exogenen Variablen – etwa so wie in Abb. 5.30c zwischen den Variablen A und D –, sondern es gibt eine eindeutige Kausalbeziehung ohne wechselseitige Beeinflussung.
- Alle relevanten Variablen sind in der Spezifikation der Zusammenhänge berücksichtigt. Es besteht also keine Situation wie in Abb. 5.30d verdeutlicht, bei der eine weitere nicht aufgenommene Variable G Einfluss auf A und D ausübt.

Abb. 5.29 Erhobene Variablen und spezifizierter Modellzusammenhang

Abb. 5.30a–d Mögliche korrekte Modellzusammenhänge

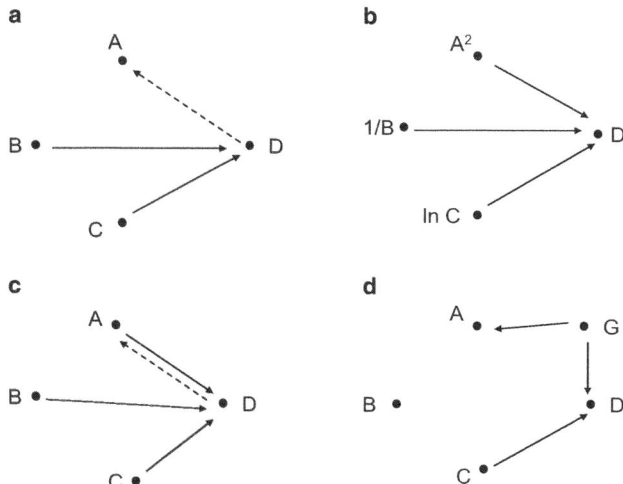

- Irrelevante Variable ohne Einfluss tauchen in der Regressionsgleichung nicht auf. Dies ist der Fall der Variablen B in der Abb. 5.30d.

Diese vier Probleme werden in den folgenden Abschnitten behandelt: Nicht-lineare Funktionsformen (Abschn. 5.7.2), fehlende relevante Variablen (Abschn. 5.7.3), Aufnahme nicht-relevanter Variablen (Abschn. 5.7.4) und andere Kausalbeziehungen, d. h. endogene unabhängige Variablen (Abschn. 5.7.5).[27]

5.7.2 Nicht-lineare Funktionsformen

Inhaltliche Beschreibung
Die gewählte Spezifikation der Regressionsgleichung – im einfachsten Fall eine unterstellte lineare Abhängigkeit – entspricht nicht dem tatsächlichen, wahren Zusammenhang, der nichtlinear ist. Das Problem wurde bereits in Abschn. 3.3 behandelt und wird hier nur kurz um einige Aspekte ergänzt.

Folge
Die geschätzten Parameterwerte (b_0, b_1, b_2 usw.) sind verzerrt (biased), stimmen also nicht mit den von uns gesuchten wahren Koeffizientenwerten überein.

---

[27] Die Psychologie und Soziologie (sowie die Medizin) verwenden in der Regel andere Begriffe. Hier werden diese Probleme zum Beispiel unter den Bezeichnungen Suppressionseffekte, Mediatorvariablen und Confounder-Variablen diskutiert (Bühner und Ziegler 2009, S. 689–703; Bortz 2005).

Überprüfung

Im ersten Schritt ist es sinnvoll, sich deskriptiv die sogenannten partiellen Regressionsdiagramme (partial regression plots) anzusehen. Das partielle Streudiagramm einer exogenen Variablen X_1 bildet den Zusammenhang zwischen der endogenen Variable Y und der exogenen Variable X_1 ab, nachdem der Einfluss aller anderen exogenen Variablen (X_2, X_3 usw.) eliminiert worden ist. Ergänzend kann visuell eine Inspektion der Residuenplots gegen die abhängige und die verschiedenen unabhängigen Variablen erfolgen. Es gilt aber, wie bereits in Abschn. 3.3. erwähnt, dass eine grafische Analyse häufig nicht klar interpretierbar ist.

Von den vorhandenen statistischen Tests ist insbesondere der **RESET-Test** (Regression specification error test) relevant. Er fügt der spezifizierten Gleichung die Polynome 2. und 3. Grades (also die Quadrate und Kubikwerte) der Schätzwerte der abhängigen Variable hinzu und testet, ob diese gemeinsam einflussreich sind. Die ursprüngliche Gleichung mit den drei exogenen Variablen X_1, X_2 und X_3 wird jetzt also folgendermaßen spezifiziert:

$$Y = b_0 + b_1 X_1 + b_2 X_2 + b_3 X_3 + a_1 \hat{Y}^2 + a_2 \hat{Y}^3. \tag{5.3}$$

Die Nullhypothese lautet „keine Fehlspezifikation" (bzw. keine Nicht-Linearitäten vorhanden). In diesem Fall sind die hinzugefügten Polynome (also $\hat{Y}^2$ und $\hat{Y}^3$) ohne Einfluss. Lehnt ein F-Test die Nullhypothese $a_1 = 0$ und/oder $a_2 = 0$ auf dem gewählten Signifikanzniveau ab, ist das Modell fehlspezifiziert.

Handling des Problems

Durch Transformation der abhängigen und/oder der unabhängigen Variablen wird die spezifizierte Regressionsgleichung linear in den Parametern. Das übliche OLS-Verfahren kann dann verwendet werden. Praktisch relevant sind vor allem zwei mögliche Transformationen, die Logarithmierung und die Bildung von Potenzen (Quadrierung und Kubikwerte). Im Prinzip können die beschriebenen Variablenveränderungen in beliebigen Kombinationen durchgeführt werden.

Dieses Vorgehen ist möglich, soweit der Zusammenhang zwischen der abhängigen und den unabhängigen Variablen linear in den Parametern ist. Dies ist der Fall, wenn durch die beschriebenen Transformationen der Variablen der Zusammenhang linearisiert werden kann. Der Zusammenhang ist unter Umständen aber nicht linearisierbar. Dann müssen Methoden nicht-linearer Schätzverfahren eingesetzt werden, die hier nicht behandelt werden. Solche Verfahren erläutern Weisberg (2014, S. 252.269), Cameron und Trivedi (2010, S. 319–362) und Dougherty (2016, S. 225–229).

In der Praxis erfolgt häufig ein „Ausprobieren" verschiedener Spezifikationen mit unterschiedlich transformierten Variablen, die hinzugefügt oder auch an Stelle der unveränderten Variablen in die Regression aufgenommen werden. Es stellt sich dann die Frage, welches der sehr vielen verschiedenen spezifizierten Modelle gewählt werden soll. Zu beachten ist, dass dies nicht zu einem theorielosen „Ausprobieren bis irgendetwas passt"

führen darf. Das Problem der Modellauswahl (model selection) wurde bereits in Abschn. 3.3 behandelt und wird in Kap. 6 vertieft.

Alternativ kann auch auf die Vorgabe einer bestimmten Funktionsform völlig verzichtet
werden. Dies ist mittels nicht-parametrischer Verfahren (non-parametric-methods) möglich. Auch diese Ansätze werden hier nicht dargestellt. Einführende Textbücher dazu sind
Fox (2000), Takezawa (2005) und Henderson und Parmeter (2015).

Bei der Diskussion der Abschn. 5.2, 5.3 und 5.5 wurde bereits mehrfach darauf hingewiesen, dass Abweichungen von der Normalverteilung, Heteroskedastie, Autokorrelation
und Ausreißer sowie einflussreiche Beobachtungen auch Indikatoren für eine Fehlspezifikation der Funktionsform sein können. Diese Tests müssen hier nicht noch einmal
wiederholt werden.

Praktische Anwendung

SPSS
Wir verwenden wieder den Datensatz der Hochschulabschlussnoten (Hochschulab-
schlussnoten_BWL.sav). Grafisch sind die Zusammenhänge zwischen den vier exogenen
und der endogenen Variable durch Einsatz **partieller Regressionsdiagramme** (partial
regression plots) darstellbar. Sie werden in der linearen Regression unter [Diagram-

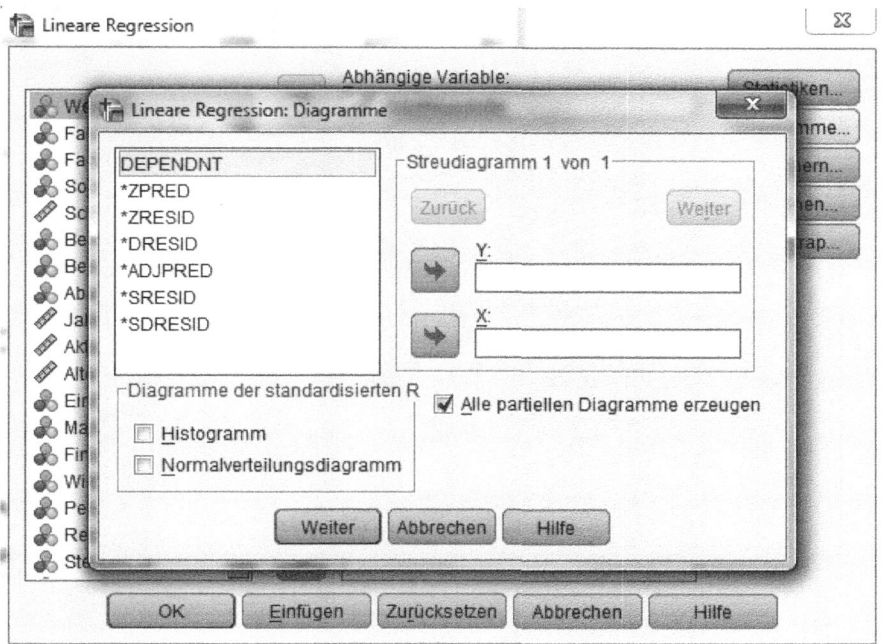

Abb. 5.31 Partielle Einflüsse der exogenen Variablen

me] durch ein Häkchen bei „Alle partiellen Diagramme erzeugen" aufgerufen (siehe Abb. 5.31).

Das Resultat sind vier Diagramme, jeweils eines für jede exogene Variable. Abb. 5.32 bildet beispielhaft den Zusammenhang von *Schulnote* und *Abschlussnote* ab. Der lineare Einfluss aller anderen exogenen Variablen ist aus den beiden im Streudiagramm enthaltenen Variablen herausgerechnet. Es handelt sich also um das Streudiagramm, das dem partiellen Regressionskoeffizienten der exogenen Variablen *Schulnote* zugrunde liegt. Allerdings werden die Variablen *Schulnote* und *Abschlussnote* standardisiert.

Eindeutige nichtlineare Zusammenhänge lassen sich so unter Umständen identifizieren, sind aber in der Abb. 5.32 kaum auszumachen. Im Zusammenhang mit den verschiedenen Hinweisen auf Fehlspezifikation im Rahmen der Untersuchungen auf Normalverteilung, Autokorrelation und Ausreißer sowie einflussreiche Beobachtungen sollte aber eine nichtlineare Beziehung zwischen *Schulnote* und *Abschlussnote* geprüft werden. Dazu geeignete Variablentransformationen sind im Abschn. 3.3 erläutert worden. Übliche Verfahren sind die Logarithmierung (von *Schulnote* und *Abschlussnote*) sowie die Potenzenbildung (bei *Schulnote*).

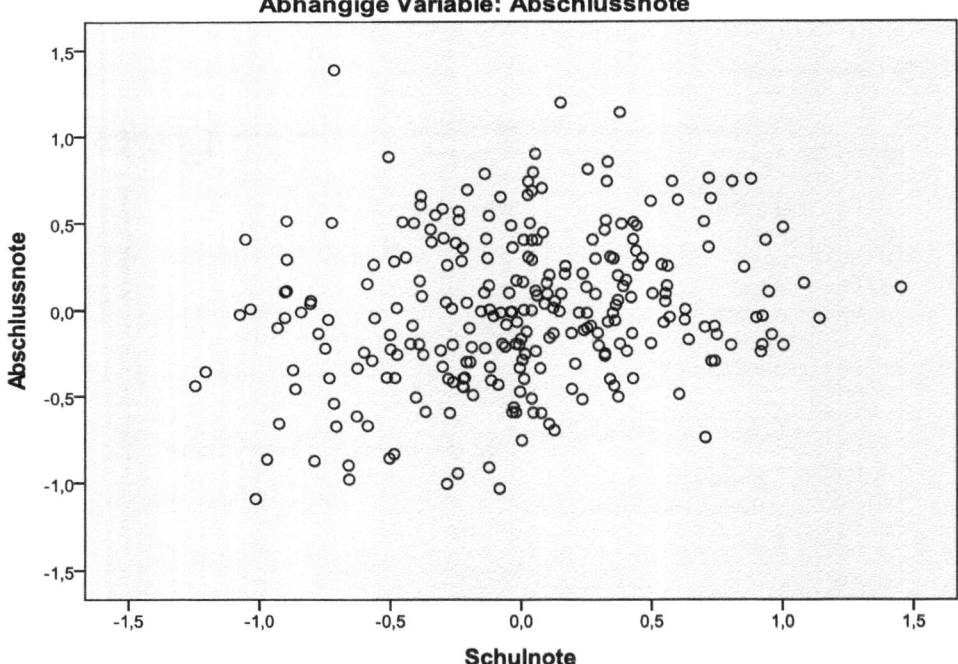

Abb. 5.32 Partielle Regressionsdiagramme

Stata

Zunächst rufen wir [Statistics > Linear models and related > Regression diagnostics] auf. Die Option „Added variable plot" generiert einen partiellen Regressionsplot für die ausgewählte unabhängige Variable. Es handelt sich um die Regressionsgerade unter Berücksichtigung des Einflusses aller anderen Variablen. Ihre Steigung entspricht dem geschätzten Koeffizienten dieser Variable. Wenn nach dem Klick auf „Added variable plot" die Voreinstellung „All variables" mit [OK] übernommen wird, resultieren die entsprechenden Streudiagramme für alle unabhängigen Variablen.

Der RESET-Test und andere Verfahren sind in Stata implementiert. Bei [Statistics > Linear models and related > Regression diagnostics] finden wir ihn unter der Option „Ramsey regression specification-error test for omitted variables (ovtest)".

5.7.3 Fehlende relevante Variablen

Inhaltliche Beschreibung

Tatsächlich einflussreiche Variablen werden in der Regressionsgleichung nicht berücksichtigt.

Folge

Es existieren eine Reihe berühmt-berüchtigter **verzerrter Schätzungen** von Zusammenhängen aufgrund unberücksichtigter aber einflussreicher exogener Variablen. Wobei diese unter Umständen fälschlicherweise auch noch als Kausalzusammenhänge interpretiert worden sind (bzw. werden können). Drei bekannte Beispiele sind im Folgenden aufgeführt.

- Woher-kommen-die-Babys-Frage: Es existiert ein positiver Zusammenhang zwischen der Zahl der Störche und der Geburtenrate in Deutschland im Beobachtungszeitraum 1955 bis 1980: Eine geringere Zahl von Störchen ist mit einer kleineren Zahl von Geburten verknüpft. Alternativ kann auch die Zahl der Störche und der Geburten auf der Ebene von Kreisen bzw. kreisfreien Städten betrachtet werden: In Gebieten mit vielen Störchen werden mehr Kinder geboren. Dass Babys von Störchen gebracht werden, ist damit empirisch zweifelsfrei „bewiesen" (Höfer et al. 2004). Fehlende Variablen, die solche Scheinkorrelationen hervorrufen, sind hier die bspw. die Industrialisierung bzw. Einkommensentwicklung im Beobachtungszeitraum.
- Mozart-Effekt: Die positive Auswirkung klassischer Musik auf die Intelligenz von (Klein-)Kindern wurde Anfang der 1990er-Jahre in den USA „nachgewiesen" und führte noch 2006 in Deutschland zu einer entsprechenden Studie des Bundesministeriums für Bildung und Forschung (Rauscher et al. 1993; BMBF 2006). Hier sind u. a. das Einkommen und der Bildungsgrad der Eltern die fehlenden Variablen.

- French-Paradox: Der (maßvolle) Genuss von Rotwein korreliert negativ mit der Zahl der Erkrankungen der Herzkranzgefäße. Diese nehmen mit steigendem Pro-Kopf-Rotweinkonsum ab. Relevante Variablen, die hier berücksichtigt werden müssen, sind bspw. die sonstigen Ernährungsgewohnheiten (bzgl. Fisch, Zucker etc.) (Criqui 1998).

Das hinter diesen irreführenden Zusammenhängen stehende Problem wird auch als Scheinkorrelation (spurious correlation oder spurious regression) bezeichnet. Es ist festzuhalten, dass tatsächlich einflussreiche Variablen nicht zu berücksichtigen unter Umständen schwerwiegende Folgen hat. Die geschätzten Koeffizienten sind dann „falsch", das heißt in der Terminologie der Statistik verzerrt (biased), wobei die Wirkungsrichtung der Verzerrung (positiv, negativ oder in Richtung Null) unbekannt ist. Es handelt sich um das sogenannte „**Omitted Variable Problem**". Die Abb. 5.33 illustriert die genannten Auswirkungen. Das Streudiagramm mit den Beobachtungen offenbart die Folgen einer Schätzung, die nur eine exogene Variable, nämlich X, einbezieht. Zum Beispiel ist die abhängige Variable Y das Preisniveau und X die Wettbewerbsintensität. Die Beobachtungen beziehen sich auf Unternehmen aus den drei Industriezweigen Spezial-, Werkzeug- und Schwermaschinenbau. In der Abb. 5.33 sind dies die als Kreise, Kreuze und Punkte eingezeichneten Beobachtungen.

Eine Spezifikation der Regressionsgleichung, die nur die Wettbewerbsintensität, aber nicht die drei Industriezweige berücksichtigt, führt zur eingezeichneten Schätzung einer Regressionsgeraden mit dem Koeffizienten b_1. Die Interpretation ist, dass mit zunehmender Wettbewerbsintensität das Preisniveau zunimmt. Dies ist ein völlig falsches Resultat, da die drei Industriezweige sehr unterschiedliche Preisniveaus besitzen.[28]

Abb. 5.33 Verzerrte Koeffizientenschätzung

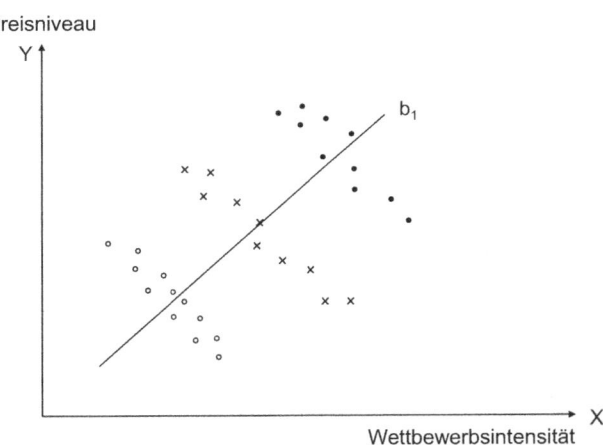

---

[28] Das Problem wird auch als Simpson's Paradoxon oder Yule-Pigou-Effekt bezeichnet (Becker 2010) und nennt sich in der Soziologie „ökologischer Fehlschluss". Dieser Begriff stellt darauf ab, dass eine statistische Beziehung auf der Makroebene (den aggregierten Daten) nicht auf der Mikroebene (Individuen, Unternehmen) gelten muss (Schnell et al. 2013, S. 244).

Abb. 5.34 Unverzerrte Schätzungen

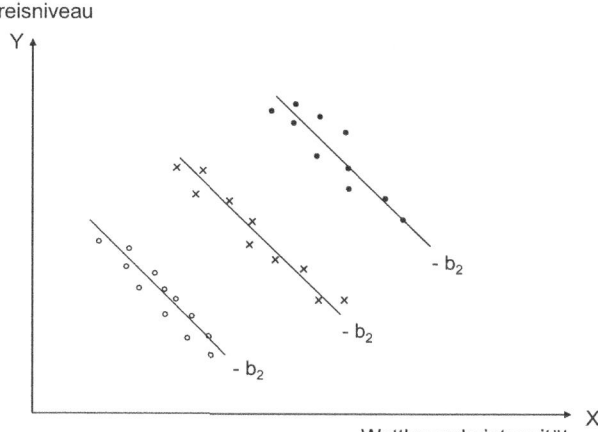

Werden zusätzlich zur Wettbewerbsintensität X die drei Industriezweige als weitere exogene (Dummy-)Variablen berücksichtigt, ergibt sich die Schätzung der Abb. 5.34. Jetzt ermitteln wir den Zusammenhang von Wettbewerbsintensität und Preisniveau korrekt. Er ist für alle drei Industriezweige negativ und beträgt $-b_2$. Nur das Preisniveau ist in den Unternehmen der drei Branchen unterschiedlich hoch.

Das Problem gewinnt an Wichtigkeit, je größer die Wahrscheinlichkeit ist, tatsächlich einflussreiche Variable nicht einzubeziehen. Naturgemäß ist dies bei allen Formen von Analysen mit nur einer unabhängigen Variable besonders relevant, die völlig falsche Zusammenhänge und Interpretationen „vorgaukeln" können. Auch grafische Plots mit einer abhängigen und einer unabhängigen Variable sind unter Umständen irreführend und generell nur sehr begrenzt aussagefähig, wenn mehrere einflussreiche Variable existieren. Dass die Beziehungen in einem Streudiagramm so ins Auge fallen, wie in der Abb. 5.33 ist die Ausnahme. Dies gilt für jede Form von deskriptiven Darstellungen (Tabellen, Säulendiagrammen usw.) und ist der wesentliche Grund, weshalb in wissenschaftlichen Veröffentlichungen ausschließlich deskriptive Untersuchungen keine große Rolle mehr spielen.[29] Die Wahrscheinlichkeit solcher Verzerrungen wird durch den simultanen Einbezug mehrerer bis vieler Variablen in multiplen Regressionsanalysen verringert, jedoch nicht beseitigt.

Dies heißt aber nicht, dass in jedem Fall einer nicht-berücksichtigten einflussreichen Variable das Modell und die Koeffizientenschätzungen unbrauchbar sein müssen. Wenn die **nicht-berücksichtigte Variable** mit den im Modell aufgenommenen Variablen **nicht korreliert**, sind die Koeffizientenschätzungen verlässlich, d. h. es treten keine Verzerrungen auf.

---

[29] Selbstverständlich bleiben aber deskriptive Darstellungen nach wie vor ein wichtiger erster Schritt weitergehender Analysen. Sie sind nur ungeeignet, komplexe oder sogar kausale Zusammenhänge zu überprüfen.

Abb. 5.35 Unverzerrte Schätzung bei einem vergessenen Einflussfaktor

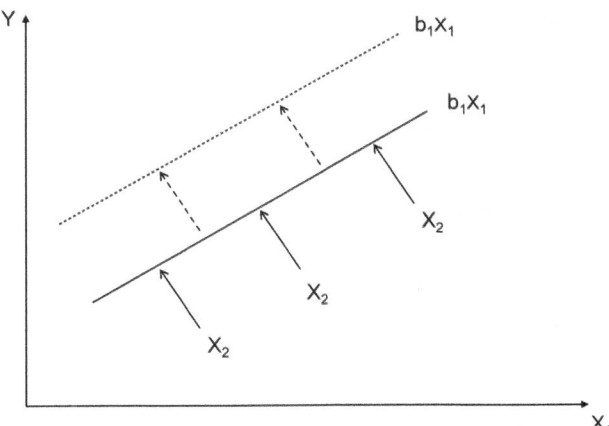

Die beiden folgenden Abbildungen illustrieren noch einmal, wann eine Verzerrung der Koeffizientenschätzung auftritt. In Abb. 5.35 ist die „vergessene" unabhängige Variable (X_2) mit der berücksichtigten Variable (X_1) nicht korreliert, das heißt mathematisch, sie sind orthogonal zueinander. In eine Grafik übersetzt, führt das dazu, dass beide Einflüsse senkrecht zueinander stehen. Damit verschiebt sich zwar die Lage der Regressiongeraden, aber die Steigung b_1 (d. h. die Koeffizientenschätzung) bleibt davon unberührt.

Im Unterschied dazu zeigt Abb. 5.36 die Auswirkung bei einer Korrelation der einbezogenen Variablen (X_1) und der nicht-berücksichtigten Variablen (X_3). Im Fall einer Korrelation von X_1 und X_3 stehen diese grafisch gesehen nicht mehr senkrecht zueinander. Damit verändert der Einfluss von X_3 auch die Steigung der Regressionsgerade für X_1. Die Koeffizientenschätzung b_1 ist ohne die Berücksichtigung der Variable X_3 verzerrt, wird also falsch geschätzt. Der wahre Einfluss beträgt B_1.

Abb. 5.36 Verzerrte Schätzung bei einem vergessenen Einflussfaktor

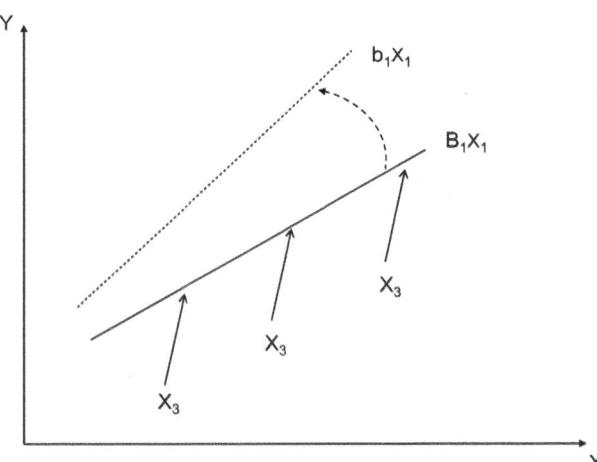

In der Praxis der empirischen Wirtschaftsforschung ist in der Regel unbekannt, ob mögliche nicht-berücksichtigte Variablen mit den unabhängigen Variablen der Modellspezifikation korrelieren oder nicht. Damit bleibt auch die Frage eventuell existierender Verzerrungen offen.

Überprüfung

Der zum Teil in der Literatur empfohlene RESET-Test ist eher ein Test auf nicht-lineare Zusammenhänge (siehe Kap. 3 und 5.6.2). Die Nicht-Berücksichtigung bspw. tatsächlich einflussreicher quadrierter exogener Variablen kann aber auch als ein Fall einer „Omitted Variable" aufgefasst werden.

Handling des Problems

Eine sorgfältige **Analyse der vorhandenen Literatur,** um aufgrund theoretischer Überlegungen oder empirischer Untersuchungen möglichst alle eventuell einflussreichen Variablen vorab zu identifizieren und zu berücksichtigen, ist notwendig. Mittels geeigneter Proxy- bzw. Indikatorvariablen können unter Umständen nicht-beobachtbare oder nicht verfügbare einflussreiche Variable näherungsweise erfasst werden. Außerdem sollten die eigenen empirischen Ergebnisse im Hinblick auf ihre Plausibilität vor dem Hintergrund des Problems unberücksichtigter Einflussfaktoren beurteilt werden.

Die in Kap. 4 erläuterte Identifizierung kausaler Einflüsse mittels kontrollierter Zufallsexperimente beseitigt den Einfluss unberücksichtigter relevanter Variablen. Auch wenn reine Zufallsexperimente nicht durchführbar sind, ist eine möglichst verzerrungsfreie Datengewinnung anzustreben.

Auch andere Alternativen sind bereits im Abschn. 4.4 erläutert worden. Durch Verfahren der Regression mittels Instrument-Variablen (IV-)Schätzung lassen sich in bestimmten Fällen Verzerrungen vermeiden. Sind Paneldaten verfügbar, können unter der Annahme, dass die einflussreiche Variable sich nicht ändert, durch die Schätzung von fixen Effekten oder mittels der Bildung von ersten Differenzen (bzw. Differences-in-Differences-Methode) unverzerrte Koeffizienten berechnet werden. Neuere Verfahren sind die bereits erwähnten Matching-Ansätze und die Regression-Discontinuity-Methode. Nachvollziehbare Erklärungen finden sich bei Angrist und Pischke (2009), Stock und Watson (2014, Kapitel 10, 12 und 13) sowie Gujarati (2015, Kapitel 17 und 19).

5.7.4 Aufnahme nicht relevanter Variablen

Inhaltliche Beschreibung

Es werden exogene Variablen in die Regressionsgleichung aufgenommen, die tatsächlich keinerlei Einfluss auf die endogene Variable besitzen.

Folgen

Die Aufnahme von irrelevanten Variablen führt zunächst nur zu dem Ergebnis, dass die geschätzten Koeffizienten dieser Variablen statistisch nicht von Null verschieden sind. Diese Variablen sind einfach nicht signifikant. Der Einbezug solcher irrelevanter Variablen hat keinen Einfluss auf die Konsistenz und Unverzerrtheit der anderen einflussreichen Variablen. Allerdings erhöht sich in diesem Fall die Varianz (also auch der Standardfehler) der tatsächlich einflussreichen Variablen. Dies gilt immer, wenn die irrelevante Variable mit den faktisch einflussreichen Variablen korreliert (Ashley 2012, S. 202–203; Wooldridge 2013, S. 98–99).

Die Konsequenzen des Nicht-Einbezugs möglicherweise relevanter Variablen (Omitted variable bias) muss also gegen die Nachteile einer ggf. erhöhten Varianz und damit niedrigeren t-Werten abgewogen werden, falls die Variable in Wahrheit nicht einflussreich sein sollte.

Überprüfung

Der existierende oder fehlende Einfluss wird prinzipiell mittels der t-Tests der Koeffizientenschätzungen deutlich. Schwierigkeiten resultieren ggf. daraus, dass der t-Test aufgrund von Multikollinearität in die Irre führt. Ob aber ein gemeinsamer Einfluss mehrerer unabhängiger Variablen vorliegt, kann mittels eines F-Tests (Wald-Tests) überprüft werden.

Handling des Problems

In der praktischen Anwendung der Regressionsanalyse werden in den Wirtschaftswissenschaften Variablen tendenziell aufgenommen und aus der Regression nicht entfernt, wenn theoretische Überlegungen oder andere empirische Untersuchungen eindeutig für ihren Einbezug sprechen. Dies gilt auch, wenn diese statistisch nicht signifikant sind.

Wir sehen uns die Auswirkungen der Aufnahme tatsächlich irrelevanter Variablen anhand des PKW-Marketing-Beispiels an. In diesem konstruierten Beispiel kennen wir ausnahmsweise den wahren Zusammenhang: Nur Kontakte, Preis und Budget wirken linear auf die PKW-Absatzmenge. Wir nehmen fälschlicherweise zusätzlich die tatsächlich nicht einflussreichen exogenen Variablen *Weiblich* (Dummy-Variable des Geschlechts), *Alter* (der Vertriebsmitarbeiter in Jahren), *Berufserfahrung* (der Vertriebsmitarbeiter in Jahren) und den Interaktionseffekt von Weiblich und der Zahl der Kontakte (*InterWeiblichKontakte*) in die Regression auf. Diese sind im Datensatz „PKW-Marketing-Beispiel-erweitert" enthalten. Das Ergebnis der mittels SPSS geschätzten Gleichung enthält Abb. 5.37 im oberen Teil. Darunter ist noch einmal das uns bekannte Ergebnis der korrekten Spezifikation aus Kap. 2 abgebildet.

Die tatsächlich irrelevanten Variablen werden korrekt als statistisch nicht signifikant identifiziert. Für die Variablen *Kontakte*, *Preis* und *Budget* ergibt sich, dass diese hinsichtlich der statistischen Signifikanz und der Koeffizientenwerte nur noch tendenziell richtig ermittelt werden.

Koeffizienten[a]

Modell		Nicht standardisierte Koeffizienten		Standardisierte Koeffizienten	t	Sig.
		B	Standardfehler	Beta		
1	(Konstante)	106,260	9,450		11,245	,000
	Kontakte	3,003	,133	,890	22,530	,000
	Preis	-1,437	,541	-,093	-2,656	,033
	Budget	2,415	,274	,361	8,808	,000
	Weiblich	-3,852	4,852	-,132	-,794	,453
	Alter	-,036	,129	-,021	-,278	,789
	Berufserfahrung	-,118	,350	-,027	-,338	,745
	InterWeiblichKontakte	,226	,269	,147	,838	,430

a. Abhängige Variable: Absatzmenge

Koeffizienten[a]

Modell		Nicht standardisierte Koeffizienten		Standardisierte Koeffizienten	t	Sig.
		B	Standardfehler	Beta		
1	(Konstante)	104,647	7,816		13,389	,000
	Kontakte	3,056	,104	,906	29,490	,000
	Preis	-1,501	,473	-,097	-3,174	,009
	Budget	2,407	,197	,360	12,245	,000

a. Abhängige Variable: Absatzmenge

Abb. 5.37 PKWBeispiel mit irrelevanten exogenen Variablen

Im Vergleich mit den wahren Werten im unteren Teil der Abbildung sind die Standardfehler jetzt höher, die empirischen Signifikanzniveaus größer und auch die Koeffizientenwerte etwas anders. Zum Beispiel besitzt der Preis nun einen leicht geringeren Einfluss (−1,437 statt korrekt −1,501), einen größeren Standardfehler (0,541 statt korrekt 0,473) und daher einen niedrigeren t-Wert (−2,656 statt korrekt −3,174). Die Variable *Preis* ist damit unzutreffend auf dem 1-%-Niveau nicht mehr signifikant. Als Schlussfolgerung ergibt sich, dass auf keinen Fall Variablen nur deswegen aufgenommen werden sollten, weil zufällig Daten dazu vorhanden sind. Ein „sparsames" Modell mit wenigen exogenen Variablen ist anzustreben.

Häufig ist aber die Aufnahme oder Nicht-Aufnahme von Variablen nicht klar zu entscheiden. Weitere Verfahren zur Auswahl einer geeigneten Modellspezifikation und damit auch Variablenauswahl werden im Kap. 6 behandelt.

5.7.5 Endogene unabhängige Variablen

Inhaltliche Beschreibung
Das Standardmodell basiert auf der Prämisse, dass die erklärenden Variablen kausal auf die abhängige Variable wirken. Die geschätzten Koeffizienten sind also keine einfachen Korrelationen und ihre Größe hängt davon ab, welche Variablen als endogen (abhängig) und welche als exogen (unabhängig) in die Modellspezifikation aufgenommen werden. In sehr vielen Fällen ist die Annahme einer **eindeutigen Kausalrichtung** aber nicht gerechtfertigt. Spezifiziert man in einer Regression die Zahl der Innovationen als abhängige Variable und erklärt dies mit den Ausgaben für Forschung und Entwicklung (FuE) als unabhängige Variable, ist dies von der Wirkungsrichtung plausibel. Denkbar wäre aber auch, dass Innovationen (als Indikator für den Unternehmenserfolg) die Voraussetzung für Investitionen in FuE darstellen. Die resultierenden **wechselseitigen Abhängigkeiten** treten schon bei einem der einfachsten Modelle, nämlich dem Preis-Mengen-Diagramm, auf. Der Preis eines Gutes wird von der angebotenen Menge beeinflusst, gleichzeitig hängt die angebotene Menge ihrerseits aber auch vom Preis ab. Es wird daher auch als Problem der **Simultanität** (simultaneity bias) bezeichnet.

Folge
Solche Interdependenzen zwischen abhängiger und exogenen Variablen bewirken, dass die OLS-Schätzungen der Regressionskoeffizienten in der Regel inkonsistent und verzerrt sind, da eine Korrelation des Fehlers E mit den exogenen Variablen X_1, und/oder X_2, X_3 usw. existiert (Wooldridge 2013, S. 506 ff.; Kmenta 1986, S. 711). Inferenzstatistische Generalisierungen sind ebenfalls nicht mehr verlässlich durchführbar. Zu beachten ist, dass vergessene einflussreiche Variablen (Abschn. 5.7.3), Fehler in den Variablen (Abschn. 5.8) und Simultanität alle zu einer Korrelation der unabhängigen Variablen mit dem Fehlerterm führen. In vielen Lehrbüchern wird der Begriff „Endogenität" daher als Oberbegriff für diese Probleme verwendet.

Überprüfung
Unter Umständen deuten bereits die unter Abschn. 5.2, 5.3 und 5.7.3 genannten Methoden auf Endogenität hin. In jedem Fall ist auf der theoretischen Ebene zu klären, inwieweit Endogenität auftreten kann.

Handling des Problems
Endogenität ähnelt in seinen Auswirkungen sehr stark dem in Abschn. 5.7.3 behandelten Problem fehlender einflussreicher Variablen. Die dort genannten Möglichkeiten der Problembeseitigung gelten daher auch hier, bspw. kann die Paneldatenanalyse verwendet werden. Durch die Art der Datengewinnung ist es ebenfalls möglich für Exogenität zu sorgen. Dies ist bei reinen Zufallsexperimenten gewährleistet und stellt das prinzipiell sicherste methodische Vorgehen dar (siehe zu den verschiedenen Lösungsansätzen Kap. 4).

Eine weitere Möglichkeit ist die Schätzung eines simultanen Gleichungssystems von zwei oder mehr Gleichungen, bspw. mittels der Methode der zweistufigen kleinsten Quadrate (2SLS-Methode/Two stage least squares). Diese Ansätze werden hier nicht behandelt. In solchen Verfahren existieren Tests zu Überprüfung der Endogenität bzw. Simultanität, bspw. der Hausmann-Test.

Ashley (2012, S. 259–282) und Gujarati (2015, S. 358–387) geben einen Überblick der Probleme und vorhandener Lösungen.

5.8 Fehler in den Variablen

Inhaltliche Beschreibung

Das einfache Modell der Regression aus Kap. 2 unterstellt, dass die Variablen keine Messfehler enthalten (Errors-in-Variables, Measurement error). Bei Umfragen sind aber Messfehler aufgrund der bereits oben in Kap. 4 beschriebenen Ungenauigkeiten von Antworten sehr wahrscheinlich. Und auch bei Sekundärdaten kann es, bspw. durch Irrtümer bei der Datenerhebung, Datenübertragung oder Datencodierung, zu Fehlern bei den Zahlenwerten der endogenen oder exogenen Variablen kommen. Dies gilt selbstverständlich ebenfalls für Sekundärdaten aus amtlichen Statistiken.

Folge

Bei Messfehlern der abhängigen Variablen Y sind die OLS-Schätzungen der Koeffizienten und ihrer Standardfehler nach wie vor unverzerrt. Es liegt aber dann ein Verlust an Effizienz vor. Das heißt, die Standardfehler sind größer als ohne solche Messfehler (Gujarati 2015, S. 141). Folglich werden die t-Werte kleiner und wir können die Nullhypothese für die Koeffizienten seltener ablehnen.

Schwerwiegender sind Messfehler bei den exogenen Variablen. Sie führen ggf. zu verzerrten und sogar inkonsistenten Schätzungen der Koeffizienten. Die genaue Wirkung hängt von der Art und Struktur der Messfehler ab. Im einfachsten Fall handelt es sich um rein zufällige Abweichungen vom wahren Wert lediglich einer exogenen Variablen. Zum Beispiel irren sich die Haushalte bei einer Umfrage unbeabsichtigt und ungewollt hinsichtlich des Umfangs ihres Vermögens. Der Koeffizient der Variable „Vermögen" wird dadurch in Richtung Null (also dem Resultat „kein Einfluss des Vermögens vorhanden") verzerrt. Diese Verzerrung ist umso stärker, je größer der individuelle Irrtum der Befragten, das heißt der Messfehler, ist (Stock und Watson 2014, S. 321; Kennedy 2008, S. 164). Eine weitere Fehlerquelle sind bei richtiger Datencodierung Irrtümer bei der Datenbehandlung. In SPSS wird bspw. standardmäßig die Antwortmöglichkeit „Keine Angabe/fehlender Wert" (Missing value) mit der Zahl 999 codiert. Wird dies bei der Datenauswertung vergessen, liegt ein Fehler in den Variablen vor.

Überprüfung

Die vorhandenen Datensätze sollten immer unter diesem Aspekt kritisch hinterfragt werden. Bei Sekundärdaten wird aber das Problem in der Regel nicht weiter thematisiert. Mögliche Messfehler liegen ja in der Verantwortung der Institution, die die Daten erhoben hat. Prinzipiell gelten aber zumindest die im Abschn. 5.6 genannten Regeln zur deskriptiven Betrachtung und Inspektion aller Variablen. Außerdem sollten nur Variablen verwendet werden, bei denen ihre Definition und Erhebung hinreichend klar dokumentiert und nachvollziehbar ist.

Handling

Wenn die Struktur der Messfehler bekannt ist, kann diese im Prinzip bei der Schätzung berücksichtigt und insoweit geheilt werden. Ansonsten ist die Methode der Instrumentvariablen (unter bestimmten Bedingungen) ein geeignetes Verfahren. In der Praxis wird das Problem im Allgemeinen ignoriert. Das heißt, es wird unterstellt, dass keine Messfehler vorliegen, nachdem eine Datenüberprüfung sowie Datenbereinigung stattgefunden hat und zweifelhafte Beobachtungswerte eliminiert worden sind.

Kennedy (2008, S. 157–170) beschreibt verschiedene Ansätze zur Schätzung bei Vorliegen von Messfehlern, diskutiert die Relevanz „schlechter" Daten und präsentiert einige interessante Beispiele dazu. Eine ausführliche Erläuterung der Auswirkungen von Messfehlern findet sich bei Westhoff (2013, S. 611–636).[30]

5.9   Notwendiger Stichprobenumfang

Inhaltliche Beschreibung

Zur rechnerischen Ermittlung der einfachsten Regressionsgeraden mit einer unabhängigen Variablen und der Konstante sind lediglich zwei Beobachtungen notwendig, also ein Stichprobenumfang von n = 2. Für Regressionsanalysen mit mehr als einem exogenen Einflussfaktor kann dies verallgemeinert werden zur Aussage, dass bei k unabhängigen Variablen der Stichprobenumfang k + 1 Beobachtungen umfassen muss.

---

[30] Eine weitere Annahme der einfachen OLS-Regression ist, dass die exogenen Variablen fix sind: Wird zur Schätzung eine neue Stichprobe von Beobachtungen herangezogen, wären die Werte der exogenen Variablen genau die gleichen wie beim ersten Sample. Bei Experimenten kann diese Prämisse häufig eingehalten werden, da das Design des Experiments und damit die Auswahl der Versuchspersonen (bzw. allgemein der Beobachtungseinheiten) und exogenen Variablen vom Durchführenden kontrolliert werden. Unter bestimmten Voraussetzungen (nämlich wenn die stochastischen exogenen Variablen nicht mit den Fehlern korrelieren), ist der OLS-Schätzer aber trotzdem verwendbar (genauere Ausführungen bei Ashley (2012, S. 269–271) und Kennedy (2008, S. 137–141)). Die angewandte Regressionsanalyse ignoriert dieses Problem (weitgehend).

Folgen

Es ist aber naheliegend, dass eine so kleine Stichprobe keine Verallgemeinerungen erlaubt. Diese rein rechnerische Untergrenze lässt außer Acht, dass es sich ja um eine Stichprobe handeln soll, die rein zufällig von den unbekannten wahren Zusammenhängen in der Grundgesamtheit abweichen kann. Auf der Grundlage der rechnerischen Untergrenze ist es aber unmöglich, die Streuung der Werte in der Grundgesamtheit zu beurteilen. Das heißt es gelingt nicht, die Varianz zu berechnen, da sämtliche Beobachtungen schon „verbraucht" werden, um die Regressionsgleichung zu schätzen. Es bleibt also kein Informationsüberschuss, der es uns erlaubt, über die Koeffizientenschätzungen hinaus auch noch die Varianzen und damit die Standardfehler der berechneten Koeffizientenwerte zu berechnen. Als Konsequenz können wegen der fehlenden Schätzung der Standardfehler auch keine Hypothesentests durchgeführt werden.

Handling des Problems

Falls die Zahl der Beobachtungen größer ist als $k + 1$, sind Standardfehler und damit statistische Tests berechenbar. Mit 23 Beobachtungen können wir also eine Regression mit bis zu 21 exogenen Variablen einschließlich der Standardfehler schätzen. Allerdings ist intuitiv einleuchtend, dass in diesem Fall unsere Schätzung sehr unsicher ist, weil der „Überschuss" der Zahl der Beobachtungen über die Zahl der Koeffizienten extrem gering ist.[31] Dieser „Überschuss" heißt in der Statistik **„Freiheitsgrade"** (Degrees of freedom oder abgekürzt df). Wie viele Beobachtungen sind also erforderlich, damit Koeffizientenschätzungen und Hypothesentests sinnvoll realisierbar sind? Da viele Tests eine Normalverteilung (bspw. der Stichprobenmittelwerte) voraussetzen, wird in der Regel ein Stichprobenumfang von mindestens 30 Beobachtungen empfohlen (Cortinhas und Black 2012, S. 248; Auer und Rottmann 2010, S. 341). Die Begründung dafür hatten wir im Abschn. 5.4 kennengelernt (siehe dazu auch Kap. 9 am Ende des Buchs): Bei $n \geq 30$ kann der zentrale Grenzwertsatz unterstellt werden. Zum Teil lautet die Empfehlung auch $n \geq 50$ (Wewel 2006, S. 259).[32] Die aufgeführten Daumenregeln beziehen sich aber lediglich auf die Schätzung *eines* Mittelwerts und nicht auf den Fall der multiplen Regression, also der simultanen Schätzung mehrerer oder sogar vieler Regressionskoeffizienten. Eine Reihe von Empfehlungen für die multiple Regression sind in Übersicht 5.3 zusammengefasst.

---

[31] „Given a certain number of observations in a data set, there is an upper limit to the complexity of the model that can be derived with any acceptable degree of uncertainty." (Babyak 2004, S. 1).

[32] Viele Lehrbücher umgehen klare Aussagen, indem sie lediglich „ausreichend große" Sample fordern. Wann aber ist eine Stichprobe „ausreichend groß"? Prinzipiell ist die Antwort einfach: Eine Stichprobe ist dann groß, wenn die Stichprobenverteilung der (erforderlichen) Normalverteilung (annähernd) entspricht. Dies hängt zum einen von der Stichprobengröße ab, aber zum anderen auch von der Verteilung der Grundgesamtheit. Ist die Grundgesamtheit normalverteilt, sind bereits sehr kleine Stichproben ($n = 2$ oder 5) daraus ebenfalls normalverteilt (siehe Auer und Rottmann 2010, S. 317). Schira (2005, S. 447) spricht in diesem Fall schon bei einem n von 25 von einer hinreichend großen Stichprobe. Ist die Grundgesamtheit schief und/oder mehrgipflig, werden 30 bzw. auch 50 Beobachtungen empfohlen (so ebenfalls Puhani 2001: 178). Praktisch ist die Verteilung in der Grundgesamtheit sowieso in der Regel unbekannt.

Übersicht 5.3: Empfehlungen für den Mindest-Stichprobenumfang

Green (1991)	$n \geq 50 + 8 \times$ Zahl der exogenen Variablen
Skiera und Albers (2008)	$n \geq 3 \times$ Zahl der exogenen Variablen; besser $5 \times$ Zahl der exogenen Variablen
Bortz (2005)	$n > 40$; falls Zahl der exogenen Variablen < 10
Schira (2005)	$n \geq 25$ (falls abhängige Variable normalverteilt)
Wooldridge (2013)	$n > 30$; die Zahl der exogenen Variablen ist zu berücksichtigen
VanVoorhis und Morgan (2007)	$n \geq 10 \times$ Zahl der exogenen Variablen
Stock und Watson (2014)	$n > 30$; besser ≥ 100

Quellen: Bortz (2005, S. 450), Stock und Watson (2014, S. 94), Wooldridge (2013, S. 175), VanVoorhis und Morgan (2007, S. 48), Skiera und Albers (2008, S. 479), Green (1991, S. 505) und Schira (2005, S. 447)

Pragmatisch wird hier vorgeschlagen einen Sampleumfang von 30 zuzüglich k + 1 nicht zu unterschreiten. Bei fünf unabhängigen Variablen umfasst die Stichprobe folglich mindestens 36 Fälle. Bei einer großen Zahl von unabhängigen Variablen (k > 8) sollte die Schätzung stattdessen auf mindestens $n = 10(k + 1)$ Beobachtungen basieren. Wie groß n sein sollte, hängt auch von der bedingten Verteilung der abhängigen Variable (Y) ab. Wenn diese normalverteilt ist, ergibt sich daraus auch eine Normalverteilung von $\bar{Y}$ und zwar unabhängig vom Umfang von n (Stock und Watson 2014, S. 94). Liegt die Zahl der Beobachtungen bei oder in der Nähe dieser Mindestumfänge, wird empfohlen, die Normalverteilung von Y zu überprüfen (Urban und Mayerl 2011, S. 194). Muss die Normalverteilung von Y abgelehnt werden, bleibt aber offen, welche Konsequenzen zu ziehen sind, denn die Normalverteilungsannahme bezieht sich auf die Residuen und *nicht* die abhängige Variable Y.[33]

Dies sind aber alles lediglich Untergrenzen der Samplegröße. Die Frage, wie groß denn die Stichprobe idealerweise sein sollte, wird häufig vereinfachend mit „so groß wie es geht" beantwortet. Eine möglichst hohe Fallzahl, das heißt ein sehr große Zahl von Beobachtungen, erhöht sicherlich irgendwie die „Präzision" und damit Verlässlichkeit der gewonnen Ergebnisse. Dies ist plausibel, greift aber unter bestimmten Aspekten zu kurz. Ein praktisches Problem, das dabei vernachlässigt wird, ist die Frage der Kosten der Vergrößerung des Samples. Insbesondere bei persönlichen Face-to-Face-Interviews aber auch bei Telefoninterviews, die von einem darauf spezialisierten Marktforschungsunternehmen durchgeführt werden, hängen die Kosten von der Zahl der Interviews ab. Dies gilt genauso etwa für die Opportunitätskosten der Zeit, wenn die Umfrage selber realisiert wird. In der

---

[33] Die Konsequenzen der Verletzung dieser Prämisse, mögliche Verfahren der Überprüfung einschließlich formaler Tests sowie weitere Alternativen bei Verletzung der Annahme behandelt Abschn. 5.4.

Forschungs- und Unternehmenspraxis sind die erheblichen Kosten einer soliden empirischen Primärdatenerhebung häufig eine faktische Obergrenze des Stichprobenumfangs.

Diese faktische Obergrenze ist unter statistischen Gesichtspunkten natürlich irrelevant, führt aber zu der Frage, ob so etwas wie ein optimaler Umfang des Samples zwischen den genannten Unter- und Obergrenzen existiert. Dieses Problem wird in den Wirtschaftswissenschaften und der Ökonometrie im Unterschied zur Soziologie oder Psychologie nur selten behandelt und auch hier nur kurz angeschnitten.

Zusammenfassend folgt, dass eine größere „Präzision" der Schätzung des Mittelwertes in Form einer kleineren Irrtumswahrscheinlichkeit und einem geringeren Umfang des Konfidenzintervalls nur mit einer größeren Stichprobe zu erreichen ist. Bei der Realisierung einer empirischen Erhebung existiert also ein Trade-off: Ein geringer Stichprobenumfang ist mit einem größeren Irrtumswahrscheinlichkeit bzw. einer geringeren Genauigkeit hinsichtlich des geschätzten Mittelwertes verbunden (und umgekehrt). Diese statistischen „Kosten" in Form einer geringeren Präzision einerseits sind also gegen die zunehmenden Erhebungskosten mit steigendem n andererseits abzuwägen.

Diese prinzipiellen Erläuterungen gelten auch bezüglich der multiplen Regression, wobei allerdings die Zusammenhänge auch aufgrund der Zahl der unabhängigen Variablen komplizierter werden.[34] Im Fall der multiplen Regression mit mehreren unabhängigen Variablen hängt die notwendige Samplegröße zusätzlich auch noch vom Ausmaß der Multikollinearität der unabhängigen Variablen sowie der Größe der standardisierten Korrelationskoeffizienten der exogenen Variablen ab.[35] Als Richtschnur gilt folgendes: Der notwendige Stichprobenumfang wird umso kleiner, je

- größer die standardisierten Koeffizientenschätzungen ausfallen,
- weniger die Koeffizienten untereinander korrelieren (geringe Multikollinearität),
- kleiner die Zahl der unabhängigen Variablen ist (Bortz und Döring 2015, S. 634).

Diese Informationen liegen aber vor der eigentlichen Durchführung der Regressionsschätzung fast nie vor, so dass die praktische Bedeutung gering ist.

---

[34] In der umfangreichen ökonometrischen Literatur zur Regressionsanalyse wird das Problem fast nie behandelt. Der Grund dürfte darin liegen, dass zu Beginn der Ökonometrie makroökonomische Fragestellungen dominierten. In der Makroökonomie waren die vorhandenen Datensätze zum BIP, zur Arbeitslosigkeit, Inflation usw. aber häufig auf wenige Staaten beschränkt und daher klein. Es wurden also immer alle verfügbaren Beobachtungen verwendet und dagegen sprach auch nichts, da die Daten von den Statistikämtern kostenlos zur Verfügung gestellt wurden. In der statistischen Literatur zur Psychologie existieren dagegen fast immer auch Ausführungen zur notwendigen Zahl von Beobachtungen, da die Daten mühsam durch Befragungen oder Laborexperimente erhoben werden müssen.

[35] Die Theorie der optimalen Samplegröße basiert vor allem auf Cohen (1988). Zur Möglichkeit und zu den Grenzen der Anwendung im Fall der multiplen Regression siehe Maxwell (2000), Kelley und Maxwell (2003) und Babyak (2004). Sie dazu auch die Korrektur in der 4. Auflage von Bortz und Döring (2006, S. 634) gegenüber der 3. Auflage von 2002.

Sind die Kosten der Erhebung zusätzlicher Beobachtungen irrelevant, könnte durch eine Vergrößerung von n eine immer höhere „Genauigkeit" der Schätzung erzielt werden. Ist es unter dieser Bedingung sinnvoll, n extrem groß zu wählen bzw. sogar auf ein Sample zu verzichten und die Grundgesamtheit im Rahmen einer Vollerhebung komplett zu erfassen?

Der Einbezug der Grundgesamtheit an Stelle einer Stichprobe wirft seinerseits das Problem auf, wie die Schätzergebnisse zu interpretieren sind. Wenn alle Haushalte in Deutschland nach ihren Urlaubsausgaben befragt werden, findet keine Schätzung mehr statt, da ja nicht mehr mit einer gewissen Unsicherheit von einer Stichprobe auf die unbekannten Verhältnisse in der Grundgesamtheit geschlossen werden muss. Die ermittelten Koeffizientenschätzungen im Rahmen einer Regression auf der Basis einer **Totalerhebung** stellen eine Beschreibung der Zusammenhänge in der Grundgesamtheit dar. Hypothesentests hinsichtlich der Gültigkeit eines Zusammenhangs in der Grundgesamtheit erübrigen sich.

Wie ist zum Beispiel die empirische Untersuchung in *einem* Unternehmen zu beurteilen, bspw. das PKW-Verkaufsbeispiel aus Kap. 2. Es werden in diesem Fall alle Verkaufsregionen des Unternehmens in Deutschland einbezogen. Insoweit handelt es sich um eine Totalerhebung und der F-Test für das Gesamtmodell als auch die t-Tests für die Koeffizientenschätzungen sind überflüssig, da ja eigentlich kein unsicherer Schluss auf eine unbekannte Grundgesamtheit erfolgt. Gleichartige Probleme treten auf, wenn die Grundstückpreise auf regionaler Ebene in Deutschland erklärt werden sollen und ein vollständiger Datensatz für alle Landkreise und Städte in der Bundesrepublik vorhanden ist. In allen diesen Fällen werden in der Forschungspraxis trotzdem die üblichen Hypothesentests durchgeführt. Es wird dabei aufgrund der Zufallseinflüsse, die die Zusammenhänge in der Grundgesamtheit produziert haben, unterstellt, dass die vorliegende Grundgesamtheit eigentlich ihrerseits nur eine Stichprobe aus einer **Superpopulation** darstellt.[36]

Es bleibt noch der Aspekt zu klären, ob nicht eine sehr große Stichprobe immer besser ist als eine kleine Stichprobe, zumindest wenn keine Kosten der Datenerhebung existieren. Die Frage kann zwar unter statistischen Gesichtspunkten bejaht werden, verweist aber auf das **Problem der inhaltlichen Relevanz** von Zusammenhängen. Aus der Formel für den Standardfehler bzw. aus der Berechnung des t-Wertes, der sich daraus ergibt, dass man einen geschätzten Koeffizientenwert durch seinen Standardfehler teilt (siehe Abschn. 2.3.3), wird ersichtlich, dass bei einem sehr großen Stichprobenumfang, also bei sehr großem n, der Standardfehler immer kleiner wird, wodurch die t-Werte immer größer ausfallen. Sehr große Stichprobenumfänge führen dazu, dass bereits kleinste Abweichungen gegenüber der Nullhypothese signifikant werden. Statistische Signifikanz hat also nichts mit inhaltlicher Relevanz zu tun! Bei solchen statistisch bspw. auf dem 1 %-Niveau si-

---

[36] Siehe Broscheid und Gschwend (2005). Sie argumentieren, dass im Prinzip immer stochastische Einflüsse vorhanden sind, wodurch auch bei Vollerhebungen unter bestimmten Bedingungen statistische Signifikanztests möglich und sinnvoll sind. Eine differenzierte Auffassung vertritt Behnke (2005).

gnifikanten Koeffizientenschätzungen muss inhaltlich bewertet und entschieden werden, ob der Zusammenhang als bedeutsam angesehen wird. Dies war bereits im Abschn. 2.3.4 deutlich geworden.[37]

Praktisches Beispiel: Gender Pay Gap

Die Auswirkungen sehr großer Stichprobenumfänge illustriert die folgende Tabelle. Der Screenshot enthält einen Ausschnitt einer Untersuchung des statistischen Bundesamtes zu den Lohnunterschieden zwischen den Geschlechtern (Gender pay gap) in Deutschland. Die Analyse besteht aus der Regressionsschätzung (OLS) zweier Funktionen (eine für Männer und eine für Frauen) mit jeweils der abhängigen Variable logarithmierter Bruttostundenverdienst. Die Koeffizienten sind daher als Prozentwerte zu interpretieren. Auffällig ist, dass bis auf eine Ausnahme sämtliche Koeffizienten auf dem 1 %-Niveau signifikant sind. Auch die hier nicht abgebildeten 207 Dummyvariablen für verschiedene Branchen (Wirtschaftsgruppen) sind mit wenigen Ausnahmen hoch signifikant. Die Ursache ist im Umfang der Stichprobe zu finden: Die Zahl der Beobachtungen beträgt nach der zweitletzten Zeile des Screenshots über 1,5 Mio. Männer und knapp mehr als 1,6 Mio. Frauen (aus der Verdienststrukturerhebung 2006 des Statistischen Bundesamtes).

Ein Ergebnis ist, dass Frauen ohne Ausbildungsabschluss im Vergleich zu Frauen mit Ausbildungsabschluss ceteris paribus einen um 0,9 % geringeren Bruttostundenverdienst aufweisen (Koeffizientenwert −0,009 siehe erste Zeile).[38] Bei einem durchschnittlichen Bruttostundenverdienst von 13,91 € der Frauen (Statistische Bundesamt 2010, S. 31) handelt es sich um 12,5 Cent. Dieser Unterschied ist hoch signifikant (hat eine Irrtumswahrscheinlichkeit von kleiner 0,0001). Aber sind 0,9 % bzw. 12,5 Cent unter inhaltlichen Gesichtspunkten relevant? Mit diesem Unterschied ließe sich kaum jemand ohne Ausbildungsabschluss dazu bewegen einen Ausbildungsabschluss zu erwerben und auch eine staatlich geförderte Bildungsoffensive „Pro Ausbildung" lässt sich vom Verdienstzuwachs her kaum rechtfertigen. Anders dagegen bei der Variable *Ostdeutschland*: Männer verdienen in Ostdeutschland im Mittel 27 % weniger als in Westdeutschland (neuntletzte Zeile der Spalte Männer, Koeffizientenwert −0,270).

---

[37] Kennedy bezeichnet das Problem als „too-large sample size problem" (Kennedy 2008, S. 61).

[38] Die zugrundeliegende Regressionsanalyse wird im Folgenden der Einfachheit halber als „wahr" angenommen und nicht weiter hinterfragt (bspw. hinsichtlich Spezifikation u. ä.).

Verdienstunterschiede Männer und Frauen

Einflussfaktoren	Männer		Frauen	
	Koeffizient	p > |t|	Koeffizient	p > |t|
Ausbildungsabschluss (Referenz: mit Ausbildungsabschluss)				
ohne Ausbildungsabschluss	− 0,033	< 0,0001	− 0,009	< 0,0001
mit Hochschulabschluss	0,109	< 0,0001	0,080	< 0,0001
keine Angabe zum Ausbildungsabschluss	− 0,041	< 0,0001	− 0,040	< 0,0001
potenzielle Berufserfahrung				
Berufserfahrung	0,017	< 0,0001	0,016	< 0,0001
Berufserfahrung (quadriert)	− 0,0003	< 0,0001	− 0,0003	< 0,0001
Dienstalter	0,004	< 0,0001	0,006	< 0,0001
Leistungsgruppe (Referenz: angelernte Arbeitnehmer)				
Arbeitnehmer in leitender Stellung	0,598	< 0,0001	0,511	< 0,0001
herausgehobene Fachkräfte	0,336	< 0,0001	0,318	< 0,0001
Fachangestellte	0,136	< 0,0001	0,148	< 0,0001
ungelernte Arbeitnehmer	− 0,093	< 0,0001	− 0,075	< 0,0001
geringfügig Beschäftigte	− 0,334	< 0,0001	− 0,219	< 0,0001
Auszubildende	− 0,902	< 0,0001	− 0,819	< 0,0001
keine Angabe zur Leistungsgruppe	− 0,165	< 0,0001	− 0,094	< 0,0001
Berufshauptgruppen nach ISCO-88 (Referenz: ISCO 4)				
ISCO 1	0,314	< 0,0001	0,225	< 0,0001
ISCO 2	0,157	< 0,0001	0,188	< 0,0001
ISCO 3	0,065	< 0,0001	0,034	< 0,0001
ISCO 5	− 0,038	< 0,0001	− 0,103	< 0,0001
ISCO 6	− 0,141	< 0,0001	− 0,190	< 0,0001
ISCO 7	− 0,085	< 0,0001	− 0,128	< 0,0001
ISCO 8	− 0,095	< 0,0001	− 0,135	< 0,0001
ISCO 9	− 0,105	< 0,0001	− 0,124	< 0,0001
keine Angabe zu ISCO	− 0,112	< 0,0001	− 0,091	< 0,0001
befristeter Arbeitsvertrag (Referenz: unbefristeter Arbeitsvertrag)	− 0,109	< 0,0001	− 0,076	< 0,0001
teilzeitbeschäftigt (Referenz: vollzeitbeschäftigt)	− 0,016	< 0,0001	0,008	< 0,0001
Altersteilzeit (Referenz: keine Altersteilzeit)	0,350	< 0,0001	0,290	< 0,0001
Tarifbindung (Referenz: keine Tarifbindung)	− 0,007	< 0,0001	0,057	< 0,0001
Zulagen für Schicht-, Wochenend-, Feiertags- und Nachtarbeit (Referenz: keine Zulagen)	0,059	< 0,0001	0,065	< 0,0001
Ostdeutschland (Referenz: Westdeutschland)	− 0,270	< 0,0001	− 0,219	< 0,0001
Ballungsraum (Referenz: kein Ballungsraum)	0,027	< 0,0001	0,037	< 0,0001
Unternehmensgröße (Referenz: 1 000 Arbeitnehmer und mehr)				
10 bis 49 Arbeitnehmer	− 0,135	< 0,0001	− 0,093	< 0,0001
50 bis 249 Arbeitnehmer	− 0,089	< 0,0001	− 0,063	< 0,0001
250 bis 499 Arbeitnehmer	− 0,044	< 0,0001	− 0,028	< 0,0001
500 bis 999 Arbeitnehmer	− 0,017	< 0,0001	− 0,013	< 0,0001
beherrschender Einfluss der öffentlichen Hand (Referenz: kein oder eingeschränkter Einfluss der öffentlichen Hand	− 0,014	< 0,0001	0,001	0,3245
Wirtschaftsgruppendummies	Anhang 3	Anhang 3	Anhang 3	Anhang 3
Konstante	2,408	< 0,0001	2,257	< 0,0001
R-Quadrat	0,784		0,715	
Korrigiertes R-Quadrat	0,784		0,715	
N (Stichprobe)	1 521 219		1 600 076	
Fallzahl hochgerechnet	11 429 617		8 902 410	

abhängige Variable: logarithmierter Bruttostundenverdienst

Quelle: Statistisches Bundesamt (2010, S. 50)

Dieser Koeffizient ist hoch signifikant, aber gleichzeitig auch unter verschiedenen inhaltlichen Aspekten sehr relevant (für den einzelnen Arbeitnehmer in Ostdeutschland, die Tarifverhandlungen, die Wirtschaftspolitik usw.).

Neben der statistischen Signifikanz sind daher immer auch inhaltliche Überlegungen zum Ausmaß des Einflusses einer Variablen angebracht. Dies wird in der Forschungspraxis nach wie vor häufig vernachlässigt.

Abschließend ist zu vermerken, dass die jeweils notwendigen bzw. optimalen Stichprobenumfänge außerdem je nach dem verwendeten Regressionsverfahren variieren. Für die Logistische Regression mit dichotomen, ordinalen und multinomialen abhängigen Variablen, die mittels der Maximum-Likelihood-Methode geschätzt werden, geben Hosmer et al. (2013, S. 401–408) Empfehlungen. Eine Daumenregel für diese Verfahren ist, dass für jede Ausprägung der abhängigen Variablen mindestens 25 Beobachtungen vorliegen sollten (Schendera 2008, S. 169). Hart und Clark schlagen 30–50 Beobachtungen pro exogener Variable vor, um einen Fehler zweiter Art zu vermeiden (Hart und Clark 1999, S. 12).

Eine genauere Darstellung der Ermittlung des Stichprobenumfangs ausgehend von der Fragestellung und in Abhängigkeit vom Vorgehen wird bei Auer und Rottmann (2010, S. 346–347) sowie Bühner und Ziegler (2009, S. 197-200) beschrieben. Bortz (2005) geht im Zusammenhang mit verschiedenen statistischen Verfahren jeweils auch auf das Problem des optimalen Stichprobenumfangs ein. Faul et al. (2009) erläutern die dazu kostenlos verfügbare Software G*Power (http://www.gpower.hhu.de/).

5.10   Übungsaufgaben

Übung 5.1: Bundesliga
Erklärt werden sollen die von zehn verschiedenen Vereinen am Ende der Bundesligasaison erreichten Tabellenpunkte. Als Einflussfaktoren kommen zwei Variablen in Frage: Erstens das Vereinsbudget und zweitens die Bundesligaerfahrung des Trainers. Der Datensatz heißt „Bundesliga_Fiktiv" (.sav, bzw. .dta).

Beschreibung des Datensatzes:

Das Vereinsbudget wird gemessen in Millionen Euro, wobei ein Mindestbudget von 5 Mio. gegeben sein muss, andernfalls hätte der Verein keine Erstligazulassung erhalten. Ausgehend von diesem Mindestbudget bringt im konstruierten Datensatz jede weitere Million 3 zusätzliche Tabellenpunkte. Die Trainererfahrung wird in Jahren gemessen und kann auch bei Null Jahren liegen. Jeweils 5 zusätzliche Jahre Erstligaerfahrung führen zu 3 weiteren Tabellenpunkten.

Die Variante 1 (*Tabellenpunkte1*, *Vereinsbudget1*, *Trainererfahrung1*) enthält die erreichten Tabellenpunkte unter folgenden Annahmen. Das Vereinsbudget der 10 Vereine liegt zwischen 5 und 14 Mio. €. Das Minimumbudget beträgt 5 Mio. €. Die Trainererfahrung liegt zwischen Null und 45 Jahren. Die sich daraus ergebenden Tabellenpunkte liegen bei allen 10 Vereinen bei 37 Punkten (*Tabellenpunkte1*).

In der Variante 2 hat Verein Nr. 10 ein Budget von 20 Mio. €, alle anderen Daten der beiden unabhängigen Variablen bleiben unverändert. Die resultierenden Tabellenpunkte enthält die Variable *Tabellenpunkte2*.

In der Variante 3 hat Verein Nr. 10 ein Budget von 20 Mio. € und einen Trainer mit 10 Jahren Erfahrung, alle anderen Werte der unabhängigen Variablen sind unverändert. Die resultierenden Tabellenpunkte enthält die Variable *Tabellenpunkte3*. In der Variante 4 besitzt der Trainer von Verein Nr. 1 insgesamt 60 Jahre Erstligaerfahrung und Verein Nr. 10 hat ein Budget von 20 Mio., die anderen Werte der unabhängigen Variablen bleiben gleich. Die resultierenden Tabellenpunkte enthält die Variable *Tabellenpunkte4*.

Aufgaben:

a) Sehen Sie sich die Daten und die Streudiagramme für die folgenden Variablenpaare an: *Tabellenpunkte1* und *Vereinsbudget1* sowie *Tabellenpunkte1* und *Trainererfahrung1*; *Tabellenpunkte2* und jeweils *Vereinsbudget2* und *Trainererfahrung2*. Welche Schlüsse ziehen Sie aus den Daten bzw. Plots?

b) Werfen Sie einen Blick auf die Daten und Streudiagramme folgender Variablenpaare: *Tabellenpunkte3* und *Vereinsbudget3* sowie *Trainererfahrung3*; *Tabellenpunkte4* und *Vereinsbudget4* sowie *Trainererfahrung4*.
Welche Schlüsse ziehen Sie aus den Daten bzw. Plots?

c) Berechnen Sie eine multiple lineare Regression mit dem Tabellenplatz als abhängiger und Vereinsbudget und Trainererfahrung als unabhängigen Variablen auf der Grundlage der Daten von Variante 1.
Interpretieren Sie Ihre Ergebnisse.

d) Berechnen Sie dieselbe Spezifikation für die Daten der Varianten 2 bis 4.
Interpretieren Sie Ihr Ergebnis.

e) Berechnen Sie die folgenden Spezifikationen:
Abhängige Variable: Tabellenpunkte2, unabhängige Variable: Vereinsbudget2.
Abhängige Variable: Tabellenpunkte2, unabhängige Variable: Trainererfahrung2.
Abhängige Variable: Tabellenpunkte3, unabhängige Variable: Vereinsbudget3.
Abhängige Variable: Tabellenpunkte3, unabhängige Variable: Trainererfahrung3.
Abhängige Variable: Tabellenpunkte4, unabhängige Variable: Vereinsbudget4.
Abhängige Variable: Tabellenpunkte4, unabhängige Variable: Trainererfahrung4.

f) Berechnen Sie die partiellen Korrelationen zwischen jeweils den Trainererfahrungen 1 bis 4 und den Vereinsbudgets 1 bis 4. Was stellen Sie fest?

Übung 5.2: Eurovision Song Contest

Rufen Sie den Datensatz EurSongCont.sav bzw. EuroSonCont.dta auf. Das Beispiel kennen Sie aus dem Anhang 3.1 zu Kap. 3. Schätzen Sie die folgende Regression:

$$Punkte = b_0 + b_1 LandNumer + b_2 Englisch + b_3 Host + b_4 Startplatz + e.$$

Welche Variable ist einflussreich? Verwenden Sie als nächsten Schritt zur Überprüfung der Homoskedastie einen Residuenplot. Welche Schlussfolgerungen ziehen Sie aus dem Streudiagramm?

Logarithmieren Sie jetzt die Variable *Punkte* und wiederholen sie die Schätzung mit dieser neuen abhängigen Variablen. Sehen Sie sich den Residuenplot der neuen Schätzung an. Was bemerken Sie?

Übung 5.3: Arbeitslosigkeit in Schweden

Ermitteln Sie noch einmal auf der Grundlage des Datensatzes „Schweden_Makrodaten_ 1960-2015" die folgende Regression:

$Unemployment = b_0 - b_1 Inflation + b_2 RealWageGrowth - b_3 GDP\_growth + b_4 Population + b_5 Imports + e.$

Überprüfen Sie die Regressionsergebnisse auf Autokorrelation 1. Ordnung, Heteroskedastie (mittels statistischem Test und Diagramm der Residuen), Multikollinearität und einflussreiche Beobachtungen.

Übung 5.4: Beantworten Sie folgende Fragen

a) Welche Folgen hat Multikollinearität zwischen den Variablen eines Datensatzes?
b) Wann ist in einem Datensatz mit Autokorrelation 4. Ordnung zu rechnen?
c) Was besagt es, wenn eine Schätzmethode konsistent ist?
d) Erläutern Sie, wozu der White-Tests dient. Wie lautet die Nullhypothese dieses Tests?
e) Erklären Sie, was eine robuste Regression ist und was robuste Standardfehler kennzeichnet.
f) Was unterscheidet Ausreißer und einflussreiche Beobachtungen?
g) Inwiefern kann Heteroskedastie auch ein Indiz für eine Fehlspezifikation der Regressionsgleichung sein?
h) Der VIF-Wert zweier Variablen in Ihrer Regression liegt bei 145,63 und 98,55. Wie interpretieren Sie dies?
i) Diskutieren Sie, ob der RESET-Test geeignet ist, die Fehlspezifikation einer Regression zu überprüfen.
j) Erläutern Sie, in welchem Fall eine Fehlspezifikation in Form einer nicht berücksichtigten, aber tatsächlich einflussreichen Variablen, ihre Regressionskoeffizienten nicht verzerrt.
k) Welche Informationen liefert Cook's D?
l) Die Durbin-Watson-Teststatistik beträgt 3,68. Wie interpretieren Sie dies?

A Anhang

Anhang 5.1: Schätzverfahren

Die **OLS-Methode** (KQ-Methode) ist das gängigste Verfahren für die Schätzung der Koeffizienten und der Varianzen in der linearen Regression. Darüber hinaus existieren aber viele andere Ansätze, von denen einige wichtige hier kurz beschrieben werden. Die Koeffizienten sind als bedingte Mittelwerte der abhängigen Variable zu interpretieren.

LAD (Least Absolute Deviation)-Methode: Sie minimiert die Summe der absoluten Abweichungen der Beobachtungen von der geschätzten Regression. Dadurch werden positive und negative Residuen gleich gewichtet (wie bei der OLS-Methode), aber große Abweichungen haben keinen so starken Einfluss, da die Quadrierung wegfällt. Die Koeffizientenschätzungen sind jetzt der bedingte Median der exogenen Variable.

Quantilsregression: Hier werden die negativen und die positiven Abweichungen unterschiedlich gewichtet. Zum Beispiel werden beim 5. Quantil die positiven Residuen mit dem Faktor 2,5 gewichtet und die negativen Residuen mit 0,5. Der geschätzte Koeffizient entspricht dann der Veränderung der höchsten 20 % der abhängigen Variablen, wenn die unabhängige Variable um eine Einheit steigt oder sinkt. Ihr Vorteil ist, nicht auf die Veränderungen im Mittel (bspw. der Lohnerhöhungen) beschränkt zu sein. Man kann so unterschiedliche Entwicklungen, bspw. bei den Lohnempfängern mit den höchsten 20 % der Löhne schätzen.

GLS (Generalized Least Squares)-Methode: Sie gewichtet die Residuen in unterschiedlichem Ausmaß, um Heteroskedastie zu berücksichtigen.

WLS (Weighted Least Squares)-Methode: Es handelt sich um einen Spezialfall der GLS-Methode. Hier werden die Residuen umgekehrt proportional zu ihrer Varianz gewichtet.

ML (Maximum-Likelihood)-Methode: Das Verfahren ermittelt die Koeffizienten, die bei einer bestimmten Verteilung die beobachteten Datenwerte der Stichprobe am wahrscheinlichsten werden lässt. In der Regel wird eine Normalverteilung der Fehler und damit der abhängigen Variablen angenommen. Dann stimmen die Ergebnisse der OLS- und der ML-Schätzer überein.

Momentenmethode (Method of Moments): Hier werden die zu schätzenden Parameter als Gleichung (Funktion) der Momente einer Verteilung aufgefasst. Erwartungswert und Varianz sind das erste und das zweite zentrale Moment einer Verteilung. Zum Beispiel lassen sich mit zwei Momenten und damit zwei Gleichungen zwei Koeffizienten (b_0 und b_1) schätzen.

Die verschiedenen Verfahren werden genauer beschrieben von Baum (2006, S. 72–75, 112–113), Ashley (2012, S. 647–680) und Wooldridge (2013, S. 768–770).

Literatur

Andersen, R. (2007): Modern Methods for Robust Regression, Los Angeles et al.

Angrist, J.D.; Pischke, J.-S. (2009): Mostly Harmless Econometrics, Princeton, New Jersey

Ashley, R. A. (2012): Fundamentals of Applied Econometrics, Hoboken, New Jersey

Auer, B., Rottmann, H. (2010): Statistik und Ökonometrie für Wirtschaftswissenschaftler, Wiesbaden

Babyak, M.A. (2004): What You See May Not Be What You Get: A Brief, Nontechnical Introduction to Overfitting in Regression-Type Models, Psychosomatic Medicine, 66: 411–421

Backhaus, K., Erichson, B., Plinke, W., Weiber, R. (2011): Multivariate Analysemethoden, 13. Auflage, Heidelberg et al.

Baltes-Götz, B. (2016): Generalisierte lineare Modelle und GEE-Modelle in SPSS Statistics. Online-Dokument: https://www.uni-trier.de/fileadmin/urt/doku/gzlm_gee/gzlm_gee.pdf, (Zugriff: 20.11.2016)

Baum, Ch. F. (2006): An Introduction to Modern Econometrics Using Stata, College Station, Texas

Becker, W.E. (2010): Online Handbook for the Use of Contemporary Econometrics in Economic Education Research, https://www.aeaweb.org/about-aea/committees/economic-education/econometrics-training-modules, (Zugriff: 13.09.2016)

Behnke, J. (2005): Lassen sich Signifikanztests auf Vollerhebungen anwenden? Einige essayistische Anmerkungen, Politische Vierteljahresschrift, 46, O-1–O-15, http://www.vs-verlag.de/pvs, (Zugriff: 08.09.2016)

Belsley, D.A. (1991): A Guide to Using the Collinearity Diagnostics, Computer Science in Economics and Management, 4: 33–50

Belsley, D.A., Kuh, E., Welsch, R.E. (1980): Regression Diagnostics, New York

BMBF – Bundesministerium für Bildung und Forschung (2006): Macht Mozart schlau? Die Förderung kognitiver Kompetenzen durch Musik, Bildungsforschung Band 18, Berlin

Bortz, J. (2005): Statistik für Human- und Sozialwissenschaftler, 6. Auflage, Heidelberg

Bortz, J., Döring, N. (2006): Forschungsmethoden und Evaluation, 4. Auflage, Heidelberg

Bortz, J., Döring, N. (2015): Forschungsmethoden und Evaluation, 5. Auflage, Heidelberg

Broscheid, A./ Gschwend, Th. (2005): Zur statistischen Analyse von Vollerhebungen, Politische Vierteljahresschrift, 46 (1): O-16–O-26, (Zugriff: 10.01.2016)

Brosius, F. (2013): SPSS 21, 1. Auflage, München

Bühner, M., Ziegler, M. (2009): Statistik für Psychologen und Sozialwissenschaftler, München

Cameron, L.A., Trivedi, P.K. (2007): Microeconometrics, Methods and Applications, Cambridge et al.

Cameron, L.A., Trivedi, P.K. (2010): Microeconometrics using Stata, Revised Edition, College Station, Texas

Chatterjee, S., Hadi, A. (2012): Regression Analysis By Example, 5th ed., Hoboken

Child, D. (2006). The Essentials of Factor Analysis, Third ed., London et al.

Cohen, J. (1988): Statistical power analysis for the behavioral sciences, 2nd ed., Hillsdale, NJ

Cook, R. D.; Weisberg, S. (1982); Residuals and influence in regression, New York, NY

Cortinhas, C., Black, K. (2012): Statistics for Business and Economics, Chichester UK

Criqui, M. H. (1998): Alcohol and Coronary Heart Disease: A Comparison of Ecologic and Non-Ecologic Studies, in: A. M. Gotto Jr. et al. (Eds.): Multiple Risk Factors in Cardiovascular Disease: 297–302

Dougherty, Ch. (2016): Introduction to Econometrics, 5th ed., Oxford

Faul, F., Erdfelder, E., Buchner, A., Lang, A.-G. (2009): Statistical power analyses using G*Power 3.1: Tests for correlation and regression analyses, Behavior Research Methods, 41 (4): 1149–1160, doi:10.3758/BRM.41.4.1149 (Zugriff: 13.09.2016)

Fox, J. (2000): Nonparametric Simple Regression: Smoothing Scatterplots, Thousand Oaks

Fox, J. (2016): Applied Regression Analysis & Generalized Linear Models, Thousand Oaks

Green, S.B. (1991): How Many Subjects Does it Take to Do a Regression Analysis?, Multivariate Behavioral Research, 26 (3): 499–510

Greene, W.H. (2012): Econometric Analysis, 7th ed., Harlow

Gujarati, D. (2015): Econometrics by Example, 2nd ed., London

Hackl, P. (2013): Einführung in die Ökonometrie, 2. Auflage München

Hamilton, L. C. (2013): Statistics with STATA, Updated for Version 12, Boston Mass.

Hart, R.A., Clark, D.H. (1999): Does Size Matter? Exploring the Small Sample Properties of Maximum Likelihood Estimation, Working Paper, http://polmeth.wustl.edu/files/polmeth/hart99.pdf, (Zugriff: 21.05.2016)

Hayes, A. F., Cai, L. (2007): Using heteroskedasticity-consistent standard error estimators in OLS regression: An introduction and software implementation, in: Behavior Research Methods, 39 (4), 709–722, http://www.afhayes.com/spss-sas-and-mplus-macros-and-code.html (Zugriff: 11.05.2016)

Henderson, D. J., Parmeter, C. F. (2015): Applied Nonparametric Econometrics, New York

Hilbe, J.M. (2014): Modeling Count Data, Cambridge

Hill, R. C.; Griffiths, W. E.; Lim, C. (2008): Principles of Econometrics, Third ed., Hoboken NJ

Höfer, Th., Przyrembel, H., Verleger, S. (2004): New evidence for the Theory of the Stork, Paediatric and Perinatal Epidemiology, 18: 88–92. doi:10.1111/j.1365-3016.2003.00534.x (Zugriff: 20.09.2016)

Hosmer, D.W., Lemeshow, S, Sturdivant, R. X. (2013): Applied Logistic Regression, 3d. Ed., Hoboken, New Jersey

Janssen, J.; Laatz, W. (2007): Statistische Datenanalyse mit SPSS für Windows. 8. Auflage, München

Johnston, J. (1997): Econometric Methods, 4th ed., New York, NY

Kaufman, R. L. (2013): Heteroskedasticity in Regression, Detection and Correction, London

Kelley, K., Maxwell, S.E. (2003): Sample Size for Multiple Regression: Obtaining Regression Coefficients That Are Accurate, Not Simply Significant, Psychological Methods, 8 (3): 305–321

Kennedy, P. (2008): A Guide to Econometrics, 6th Ed., Cambridge

Kmenta, J. (1986): Elements of Econometrics, Second Edition, Anne Arbor

Kockläuner, G. (1988): Angewandte Regressionsanalyse mit SPSS, Braunschweig

Maxwell, S. E. (2000): Sample size and multiple regression analysis, Psychological Methods, 5: 434–458

Menard, S.M. (2002): Applied Logistic Regression Analysis, 2nd Ed., Thousand Oaks, London, New Delhi

O'Brien, R. (2007): A Caution Regrading Rules of Thumb for Variance Inflation Factors, Quality & Quantity, 41: 673–690, DOI 10.1007/s11135-006-9018-6 (Zugriff: 10.09.2016)

Puhani, J. (2001): Statistik, Einführung mit praktischen Beispielen, 9. Auflage, Würzburg

Rauscher, F., Shaw, G., Ky, K. (1993): Music and spatial task performance, Nature, 365: 611

Schendera, Ch. (2008): Regressionsanalyse mit SPSS, München

Schira, J. (2005): Statistische Methoden der VWL und BWL. Theorie und Praxis, 2. Auflage, München

Schnell, R., Hill, P.B., Esser, E. (2013): Methoden der empirischen Sozialforschung, 10. Auflage, München

Schwab, J. (2006): Data Analysis and Computers II, Strategy for Complete Regression Analysis, SW388R7, University of Texas at Austin, slideplayer.com/slide/4510053/ (Zugriff: 16.11.2016)

Skiera, B., Albers, S (2008): Regressionsanalyse, in: Herrmann, A., Homburg, C., Klarmann, M. (Hrsg.): Handbuch Marktforschung, 3. Auflage, Wiesbaden: 467–497

Sribney, William (1998): Comparison of standard errors for robust, cluster, and standard estimators, http://www.stata.com/support/faqs/statistics/standard-errors-and-vce-cluster-option/ (Zugriff: 13.12.2016)

Stata (2011): Stata 12 documentation, Stata Base Reference Manual, Vol. 3, N-R, College Station, Texas

Stata (2013): Stata 13 documentation, Stata Base Reference Manual, R, College Station, Texas

Stata (2015b): Multivariate Statistics Reference Manual, Release 14, College Station, Texas

Statistisches Bundesamt (2010): Verdienstunterschiede zwischen Männern und Frauen 2006, Wiesbaden

Stock, J.H., Watson, M.W. (2014): Introduction to Econometrics, 3rd Ed. Boston

Takezawa, K. (2005): Introduction to Nonparametric Regression, Boston

Tukey, J. W. (1977): Exploratory Data Analysis, Reading, Mass.

UCLA ATS (2011): Using Stata to deal with violations of the homogenity of variance assumption in ANOVA, UCLA: Academic Technology Services, Statistical Consulting Group: http://www.ats.ucla.edu/stat/Stata/library/homvar.htm (Zugriff: 26.10.2016)

Urban, D., Mayerl, J. (2011): Regressionsanalyse: Theorie, Technik und Anwendung, Wiesbaden

VanVoorhis, C.R.W., Morgan, B.L. (2007): Understanding Power and Rules of Thumb for Determining Sample Sizes, Tutorials in Quantitative Methods for Psychology, 3 (2): 43–50

Weisberg, S. (2014): Applied Linear Regression, 4th Ed., Hoboken

Westhoff, F. (2013): An Introduction to Econometrics. A Self-contained Approach, Cambridge, Mass., London

Wewel, M.C. (2006): Statistik im Bachelor-Studium der BWL und VWL, München

Williams, R. (2015a): Outliers, PDF-Dokument, University of Notre Dame, https://www3.nd.edu/~rwilliam/stats2/l24.pdf, (Zugriff: 16.06.2015)

Williams, R. (2015b): Heteroscedasticity, PDF-Dokument, University of Notre Dame, https://www3.nd.edu/~rwilliam/stats2/l25.pdf, (Zugriff: 29.04.2015)

Wissmann, M., Toutenburg, H., Shalabh (2007): Role of Categorial Variables in Multicollinearity in the Linear regression Model, Technical Report No. 008, Department of Statistics, University of Munich

Wooldridge, J.M. (2010): Econometric Analysis of Cross Section and Panel Data, 2nd Ed., Cambridge

Wooldridge, J.M. (2013): Introductory Econometrics – A Modern Approach, 5th Ed., Mason, Ohio

Modellbildung und Variablenauswahl

6

Lernziele

Der Studierende soll:

- überblicken, welche Bedeutung die Identifikation sinnvoller Modellspezifikationen hat und wie dabei prinzipiell vorzugehen ist,
- verstehen, wie der F-Test eingesetzt werden kann, um sich zwischen verschiedenen Modellspezifikationen zu entscheiden,
- wissen, warum die Darstellung der Bandbreite der Schätzergebnisse unterschiedlicher Modellspezifikationen angebracht ist,
- erklären können, was unter dem Overfitting eines Modells zu verstehen ist,
- in der Lage sein, zu erläutern, warum eine sparsame Modellspezifikation anzustreben ist und woran sich diese orientiert,
- einschätzen können, inwieweit das korrigierte Bestimmtheitsmaß ein geeignetes Kriterium für die Modellauswahl darstellt,
- überblicken, welche anderen Verfahren zur Validierung einer Modellspezifikation existieren,
- erläutern können, wie das AIC (Akaike Information Criterion) und das BIC (Bayes Information Criterion) für die Modellauswahl eigesetzt werden können,
- in der Lage sein, verschiedene alternative Modellspezifikationen in einer Tabelle übersichtlich so zu präsentieren, wie dies in wissenschaftlichen Publikationen üblich ist.

▶ **Wichtige Grundbegriffe** Hypothesenvariablen, Kontrollvariablen, restringiertes Modell, unrestringiertes Modell, EBA – Extreme bound analysis, Validierung mittels Teilsampeln, AIC, BIC, Overfitting

© Springer-Verlag GmbH Deutschland 2017
M.-W. Stoetzer, *Regressionsanalyse in der empirischen Wirtschafts- und Sozialforschung Band 1*, DOI 10.1007/978-3-662-53824-1_6

6.1 Überblick

Jedem empirischen Forschungsprojekt liegen eine oder mehrere Problemstellungen zugrunde, aus denen konkrete Hypothesen abzuleiten sind (Abschn. 6.2). Um diese Hypothesen zu überprüfen, werden Regressionsgleichungen spezifiziert und dann geschätzt. Dabei sind in der Regel sehr viele verschiedene Zusammenhänge zwischen den vielen möglichen Einflussfaktoren denkbar. Abschn. 6.3 erläutert die Gesichtspunkte und Verfahren bei der Suche nach geeigneten Variablen einschließlich eines sinnvollen funktionalen Zusammenhangs zwischen der abhängigen und den unabhängigen Variablen. Das folgende Abschn. 6.4 beschreibt die in der Forschungspraxis übliche Präsentation der Resultate einer Regressionsanalyse und abschließend enthält Abschn. 6.5 kurze Hinweise zur Durchführung in SPSS und Stata.

6.2 Hypothesenbildung

Welche Variablen sind in welcher Form in einer Spezifikation zu berücksichtigen? Dieses Problem stellt sich zunächst hinsichtlich der Frage, welche Variablen überhaupt in der Regressionsgleichung bleiben und welche eliminiert werden sollten. Darüber hinaus, ist zu klären in welcher der vielfältigen Formen, die mittels Variablentransformationen möglich sind, eine Variable Berücksichtigung finden soll. Grundsatz ist dabei, dass ein theoretisch fundiertes und gleichzeitig „**sparsames**" **Modell** (parsimonious model) einem ad-hoc „zusammengewürfelten" Modell mit unüberschaubar vielen Variablen vorzuziehen ist.

Das Vorgehen kann in folgende drei Schritte gegliedert werden: Erstens die Klärung der Fragestellung und Hypothesenbildung, zweitens die Auswahl der Kern- und Kontrollvariablen und drittens die Klärung der genauen Modellspezifikation unter Berücksichtigung von Variablentransformationen.

Zunächst ist im ersten Schritt die zentrale Problemstellung der Untersuchung zu klären und herauszuarbeiten, welche Variablen zur Überprüfung notwendig sind. Von großer Bedeutung ist es dabei eine **präzise und auch noch möglichst interessante Fragestellung** zu entwickeln.

Folgendes Beispiel illustriert diese Aussage. Bei einer Analyse der unterschiedlichen Grundstückpreise ist es nicht sinnvoll, global und das heißt schwammig „die wichtigen Einflussfaktoren der Grundstückspreise" zu untersuchen. Besser ist es, eine konkrete Problemstellung zu entwickeln, etwa: „Welchen Einfluss hat die Nähe zum Stadtzentrum auf die Grundstückspreise?" Eine solche Globalhypothese muss dann weiter präzisiert werden, damit eine klare Identifikation der endogenen und exogenen Variablen möglich ist. So ist es im Beispiel notwendig, zu klären, was unter „Nähe" verstanden wird. Geeignete Indikatoren sind etwa die Fahrtzeiten mit öffentlichen Verkehrsmitteln oder dem PKW und die Entfernung in Kilometern als Luftlinie oder auf öffentlichen Straßen. Hier sind ggf. auch Entfernungen zur nächsten Haltestelle der öffentlichen Verkehrsmittel, Häufigkeiten von Verkehrsstaus, verfügbare Parkplätze usw. zu berücksichtigen. Auch der Begriff „Stadtzentrum" muss klar definiert sein. Bei diesen Präzisierungen sind inhaltliche Überlegungen anzustellen, die sich aus der Problemstellung der Untersuchung ergeben. Durch eine solche Präzisierung wird die empirische Untersuchung häufig erheblich interessanter und außerdem leichter zu bewältigen, da die einschlägige Literatur so deutlich enger abgegrenzt wird.[1]

Das konkrete Vorgehen wird als **Hypothesenbildung** bezeichnet und ist ein fundamentales Merkmal jeder wissenschaftlichen Untersuchung. Wichtig ist, dass mit der Präzisierung und Formulierung von Hypothesen klarer wird, welche Variablen denn überhaupt den Mittelpunkt der Analyse bilden. Dazu sind relevante Theorien der VWL und BWL sowie der angrenzenden Sozialwissenschaften ebenso heranzuziehen wie vorhandene empirische Untersuchungen oder auch Expertengespräche. Im einfachsten Fall sind dies genau eine abhängige und eine unabhängige Variable, die entsprechend zusammen den Kern der Spezifikation bilden. Im Allgemeinen existieren aber mehrere Hypothesen und damit exogene Variablen, die die **Hypothesenvariablen (Kernvariablen)** bilden. Üblich sind die Formulierung von drei bis fünf Hypothesen und damit die Festlegung einer entsprechenden Zahl von Kernvariablen. Diese Aussagen sind natürlich als Daumenregeln zu verstehen. Es ist aber fast immer unsinnig, 20 oder mehr Hypothesen aufzustellen. Die exogenen Kernvariablen werden zur Verdeutlichung durchgehend als erste unabhängige Variable auf der rechten Seite der Regression eingefügt.

Daran anschließend sind weitere relevante Einflussfaktoren zu identifizieren. Dies sind **Kontrollvariablen**. Sie stellen sicher, dass keine tatsächlich einflussreichen Variablen unberücksichtigt bleiben. Diese Kontrollvariablen stehen aber nicht im Fokus des inhaltlichen Interesses, haben also mit der Problemstellung der Arbeit nichts zu tun.

Dieser erste Schritt – der vor der Regressionsanalyse liegt – widmet sich vor allem der systematischen Sichtung und Auswertung der vorhandenen Literatur. Das Ergebnis ist ein Pool von exogenen Variablen, der die Hypothesenvariablen sowie unverzichtbare Kontrollvariablen enthält. Darüber hinaus können in der Regel aber auch „unsichere" exogene Variable identifiziert werden, deren mögliche Relevanz offen ist. Außerdem ist bei den Hypothesen- und Kontrollvariablen in der Regel die funktionale Form des Zusammenhangs mit der abhängigen Variablen offen.

---

[1] Die im Kap. 1 in der Übersicht 1.1 genannten Beispiele für Problemstellungen der Regressionsanalyse sollten also fast alle noch weiter konkretisiert werden!

6.3   Modellspezifikation

6.3.1   Auswahl der Variablen und komplexere Hypothesen

In die Ausgangsspezifikation der Regressionsgleichung werden die Hypothesenvariablen und die sicheren Kontrollvariablen sowie weitere „unsichere", das heißt nur möglicherweise einflussreiche Kontrollvariablen aufgenommen.

Der zweite Schritt prüft mögliche Transformationen der exogenen und endogenen Variablen. Auch dabei werden nur Transformationen und Interaktionseffekte in Betracht gezogen, die inhaltlich begründet sind! Wenn sich dies substantiell fundieren lässt, werden die Kernvariablen entsprechend transformiert – bspw. der Logarithmus der abhängigen und unabhängigen Variablen verwendet – und ggf. Interaktionseffekte hinzugefügt. Dasselbe wird für die Kontrollvariablen durchgeführt. Nach Berechnung dieser verschiedenen Regressionen können in der Regel einige der (unsicheren) Kontrollvariablen aus der weiteren Betrachtung ausgeschlossen werden, weil für diese die Nullhypothese auch im Fall verschiedener Spezifikationen nicht abzulehnen ist. Ziel ist es, so zu einem theoriegeleiteten empirischen Modell zu gelangen.[2]

In diesem Kontext ist auch zu prüfen, ob ein **gemeinsamer Einfluss mehrerer Variablen** vorliegt. Der t-Test untersucht lediglich die Nullhypothese für die individuellen Koeffizienten und kann dazu nicht herangezogen werden. Außerdem wissen wir, dass bei Multikollinearität von zwei (oder mehr) Variablen der gemeinsame Erklärungsbeitrag groß sein kann, obwohl die individuellen t-Tests nicht signifikant sind.

Zur Überprüfung des gemeinsamen Einflusses mehrerer Variablen verwenden wir einen F-Test. In unserem PKW-Beispiel geht es bspw. darum, ob die Variablen *Weiblich* ($= X_4$) und der Interaktionseffekt von Weiblich und Kontakte *InterWeiblichKontakte* ($= X_5$) gemeinsam einen signifikanten Erklärungsbeitrag für die Zahl der verkauften PKW besitzen. Hier ist dazu noch einmal die Gl. 6.1 entsprechend Abschn. 3.4 wiedergegeben:

$$\begin{aligned} Menge = {} & 104{,}54^{***} + 3{,}01 \, Kontakte^{***} - 1{,}46 \, Preis^{**} \\ & + 2{,}42 \, Budget^{***} - 3{,}18 \, Weiblich + 0{,}18 \, InterWeiblichKontakte. \end{aligned} \tag{6.1}$$

Allgemein formuliert lautet die Spezifikation (wobei unverändert X_1 die Kontakte, X_2 der Preis und X_3 das Budget sind):

$$Y = b_0 + b_1 X_1 + b_2 X_2 + b_3 X_3 + b_4 X_4 + b_5 X_5 + e. \tag{6.2}$$

Die Hypothese zum gemeinsamen Einfluss von X_4 und X_5 lautet: „H_0: b_4 *und* $b_5 = 0$".

---

[2] Dies gilt für die Verwendung der Regression als Methode, um Hypothesen zu testen und kausale Beziehungen zu überprüfen. Wird die Regression eingesetzt, um bestmögliche Prognosen zu erzielen, spielen theoretische Vorüberlegungen und Hypothesen keine (oder zumindest eine geringere) Rolle.

Um dies zu überprüfen, vergleichen wir ein **restringiertes (restricted) Modell** – auch als reduziertes Modell bezeichnet – mit einem **unrestringierten (unrestricted) Modell**.[3] Unrestringiert (nicht-restringiert) ist eine Spezifikation, die alle möglichen Variablen enthält. Dies ist die Gl. 6.2. Sie schließt a-priori keine Variablen aus. Restringiert ist eine Spezifikation, die bestimmte Variable nicht enthält, die im unrestringierten Modell enthalten sind. Im Beispiel lassen wir die uns gemeinsam interessierenden Variablen X_4 (*Weiblich*) und X_5 (*InterWeiblichKontakte*) weg. Dies führt zu:

$$Y = b_0 + b_1 X_1 + b_2 X_2 + b_3 X_3 + e. \tag{6.3}$$

Die Frage lautet jetzt, ob das unrestringierte Modell 6.2 die Gesamtstreuung (bzw. Varianz) der abhängigen Variable Y besser erklärt als das restringierte Modell 6.3. Dies ist anders ausgedrückt das Problem, ob der Term „$b_4 X_4 + b_5 X_5$" des Modells 6.2 signifikant zur Erklärung der Entwicklung der Zahl der verkauften PKW beiträgt oder nicht. Wenn die obige Nullhypothese nicht abgelehnt werden kann, gibt es keine große Differenz in der Erklärungskraft zwischen beiden Spezifikationen. Die Erklärungskraft messen wir anhand der Verringerung des Mittels der Quadrate der Residuen. Falls b_4 *und* b_5 gleich Null sind, wird das restringierte Modell 6.3 das Mittel der Quadrate der Residuen kaum vergrößern. Zur Erinnerung: Die Residuen sind das, was durch die Regressionsgleichung nicht erklärbar ist. Das Verfahren ist uns bekannt, denn im Abschn. 2.3.2 war ein solcher F-Test – dort allerdings hinsichtlich aller unabhängigen Variablen gemeinsam – bereits dargestellt worden.[4]

Das Prinzip dieses Tests ist auf die verschiedensten Fälle und Hypothesen anwendbar. Zum Beispiel können die Variablen des unrestringierten Modells auch die einfache und die quadrierte Zahl der Kontakte sein. Wichtig ist allerdings, dass das unrestringierte Modell immer eine Erweiterung des restringierten Modells um mindestens eine oder mehrere zusätzliche Variablen darstellt. Das restringierte Modell darf also keine Variablen enthalten, die im unrestringierten Modell nicht auftauchen.

Mit Modifikationen solcher Tests lassen sich die verschiedensten Hypothesen zu den Koeffizienten überprüfen. Dazu zählen zum Beispiel folgende Tests:

- mehrere der Regressionskoeffizienten sind gleich Null,
- verschiedene Regressionskoeffizienten stimmen überein,
- ein Koeffizient entspricht einem bestimmten Wert,
- die Summe zweier (oder mehrerer) Koeffizienten stimmt mit einem bestimmten Wert überein.

---

[3] Andere Begriffe hierfür sind: Eingebettetes Modell (nested model), verschachteltes Modell oder (hierarchisch) geschachteltes Modell.
[4] Anders ausgedrückt ist das restringierte Modell (nested model) im nicht-restringierten Modell enthalten. Andernfalls handelt es sich um „non-nested models".

Detailliertere Anwendungen von F-Tests für die verschiedensten Fragestellungen enthalten Murray (2006, Kapitel 9), Stock und Watson (2014, S. 261–271) und Chatterjee
und Hadi (2012, S. 71–81).

6.3.2 Auswahl des Gesamtmodells: R^2, AIC und BIC

Der vorhergehende Abschnitt zielte darauf ab, bestimmte Variablen (und Variablentransformationen) als irrelevant aus der Untersuchung auszuschließen. Im Allgemeinen existieren aber auch danach noch mehrere Regressionsmodelle, das heißt unterschiedliche
Spezifikationen der Zusammenhänge, die inhaltlich und statistisch plausibel sind. Dann
ist im nächsten Schritt zu klären, welches Modell von den üblichen ca. vier bis acht solcher Spezifikationen das „richtige" ist.

Zur Lösung dieses Problems wird in praxisorientierten Regressionsanalysen häufig das
Vorliegen eines hohen (korrigierten) R^2 mit einer großen Erklärungskraft des Modells
gleichgesetzt und umgekehrt ein niedriges (korrigiertes) R^2 als Beweis eines „schlechten"
Modells interpretiert. Beide Schlussfolgerungen sind jedoch nur sehr eingeschränkt richtig
und in keinem Fall zwingend.

Zur Verdeutlichung dieser Behauptung werden vier unterschiedliche Datensätze analysiert. Die vier Datensätze sind im Anhang 6.1 sowie als Datenfiles unter „Anscom-
be_1973.sva bzw. .dta" zu finden (Anscombe 1973). Die Tabelle enthält jeweils elf Beobachtungswerte für eine abhängige Variable Y_i und eine dazugehörige unabhängige Variable X_i. In Tab. 6.1 sehen wir die aus den Daten resultierenden deskriptiven Statistiken für
den Mittelwert und die Varianz von X und Y.

Alle vier Datensätze führen zu (fast) identischen Mittelwerten bzw. Varianzen. Auch
der einfache Pearson-Korrelationskoeffizient liegt in allen vier Fällen übereinstimmend
bei 0,816. Die Koeffizientenschätzungen der linearen OLS-Regressionen betragen immer:
$\hat{Y}_i = 3,00 + 0,50X_i$. Außerdem ist in allen vier Fällen das Gesamtmodell auf dem 1-%-
Niveau signifikant und dies gilt ebenso für die geschätzten Koeffizienten b_0 und b_1.

Die grafische Analyse in Abb. 6.1 macht aber deutlich, dass sich hinter den über-
einstimmenden Regressionsergebnissen extrem unterschiedliche Zusammenhänge verber-
gen.

Die Abb. 6.1a links oben zeigt eine einfache lineare Beziehung von Y_1 und X_1. Der
Zusammenhang wird durch die Regressionsgerade adäquat beschrieben, entsprechend bestätigt ein genauerer Blick auf die Residuen, dass hier Homoskedastie vorliegt.

Tab. 6.1 Deskriptive Statistiken

Mittelwert von X_1 bis X_4	9
Varianz von X_1 bis X_4	11
Mittelwert von Y_1 bis Y_4	7,50 (gerundet)
Varianz von Y_1 bis Y_4	4,12 bzw. 4,13 (gerundet)

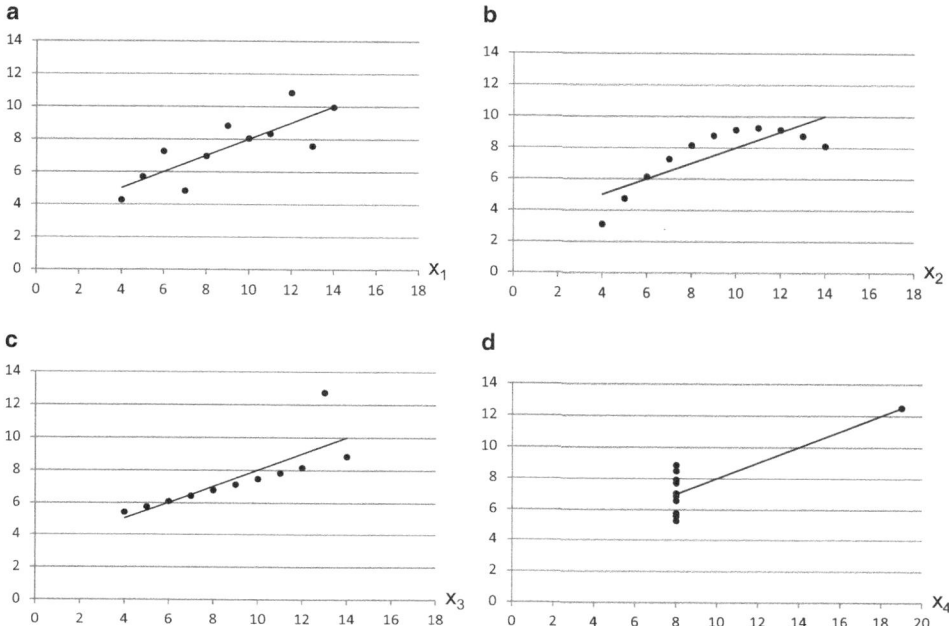

Abb. 6.1 Streudiagramme der Anscombe-Daten

In der Abb. 6.1b rechts oben ist offensichtlich die lineare Regression eine irreführende Analyse der wahren Zusammenhänge: Es liegt eine nichtlineare Beziehung von Y_2 und X_2 vor. Die Abb. 6.1c links unten beschreibt prinzipiell eine perfekte lineare Abhängigkeit der exogenen Variablen Y_3 von X_3. Allerdings existiert eine Beobachtung bei $X_3 = 13$, die einen Ausreißer darstellt. Schließlich illustriert die Abb. 6.1d rechts unten einen Fall, bei dem das gesamte Schätzergebnis von einer einzigen Beobachtung (bei $X_4 = 19$) determiniert wird. Der ermittelte Koeffizientenwert kann daher kaum als besonders verlässlich eingeschätzt werden, ein linearer Einfluss von X_4 auf Y_4 ist schwerlich abzuleiten.

In Tab. 6.2 sind verschiedene Größen zur Beurteilung des Modellfits der vier Datensätze aus Abb. 6.1 zu finden, darunter auch das uns bereits aus Kap. 2 bekannte Bestimmtheitsmaß (R^2) und das korrigierte Bestimmtheitsmaß ($\bar{R}^2$).

Tab. 6.2 Kriterien des Modellfits

Modell	R^2	$\bar{R}^2$		AIC	BIC
a) Y1, X1	0,67	0,63		37,681	38,477
b) Y2, X2	0,67	0,63		37,692	38,488
c) Y3, X3	0,67	0,63		37,676	38,472
d) Y4, X4	0,67	0,63		37,665	38,461

Aus dem **in allen vier Beispielen** a) bis d) mit 0,67 recht **hohen R^2** ergibt sich, dass dessen Höhe nichts darüber aussagt, ob der zugrundeliegende wahre Zusammenhang „richtig" erfasst worden ist. Im Fall b) ist er hoch, obwohl der geschätzte lineare Zusammenhang und damit Koeffizientenwert „falsch" ist. Im Fall d) ist trotz des hohen R^2 der Zusammenhang prinzipiell unsicher, weil er nur von einer einzigen Beobachtung abhängt. Im Fall c) ist das R^2 (eigentlich) zu niedrig ausgewiesen: Der Zusammenhang würde zu einem R^2 in Höhe von 1 führen, wenn nicht eine Beobachtung bei $X_3 = 13$ existieren würde, die als Ausreißer den Koeffizientenwert stark nach oben verzerrt und das R^2 auf 0,67 verringert.[5] Alle diese Schlussfolgerungen gelten auch für das korrigierte R^2, das immer bei 0,63 liegt.

Zusammenfassend stellen wir fest, dass ein hoher oder niedriger Wert des R^2 (und des $\bar{R}^2$) nichts darüber aussagen, ob das Regressionsmodell „gut" oder „schlecht" ist. Die Abbildungen verdeutlichen weiterhin, dass erstens eine grafische Analyse der Beziehungen zwischen den Variablen angebracht ist und zweitens Ausreißer, einflussreiche Beobachtungen und nichtlineare Beziehungen – wie im Kap. 5 erläutert – überprüft werden sollten. Nur die relative Größe des $\bar{R}^2$ bei dem Vergleich verschiedener Spezifikationen mit identischer abhängiger Variable (!) hat eine gewisse Aussagekraft. Um dies zu illustrieren, sehen wir uns den Output der Lösung zu Übungsaufgabe 3.5 Teilfrage b) an. Dies ist die Abb. 11.14 im Lösungsteil. Dort werden die folgenden beiden Spezifikationen zur Erklärung der Arbeitslosigkeit verwendet:

$$Unemployment = b_0 + b_1\ Inflation + b_2\ Inflation2 + \dots \qquad (6.4)$$

$$Unemployment = a_0 + a_1\ LnInflation + \dots \qquad (6.5)$$

Beide Spezifikationen haben eine identische abhängige Variable (*Unemployment*). Aber bei den exogenen Variablen besteht ein Unterschied in der funktionalen Form des Einflusses der Variable *Inflation*. Dieser ist in Gl. 6.4 als Polynom zweiten Grades spezifiziert und in der Gl. 6.5 als natürlicher Logarithmus dieser Variable. Ansonsten sind die beiden Spezifikationen identisch. Welche von beiden ist besser geeignet *Unemployment* zu erklären? Da keines der beiden Regressionsmodelle 6.4 und 6.5 eine restringierte Version des anderen darstellt (beide Spezifikationen sind nicht verschachtelt), können wir den oben erläuterten F-Test nicht verwenden. Ein Blick auf die t-Werte der Koeffizienten b_1, b_2 und a_1 zeigt, dass alle auf dem 5-%-Niveau signifikant sind. Auch so ist also eine Entscheidung zwischen Gl. 6.4 und 6.5 nicht möglich. Aber wir können jetzt das $\bar{R}^2$ verwenden. Es liegt im Modell 6.4 bei 0,81 und im Modell 6.5 bei 0,68 (jeweils gerundet). Die Spezifikation des Modells 6.4 ist also deutlich besser. Allerdings ist diese Aussage nur im Vergleich zu Modell 6.5 möglich und richtig.

Die bisherigen Überlegungen lassen sich wie folgt zusammenfassen: Für die Modellauswahl muss entschieden werden, welche der unsicheren Kontrollvariablen tatsächlich einflussreich sind. Wenn sie sich als statistisch signifikant erweisen, nehmen wir sie end-

---

[5] Weitere Beispiele sind leicht zu konstruieren, siehe dazu Chatterjee und Firat (2007).

gültig in die Regression auf. Wenn nicht, ist zu untersuchen, ob ihr Einbezug bzw. ihre Entfernung aus der Regressionsgleichung die Koeffizientenschätzungen anderer Variablen – insbesondere der Hypothesenvariablen – beeinflusst. Ist dies der Fall, bleiben sie in der spezifizierten Gleichung. Darüber hinaus ist zu berücksichtigen, ob von diesen Variablen einige zusammen einflussreich sind. Dies ist mit Hilfe eines F-Tests überprüfbar. Andernfalls werden diese Variablen aus der Regression entfernt – also nicht weiter berücksichtigt. Dieses Vorgehen ist außerdem mit transformierten Variablen zu wiederholen, zumindest, wenn es in der Literatur Hinweise auf nichtlineare Beziehungen gibt. Es stellt sich dann noch die Frage, ob diese Transformation zum Beispiel als Logarithmierung oder alternativ als Quadrierung und zusätzliche Aufnahme der quadrierten Variable in die Regressionsgleichung erfolgen soll. Diesbezüglich ist das **korrigierte Bestimmtheitsmaß** ein sinnvolles Kriterium (Wooldridge 2013, S. 202–203). Es wird das Modell gewählt, dessen korrigiertes Bestimmtheitsmaß größer ist (siehe dazu bereits Abschn. 3.3).

Andere Maßstäbe, um verschiedene Modelle zu vergleichen, sind die sogenannten Informationskriterien (Information criteria). Hierzu zählen das **AIC (Akaike's information criterion)** und das **BIC (Schwarz's Bayesian information criterion)** (Cameron und Trivedi 2010, S. 359). Sie werden erstens verwendet, wenn aufgrund einer sehr großen Zahl von Beobachtungen, extrem viele exogene Variable signifkant werden. Dann helfen uns die behandelten t- und F-Tests nicht weiter, um ein sparsames Modell zu identifizieren. Dies gilt auch für das korrigierte R^2. Dieses bestraft nämlich die Aufnahme zusätzlicher exogener Variablen in geringerem Umfang als das AIC und das BIC. Zweitens sind diese Kriterien einsetzbar, wenn das R^2 der klassischen linearen OLS-Regression nicht existiert. Dies ist bei den hier nicht behandelten Schätzverfahren der Logistischen Regression der Fall. Drittens bieten AIC, BIC und $\bar{R}^2$ die Möglichkeit, auch zwischen nicht verschachtelten Modellen (non-nested models) zu diskriminieren.

AIC und BIC liegen beide im negativen oder im positiven Wertebereich. Ihre absolute Größe hat – anders als das R^2 – keine inhaltliche Bedeutung. Es ist von verschiedenen Spezifikationen das Modell vorzuziehen, das den kleinsten positiven bzw. negativen AIC-bzw. BIC-Wert aufweist. AIC und BIC können genauso wie das R^2 und das korrigierte R2 nicht benutzt werden, um Modelle mit unterschiedlichen Datensätzen bzw. unterschiedlichen endogenen Variablen zu vergleichen. Zum Beispiel sind sie in allen vier Modellen aus Abb. 6.1 fast gleich groß (siehe Tab. 6.2), obwohl nur das Modell a) verwendbar ist. Die Verwendung aller Kriterien ist nur zulässig, wenn die endogene Variable bei verschiedenen Modellspezifikationen identisch ist (siehe dazu bereits Abschn. 3.3).[6]

Eine gute Darstellung zur Modellauswahl findet sich bei Hilbe (2014, S. 116–122). Genauere Erläuterungen geben auch Chatterjee und Hadi (2012, S. 299–334), Weisberg (2014, S. 234–251) und insbesondere Fox (2016, S. 671–685).

---

[6] Das heißt zum Beispiel, bei einer Spezifikation mit erstens der unveränderten endogenen Variable Y und zweitens der logarithmierten endogenen Variablen lnY ist das (korrigierte) Bestimmtheitsmaß beider Regressionsschätzungen nicht vergleichbar.

Bei der Verwendung des $\bar{R}^2$, AIC oder BIC zur Beurteilung von Modellen ist außerdem **Overfitting** ein Problem.[7] Abb. 6.2 zeigt 44 Beobachtungswerte für den Zusammenhang der Größe und der Zahl der Patentanmeldungen von Unternehmen. Eine einfache lineare Regression – als durchgehende Linie eingezeichnet – beschreibt den Zusammenhang recht gut. Es ist aber auch möglich, durch die Aufnahme zusätzlicher Potenzen der Unternehmensgröße X (bspw. bis hin zur 6. Potenz, also X, X^2, X^3, X^4, X^5 und X^6) die Beobachtungswerte fast perfekt zu beschreiben. Eine solche geschätzte Regressionsfunktion ist gestrichelt eingezeichnet. Das resultierende R^2 und in der Regel auch das $\bar{R}^2$ ist größer als bei der linearen Funktion. Aber ist dies auch eine „bessere" Schätzung des unbekannten wahren Einflusses der Unternehmensgröße auf die Zahl der Patentanmeldungen? Die Antwort lautet nein, denn mit großer Wahrscheinlichkeit ist die gestrichelte Linie nur eine gute Beschreibung der konkreten Beobachtungswerte, aber sie ist nicht verallgemeinerbar. Das heißt, der ermittelte komplizierte Zusammenhang gilt nur für den vorliegenden Datensatz, aber kann nicht auf andere Unternehmen übertragen werden. Es wird deutlich, dass die Suche nach einem „guten" empirischen Modell eine Abwägung ist: Einerseits soll die Spezifikation einen hohen Modellfit besitzen, also die Beobachtungswerte gut beschreiben und bspw. tatsächlich nichtlineare Zusammenhänge korrekt widergeben. Andererseits darf die Regression nicht lediglich die speziellen Strukturen der vorliegenden Stichprobe abbilden.

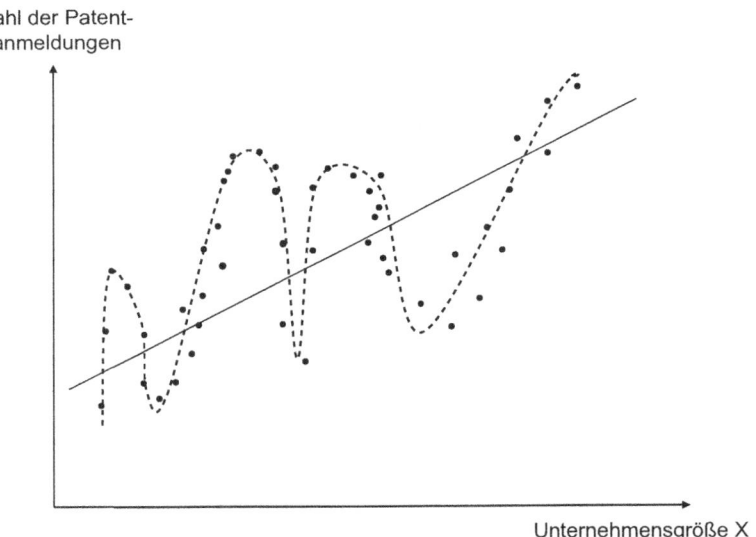

Abb. 6.2 Overfitting

---

[7] Der Begriff Overfitting bezeichnet in der Literatur zum Teil generell das Problem des Einbezugs irrelevanter Variablen (siehe dazu Abschn. 5.7.4). Hier wird der Begriff enger auf die funktionale Form des Zusammenhangs von exogenen und endogenen Variablen bezogen.

Dies führt zur Leitidee, dass die geschätzten Regressionsmodelle ausreichend komplex und hinreichend einfach sein sollen. Die dabei relevanten Überlegungen müssen unter inhaltlichen Gesichtspunkten erfolgen und dürfen nicht nur „datengetrieben" sein. Auch das $\bar{R}^2$, das AIC und das BIC, die alle einen Korrekturfaktor verwenden, um eine zunehmende Zahl von exogenen Variablen zu berücksichtigen, das heißt zu bestrafen, ändern daran nichts.

Ein Lösungsansatz, um die Generalisierbarkeit der Schätzergebnisse zu gewährleisten, ist die **Validierung** mittels der Verwendung von **Teilsampeln** (Holdout-Verfahren). Hierbei wird ein Teil der Beobachtungen verwendet, um die Modellspezifikation zu ermitteln. Anschließend wird überprüft, ob dieses Modell auch für den anderen Teil des Datensatzes gilt. Dieses Verfahren setzt voraus, dass genügend Beobachtungen vorhanden sind und kommt in der praktischen Wirtschaftsforschung (leider) eher selten zum Einsatz. Eine weitere Möglichkeit ist die **Kreuzvalidierung** (Cross-validation) der Resultate. Kuhlmann (2009), Hilbe (2014, S. 122–123) und Fox (2016, S. 690–698) beschreiben beide Methoden genauer.

Standardmäßig wird in der angewandten Regressionanalyse aber die Bandbreite der plausiblen Schätzresultate offengelegt, damit eine fundiertere Beurteilung der Verallgemeinerbarkeit möglich ist. Dies wird in den nächsten beiden Abschnitten erläutert.

6.3.3 Zusammenfassung

Da die Zahl der möglichen und auch berechneten Spezifikationen der Regressionsgleichung dank komfortabler Statistikprogrammpakete leicht in die Hunderte geht, ist zu entscheiden, welche Berechnungen überhaupt durchgeführt werden sollen. Dazu gelten folgende Leitlinien:

Die Regressionsmodelle sollten prinzipiell einfach gehalten werden – sich also eher auf wenige Variable und einfache Zusammenhänge beschränken. Die praktische Durchführung einer Regression ist ein Prozess inhaltlich fundierter sequentieller Regressionen, in dessen Verlauf verschiedene Spezifikationen gegenübergestellt und miteinander verglichen werden. Ausgangspunkt sind die aus den Hypothesen abgeleiteten Kernvariablen und die aus der Literatur bekannten sicheren Kontrollvariablen. Sie bilden zusammen die erste geschätzte Modellspezifikation, das Basismodell. In einer oder mehreren weiteren Spezifikationen wird dieses Modell durch Variablentransformationen und ggf. Interaktionseffekte der endogenen bzw. exogenen Variablen modifiziert. Der nächste Schritt erweitert diese Modelle um die unsicheren Kontrollvariablen.

Dieser Ablauf spiegelt die vermutete Relevanz der exogenen Variablen wieder: Erst werden die wichtigsten exogenen Variablen aufgenommen, dann die weniger relevanten und zum Schluss die unsicheren und fraglichen Variablen. Alle diese Schritte erfolgen jeweils auf der Basis inhaltlicher und methodischer Vorüberlegungen – also nicht lediglich deshalb, weil die Daten das zufällig hergeben oder man auf diese Weise zu „passenden" Ergebnissen gelangt.

Welchen Vorteil bietet diese Vorgehensweise? Es soll innerhalb des plausiblen Rahmens die **Bandbreite der Schätzergebnisse** deutlich werden. Ob die Kernvariablen ihre Vorzeichen wechseln oder hinsichtlich Größe und statistischer Signifikanz stark zwischen den verschiedenen Spezifikationen schwanken, ist durch das sequentielle Vorgehen und die entsprechenden „extremen" Spezifikationen der Regressionsgleichung ermittelbar (**EBA – Extreme bound analysis**). Dadurch wird offengelegt, welche Schätzergebnisse stabil sind, sich also wenig oder gar nicht zwischen den jeweiligen Spezifikationen unterscheiden (Urban und Mayerl 2011; Stock und Watson 2014). Ist dies der Fall, handelt es sich um robuste im Sinne von verlässlichen Koeffizientenschätzungen.

6.4   Präsentation der Resultate

Im abschließenden Schritt werden die Schätzergebnisse ausgewählter Spezifikationen zusammengefasst und übersichtlich präsentiert. In Form einer Tabelle stellen wir die Schätzergebnisse von circa vier bis maximal zehn wichtigen unterschiedlichen Spezifikationen dar. Dabei enthält ein Basismodell die Regression mit den Kernvariablen und den sicheren Kontrollvariablen. Weitere Modelle nehmen darüber hinaus die unsicheren Kontrollvariablen und Spezifikationen mit bspw. transformierten exogenen und endogenen Variablen, möglichen relevanten Interaktionseffekten, sowie alternativen Schätzverfahren auf. Ziel ist es dabei, die Bandbreite der inhaltlich plausiblen Schätzergebnisse offenzulegen. Dies ist das in den wissenschaftlichen Fachzeitschriften übliche Vorgehen.

Die Tab. 6.3 enthält dafür ein Beispiel. Es sind dies die insgesamt sechs Modellspezifikationen und Schätzverfahren der Spalten „model1" bis „model6". Im Kopf der jeweiligen Spalte befindet sich die abhängige Variable (hier *BUSINTransfer* bzw. *LNBUSINtransfer*), eine Nummerierung der Modellvariante (hier model1 bis model6) und ggf. eine Aussage zum Schätzverfahren (hier OLS bzw. Tobit). In den Zeilen stehen die exogenen Variablen untereinander, an deren Ende findet sich die Konstante (*cons*). In diesem Beispiel ist *Gender* die Hypothesenvariable, weil es um Unterschiede zwischen Männern und Frauen geht. Sie steht deshalb in der ersten bzw. zusätzlich als Interaktionseffekt (*Intergenage45* und *Intergenage55*) in der zweiten und dritten Zeile. Alle anderen exogenen Variablen sind sichere Kontrollvariablen. Modell 1 enthält neben den Kontrollvariablen nur die Variable *Gender*. Die Modelle 2 und 3 nehmen zusätzlich inhaltlich fundierte Interaktionseffekte von *Gender* auf. Modell 4 und Modell 6 verwenden als Alternative zur OLS-Schätzung das in diesem Fall sinnvolle Tobit-Schätzverfahren. Bei den Modellen 5 und 6 werden außerdem die metrisch skalierten Variablen logarithmiert, um mögliche nichtlineare Beziehungen zu berücksichtigen.

Der geschätzte Koeffizientenwert der Variable *Gender* im Modell 1 beträgt −383,40 (und ist auf dem 1 %-Niveau signifikant). Dieser Einfluss ist zwar über alle Modelle hinweg negativ, aber im Fall der logarithmischen Spezifikationen (model5 und model6) nicht signifikant. Starke Unterschiede der Koeffizientenschätzungen zwischen den verschiedenen Spezifikationen werden also deutlich: In der Tab. 6.3 sind nur die Koeffizienten-

Tab. 6.3 Darstellung unterschiedlicher Modellspezifikationen. (Quelle: Stoetzer und Osborn 2014, S. 15)

	BUSINTransfer				LNBUSINTransfer	
	model1 OLS	model2 OLS	model3 OLS	model4 Tobit	model5 OLS	model6 Tobit
Gender	-383.40***	-318.13***	-334.73*	-566.43**	-0.7	-1.05
Intergenage45	-	-274.19	-258.07	-315.43	-0.23	-0.21
Intergenage55	-	-	32.47	-	-	-
Age/LN	68.60	52.32	51.93	73.42	-0.52	-0.77
Teachload/LN	-28.37	27.71	-27.89	-44.34	-0.32	-0.39
Adminload/LN	-15.05	-15.39	-15.38	-12.35	-0.10	-0.05
Reserload/LN	15.62	15.58	15.58	27.70	0.47	0.82
Funds/LN	1.74***	1.74***	1.74***	2.81***	0.33***	0.57***
Univtype	96.47	99.76	95.64	777.77**	2.67***	5.0***
Engineer	1144.53***	1132.65***	1137.10***	1226.11***	1.71**	1.6
Medicine	202.85	214.94	213.00	424.09	1.23	1.9
Businessecon	1627.59***	1654.28***	1659.07***	2018.86***	3.36***	4.13***
Socialwork	-101.96	-130.49	-131.72	1141.50**	-3.21***	-6.60**
Basicresearch	-171.39	-172.95	-172.56	-650.09*	-1.61***	-3.31**
cons	-638.25*	-193.09	-181.80	-1157.41	5.87	4.18
N	174	174	174	174	174	174
R2/PseudoR2	0.36	0.37	0.37	0.05	0.37	0.10
F	12.37***	12.05***	12.29***	8.51***	19.90***	9.09***

legend: *p<0.1; **p<0.05; ***p<0.01

schätzungen der beiden Variablen *Funds/LN* und *Businessecon* stabil. Unabhängig von der Spezifikation und dem Schätzverfahren weisen sie immer eine positive Koeffizienten-schätzung auf und sind außerdem durchgehend auf dem 1-%-Niveau signifikant.

Anders als in Tab. 6.3 kann unter den jeweiligen Koeffizientenschätzungen in Klammern auch explizit der dazugehörige Standardfehler bzw. t-Wert und eventuell das ermittelte empirische Signifikanzniveau aufgeführt werden. Am unteren Ende der einzelnen Spalten der fünf Modelle stehen die korrigierten Determinationskoeffizienten (sowie ggf.

AIC bzw. BIC) und deren F-Werte (mit den Signifikanzniveaus). Die Zahl der Beobachtungen n (bzw. N) ist dort ebenfalls aufzuführen, falls die Modelle auf unterschiedlichen Fallzahlen beruhen. In der Tab. 6.3 beträgt n immer gleich 174, deshalb könnte n auch in der Legende unterhalb der Tabelle genannt werden. Die Signifikanzniveaus werden mit Sternchen gekennzeichnet und unter der Tabelle in der Legende erklärt. Zusätzliche Erläuterungen haben ihren Platz ebenfalls unter der Tabelle.

Weitere Anwendungen für die in der Forschungspraxis übliche Präsentation von Regressionsergebnissen finden sich bspw. in den Working Papers des NBER (National Bureau of Economic Research) (http://www.nber.org/papers).

6.5 Durchführung in SPSS und Stata

SPSS
Im PKW-Beispiel untersuchen wir, ob ein Modell, das zusätzlich zu den Kontakten auch die quadrierten Kontakte einbezieht, vorzuziehen ist. Verwendet wird der Datensatz „PKW-Marketing-Beispiel-erweitert.sav". Wie in Kap. 3 bereits erläutert, quadrieren wir die Variable *Kontakte*. Diese neue Variable *Kontakte2* wird auf dem uns bekannten Weg zusätzlich in die Modellgleichung aufgenommen (siehe Abb. 6.3).

Die zusätzliche Variable der quadrierten Kontakte (*Kontakte2*) ist nicht signifikant und im Vergleich zum Modell aus Abschn. 2.2 verschlechtert sich das korrigierte (angepasste) R^2 leicht – von 0,988 auf 0,987. Wir entfernen daher die Variable *Kontakte2* aus der Modellspezifikation, da sie keinen Erklärungsbeitrag liefert.

Im nächsten Schritt werden die Variable *Weiblich* und die Interaktionsvariable *InterWeiblichKontakte* einbezogen. Gleichzeitig wird überprüft, ob beide Variablen gemeinsam einen Erklärungsbeitrag besitzen. Der entsprechende F-Test ist in SPSS wie folgt realisierbar: Im ersten Schritt spezifizieren wir wie üblich unser Basis-Modell mit den drei unabhängigen Variablen *Kontakte*, *Preis* und *Budget*. In SPSS wird dies als Modell 1 bezeichnet. Nach Anklicken des Buttons „Statistiken" setzen wir zusätzlich zur Voreinsstellung ein Häkchen bei „Änderung in R-Quadrat". Die SPSS-Menüoberfläche sieht dann aus wie in Abb. 6.4.

Nach „Weiter" klicken wir im Feld „Block 1 von 1" auf den Button „Nächste" und spezifizieren ein zweites Modell, das zusätzlich zu den drei Ausgangsvariablen die Variablen *Weiblich* und *InterWeiblichKontakte* enthält. Auch jetzt wird nach Anklicken von „Statistiken" ein Häkchen bei „Anpassungen in R-Quadrat" gesetzt. Das erste Modell ist das restringierte Modell und das zweite Modell das unrestringierte Modell. Nach Durchführung der Regression findet sich der oben beschriebene F-Test unter der Überschrift „Modellübersicht" (siehe Abb. 6.5). In der ersten Zeile wird der F-Test des Basis-Modells durchgeführt. Die zweite Zeile (Modell 2) überprüft, wie stark sich der F-Wert durch die zusätzliche Aufnahme der beiden neuen Variablen erhöht. Er verbessert sich um lediglich 0,244. Für die gemeinsame zusätzliche Aufnahme der beiden neuen Variablen beträgt

Modellübersicht

Modell	R	R-Quadrat	Angepasstes R-Quadrat	Standardfehler der Schätzung
1	,995[a]	,991	,987	1,711

a. Prädiktoren: (Konstante), Preis, Budget, Kontakte2, Kontakte

ANOVA[a]

Modell		Quadratsumme	df	Mittel der Quadrate	F	Sig.
1	Regression	3129,111	4	782,278	267,090	,000[b]
	Residuum	29,289	10	2,929		
	Gesamtsumme	3158,400	14			

a. Abhängige Variable: Absatzmenge

b. Prädiktoren: (Konstante), Preis, Budget, Kontakte2, Kontakte

Koeffizienten[a]

Modell		Nicht standardisierte Koeffizienten		Standardisierte Koeffizienten		
		B	Standardfehler	Beta	t	Sig.
1	(Konstante)	104,736	8,204		12,767	,000
	Kontakte	2,813	1,461	,834	1,926	,083
	Kontakte2	,007	,041	,070	,167	,871
	Budget	2,447	,315	,366	7,761	,000
	Preis	-1,435	,637	-,093	-2,252	,048

a. Abhängige Variable: Absatzmenge

Abb. 6.3 Modellauswahl SPSS I

das Signifikanzniveau 0,788. Die Nullhypothese, dass die beiden Variablen *Weiblich* und *InterWeiblichKontakte* gemeinsam gleich Null sind, kann also nicht abgelehnt werden.

Der weitere SPSS-Output enthält auch die Koeffizientenschätzungen der beiden Modelle unter der Überschrift „Koeffizienten". Die beiden Variablen sind natürlich einzeln ebenfalls nicht signifikant. Wichtig ist aber, dass auch bei fehlender Signifikanz der einzelnen Variablen wegen Multikollinearität zwischen diesen Variablen, der beschriebene F-Test einen möglicherweise vorhandenen gemeinsamen Einfluss aufdecken würde. Als Ergebnis entfernen wir diese beiden Variablen aus dem Modell und berücksichtigen sie nicht weiter.

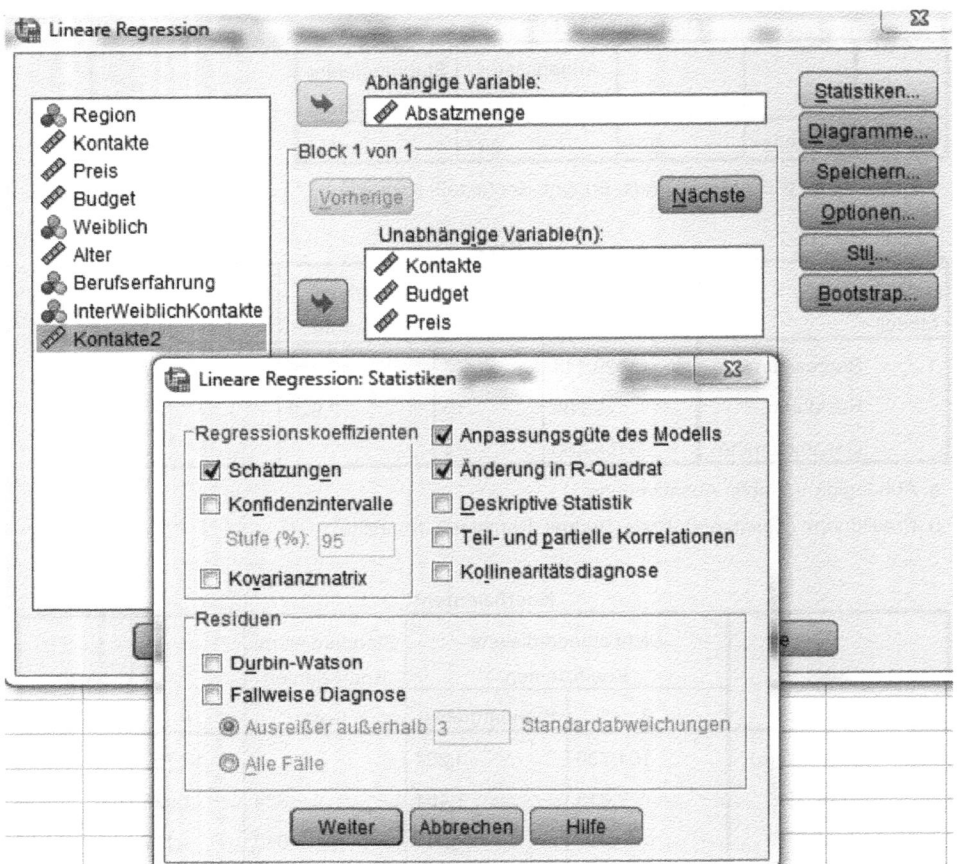

Abb. 6.4 Modellauswahl in SPSS II

Diese Vorgehensweise kann auch mit mehr als zwei Modellen nacheinander durchgeführt werden und ermöglicht so einen sequentiellen Vergleich verschiedener Modellspezifikationen.[8]

Darüber hinaus bietet SPSS für die Modellauswahl weitere Optionen. Diese erlauben
eine „automatisierte" Auswahl der Variablen aus dem zur Verfügung stehenden Variablen-
pool. Sie werden in der Abb. 6.4 nach Anklicken des Buttons „Methode" im Feld „Block 1
von 1" aktiviert. Hier existieren neben der Voreinstellung „Einschluss" – bei der alle von
uns in die Regressionsgleichung aufgenommenen exogenen Variablen einbezogen werden – verschiedene Optionen von „Schrittweise" bis „Vorwärts". Bei diesen Verfahren

---

[8] Dieses Vorgehen mittels F-Test basiert (zumindest bei geringer Zahl von Beobachtungen) auf der
Annahme der Homoskedastie. Ein modifizierter F-Test (Wald-Test) ist auch bei Heteroskedastie
verlässlich (Stock und Watson 2014, S. 264).

Modellübersicht

Modell	R	R-Quadrat	Angepasstes R-Quadrat	Standardfehler der Schätzung	Änderungsstatistik				
					Änderung R-Quadrat	Änderung in F	df1	df2	Sig. Änderung in F
1	,995[a]	,991	,988	1,634	,991	390,636	3	11	,000
2	,996[b]	,991	,986	1,759	,000	,244	2	9	,788

a. Prädiktoren: (Konstante), Preis, Budget, Kontakte

b. Prädiktoren: (Konstante), Preis, Budget, Kontakte, Weiblich, InterWeiblichKontakte

Koeffizienten[a]

Modell		Nicht standardisierte Koeffizienten		Standardisierte Koeffizienten		
		B	Standardfehler	Beta	t	Sig.
1	(Konstante)	104,647	7,816		13,389	,000
	Kontakte	3,056	,104	,906	29,490	,000
	Budget	2,407	,197	,360	12,245	,000
	Preis	-1,501	,473	-,097	-3,174	,009
2	(Konstante)	104,542	9,362		11,167	,000
	Kontakte	3,008	,131	,891	22,911	,000
	Budget	2,418	,232	,362	10,409	,000
	Preis	-1,457	,533	-,094	-2,733	,023
	Weiblich	-3,182	4,738	-,109	-,671	,519
	InterWeiblichKontakte	,177	,254	,115	,698	,503

a. Abhängige Variable: Absatzmenge

Abb. 6.5 Modellauswahl in SPSS III

sucht SPSS aus den vorgegebenen exogenen Variablen ein nach verschiedenen Kriterien „bestes" Modell aus. Diese Vorgehensweise ist nicht zu empfehlen, obwohl dies in empirischen Untersuchungen häufiger praktiziert wird. Die Variablenauswahl erfolgt dann nämlich anhand der Daten statt auf der Grundlage theoretischer und empirischer Vorarbeiten. Eine statistisch abgesicherte sinnvolle Überprüfung von Hypothesen ist so nicht möglich.

Erläuterungen zum Vorgehen in SPSS finden sich bei Urban und Mayerl (2011, S. 112–114 und 312–318), Backhaus et al. (2011, S. 107–112) sowie Field (2013, S. 212–214).

Stata

Zum Problem, ob sich die Güte eines Regressionsmodells durch die Aufnahme weiterer Variablen verbessert, eröffnet Stata eine große Zahl von Möglichkeiten verschiedene Tests durchzuführen. Wir verwenden den Datensatz „Hochschulabschlussnoten_BWL.dta" (siehe Übung 3.2 oben). Zunächst wird eine lineare Regression zur Erklärung der Hochschulabschlussnoten durchgeführt. Exogene Variablen sind *Schulnote*, *EinSchwerpunkt*, *Weiblich*, *Aktualität* und *Alter*. Zusätzlich werden das quadrierte Alter (= *AlterQuad*) und die quadrierte Aktualität (= *AktualQuad*) aufgenommen, da beide möglicherweise nichtlinear mit den Hochschulabschlussnoten zusammenhängen. Das Ergebnis zeigt Abb. 6.6. Unsere vermuteten nichtlinearen Einflüsse werden abgelehnt: Alter und quadriertes Alter sowie Aktualität und quadrierte Aktualität sind alle nicht signifikant.

```
. regress Abschlussnote Schulnote EinSchwerpunkt Weiblich Aktualitaet Alter  AktualQuad AlterQuad
```

Source	SS	df	MS			
				Number of obs =		263
				F(7, 255) =		3.27
Model	4.28011914	7	.611445591	Prob > F =		0.0024
Residual	47.635166	255	.186804573	R-squared =		0.0824
				Adj R-squared =		0.0573
Total	51.9152852	262	.198149943	Root MSE =		.43221

Abschlussnote	Coef.	Std. Err.	t	P>|t|	[95% Conf. Interval]	
Schulnote	.1773955	.0550833	3.22	0.001	.0689193	.2858717
EinSchwerpunkt	.1352144	.0629518	2.15	0.033	.0112427	.2591861
Weiblich	.0826914	.0578397	1.43	0.154	-.0312128	.1965957
Aktualitaet	.0158871	.0277332	0.57	0.567	-.0387281	.0705023
Alter	.0481773	.145909	0.33	0.742	-.2391628	.3355173
AktualQuad	-.0014458	.0015964	-0.91	0.366	-.0045896	.001698
AlterQuad	-.0009294	.0026527	-0.35	0.726	-.0061534	.0042946
_cons	1.149436	1.970782	0.58	0.560	-2.731646	5.030517

```
. estat vif
```

Variable	VIF	1/VIF
Alter	196.23	0.005096
AlterQuad	194.64	0.005138
AktualQuad	18.71	0.053447
Aktualitaet	18.58	0.053809
EinSchwerp~t	1.28	0.784142
Weiblich	1.16	0.861225
Schulnote	1.14	0.875873
Mean VIF	61.68	

Abb. 6.6 Variablenauswahl in Stata I

Allerdings zeigt die Untersuchung mittels VIF-Werten im unteren Teil der Abb. 6.6, dass Multikollinearität bei diesen beiden Variablen ein erhebliches Problem darstellt (siehe Abschn. 5.5). Haben also bspw. *Alter* und *AlterQuad gemeinsam* einen Einfluss?

Mittels [Statistics > Postestimation > Tests > Test linear hypotheses] ist es uns möglich, die verschiedensten Tests zu realisieren. Alternativ können wir im Fenster „Command" direkt den Befehl „test" eingeben. Wir fügen hier „test *Alter AlterQuad*" ein. Dieser Befehl testet mittels eines F-Tests die Hypothese, dass die beiden Variablen *Alter* und *AlterQuad gemeinsam* keinen Einfluss auf die Hochschulabschlussnoten besitzen. Das gleiche führen wir dann auch noch für die Aktualität des Hochschulabschlusses durch. Die Resultate in Abb. 6.7 sind eindeutig: Das Alter der Studierenden und der Zeitpunkt des Hochschulabschlusses üben auch keinen nichtlinearen Einfluss aus (jedenfalls soweit mittels Quadrierung erfassbar).

Mittels des Befehls „estimates store" werden einzelne Regressionsmodelle abgespeichert und dann mittels „estimates table" vergleichend in einer Tabelle abgebildet. Alternativ ist dies menübasiert über erst [Statistics > Postestimation > Manage estimation results > Store in memory] und dann [Statistics > Postestimation > Manage estimation results > Table of estimation results] durchführbar.

Abb. 6.7 Variablenauswahl in
Stata II

```
. test Alter AlterQuad

( 1)   Alter = 0
( 2)   AlterQuad = 0

       F(  2,   255) =      0.09
           Prob > F =      0.9118


. test Aktualitaet AktualQuad

( 1)   Aktualitaet = 0
( 2)   AktualQuad = 0

       F(  2,   255) =      1.05
           Prob > F =      0.3530
```

Wir führen zunächst die Regression unseres einfachen Modells mit den exogenen Variablen *Schulnote*, *EinSchwerpunkt*, *Weiblich*, *Aktualität* und *Alter* aus. Anschließend speichern wir diese Spezifikation unter dem Namen „model_1", indem wir in das Feld „Command" den Befehl „estimates store model_1" eingeben. Anschließend erweitern wir dieses Modell um die zusätzlichen Einflussfaktoren *AlterQuad* und *AktualQuad*. Das neue Modell wird mittels „estimates store model_2" unter dem Namen model_2 abgespeichert.

Danach werden beide Modelle mittels Eingabe von „estimates table model_1 model_2, stats(r2, r2_a, N) star" in das Feld „command" verglichen. Das Resultat ist Abb. 6.8. Durch Eingabe von „help estimates store" finden wir weitere Erläuterungen, Erweiterungen und Alternativen zu dieser Befehlsfolge.

Model_2 ist das unrestringierte Modell und model_1 das restringierte Modell, da hier die beiden Variablen *AktualQuad* und *AlterQuad* wegfallen. Der Term „r2" ist das Bestimmtheitsmaß R^2, und „r2_a" ist das korrigierte Bestimmtheitsmaß $\bar{R}^2$. Es wird deutlich, dass das „sparsamere" model_1 mit weniger exogenen Variablen vorzuziehen ist. Es hat ein deutlich größeres $\bar{R}^2$ von gerundet 0,061 im Vergleich zu 0,057 bei model_2. An Stelle des Vergleichs der $\bar{R}^2$-Werte existieren (neben dem schon behandelten F-Test) weitere Testverfahren wie der Likelihood-Ratio-Test und der Lagrange-Multiplier Test. Der Likelihood-Ratio-Test untersucht, ob das unrestringierte Modell unsere Schätzung im Vergleich zum restringierten Modell signifikant verbessert. Die Nullhypothese lautet „Keine Verbesserung". Wenn sie abgelehnt werden kann, verwenden wir das unrestringierte Modell, also das mit den zusätzlichen exogenen Variablen. Mittels Eingabe von „lrtest model_1 model_2" im Feld „Command" wird der Test durchgeführt.

Auch Stata offeriert mit der Prozedur „stepwise" unter [Statistics > Other > Stepwise estimation] eine breite Palette von Verfahren zur Modellauswahl.

Einführungen in die Variablen- und Modellauswahl mittels verschiedener Tests und Verfahren sowie die Präsentation der Regressionen geben Hamilton (2013, S. 179–181),

```
. estimates table model_1 model_2, stats(r2, r2_a, N) star
```

Variable	model_1	model_2
Schulnote	.18980555***	.1773955**
EinSchwerp~t	.14697672*	.13521437*
Weiblich	.08006521	.08269142
Aktualitaet	-.0079877	.01588711
Alter	-.00161954	.04817726
AktualQuad		-.00144579
AlterQuad		-.00092939
_cons	1.8509512***	1.1494358
r2	.0788063	.0824443
r2_a	.06088424	.05725649
N	263	263

```
legend: * p<0.05; ** p<0.01; *** p<0.001
```

Abb. 6.8 Modellauswahl in Stata

Kohler und Kreuter (2012, S. 241, 313–316) und Adkins und Hill (2008, S. 144–160). Erläuterungen zur Verwendung der verschiedenen Testverfahren finden sich auch bei Cameron und Trivedi (2010, S. 403–419) und UCLA (2016).

6.6 Übungsaufgaben:

Übung 6.1: Phillipskurve für Schweden
Nehmen Sie die Ergebnisse der Schätzung einer Phillipskurve für Schweden aus Übungsaufgabe 2.5 in der Teilaufgabe c). Stellen Sie den Zusammenhang von Inflationsrate und Arbeitslosenquote noch einmal entsprechend Abb. 11.6 in der Lösung zu dieser Teilaufgabe dar. Versehen Sie jetzt im Streudiagramm die Beobachtungspunkte mit dem zu ihnen gehörenden Label der jeweiligen Jahre 1960 bis 2015. Was wird in dieser Grafik deutlich? Wie ist das Ergebnis zu interpretieren?

Übung 6.2: Grundstückspreise in Thüringen
Verwendet wird der Datensatz „Baulandpreise.sav" (bzw. .dta) mit realen Daten für den Freistaat Thüringen im Jahr 2009. Die Variablen beziehen sich alle auf die 23 Kreise bzw. kreisfreien Städte in Thüringen. *KreisStadt* ist die Bezeichnung der jeweiligen kreisfreien Stadt bzw. des Landkreises und *Bauland EUR/m²* die abhängige Variable, das heißt der durchschnittliche Quadratmeterpreis (Kaufwert) für Bauland im Jahr 2009. Der Datensatz

enthält außerdem insgesamt 23 (potentielle) exogene Variablen, die zur Erklärung der Baulandpreise eingesetzt werden können. Darunter zum Beispiel:

SV_pflichtige_Beschäftigte:	Sozialversicherungspflichtige Beschäftigte in Tausend,
Bruttoinlandsprodukt_Mio_EUR:	Bruttoinlandsprodukt des jeweiligen Kreises in Millionen €,
Einwohner_pro_Km2_in_Hundert:	Die Einwohner pro Quadratkilometer in Hundert,
Einkommen_proKopf_Tsd_EUR:	Verfügbares Einkommen pro Kopf in Tausend €,
Bodenfläche_Quadratkilometer:	Die Fläche in Hektar.

Aufgaben:

a) Entwickeln Sie ein theoretisches Modell zur Erklärung der Unterschiede in den Baulandpreisen mit maximal vier exogenen Variablen. Begründen Sie Ihre Hypothesen.
b) Untersuchen Sie andere geeignete Modellspezifikationen in Stata bzw. SPSS und erläutern Sie ihr Vorgehen.
c) Stellen Sie ihr Regressionsergebnisse in Tabellenform übersichtlich dar.
d) Nehmen Sie in SPSS alle im Datensatz vorhandenen exogenen Variablen auf. Diskutieren Sie ihre Ergebnisse.
e) Verwenden Sie in SPSS die Option „Methode" „Rückwärts" bzw in Stata das Modellbildungstool „stepwise".

Übung 6.3: Beantworten Sie die folgenden Fragen

a) Diskutieren Sie die Bedeutung der Bildung von Hypothesen für die Modellbildung im Rahmen einer Regressionsanalyse.
b) Wieso ist ein hoher Determinationskoeffizient nicht geeignet ein gutes von einem schlechten Regressionsmodell zu unterscheiden.
c) Wozu dienen Kontrollvariablen in einem Regressionsmodell?
d) Was versteht man unter dem „Overfitting" einer Regression?
e) Inwieweit kann der korrigierte Determinationskoeffizient verwendet werden, um geeignete Spezifikationen einer Regression zu identifizieren.
f) Erläutern Sie, warum es sinnvoll ist eine Extreme Bound Analysis (EBA) durchzuführen.
g) Wozu dient die Unterscheidung eines restringierten und eines unrestringierten (nicht restringierten) Modells?
h) Welche Informationen liefern das AIC (Akaike Information Criterion) und das BIC (Bayesian Information Criterion)?

A   Anhang 6.1

Tab. 6.4 Die vier Anscombe-Datensätze. (Quelle: Anscombe 1973)

a)		b)		c)		d)	
X_1	Y_1	X_2	Y_2	X_3	Y_3	X_4	Y_4
10,0	8,04	10,0	9,14	10,0	7,46	8,0	6,58
8,0	6,95	8,0	8,14	8,0	6,77	8,0	5,76
13,0	7,58	13,0	8,74	13,0	12,74	8,0	7,71
9,0	8,81	9,0	8,77	9,0	7,11	8,0	8,84
11,0	8,33	11,0	9,26	11,0	7,81	8,0	8,47
14,0	9,96	14,0	8,10	14,0	8,84	8,0	7,04
6,0	7,24	6,0	6,13	6,0	6,08	8,0	5,25
4,0	4,26	4,0	3,10	4,0	5,39	19,0	12,50
12,0	10,84	12,0	9,13	12,0	8,15	8,0	5,56
7,0	4,82	7,0	7,26	7,0	6,42	8,0	7,91
5,0	5,68	5,0	4,74	5,0	5,73	8,0	6,89

Literatur

Adkins, L.C., Hill, R.C. (2008): Using Stata for Principles of Econometrics, 3rd Ed. Hoboken, New Jersey

Anscombe, F. J. (1973): Graphs in Statistical Analysis, American Statistician, 27 (1): 17–21

Backhaus, K., Erichson, B., Plinke, W., Weiber, R. (2011): Multivariate Analysemethoden, 13. Auflage, Heidelberg et al.

Cameron, L.A., Trivedi, P.K. (2010): Microeconometrics using Stata, Revised Edition, College Station, Texas

Chatterjee, S., Firat, A. (2007): Generating Data with Identical Statistics but Dissimilar Graphics: A Follow up to the Anscombe Dataset, American Statistician, 61 (3): 248–254

Chatterjee, S., Hadi, A. (2012): Regression Analysis By Example, 5th ed., Hoboken

Field, A. (2013): Discovering Statistics Using SPSS statistics: and sex and drugs and Rock 'n Roll, 4th ed., Ventura

Fox, J. (2016): Applied Regression Analysis & Generalized Linear Models, Thousand Oaks

Hamilton, L. C. (2013): Statistics with STATA, Updated for Version 12, Boston Mass.

Hilbe, J.M. (2014): Modeling Count Data, Cambridge

Kohler, U., Kreuter, F. (2012): Data Analysis Using Stata, Third Ed., College Station, Texas

Kuhlmann, J. (2009): Ausgewählte Verfahren der Holdout- und Kreuzvalidierung, in: Albers, S., Klapper, D., Konradt, U., Walter, A., Wolf, J. (Hrsg.): Methodik der empirischen Forschung, 3. Auflage, Wiesbaden: 537–546

Murray, P. (2006): Econometrics: A Modern Introduction, Boston

Stock, J.H., Watson, M.W. (2014): Introduction to Econometrics, 3rd Ed. Boston

Stoetzer, M.-W., Osborn, E. (2014): Does Gender really matter? An analysis of Jena University scientists collaboration with industry and non-profit-partners, Jenaer Beiträge zur Wirtschafts-forschung, No. 2014/2

UCLA (2016): Stata FAQ, How can I perform the likelihood ratio, Wald, and Lagrange mul-tiplier (score) test in Stata?, http://www.ats.ucla.edu/stat/stata/faq/nested_tests.htm (Zugriff: 02.10.2016)

Urban, D., Mayerl, J. (2011): Regressionsanalyse: Theorie, Technik und Anwendung, Wiesbaden

Weisberg, S. (2014): Applied Linear Regression, 4th Ed., Hoboken

Wooldridge, J.M. (2013): Introductory Econometrics – A Modern Approach, 5th Ed., Mason, Ohio

Grenzen und Möglichkeiten der Regression 7

▶ **Wichtige Grundbegriffe** Interne Validität, externe Validität, Omitted variable bias, Fehler in den Variablen, statistische Kausalität, Surviorship bias, Publication bias, Replikationsstudie, Pre-Analysis-Plan, Meta-Analyse

© Springer-Verlag GmbH Deutschland 2017

235

M.-W. Stoetzer, *Regressionsanalyse in der empirischen Wirtschafts- und Sozialforschung Band 1*, DOI 10.1007/978-3-662-53824-1_7

7.1   Überblick

Das Kapitel beschäftigt sich schwerpunktmäßig mit der Frage, unter welchen Bedingungen die Resultate einer Regressionsanalyse als richtig, das heißt also wahr, anzusehen sind (Abschn. 7.2). Dabei werden eine Reihe von Ergebnissen und Aussagen – insbesondere der Kap. 4 und 5 – wieder aufgegriffen. Während im Kap. 5 die Probleme bei Verletzungen der Annahmen der Regressionsanalyse vor allem aus statistischer Sicht beschrieben worden sind, liegt der Fokus jetzt aber auf den verschiedenen inhaltlichen Schwierigkeiten, die berücksichtigt werden müssen, bevor eine Regressionsschätzung als überzeugend betrachtet werden kann. Abschn. 7.3 erläutert allgemeine Generalisierungsprobleme. Daran anschließend gibt Abschn. 7.4 eine Übersicht, welchen Beitrag empirische Forschung prinzipiell zum Erkenntnisfortschritt leisten kann. Abschn. 7.5 fasst einige wesentliche Gesichtspunkte der bisherigen Ausführungen in Form einer Checkliste zusammen.

7.2   Die Validität empirischer Untersuchungen

Die entscheidende Frage jeder empirischen Untersuchung ist die nach ihrer Gültigkeit. Unter welchen Voraussetzungen und inwieweit sind die Ergebnisse einer multiplen Regression verlässlich? Dabei kann zwischen der internen und der externen Validität unterschieden werden. Interne Validität ist gegeben, wenn die statistischen Ergebnisse für die Grundgesamtheit der jeweiligen Untersuchung gelten. Externe Validität liegt vor, wenn die Resultate auch auf andere Grundgesamtheiten übertragbar sind (Schnell et al. 2013, S. 208–209, 345; Stock und Watson 2014, S. 313–327).

7.2.1   Interne Validität

Diese bezieht sich auf die **Untersuchungsgesamtheit**, das heißt, dass die Grundgesamtheit aus der die Stichprobe gezogen wird. Damit Schlüsse auf diese Population im Rahmen einer OLS–Regression gezogen werden können, müssen die geschätzten Koeffizienten unverzerrt und konsistent sein. Darüber hinaus müssen die Hypothesentests auf dem gewünschten Signifikanzniveau gelten bzw. der wahre Koeffizientenwert muss bei gegebener Vertrauenswahrscheinlichkeit auch tatsächlich im Konfidenzintervall liegen. Beträgt das Signifikanzniveau 1 %, darf also bei wiederholten Stichproben der geschätzte Koeffizient nur in einem Prozent der Fälle tatsächlich keinen Einfluss ausüben. Die Schätzung des Standardfehlers muss daher sicherstellen, dass dieses Signifikanzniveau bzw. diese Vertrauenswahrscheinlichkeit gilt. Aus verschiedenen Gründen kann gegen diese Anforderungen hinsichtlich der Koeffizientenschätzungen und Standardfehler verstoßen werden. Sie werden im Folgenden behandelt, wobei dies zum Teil nur eine Wiederholung und Zusammenfassung der in den Kap. 2 bis 5 getroffenen Aussagen darstellt.

Vergessene einflussreiche Variablen (Omitted variable bias)

Wird eine Variable in der Spezifikation der Regressionsgleichung nicht berücksichtigt, die mit der exogenen und gleichzeitig mit einer oder mehreren der endogenen Variablen korreliert so führt dies zu einer Verzerrung der geschätzten Koeffizienten.

Wenn für diese Variable Beobachtungsdaten existieren, sollte sie in die Regression aufgenommen werden. Allerdings existiert hier auch ein Trade-off: Eine tatsächlich einflussreiche Variable zu übersehen, führt zu einer Verzerrung. Wird aber eine in der Untersuchungsgesamtheit nicht-einflussreiche Variable trotzdem aufgenommen, resultieren erhöhte Standardfehler der anderen Koeffizienten, so dass für diese ein tatsächlich vorhandener Einfluss eher übersehen wird. Die Entscheidung Variablen aufzunehmen oder nicht, kann anhand der in Kap. 6 erläuterten Vorgehensweise erfolgen.

Existieren für die nicht-berücksichtigte einflussreiche Variable keine Beobachtungen, gestaltet sich das Vorgehen komplizierter. Drei Möglichkeiten zur Vermeidung bzw. Kompensierung von Verzerrungen sind vorhanden.

Erstens ist es möglich, durch ein geeignetes Erhebungsverfahren den Einfluss verzerrender unbeobachteter exogener Variablen auszuschalten. Dies ist im Rahmen eines kontrollierten Zufallsexperimentes realisierbar (siehe dazu Kap. 4). Zweitens können Daten der gleichen Untersuchungseinheiten zu verschiedenen Zeitpunkten gesammelt werden. Das Ergebnis ist ein Paneldatensatz. Ohne auf die verschiedenen Methoden der Regressionsanalysen von Paneldaten einzugehen, leuchtet intuitiv ein, dass der verzerrende Einfluss von nicht-beobachtbaren Variablen eliminiert werden kann, wenn diese Variablen sich ihrerseits im Zeitablauf nicht ändern. Drittens können die Methoden der Instrumentvariablen-Regression, des Regression-Discontinuity-Ansatzes oder der Matching-Verfahren eingesetzt werden.

Fehlspezifikation der Funktionsform

Wird eine lineare Regressionsgleichung spezifiziert, obwohl der wahre Zusammenhang zwischen der abhängigen und den exogenen Variablen nichtlinear ist, führt dies zu verzerrten Koeffizientenschätzungen. Das Problem wurde bereits in Kap. 3 und Abschn. 5.7 dargestellt. Dort wurden Möglichkeiten der Identifikation ebenso behandelt wie Lösungsmöglichkeiten.

Fehler in den Variablen

Dieses Problem ist im Abschn. 5.8 kurz erläutert worden. Bei den vorhandenen Daten für die endogene und die exogenen Variablen wird unterstellt, dass sie frei von Messfehlern sind. Diese Voraussetzung ist aber häufig nicht gegeben. Wenn dies mit einer Korrelation zwischen dem verwendeten falschen Variablenwert und der Abweichung von wahrem und falschem Variablenwerten verbunden ist, ergibt sich eine Verzerrung der geschätzten Koeffizientenwerte. Diese verzerrten Koeffizientenschätzungen verschwinden auch in großen Stichproben nicht. Es liegen also auch inkonsistente Schätzergebnisse vor. Außerdem sind solche Verzerrungen selbst dann vorhanden, wenn der Fehler in den Variablen rein zufälliger Art ist. Der geschätzte Wert für den Koeffizienten ist dann im Fall nur einer exogenen Variablen umso stärker gegen Null verzerrt, je größer der Messfehler ist.

Solche Messfehler treten aus den verschiedensten Gründen auf. Bei Erhebungen mittels Befragung sind die Antworten des Befragten bspw. vorsätzlich oder irrtümlich falsch. Oder bei richtigen Antworten werden diese im Zuge der Dateneingabe oder des Datentransfers durch Nachlässigkeit oder Versehen falsch übertragen.

Der einfachste Weg diese Verzerrung zu vermeiden, besteht in präzisen, fehlerfreien Daten. Primärdatenerhebungen stellen hier schon weit vor Beginn der statistischen Auswertungen Herausforderungen. Bei Befragungen ist dies bspw. schon bei der Konzeption der Fragestellungen und des Fragebogens und durch Sorgfalt bei der weiteren Behandlung der Rohdaten zu berücksichtigen. Ebenso muss die Verwendung von Sekundärdaten immer auch Überlegungen und Checks zur Datenqualität einbeziehen. Eine weitere Option bei Fehlern in den Variablen ist die Verwendung der erwähnten Regression mit Instrumentvariablen. Schließlich ist es möglich, den Messfehler in der Schätzung zu berücksichtigen und damit seine Verzerrung zu beseitigen. Voraussetzung hierfür sind allerdings Informationen über die Struktur dieses Fehlers.

Verzerrung der Stichprobenauswahl (sample selection bias)
Die Stichprobe stellt keine Zufallsauswahl dar, wenn die Verfügbarkeit oder die Werte der abhängigen Variablen von einem systematischen Auswahlmechanismus abhängen. Das Resultat ist eine Korrelation zwischen einer oder mehreren exogenen Variablen und dem Fehlerterm und dies führt zu einer verzerrten und inkonsistenten Schätzung der Koeffizienten.

Solche Auswahlverzerrungen sind häufig anzutreffen. Die im Kap. 4 angeführten Beispiele für eine Abweichung von einer reinen Zufallsauswahl haben dies – insbesondere im Hinblick auf Haushalts- oder Unternehmensbefragungen – bereits verdeutlicht (Selbstselektion, self selection bias). Auch bei der Verwendung von Sekundärdaten treten diese Probleme auf. Eine Untersuchung der Performance von Aktiengesellschaften in den letzten 20 Jahren, die sich auf die augenblicklich am Markt käuflichen Unternehmen konzentriert, um dem Privatanleger eine Entscheidungshilfe für seine Geldanlage zu geben, wird zwangsläufig einer Auswahlverzerrung unterliegen. Alle Aktiengesellschaften, die in den letzten 20 Jahren vom Markt verschwunden sind, fehlen in der Stichprobe. Dies sind aber die Unternehmen mit einer schlechten Performance. Die auf Basis der Stichprobe ermittelte durchschnittliche Performance (Rendite) wird also höher sein als die aller Aktiengesellschaften einschließlich der nicht mehr existenten. Die durchschnittliche Performance der Stichprobe hat wegen dieser Auswahlverzerrung einen bias und ist nicht verlässlich. Es handelt sich in diesem Fall aus der Finanzwissenschaft um einen sogenannten „**Survivorship bias**".[1]

---

[1] Ein solcher „Survivorship bias" liegt auch dem Problem der Übungsaufgabe 4.4 zugrunde.

In der Ökonometrie sind auch für dieses Problem Verfahren entwickelt worden. Dazu gehören zum Beispiel die Regression mit Gewichtungen der Fälle, die Heckman-Methode und der Differences-in-Differences-Ansatz.

Kausalitätsrichtung (simultaneous causality)

Bei der Einführung im Kap. 2 wurde bereits darauf verwiesen, dass die einfache multiple Regression eine bestimmte Kausalitätsrichtung unterstellt. Es wird angenommen, dass die exogenen Variablen (X) die endogene Variable (Y) determinieren. Wenn umgekehrt Y (auch) X beeinflusst, handelt es sich um simultane Kausalität. Der OLS-Schätzer enthält beide Wirkungsrichtungen gleichzeitig und ist daher verzerrt und inkonsistent. Dies folgt, weil ebenfalls eine Korrelation zwischen den exogenen Variablen und dem Fehler auftritt.

Ein Beispiel ist die Ermittlung der Auswirkungen einer Mülldeponie auf die Grundstückspreise (oder auch Mieten). In einer Regression werden die Grundstückspreise als endogene und die Nähe zur nächsten Mülldeponie als exogene Variable spezifiziert. Dazu kommen dann noch eine Reihe weiterer Einflussfaktoren (Nähe zu Schulen, Aussicht, Grundstücksgröße usw.). Die Schätzung führt immer zu dem Ergebnis, dass die Mülldeponie einen signifikanten und großen negativen Einfluss ausübt. Gibt der Regressionskoeffizient für die Variable „Nah an der Mülldeponie" die Wirkungen der Einrichtung einer neuen Mülldeponie auf die Grundstückspreise in der Nähe verlässlich wieder? Mit hoher Wahrscheinlichkeit ist dies nicht so, da bei der Standortsuche für eine Mülldeponie in der Regel Gegenden ausgesucht werden, die sowieso eher unattraktiv sind und daher niedrige Grundstückspreise aufweisen. Es existiert also (auch) eine umgekehrte Kausalrichtung: Mülldeponien werden dort gebaut, wo die Grundstückspreise niedrig sind.

Ansätze zur Vermeidung von Verzerrungen sind wiederum kontrollierte Zufallsexperimente, Differences-in-differences-Schätzungen, Instrumentvariablen-schätzungen oder die simultane Schätzungen zweier oder auch mehrerer Regressionsgleichungen, bei der die beschriebenen Interdependenzen berücksichtigt werden.

Die bisher besprochenen Probleme beziehen sich auf die interne Validität der Werte der Koeffizientenschätzungen. Außerdem kann eine mangelnde interne Verlässlichkeit bezüglich der Standardfehler einer OLS-Regression gegeben sein. Diese wird unter den Begriffen Heteroskedastie und Autokorrelation abgehandelt. Abschn. 5.2 und 5.3 stellen die resultierenden Schwierigkeiten und Lösungsmöglichkeiten dar. Wichtigstes Ergebnis ist, dass die Koeffizientenschätzungen selber zwar asymptotisch unverzerrt und konsistent sind, aber wegen der verzerrten Standardfehler die t-Werte, die Signifikanzniveaus und die Konfidenzintervalle ihre Verlässlichkeit einbüßen. Es existieren aber in den meisten Statistik-Programmpaketen installierte Lösungen für Heteroskedastie-robuste Schätzungen der Standardfehler, so dass dieses Problem weniger relevant ist.

7.2.2   Externe Validität

Jede empirische Untersuchung bezieht sich auf eine bestimmte Grundgesamtheit und nur diese. Selbst sehr umfangreiche und aufwendige Studien konzentrieren sich in der Regel auf höchstens die nationale Ebene, enthalten nur bestimmte Branchen, Unternehmensgrößen oder Haushaltsgruppen und beziehen sich auf einen definierten Zeitpunkt oder Zeitraum (bspw. das Sozio-ökonomische Panel (SOEP) oder der Ifo-Konjunkturtest). Damit stellt sich immer die Frage, ob die Resultate übertragbar sind. Dies gilt auch für die vier Verfahren, die im Kap. 4 zur Ermittlung kausaler Zusammenhänge vorgestellt wurden. Generell können Ursache-Wirkungs-Beziehungen, die in einer Grundgesamtheit gelten, für eine andere Population irreführend sein, weil dort andere Variablen Einfluss ausüben und andere Wirkungszusammenhänge gelten.

Diese Unterschiede zwischen verschiedenen Grundgesamtheiten sind im Wesentlichen sachlicher, räumlicher oder zeitlicher Natur.

Andere sachliche Randbedingungen
Diese sind im einfachsten Fall die Folge von unterschiedlichen Abgrenzungen. Zum Beispiel lassen sich Aussagen zum Konsumverhalten von Studierenden schlecht auf das Nachfrageverhalten eines durchschnittlichen 4-Personen-Arbeitnehmerhaushalts übertragen und Ergebnisse zum Innovationsmanagement in Großunternehmen gelten kaum für kleine und mittlere Unternehmen (KMU). Selbst bei sehr ähnlichen Grundgesamtheiten bleibt offen, inwieweit sich die Ergebnisse verallgemeinern lassen. Wenn die Rahmenbedingungen andere sind, können die Verhaltensweisen der Unternehmen oder Haushalte davon beeinflusst werden und die Übertragbarkeit der Resultate wird beeinträchtigt oder unmöglich.

Andere räumliche Randbedingungen
Unterschiede in den sachlichen Randbedingungen sind vor allem dann plausibel, wenn sich die Frage stellt, ob die Untersuchungsergebnisse auch für Unternehmen oder Haushalte in anderen Staaten gelten. Allerdings existieren auch Beispiele für multinationale Untersuchungen, bei denen die länderübergreifende Vergleichbarkeit im Untersuchungsdesign (zumindest prinzipiell) mit angelegt ist. Dies gilt bspw. für die von der OECD initiierten PISA (Programme for International Student Assessment)-Erhebungen zu Schulleistungen und die CIS (Community Innovation Survey)-Umfragen der EU zum Innovationsverhalten von Unternehmen (siehe dazu auch Kap. 10 am Ende des Buchs).

Andere zeitliche Randbedingungen
Alle empirischen Studien beziehen sich auf einen Zeitpunkt oder Zeitraum der Vergangenheit. Damit ist zu diskutieren, inwieweit nicht inzwischen eingetretene Veränderungen verhindern, dass die Resultate in der Gegenwart (oder unmittelbaren Zukunft) gelten. Bei Zeitreihenanalysen tritt dieses Problem als sogenannter Strukturbruch auf. Solche Strukturbrüche könnten im Unternehmenssektor bspw. in Deutschland die Wiedervereinigung

1990, in Europa die Einführung des Euro 2001 oder die weltweite Finanzmarktkrise 2009 sein. Das Argument gilt aber auch bei längerfristigen Veränderungen, etwa der Marktdurchdringung des Internets von 1995 bis 2015 oder der Wertewandel in der Bevölkerung der Bundesrepublik nach 1968.

Unter allen drei Aspekten ist die externe Validität einer empirischen Untersuchung nur im Einzelfall und unter Berücksichtigung qualitativer Argumente zu entscheiden.

7.3 Generalisierungsprobleme

Prinzipiell muss im Blick behalten werden, dass im Rahmen von Regressionsanalysen von Kausalwirkungen nur im Sinne einer statistischen Kausalität gesprochen werden kann. Inhaltlich relevant ist, dass auch bei identischen Rahmenbedingungen allgemeine Gleichgewichtseffekte und der Publication Bias unter Umständen verhindern, dass Kausalwirkungen in einer Stichprobe tatsächlich generell gültig sind.

Statistische Kausalität

Die Zusammenhänge bei statistischen Methoden und damit auch der Regressionsanalyse sind nur kausal im Sinne einer Veränderung der Wahrscheinlichkeit der Ausprägung der abhängigen Variablen. Eine deterministische Kausalität liegt vor, wenn eine bestimmte Ursache notwendigerweise, also immer, eine bestimmte Veränderung auslöst. Dagegen ist in der Regression nur eine statistische Kausalität feststellbar. Ein weiterer Kontakt der regionalen Verkaufsmanager in unserem PKW-Beispiel erhöht im Mittel den Absatz der PKW. Von diesem Mittelwert sind aber im Einzelfall immer Abweichungen möglich!

Dieses fundamentale Erkenntnisproblem der Sozialwissenschaften und zum Teil auch der angrenzenden Naturwissenschaften ist aber nicht bestimmten Methoden oder Verfahren anzulasten und daher auch kein Einwand gegen die Verwendung der Regression.[2]

Allgemeine Gleichgewichtseffekte

In einer Region wird eine Schulungsmaßnahme für Arbeitslose offeriert und im Rahmen eines randomisierten kontrollierten Experiments mit 400 Teilnehmern (200 in der Treatment- und 200 in der Kontrollgruppe) über zwei Jahre ergibt sich, dass die Maßnahme eine signifikante und relevante Verbesserung der Wahrscheinlichkeit einen Dauerarbeitsplatz zu erhalten, verursacht. Folgt daraus, dass die Ausdehnung der Schulung auf alle Arbeitslosen in der Region die Arbeitslosigkeit verringern wird? Dies ist eher unwahrscheinlich,

---

[2] Daran anknüpfend ist auch zu hinterfragen, ob die Veränderung des bedingten Mittelwerts wirklich das interessierende Forschungsproblem darstellt. Zum Beispiel könnte es bei einer Untersuchung um die Auswirkungen einer Zusatzqualifikation auf das im weiteren Berufsleben erzielte Einkommen gehen. Hier ist aber sicher nicht nur das Durchschnittseinkommen interessant, sondern mindestens genauso spannend sind die Auswirkung auf das Einkommen der Teilnehmer mit den niedrigsten 20 % der Einkommen. Mittels anderer Verfahren (der Quantilsregression) können solche Fragen analysiert werden.

weil die Schulung einer Auswahl von 200 Teilnehmern zwar deren Jobaussichten erhöht.
Dies aber nur in Relation zu den anderen nicht geschulten Arbeitslosen. Wenn die Zahl
der Arbeitsplätze insgesamt konstant bleibt, kommt es nur zu einem Verdrängungseffekt.

Ähnliches gilt bspw. für den Einfluss von Tutorien an Hochschulen auf die Noten der
Studierenden. Wenn – wie dies in im europäischen ECTS-System vorgesehen ist = relative
Noten zu vergeben sind (die besten 10 % erhalten eine 1, die nächsten 20 % eine 2 usw.),
dann können umfassende Tutorien in Kleingruppen zwar das Wissen der Teilnehmer, aber
nicht mehr deren Noten verbessern. In solchen Situationen lassen sich also die Ergebnisse
prinzipiell völlig korrekter Regressionsanalysen nicht generalisieren. Ob dies der Fall ist,
muss im Einzelfall anhand inhaltlicher Überlegungen entschieden werden.

Publication Bias

Schließlich ist zu beachten, dass bei allen statistischen Hypothesenprüfungen – egal, ob
im Rahmen einer Regression, einer Varianzanalyse oder einer anderen Methode – ein bestimmtes Signifikanzniveau gilt. Ist eine Hypothese auf dem üblichen 5-% Niveau signifikant, heißt das, dass in 5 von 100 Untersuchungen auf der Basis von Zufallsstichproben die
Nullhypothese irrtümlich abgelehnt wird. Üblicherweise möchte der Wirtschaftswissenschaftler aber eine bestimmte Behauptung nachweisen, vor allem, weil dann die Aussicht
deutlich steigt, dass sein Forschungsergebnis auch in einer Fachzeitschrift publiziert wird.
In den 95 Fällen, in denen er die Nullhypothese nicht ablehnen kann, verschwindet daher
das Resultat in der Schublade (bzw. verbleibt auf der Festplatte des Laptops). Die fünf
signifikanten Forschungsergebnisse wird er höchst erfreut und wahrscheinlich erfolgreich
in einem angesehenen Journal veröffentlichen. Damit geben die publizierten Forschungs-
arbeiten ein völlig verzerrtes Bild der tatsächlichen Zusammenhänge.

Drei mögliche Lösungen für dieses Problem existieren: Erstens die Öffnung der wissenschaftliche Fachzeitschriften für Studien, deren Ergebnis die Ablehnung eines Zusammenhangs ist (Refutations, negative results). Zweitens die häufigere Publikation von
Replikationsstudien. Bei solchen Untersuchungen werden auf identischen, erweiterten
oder anderen Datensätzen bestimmte Hypothesenprüfungen möglichst exakt wiederholt.[3]
Drittens können „**Pre-Analysis-Plans**" zum Einsatz kommen. Hier werden vor der empirischen Untersuchung (und daher Publikation) die Kern- und Kontrollvariablen sowie
die exakte Spezifikation des Regressionsmodells der wissenschaftlichen Öffentlichkeit
zugänglich gemacht. Die Hypothesentests sind damit tatsächlich a-priori festgelegt und
können nicht mehr auf der Basis des Datensatzes und „günstiger" Regressionsergebnisse
ausgewählt werden (Olken 2015; Coffmann und Niederle 2015).

---

[3] Ein berühmtes neueres Beispiel ist die Überprüfung des Papers zum Zusammenhang von Staatsverschuldung und Wirtschaftswachstum der Professoren Reinhart und Rogoff (2010) durch einen
Studenten (Herndon et al. 2013). Zu Replikationsstudien in der Ökonomie siehe auch http://
www.economics-ejournal.org/special-areas/replications-1. Zur mangelnden Reproduzierbarkeit in
der Psychologie aktuell Open Science Collaboration (2015). In der Biomedizin existiert sogar ein
„Journal of Negative Results".

7.4 Der Erkenntnisgewinn empirischer Analysen

An dieser Stelle sieht es so aus, als ob die Fülle der statistischen und inhaltlichen Schwierigkeiten und Fallstricke verlässliche empirische Untersuchungen eigentlich unmöglich macht oder zumindest die Aussagekraft solcher Studien dermaßen gering ist, dass sich die ganze Mühe einer empirischen Untersuchung kaum lohnt. Tatsächlich ist – zumindest in den gesamten Sozialwissenschaften und damit auch der Ökonomie – keine endgültig wahre und universell gültige empirische Untersuchung möglich. Sorgfältige empirische Studien können aber immer kleine Erkenntnisfortschritte bieten, die dann in der Summe vieler solcher Untersuchungen in einen Zuwachs an gesichertem empirischem Wissen mündet. Dies ist auf der Grundlage des Vergleichs einer größeren Zahl von Einzelanalysen möglich. Eine solche **Meta-Analyse** stellt nicht nur die Ergebnisse, sondern auch die Methoden, Variablen, Grundgesamtheiten, Auswahlverfahren usw. gegenüber und versucht Aussagen zu identifizieren, die verallgemeinerungsfähig sind (Cooper et al. 2009; Card 2012).

Außerdem ist in den letzten 25 Jahren eine Reihe von methodischen Fortschritten zu verzeichnen. Zur guten wissenschaftlichen Praxis gehört es inzwischen, dass die den empirischen Untersuchungen zugrundeliegenden Datensätze der Öffentlichkeit zur Verfügung gestellt werden. Dies wird von den wichtigen wissenschaftlichen Fachzeitschriften praktiziert. Die Untersuchungen können dann von anderen Interessierten in Form der erwähnten Replikationsstudien überprüft werden. Auch Pre-Analysis-Pläne dürften in Zukunft eine größere Verbreitung finden. Schließlich ist das randomisierte Experiment als (idealer) Standard akzeptiert und die genannten Identifikationsstrategien (Paneldaten, Instrumentvariablen, Matching-Verfahren und Regression-Discontinuity-Methoden) können sich wechselseitig ergänzend eingesetzt werden.

Im Übrigen ist der Verzicht auf empirische Forschung keine Lösung der Erkenntnisprobleme. Rein theoretische Überlegungen – in der Volkswirtschaftslehre gerne in Form von mathematischen Modellen – verdeutlichen nur, dass bei geeigneten Annahmen alle Phänomene prinzipiell möglich sind. Diese theoretische Vieldeutigkeit ist in der BWL, der Soziologie, der Politikwissenschaft und der Psychologie genauso vorhanden. Wenn aber auf der Ebene der reinen Theorie völlig unterschiedliche Resultate plausibel sind, hilft nur die Konfrontation mit den Daten und Fakten der Empirie.

7.5 Grundzüge der Regressionsanalyse im Überblick

Die drei wichtigsten Schritte eines empirischen Forschungsprojektes sind die Modellbildung, die Datengewinnung und die Auswertung. Zentrale Aspekte bzw. Schritte dieser Phasen werden hier im Überblick zusammengestellt. Diesen vorgeschaltet ist die grundsätzliche Klärung, ob es sich um eine rein explorative Studie, eine Untersuchung zu Prognosezwecken oder um eine im engeren Sinn hypothesenprüfende – also prinzipiell auf kausale Interpretationen abstellende – Regression handelt.

Modellbildungsphase

Die Spezifikation des Modells, das heißt die Auswahl der endogenen und exogenen Variablen erfolgt aufgrund theoretischer Vorüberlegungen bzw. auf der Basis von vorliegenden Erkenntnissen aus der Literatur. Ein **Literaturüberblick** ist daher zwingend Bestandteil der eigenen empirischen Untersuchung. Eventuell kann dabei schon geklärt werden, ob lineare oder nichtlineare Zusammenhänge wahrscheinlich sind. Dies wird bei der Spezifikation mit berücksichtigt. Dabei sind Hypothesen hinsichtlich der Wirkungsrichtungen des Einflusses der exogenen Variablen zu formulieren. Eine empirische Untersuchung beschränkt sich in der Regel auf drei bis fünf interessante Hypothesen. Diese Hypothesen dürfen nicht „vom Himmel fallen", sondern müssen sich aus der Auseinandersetzung mit der vorhandenen theoretischen und empirischen Literatur sowie ggf. eigenen, weiterführenden Analysen ergeben und mit diesen verknüpft sein.

Sollen kausale Wirkungen überprüft werden, ist ein dafür geeignetes Verfahren zu wählen. Dies bezeichnet man als die **Identifikationsstrategie** möglicher Ursache-Wirkungsbeziehungen. Das heißt es ist zu erläutern, welche der in Kap. 4 genannten Methoden (kontrolliertes Zufallsexperiment, Instrumentvariablenmethode, Matching-Group-Ansatz, Paneldatenverfahren, Regression-Discontinuity-Methode) eingesetzt oder zumindest angenähert realisiert wird.[4]

Das Ergebnis dieser Phase ist neben den Hypothesen ein dazu passendes empirisches Modell in Form einer Regressionsgleichung, die die endogene und die exogenen Variablen spezifiziert.

Datenerhebung und -aufbereitung

Bei Primärdaten ist das Erhebungsdesign klar zu formulieren. Wichtige Elemente sind: Sorgfältige Fragestellungen mit klar definierten Begriffen, deren Zusammenhang mit der Modellbildungsphase gegeben ist; Durchführung von Pretests; klar definierte Grundgesamtheit und dokumentierte Auswahl des Samples (idealerweise eine Zufallsauswahl); Erläuterung des Ablaufs der Erhebung; der Inspektion der Daten und der Datenbereinigungen.

Bei der Verwendung von Sekundärdaten müssen folgende Punkte beachtet werden: Klare Dokumentation, wo die Daten herkommen (Datenquellen); Klärung, wie die Variablen definiert sind; Inspektion der Daten und ggf. Bereinigung. Diese Aspekte sind bei der Kompilation von Daten unterschiedlicher Herkunft besonders wichtig.

In beiden Fällen muss aus der inhaltlichen Fragestellung heraus klar sein, was die Beobachtungseinheiten sind (Individuen, Haushalte, Unternehmen, Regionen Staaten usw.). Auf dieser Ebene müssen die Informationen, das heißt Datenwerte, für die abhängige und die unabhängigen Variablen vorhanden sein.

---

[4] Unter Umständen würde auch die Berücksichtigung aller relevanten Einflussfaktoren eine solche kausale Interpretation erlauben. Alle relevanten Einflüsse sind aber praktisch in den Sozialwissenschaften nicht bekannt bzw. die entsprechenden Daten nicht verfügbar.

Resultat dieser Phase ist erstens eine tabellarische Übersicht aller Variablen, die deren Definitionen und datenmäßige Erfassung erläutert. Zweitens erfolgt ebenfalls in einer Tabelle eine deskriptive Darstellung der Variablen. Diese umfasst zumindest Minimum, Maximum, Mittelwert und Standardabweichung.

Auswertungsphase

In der Auswertungsphase werden im Rahmen einer multiplen OLS-Regression die Schätzungen durchgeführt. Diese beginnen mit der in Abschn. 6.3 genannten Basisspezifikation. Es schließen sich weitere Schätzungen an, die darauf abzielen, theoretisch bzw. aufgrund der Literatur fundierte alternative Spezifikationen zu überprüfen und die Ergebnisse miteinander zu vergleichen. Üblicherweise werden dabei die folgenden Schritte durchlaufen:

- (Wie hoch ist das korrigierte Bestimmtheitsmaß?) Diese Angabe ist prinzipiell von geringer Bedeutung (siehe Abschn. 6.3.2), aber in der praktischen Wirtschaftsforschung üblich.
- Wie fällt der F-Test für das Gesamtmodell unter Einbezug des Signifikanzniveaus aus?
- Welche Werte haben die t-Tests für die Regressionskoeffizienten mit ihren Signifikanzniveaus?
- Sind die Schätzungen für die Regressionskoeffizienten hinsichtlich Vorzeichen und Ausmaß ihrer Wirkung plausibel?
- Sind mögliche nichtlineare Beziehungen und Interaktionseffekte relevant?
- Wie fallen die Prüfungen weiterer methodischer Voraussetzungen und Probleme – zumindest in Bezug auf Heteroskedastie, (ggf. auch Autokorrelation), Multikollinearität und einflussreiche Beobachtungen – aus?
- Sind die Koeffizientenschätzungen der Kernvariablen hinsichtlich Einflussrichtung und Ausmaß bei verschiedenen Spezifikationen stabil?
- Sind die interessierenden Einflussfaktoren vom Umfang her inhaltlich relevant (das heißt nicht nur statistisch signifikant)?

Die Resultate werden in einer Tabelle übersichtlich dargestellt (siehe Abschn. 6.4). Innerhalb der theoretisch und empirisch plausiblen Grenzen enthält diese Tabelle eine Reihe alternativer Spezifikationen (Extreme Bound Analysis). Im dazugehörigen Text werden die aufgeführten Punkte erläutert und diskutiert. Bei der Auswertung ist zu erläutern, inwieweit Hypothesen bestätigt, verworfen oder zu modifizieren sind, welche Einwände offen bleiben (siehe dazu Kap. 4, 5 und 7), welche Relevanz die Resultate hinsichtlich bspw. unternehmens-, wirtschafts- oder sozialpolitischen Problemen haben und welcher weiterer Forschungsbedarf existiert.

Alle diese Hinweise sind als (grober) Leitfaden zu verstehen. Die genannten Aspekte sind im Einzelfall zu modifizieren, fallen weg oder müssen ergänzt werden.

7.6 Übungsaufgaben

Übung 7.1 Kauft Geld sportlichen Erfolg?

Der Datensatz „Bundesliga_real" enthält eine Reihe von Variablen zum Abschneiden der Vereine in der ersten Fußball-Bundesliga (Saison 2005/2006 bis Saison 2015/2016). Variablen und Datenbeschreibung: *Tabellenpunkte* (Punkte am Saisonende), *Marktwert* (Gesamtmarktwert der Mannschaft), *Spieleretat* (gesamte Spieler Zu- und Abgänge in Mio. Euro), *Fluktuation_Kader* (Summe der Zahl von Spielerzu- und abgängen), *Kadergröße* (Anzahl der Spieler im Kader), *Kaderalter* (Durchschnittsalter der Spieler), *Diversität_Kader* (Zahl der unterschiedlichen Nationaliäten der Spieler), *Nationalität_Trainer* (Dummyvariable mindestens ein ausländischer Trainer: Ja = 1), *Traineralter* (Alter des Trainers in Jahren), *Erzielte_Tore* (Zahl der erzielten Tore), *Erhaltene_Tore* (Zahl der erhaltenen Gegentore), *Unfairness* (Summe der Zahl der erhaltenen roten, gelb-roten und gelben Karten), *Zuschauersupport* (durchschnittliche Zuschauerzahl im eigenen Stadion). Alle Daten beziehen sich jeweils auf eine Saison.

Die Hypothese ist, dass der Marktwert des Spielerkaders (= Hypothesenvariable) den sportlichen Erfolg einer Mannschaft am Ende der Saison (gemessen an den Tabellenpunkten) determiniert. Beziehen Sie außerdem alle anderen in der obigen Variablenbeschreibung aufgeführten Variablen als Kontrollvariablen in die Regression ein. Was stellen Sie für die Variable *Marktwert* fest? Wie lässt sich das Ergebnis erklären?

Übung 7.2: Risiko Frührente

In der Süddeutschen Zeitung vom 13.09.2016 war im Artikel „Risiko Frührente" zu lesen: „Wer zeitig in Rente geht, ist eher tot, fanden Ökonomen der Universität Zürich heraus, die den Lebenslauf österreichischer Industriearbeiter untersucht hatten … Mit Rentenbeginn steigt das Risiko von Herzinfarkt, Schlaganfall oder Krebs deutlich." Länger arbeiten ist danach ein gutes Mittel, um dem drohenden Ruhestandstod zu entgehen.

Beruht dieser Zusammenhang nach Ihrer Ansicht auf einer kausalen Wirkung? Begründen Sie Ihre Antwort.

Übung 7.3: Hochschulabschlussnoten II

Lesen Sie sich noch einmal die Übungsaufgabe 3.4 und die dazugehörige Lösung durch. Welche Interpretation des Einflusses der Wahl nur eines statt zwei Schwerpunkten ist möglich? Beziehen Sie dabei folgende Informationen ein: Die höhere und damit schlechtere Hochschulabschlussnote von Absolventen mit lediglich einem Schwerpunkt ist inhaltlich auf den ersten Blick schwer nachzuvollziehen (siehe die Lösung zur Übung 3.4 und dort die Abb. 11.11 bzw. 11.12). Zwei Schwerpunkte mit insgesamt 24 Pflichtveranstaltungen jeweils einem vorgeschriebenen Pflichtprogramm von 12 Veranstaltungen belegen zu müssen, ist (objektiv) schwieriger als lediglich einen Schwerpunkt mit 12 Pflichtveranstaltungen, zu denen dann noch 12 Wahlveranstaltungen kommen, die aber von den Studierenden frei aus einer breiten Palette von Angeboten ausgesucht werden können. Hier ist es prinzipiell möglich, sich „einfache" Wahlveranstaltungen herauszupicken, die leichter mit guten Noten beendet werden können. Hinzu kommt, dass die Studierenden einen von zwei Schwerpunkten im Lauf des Hauptstudiums auch wieder auflösen können. Fast alle Studierende wählen daher zunächst zwei Schwerpunkte, aber viele lösen einen von beiden dann doch wieder auf.

Übung 7.4: Arbeitslosigkeit in Schweden
Diskutieren Sie Probleme und Einwände hinsichtlich der Regressionsergebnisse des Modells aus Teilaufgabe 3.5 im dritten Kapitel. Welche weiteren Analyseschritte zur Erklärung der Arbeitslosenquote in Schweden halten Sie für notwendig bzw. angebracht?

Übung 7.5: Beantworten Sie folgende Fragen

a) Definieren Sie die Begriffe „interne Validität" und „externe Validität" im Rahmen einer Regressionsanalyse.
b) Erklären Sie, inwieweit allgemeine Gleichgewichtseffekte die Interpretation von Regressionsergebnissen erschweren.
c) Inwiefern unterscheidet sich die statistische von der deterministischen Kausalität?
d) Erläutern Sie den sogenannten „Publication bias" in der empirischen Wirtschafts- und Sozialforschung.
e) Erläutern Sie die Bedeutung von Replikationsstudien und Meta-Analysen für den wissenschaftlichen Erkenntnisgewinn.
f) Welche Probleme der empirischen Forschung sollen mittels Pre-analysis-Plans beseitigt werden?

Literatur

Card, N.A. (2012): Applied Meta-Analysis for Social Science Research, New York

Coffmann, L. C.; Niederle, M. (2015): Pre-Analysis-Plans Have Limited Upside, Especially Where Replications Are Feasibe, Journal of Economic Perspectives, 29, (3): 81–98

Cooper, H., Hedges, L.V., Valentine, J.C. (eds.) (2009): Handbook of research synthesis and meta-analysis, 2nd ed., New York

Herndon, Th., Ash, M., Pollin, R. (2013): Does High Public Debt Consistently Stifle Economic Growth? A Critique of Reinhart and Rogoff, Political Economy Research Institute – Working Paper Series (322). http://www.peri.umass.edu/fileadmin/pdf/working_papers/working_papers_301-350/WP322.pdf (Zugriff: 27.06.2015)

Olken, B. (2015): Promises and Perils of Pre-Analysis-Plans, Journal of Economic Perspectives, 29 (3): 61–80

Open Science Collaboration (2015): Estimating the reproducibility of psychological science, Science, 28. August 2015: 349 (6251), DOI:10.1126/science.aac4716 (Zugriff: 11.09.2016)

Reinhart, C., Rogoff, K. (2010): Growth in a Time of Debt, NBER Working Paper Series, Working Paper 15693, www.nber.org/papers/w15639.pdf (Zugriff: 27.02.2015)

Schnell, R., Hill, P.B., Esser, E. (2013): Methoden der empirischen Sozialforschung, 10. Auflage, München

Stock, J.H., Watson, M.W. (2014): Introduction to Econometrics, 3rd Ed. Boston

Anhang I: Grundlagen der Regression 8

8.1 Die Schätzung der Regressionskoeffizienten mittels OLS

Für eine spezifizierte Gleichung $y_i = b_0 + b_1 x_i + e_i$ soll auf der Grundlage der Beobachtungen $i = 1 \dots n$ die Summe der quadrierten Abweichungen S minimiert werden (Hill et al. 2008, S. 42–44; Backhaus et al. 2011, S. 67–68).

$$S(b_o, b_1) = \sum\nolimits_{i=1}^{n} e_i^2 \quad \rightarrow \text{Min.!} \tag{8.1}$$

Aus $y_i = b_0 + b_1 x_i + e_i$ folgt $e_i = y_i - b_0 - b_1 x_i$.
Eingesetzt in Gl. 8.1 ergibt sich:

$$S(b_o, b_1) = \sum\nolimits_{i=1}^{n} (y_i - b_0 - b_1 x_i)^2. \tag{8.2}$$

Wir suchen die Koeffizientenwerte b_0 und b_1, die S minimieren. Dazu wird Gl. 8.2 partiell nach b_0 und b_1 differenziert und gleich Null gesetzt. Die Aufsummierung von $i = 1$ bis n wird im Folgenden zur Vereinfachung nicht mehr ausgeschrieben.

$$\frac{\partial S}{\partial b_0} = 2 \sum (y_i - b_0 - b_1 x_i)(-1) = 0 \tag{8.3}$$

$$\frac{\partial S}{\partial b_1} = 2 \sum (y_i - b_0 - b_1 x_i)(-x_i) = 0 \tag{8.4}$$

Daraus erhält man mittels Division durch -2:

$$\sum (y_i - b_0 - b_1 x_i) = 0, \tag{8.5}$$

$$\sum (y_i - b_0 - b_1 x_i) x_i = 0. \tag{8.6}$$

© Springer-Verlag GmbH Deutschland 2017
M.-W. Stoetzer, *Regressionsanalyse in der empirischen Wirtschafts- und Sozialforschung Band 1*, DOI 10.1007/978-3-662-53824-1_8

Durch weiteres Umformen ergibt sich:

$$\sum y_i - nb_0 - b_1 \sum x_i = 0, \tag{8.7}$$

$$\sum y_i x_i - b_0 \sum x_i - b_1 \sum x_i^2 = 0. \tag{8.8}$$

Gl. 8.7 wird nach b_0 aufgelöst.

$$b_0 = \frac{1}{n} \sum y_i - b_1 \sum \frac{1}{n} x_i \tag{8.9}$$

bzw.

$$b_0 = \bar{y} - b_1 \bar{x} \tag{8.10}$$

Um b_1 zu erhalten, wird Gl. 8.8 zunächst umgestellt und dann Gl. 8.9 eingesetzt:

$$\sum y_i x_i = b_0 \sum x_i + b_1 \sum x_i^2, \tag{8.11}$$

$$\sum y_i x_i = \left[\frac{1}{n} \sum y_i - b_1 \frac{1}{n} \sum x_i \right] \sum x_i + b_1 \sum x_i^2. \tag{8.12}$$

Daraus folgt:

$$\sum y_i x_i = \frac{1}{n} \sum y_i \sum x_i - b_1 \frac{1}{n} \sum x_i \sum x_i + b_1 \sum x_i^2. \tag{8.13}$$

Diese Gleichung wird nach b_1 aufgelöst. Dazu ist mit n zu multiplizieren, $\sum y_i \sum x_i$ zu subtrahieren und b_1 auszuklammern.

$$n \sum y_i x_i = \sum y_i \sum x_i - b_1 \sum x_i \sum x_i + nb_1 \sum x_i^2$$

$$n \sum y_i x_i - \sum y_i \sum x_i = -b_1 \sum x_i \sum x_i + nb_1 \sum x_i^2$$

$$n \sum y_i x_i - \sum y_i \sum x_i = -b_1 \left(\sum x_i \right)^2 + nb_1 \sum x_i^2$$

$$n \sum y_i x_i - \sum y_i \sum x_i = b_1 \left[\left(- \sum x_i \right)^2 + n \sum x_i^2 \right]$$

$$b_1 = \frac{n \sum x_i y_i - \sum x_i \sum y_i}{n \sum x_i^2 - \left(\sum x_i \right)^2} \tag{8.14}$$

Die Gl. 8.14 kann umgeformt werden zu:

$$b_1 = \frac{\sum (x_i - \bar{x})(y_i - \bar{y})}{\sum (x_i - \bar{x})^2}. \tag{8.15}$$

Gl. 8.15 ist die Berechnung der Koeffizientenschätzung für b_1 aus den Beobachtungen der abhängigen Variable (y_i) und der unabhängigen Variable (x_i).

Die Berechnung der Konstanten b_0 ist dann einfach möglich als:

$$b_0 = \bar{y} - b_1\bar{x}. \tag{8.16}$$

Im nächsten Schritt ist zu berücksichtigen, dass diese Schätzungen den wahren Koeffizientenwert b_1 nur mehr oder weniger genau wiedergeben. Diese Genauigkeit der Schätzung kommt in den Standardfehlern zum Ausdruck. Streuen die geschätzten Koeffizientenwerte sehr stark (sehr wenig) um ihren Mittelwert, ist der Standardfehler groß (klein). Die Formel für den Standardfehler (SE) der Schätzung des Koeffizienten b_1 lautet:

$$SE\,(b_1) = \sqrt{\frac{\sum \dfrac{(y_i - \hat{y}_i)^2}{n-2}}{\sum (x_i - \bar{x})^2}}. \tag{8.17}$$

Tab. 8.1 Berechnung der Regressionskoeffizienten

Region	x_i	y_i	x_i^2	$x_i\,y_i$
1	22	214	484	4708
2	18	202	324	3636
3	20	198	400	3960
4	13	178	169	2314
5	13	184	169	2392
6	25	210	625	5250
7	11	179	121	1969
8	17	205	289	3485
9	18	192	324	3456
10	14	181	196	2534
11	10	164	100	1640
12	23	213	529	4899
13	21	210	441	4410
14	17	198	289	3366
15	18	200	324	3600
Summe	*260*	*2928*	*4784*	*51.619*
Ergebnisse				
n	15			
$\sum x_i$	260			
$\sum x_i^2$	4784			
$\sum y_i$	2928			
$\sum x_i\,y_i$	51.619			
$\bar{y}$	195,20			
$\bar{x}$	17,33			

y_i Absatzmenge; x_i Kontakte

Der Standardfehler sagt aus, wie stark die Koeffizientenschätzung streut, wenn dieselben Berechnungen auf der Grundlage anderer Stichproben durchgeführt werden. Er gibt also Auskunft zur Bandbreite der erwarteten Werte von b_1, die zufallsbedingt von Stichprobe zu Stichprobe schwanken. Der Standardfehler ist eine Schätzung der unbekannten Abweichungen vom wahren Wert B_1.

Als Zahlenbeispiel wird die Berechnung der Konstanten b_0 und des Regressionskoeffizienten b_1 der Kontakte für die einfache Regression in der Tab. 8.1 erläutert.

Eingesetzt in die Gl. 8.14 folgt: $b_1 = 3{,}126$.

Dies wird in Gl. 8.16 benutzt, um die Konstante zu ermitteln: $b_0 = 141{,}013$.

8.2 Der (Bravais-Pearson-)Korrelationskoeffizient

Die zwei Variablen x und y sind metrisch skaliert. Der Korrelationskoeffizient zwischen x und y ist wie folgt definiert:

$$r_{x,y} = \frac{c_{x,y}}{s_x s_y}. \qquad (8.18)$$

$c_{x,y}$ ist die Kovarianz zwischen den Variablen x und y. Sie ist definiert als:

$$c_{x,y} = \frac{1}{n} \sum_{i=1}^{n} (x_i - \bar{x})(y_i - \bar{y}). \qquad (8.19)$$

Die Kovarianz zwischen x und y verdeutlicht Abb. 8.1 grafisch. Die einzelnen aufsummierten Produkte $(x_i - \bar{x})(y_i - \bar{y})$ sind die Rechtecke, die in Abb. 8.1 beispielhaft für die Punkte (Beobachtungen) 8 und 14 wiedergegeben sind.

Die Punkte im I und III Quadranten führen zu Rechtecken mit positiven Vorzeichen, umgekehrt in den Quadranten II und IV. Die mittlere Summe aller dieser Rechtecke ist die

Abb. 8.1 Kovarianz

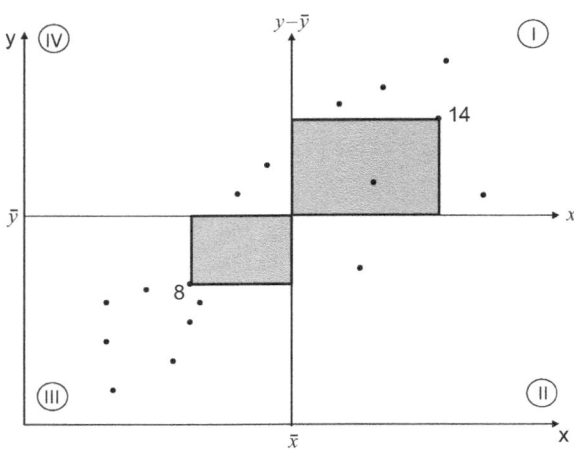

Kovarianz zwischen x und y. Die Kovarianz ist positiv, wenn die beiden Variablen sich in die gleiche Richtung entwickeln, d. h. ein hoher x-Wert tendenziell mit einem hohen y-Wert verbunden ist und ein niedriger x-Wert mit einem niedrigen y-Wert. Die Kovarianz zwischen x und y ist negativ, wenn sich beide Variablen gegenläufig entwickeln (Schira 2005, S. 90–93).

Im Nenner des Korrelationskoeffizienten finden sich die Standardabweichungen s_x und s_y der beiden Variablen x und y. Die Standardabweichung der Variable x ist die Wurzel aus der Varianz dieser Variable:

$$s_x = \sqrt{\text{Var}(x)}. \tag{8.20}$$

Die Varianz ist definiert als mittlere quadratische Abweichung vom arithmetischen Mittel. Die Aufsummierung über i = 1 bis n wird auch hier zur Vereinfachung weggelassen:

$$\text{Var}(x) = \frac{1}{n} \sum (x_i - \bar{x})^2. \tag{8.21}$$

Die Varianz ist ein Maß für die Streuung einer Variable. Beim Korrelationskoeffizienten führt die Division der Kovarianz durch die Standardabweichungen dazu, dass $r_{x,y}$ normiert wird. Der Korrelationskoeffizient liegt damit zwischen -1 und $+1$. Er ist ein Maß für die Stärke des (linearen) Zusammenhangs zwischen den Variablen x und y.

Der Korrelationskoeffizient kann nach Einsetzen der Kovarianz und der Standardabweichungen wie folgt geschrieben werden:

$$r_{xy} = \frac{1/n \sum (x_i - \bar{x})(y_i - \bar{y})}{\sqrt{1/n \sum (x_i - \bar{x})^2} \sqrt{1/n \sum (y_i - \bar{y})^2}}. \tag{8.22}$$

Die Gegenüberstellung mit Gl. 8.15 aus Abschn. 8.1 verdeutlicht die Unterschiede des Regressionskoeffizienten b_1 und des Korrelationskoeffizienten r_{xy}. Der Korrelationskoeffizient basiert auf standardisierten Variablen und ist damit unabhängig von der Skalierung der Variablen. Der Vergleich zeigt außerdem, dass beide Koeffizienten Analysen des Zusammenhangs von x und y sind, die auf Abweichungen vom Mittelwert basieren.

8.3   Der OLS-Schätzer in Matrixschreibweise

Das im Abschn. 8.1 beschriebene Verfahren der OLS-Schätzungen ist die einfachste Form der Herleitung der OLS-Methode. Eine Alternative verwendet die Matrizenrechnung. Auch im Fall der OLS-Schätzung bei mehreren unabhängigen Variablen ist die Matrixschreibweise anzuwenden.

Grundlagen der OLS-Schätzung

Der Standardansatz der Regressionsanalyse beruht darauf, dass zumindest zwei Variablen existieren, zwischen endogener und exogener Variablen unterschieden werden kann sowie wenigstens die endogene Variable ein quantitatives (metrisches) Skalenniveau aufweist. Das beschriebene klassische Modell der Regression lautet in Matrix-Schreibweise, wobei hier der Fehler E mit dem Buchstaben U abgekürzt wird (große Buchstaben kennzeichnen hier Vektoren und nicht die wahren unbekannten Koeffizienten!):

$$Y = X'B + U$$

Y: Spaltenvektor der n Beobachtungen der abhängigen Variable
B: Spaltenvektor der k unbekannten zu schätzenden Regressionskoeffizienten (d. h. b_0, b_1, ... b_k)
X′ = $n \times k$ Vektor (Matrix) der Beobachtungen der unabhängigen Variablen
U: Spaltenvektor der n unbeobachteten stochastischen sonstigen Einflüsse

Im rechten Teil dieser Gleichung wird X′B als deterministische und U als stochastische Komponente bezeichnet. Die unbekannten Koeffizienten B werden im einfachsten Fall mittels der Methode der kleinsten Quadrate (OLS) geschätzt: Diese Formel wählt die Regressionskoeffizienten so, dass die Summe der quadratischen Abweichungen minimiert wird. Der Vektor der Koeffizientenschätzungen $\hat{B}$ ergibt sich dann als:

$$\hat{B} = (X'X)^{-1}X'Y.$$

X′ ist dabei die transponierte Matrix und X^{-1} die invertierte Matrix. In einer Reihe von statistischen Programmpaketen können direkt solche Formeln der Matrizenrechnung programmiert werden. Für die anwendungsorientierte Forschungspraxis ist diese Option im Allgemeinen aber wenig relevant.
Die wichtigsten Prämissen der Schätzung mittels OLS und der Interpretation der so gewonnenen Resultate sind:[1]

- U ist ein Zufallsvektor mit dem Erwartungswert 0 [E(U) = 0, und $E(u_i) = 0$, für i = 1 ... n]
- Die Störvariablen u_i korrelieren nicht miteinander und haben die gleiche Varianz $ó^2$ [Cov (U) = E, (UU′) = $ó^2$i, das heißt Cov $(u_i\ u_j) = 0$; $Var(u_i) = Var(u_j) = ó^2$ für $i \neq j$ und i = 1 ... n; j = 1 ... n]. Diese Annahmen sind die Abwesenheit von Autokorrelation und die Homoskedastie. Sind die beiden Annahmen gegeben, gilt das Gauss-Markov-Theorem: Der OLS Schätzer besitzt die kleinste Varianz unter allen linearen Schätzern, also allen Schätzern, die lineare Funktionen von Y sind (BLUE-Eigenschaft: Best Linear Unbiased Estimator).
- Die Verteilung der u_i folgt einer Normalverteilung.

---

[1] Eine weitere hier nicht diskutierte Bedingung ist: Für große Sample muss die Varianz der X_i gegen eine endliche von Null verschiedene Zahl Q streben. Damit wird ausgeschlossen, dass die Werte für X im Sample alle die gleichen sind und dass sie unbegrenzt steigen oder fallen (Kmenta 1986, S. 335). Schließlich muss außerdem die Anzahl der Beobachtungen größer oder gleich der Zahl der Regressoren sein: $n \geq k$.

Diese Annahmen können zusammengefasst werden in der Bedingung: $U \sim N(0, \acute{o}^2 I)$.
Abb. 8.2 illustriert diese Aussage.

Der Einfluss der Kontakte auf die Menge der verkauften PKW ist in der Ebene
eingezeichnet. Dies ist unsere geschätzte Regressionsgerade im PKW-Beispiel, d.h.
$\hat{Y} = 104{,}647 + 3{,}056 X_1 - 1{,}501 X_2 + 2{,}407 X_3$. Die geschätzte Absatzmenge bei 11 Kontakten beträgt also (gerundet) 175 PKW. Tatsächlich verkauft wurde bei 11 Kontakten
die Menge Y_{11}, d.h. 179 PKW. Bei 20 Kontakten beträgt die geschätzte Absatzmenge
(gerundet) 203 PKW. Dem stehen 198 tatsächlich verkaufte PKW gegenüber. Unsere
Beobachtungen, d.h. verkaufte PKW, sind eine Stichprobe. Bei vielen Stichproben verteilen sich die beobachteten Verkaufszahlen (bspw. bei 11 und 20 Kontakten), wie in der
Abb. 8.2 zu sehen. Sie bilden eine Normalverteilung, deren Mittelwert die geschätzte
Absatzmenge $\hat{Y}$ ist.

Unter diesen drei Annahmen besitzt der OLS-Schätzer die kleinste Varianz unter allen
konsistenten Schätzern. Dies gilt asymptotisch also für $n \rightarrow \infty$ und unabhängig davon, ob
die Schätzer linear sind oder nicht. Weitere Annahmen sind:

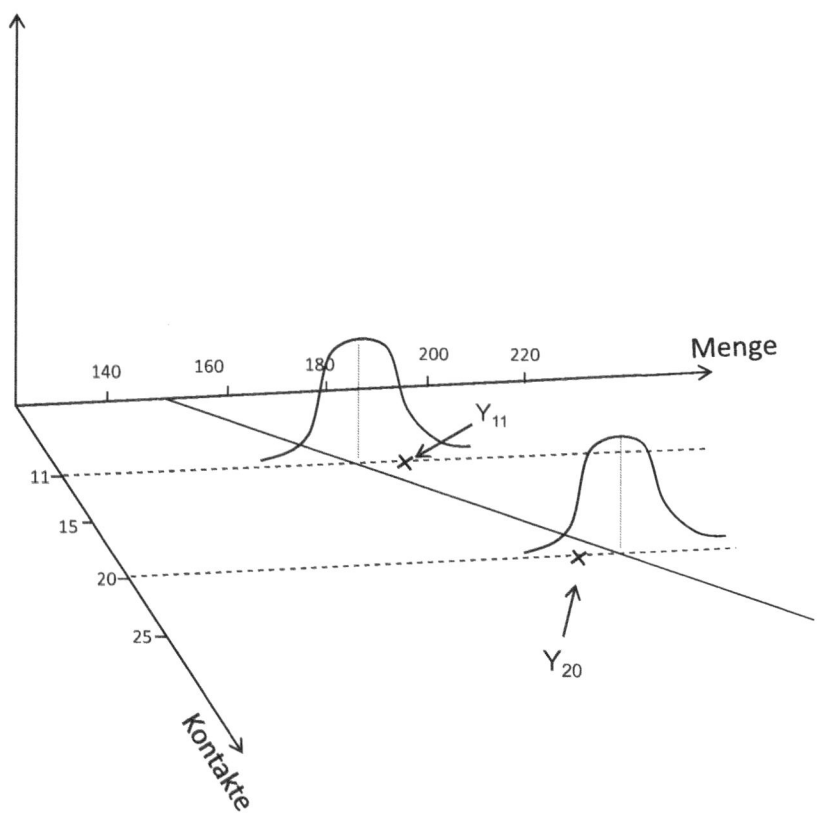

Abb. 8.2 Beobachtungswerte bei vielen Stichproben

- Es existiert keine zu große Korrelation zwischen den Beobachtungsvektoren der unabhängigen Variablen. Im Extremfall einer perfekten Korrelation wird dies als exakte Multikollinearität bezeichnet, X muss also vollen Spaltenrang besitzen.
- Die Matrix der beobachteten Werte X ist nicht stochastisch. Eine neue Stichprobe würde also zu exakt den gleichen Werten für die X_i führen. Dies bedeutet erstens, dass die Elemente der Beobachtungsmatrix X von den Fehlern u_i unabhängig sind. Außerdem wird damit unterstellt, dass die Beobachtungswerte X frei von Messfehlern sind.
- Die Gleichung ist richtig spezifiziert. Diese Prämisse ist implizit schon durch Annahme [E(U) = 0] sichergestellt (zu den verschiedenen Annahmen siehe: Kmenta 1986, S. 208, 268, 346 ff.; Kennedy 2008, S. 41–44; Wooldridge 2013, S. 84–105).

Soll die Schätzung nicht nur den vorhandenen Datensatz beschreiben, sondern ist es beabsichtigt, für die ermittelten Zusammenhänge verallgemeinernde Folgerungen vorzunehmen, müssen außerdem die folgenden Bedingungen eingehalten werden.

- Die den geschätzten Modellparametern zugrundeliegenden Daten stellen eine zufällige Stichprobe dar.
- Die Signifikanzniveaus für Schlüsse auf die Grundgesamtheit sind a-priori zu wählen und die gewählten Signifikanzniveaus sollten entsprechend der Nullhypothese variieren (zu diesen Annahmen: Kmenta 1986, S. 125 ff.; Bortz 2005, S. 121 f., 192 f.; Auer und Rottmann 2010, Kapitel IV.4; Diekmann 2014, S. 704–723).

Dies sind die Voraussetzungen des klassischen OLS-Ansatzes. Diese Prämissen sind nicht alle immer zwingend notwendig, um eine sinnvolle OLS-Schätzung durchführen zu können. Dies gilt zum Beispiel für die Annahme der Normalverteilung. Wooldridge (2013, S. 173–178) erläutert die verschiedenen Prämissen und ihre Zusammenhänge.

Literatur

Auer, B., Rottmann, H. (2010): Statistik und Ökonometrie für Wirtschaftswissenschaftler, Wiesbaden

Backhaus, K., Erichson, B., Plinke, W., Weiber, R. (2011): Multivariate Analysemethoden, 13. Auflage, Heidelberg et al.

Bortz, J. (2005): Statistik für Human- und Sozialwissenschaftler, 6. Auflage, Heidelberg

Diekmann, A. (2014): Empirische Sozialforschung, Grundlagen, Methoden, Anwendungen, 8. Auflage, Reinbek bei Hamburg

Hill, R. C.; Griffiths, W. E.; Lim, C. (2008): Principles of Econometrics, Third ed., Hoboken NJ

Kennedy, P. (2008): A Guide to Econometrics, 6th Ed., Cambridge

Kmenta, J. (1986): Elements of Econometrics, Second Edition, Anne Arbor

Schira, J. (2005): Statistische Methoden der VWL und BWL. Theorie und Praxis, 2. Auflage, München

Wooldridge, J.M. (2013): Introductory Econometrics – A Modern Approach, 5th Ed., Mason, Ohio

Anhang II: Grundlagen der statistischen Datenanalyse

9

Einige Grundlagen der statistischen Analyse, die für das Verständnis der Regressions-verfahren wichtig sind, werden im Folgenden erläutert. Abschn. 9.1 geht auf relevante Begriffe und Darstellungsweisen der beschreibenden Statistik ein. Abschn. 9.2 erläutert die Verteilungen von Variablen einer Grundgesamtheit einerseits und den entsprechenden Stichprobenmittelwerten andererseits. Anschließend rekapituliert Abschn. 9.3 das prinzipielle Vorgehen bei einem Hypothesentest.

9.1 Datenbeschreibung

Die konkreten Werte in einer Grundgesamtheit oder einer Stichprobe – bspw. der Kosten verschiedener Fluggesellschaften – variieren. Wie lässt sich diese Heterogenität am besten zusammenfassend beschreiben? Verschiedene statistische Kennwerte dienen dazu, die Verteilung bestimmter Werte (Merkmale) summarisch abzubilden. Die Wichtigsten sind Maße, die die zentrale Tendenz aller Werte beschreiben, sowie Kennwerte, die die Unterschiedlichkeit, d. h. die Variabilität eines Merkmals – bspw. der Kosten der Flugge-sellschaften – kennzeichnen.[1]

9.1.1 Zentrale Tendenz

Eine Reihe von Maßen versucht, die „wichtigste" Tendenz zu erfassen. Die relevantesten sind der Modus, der Median und der Mittelwert. Sie verwenden jeweils unterschiedliche

---

[1] Es werden hier nur einige grundlegende Sachverhalte kurz angesprochen. Genauere Darstellungen finden sich bei Borz (2005, Kapitel 1 bis 4), Cortinhas und Black (2012, Unit I und Unit II) sowie Auer und Rottmann (2010, Kapitel I und II).

© Springer-Verlag GmbH Deutschland 2017
M.-W. Stoetzer, *Regressionsanalyse in der empirischen Wirtschafts- und Sozialforschung Band 1*, DOI 10.1007/978-3-662-53824-1_9

Kriterien, um *einen* Wert zu identifizieren, der die gesamte Verteilung am besten repräsentiert.

Der **Modus** (**Modalwert**, engl. modus) ist der am häufigsten vorkommende Wert in einer Verteilung. Es ist naheliegend diesen Wert als sozusagen „typisch" für die Verteilung zu benutzen. Bei stetigen Verteilungen (wie bspw. den Kosten) werden aber nur in den seltensten Fällen zwei oder mehr Unternehmen genau die gleichen Kosten haben, so dass der Modus nur nach der Kategorisierung der Werte (bspw. Bildung von Kostenintervallen, in die die Fluggesellschaften einsortiert werden) eine sinnvolle Beschreibung darstellt. Zusätzlich tritt auch bei diskreten Verteilungen u. U. das Problem auf, dass zwei oder mehrere Modi existieren.[2]

Der **Median** (engl. Median) ist der Wert, von dem beliebige konkrete Werte im Durchschnitt am wenigsten abweichen. Anders formuliert: Die absolute Abweichung der Kosten einer Fluggesellschaft von diesem Median ist im Durchschnitt am geringsten. Der Median ist der Wert, der eine Häufigkeitsverteilung halbiert, d. h. 50 % der Werte liegen darunter und 50 % darüber. Er ist bei mindestens ordinalskalierten Daten verwendbar. Kommt es darauf an, den gesuchten Wert der Kosten einer Fluggesellschaft ungefähr richtig wiederzugeben, ist der Median sicherlich geeigneter als der Modus. Große und kleine Fehler (d. h. Abweichungen von den tatsächlichen Kosten einer konkreten Fluggesellschaft) kommen beim Median aber mit gleicher Wahrscheinlichkeit vor. Dies wird beim Mittelwert vermieden.

Der **Mittelwert** (das arithmetische Mittel, engl. mean) ist der gebräuchlichste Kennwert für die zentrale Tendenz einer Verteilung. Es berechnet sich, indem die Summe aller Werte durch die Anzahl der Werte dividiert wird: Die aufsummierten Kosten aller Fluggesellschaften werden durch die Zahl der Fluggesellschaften geteilt. Die Berechnung setzt voraus, dass die analysierte Variable (hier die Kosten) kardinal skaliert ist. Bei ihm werden die größeren Abweichungen stärker bestraft als kleinere Fehler. Dies geschieht, indem die Abweichungen quadriert werden. Das arithmetische Mittel ist der statistische Kennwert, bei dem die Summe der quadrierten Abweichungen minimiert wird (Bortz 2005, S. 36).[3]

Bei einer empirischen (beobachteten) Verteilung wird vom Mittelwert ($\bar{x}$) gesprochen. Den Mittelwert einer theoretischen Verteilung (einer Grundgesamtheit bzw. Population) bezeichnen wir als Erwartungswert (μ). Der Mittelwert einer Stichprobe $\bar{x}$ dient dazu, den unbekannten Erwartungswert μ der Grundgesamtheit aus der die Stichprobe stammt, zu

---

[2] Ein Merkmal (d. h. eine Variable) ist diskret, wenn es keine kontinuierlichen, sondern nur eine begrenzte Zahl von Werten aufweist. Kosten sind ein kontinuierliches (d. h. stetiges) Merkmal, die Zahl der Betriebsstätten eines durchschnittlichen mittelständischen Unternehmens der Kfz-Zulieferindustrie in Deutschland ist ein diskretes Merkmal, das nur ganzzahlige Werte ≥ 0 besitzt. Das Skalenniveau (nominal, ordinal, kardinal) und die Zahl der Ausprägungen einer Variable sind unterschiedliche Aspekte. Bei nominalen Variablen ist allerdings klar, dass es sich immer auch um diskrete Merkmale handelt.

[3] Die Minimierung der Summe der quadrierten Abweichungen ist nichts anderes als das OLS-Verfahren der Schätzung einer Regressionsgerade. Die OLS-Schätzung eines Koeffizienten ist daher der bedingte Mittelwert.

Tab. 9.1 Zentrale Maße der Tendenz und Verteilung der Kosten

	SPSS	Stata
Mittelwert	7184,13	7184,13
Median	2164,00	2164
[Modus	258,00[a]]	
Schiefe	0,649	0,5823904
Kurtosis	−1,076	1,875712

[a]Da jeder Kostenwert nur einmal auftritt, existieren so viele Modi wie Fluggesellschaften – näm-lich 15. SPSS zeigt den kleinsten Modus an und weist auf das Problem hin

schätzen. Auf die Schwierigkeiten und Möglichkeiten einer solchen Schätzung wird in den folgenden Abschnitten näher eingegangen.

Tab. 9.1 enthält den Mittelwert, den Median und den Modus der Kosten US-ameri-kanischer Fluggesellschaften auf der Grundlage der Werte der Tab. 1.1 des Kap. 1. Die Werte sind der jeweilige Output der Programmpakete SPSS und Stata. Der Modus ist, da es sich bei den Kosten um einen metrisch skalierten Parameter handelt, keine sinnvoll interpretierbare Größe.

Aus der Lage des Modus, des Median und des Mittelwerts der Verteilung einer Va-riable ergibt sich, ob eine symmetrische, eine rechtssteile oder eine linkssteile Verteilung vorliegt. Bei einer symmetrischen Verteilung stimmen all drei Kennwerte überein, bei ei-ner linksschiefen (d. h. rechtssteilen) Verteilung befindet sich das Mittel links vom Median und dieser links vom Modus. Bei einer rechtsschiefen (d. h. linkssteilen) Verteilung verhält es sich umgekehrt. Immer, wenn der Median kleiner (größer) als der Mittelwert ist, liegt eine rechtsschiefe (linksschiefe) Verteilung vor. Abb. 9.1 verdeutlicht dies am Beispiel einer linksschiefen Verteilung.

Als Beschreibung der Richtung und der Stärke der Schiefe (skewness) einer Verteilung dient das Schiefemaß (coefficient of skewness) und die Kurtosis. Beide sind sinnvoll nur bei eingipfligen Verteilungen anwendbar.

Abb. 9.1 Linksschiefe Vertei-lung

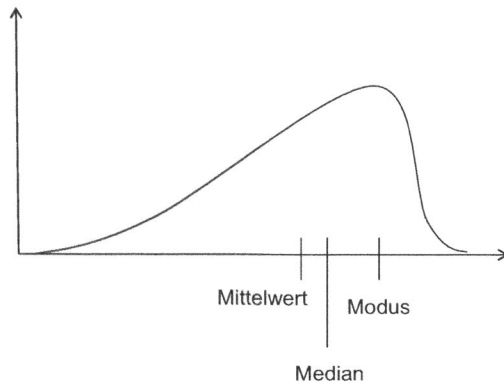

Mittelwert   Modus

Median

Für eine symmetrische Verteilung ist das **Schiefemaß** gleich Null, bei einer rechtsschiefen Verteilung größer als Null und bei einer linksschiefen kleiner als Null. Mit zunehmender Stärke der Schiefe steigt die absolute Größe des Schiefemaßes. Verteilungen unterscheiden sich weiterhin bezüglich der Stärke der Wölbung. Dies wird mittels der **Kurtosis** erfasst. Ausgeprägt hohe und enge Verteilungen besitzen eine Kurtosis von größer als 3, während sehr flache und weite Verteilungen eine Kurtosis von kleiner als 3 besitzen. Normalverteilungen weisen eine Kurtosis von 3 auf. Indem von der Kurtosis der Wert 3 abgezogen wird, erhält man den sogenannten Exzess. Schiefemaß und Kurtosis bzw. Exzess sind Beurteilungsmaßstäbe, inwieweit eine Verteilung der Normalverteilung entspricht oder von dieser abweicht. Eine Normalverteilung hat ein Schiefemaß von Null und einen Exzess von Null.

Aus der Tab. 9.1 folgt, dass die Kosten der Fluggesellschaften nicht symmetrisch und außerdem rechtsschief verteilt sind. Dies ist ersichtlich, da Median und Mittelwert voneinander abweichen, und außerdem der Median (2164,00) kleiner als der Mittelwert (7184,13) ist. Hinsichtlich der Schiefe und der Kurtosis weicht der Output von SPSS und Stata voneinander ab. Bei der Berechnung von Schiefe und Kurtosis verwenden beide Programme leicht voneinander abweichende Formeln. Außerdem entspricht der SPSS-Output dem Exzess (also dem Bezugspunkt 0), während der Stata-Output die Kurtosis (also den Bezugspunkt 3) berechnet. Das inhaltliche Ergebnis stimmt aber überein:

Die Schiefe der Kosten beträgt 0,649 (bzw. 0,582). Sie ist größer als Null, da eine rechtsschiefe Verteilung gegeben ist. Die Kurtosis liegt bei 1,875 bzw. der Exzess ist gleich −1,076. Die Werte weisen auf eine im Vergleich zur Normalverteilung flachere und weitere Verteilung hin. Abb. 9.2 stellt die Kostenverteilung grafisch in Form eines Histogramms dar.[4] Aus ihr geht hervor, dass acht Fluggesellschaften Kosten bis zu 5 Mrd.

Abb. 9.2 Die Verteilung der Kosten der Fluggesellschaften

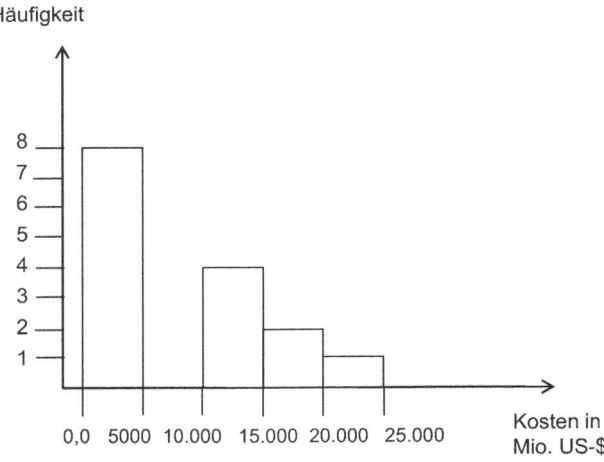

---

[4] Eine genauere Erläuterung, unter welchen Voraussetzungen eine diskrete Variable in Form eines Histogramms abgebildet werden kann und was dabei zu beachten ist, findet sich bei Cortinhas und

US-\$ besitzen, während nur eine Fluggesellschaft (American Airlines) in die Kostenklasse 20 bis 25 Mrd. US-\$ fällt.

Um die stetige Variable „Kosten" in einem Diagramm darzustellen, werden hier Klassen von Kosten gebildet (0-5000/5000-10.000 /usw.). Dies ermöglicht die Abbildung in Form eines Histogramms. In dieser Veranschaulichung wird die rechtsschiefe Verteilung der Kosten noch einmal deutlich. Durch diese Klassenbildung ist jetzt auch der Modus eine sinnvoll interpretierbare Größe: Die Klasse der Fluggesellschaften mit Kosten bis zu 5 Mrd. US-\$ stellt mit acht Unternehmen den Modus dar.

9.1.2 Variabilität

Die Verteilung der Werte einer Grundgesamtheit bzw. einer Stichprobe kann hinsichtlich Modus, Median und Mittelwert übereinstimmen, aber trotzdem bezüglich der Streuung der einzelnen Wert stark voneinander abweichen. In Abb. 9.3 liegen Modus, Median und Mittelwert für alle drei eingezeichnete Verteilungen bei 12 Mio. € Umsatz, während die Variabilität der Verteilungen stark unterschiedlich ausfällt.

Zur Erfassung der Variabilität existieren verschiedene Maße (sogen. Dispersionsmaße). Die wichtigsten sind Spannweite, Varianz und Standardabweichung.

Die **Spannweite** (Variationsbreite, range) ist die Differenz zwischen dem größten und dem kleinsten Wert eines Merkmals. Sie kennzeichnet, in welchem Wertebereich sich die Variable überhaupt befindet. Da sie stark von den Extremwerten einer Verteilung abhängt, ist ihre Aussagekraft beschränkt.

Die Varianz (variance) und die Standardabweichung (standard deviation) sind die gängigsten Kennwerte, um die Variabilität einer Variable zu beschreiben. Beide sind nur bei intervallskalierten Merkmalen verwendbar.

Abb. 9.3 Unterschiedliche Streuungen

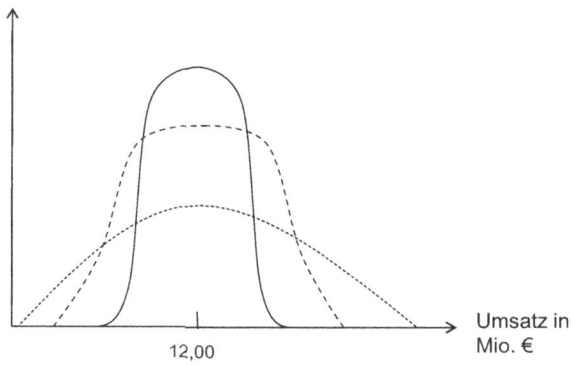

12,00

Umsatz in Mio. €

Black (2012, S. 24–38), Bortz (2005, S. 31–33) sowie Auer und Rottmann (2010, S. 14–30). Eine Alternative Darstellungsformen stetiger Merkmale ist die Dichtefunktion.

Die **Varianz** ist definiert als mittlere quadratische Abweichung vom arithmetischen Mittel. Die Formel für die Berechnung der Varianz einer Grundgesamtheit (d. h. einer Population) lautet:

$$\text{Var}(x) = s^2 = \frac{1}{n} \sum_{i=1}^{n} (x_i - \bar{x})^2.$$

Die Varianz wird üblicherweise mit s^2 abgekürzt. Die inhaltliche Interpretation ist aber insofern schwierig, als die Varianz die Maßeinheiten der Ursprungswerte quadriert. Die Quadrierung wird daher bei der Standardabweichung wieder rückgängig gemacht: Die **Standardabweichung** der Variable x einer Grundgesamtheit ist die Wurzel aus der Varianz dieser Variablen. Sie wird mit dem Kleinbuchstaben s abgekürzt.

$$s_x = \sqrt{s^2} = \sqrt{\text{Var}(x)}$$

Die bisherigen Streuungsmaße berücksichtigen noch nicht, dass die vorhandenen Werte der Variablen normalerweise nur eine Stichprobe (ein Sample) aus einer Grundgesamtheit darstellen und es in empirischen Untersuchungen darum geht, Aussagen zu gewinnen, die für die Grundgesamtheit verallgemeinert werden können. Varianz und Standardabweichung der Werte eines Samples können aber natürlich verwendet werden, um die unbekannten Streuungsmaße in einer Grundgesamtheit zu schätzen.

Also: Da die Werte der Grundgesamtheit nicht alle verfügbar sind, ist damit in der Regel auch die Varianz in der Grundgesamtheit unbekannt (genauso wie der Mittelwert usw.). Diese unbekannte Varianz wird σ^2 abgekürzt. Sie kann auf der Basis der Stichprobenwerte wie folgt geschätzt werden:

$$\hat{\sigma}^2 = \frac{1}{n-1} \sum_{i=1}^{n} (x_i - \bar{x})^2.$$

Die aus den Werten der Stichprobe geschätzte Varianz der Grundgesamtheit wird als $\hat{\sigma}^2$ bezeichnet. Das Dach „^" über einem Parameter weist – wie bei den Regressionskoeffizienten – drauf hin, dass es sich um einen geschätzten Wert handelt. Die Standardabweichung der Stichprobe (des Sample) heißt **Standardfehler** (standard error). Sie entspricht der Wurzel aus der Varianz.

Der unbekannte Mittelwert der Grundgesamtheit firmiert als Erwartungswert μ. Der Standardfehler des Mittelwertes einer Stichprobe gibt Auskunft über die Wahrscheinlichkeit, dass $\bar{x}$ den unbekannten Mittelwert der Grundgesamtheit, d. h. den Erwartungswert μ richtig schätzt. Der Standardfehler des Mittelwertes wird abgekürzt als: $\sigma_{\bar{x}}$.

$$\sigma_{\bar{x}} = \sqrt{\frac{\sigma^2}{n}}$$

Die obige Schätzung für die Varianz der Grundgesamtheit kann im nächsten Schritt verwendet werden, um den Standardfehler des Mittelwertes zu schätzen:

$$\hat{\sigma}_{\bar{x}} = \sqrt{\frac{\hat{\sigma}^2}{n}}.$$

Dieser Standardfehler wird von zwei Faktoren beeinflusst. Erstens ist er abhängig von der Streuung der Messwerte in der Grundgesamtheit. Besitzen bspw. alle Fluggesellschaften identische Kosten, ist die Standardabweichung gleich Null. Damit sind die Mittelwerte von Stichproben $\bar{x}$ ebenfalls alle gleich groß und folglich der Standardfehler des Mittelwertes $\sigma_{\bar{x}}$ auch gleich Null. Ist andererseits die Streuung der Kosten der Fluggesellschaften in den USA groß, wird auch der Standardfehler des Mittelwertes groß sein.

Zweitens hängt die Streuung der Mittelwerte $\bar{x}$ vom Umfang der Stichproben ab. Entspricht die Stichprobe dem Umfang der Grundgesamtheit (d. h. es erfolgt gar keine Stichprobenziehung, sondern es werden alle Elemente der Grundgesamtheit einbezogen: $n = N$), entspricht natürlich auch der Stichprobenmittelwert $\bar{x}$ dem Erwartungswert/Mittelwert der Grundgesamtheit μ und der Standardfehler ist gleich Null. Im anderen Extremfall besteht die Stichprobe aus lediglich einem Wert ($n = 1$). Die „Mittelwerte" (Mittelwerte wird hier in Anführungszeichen gesetzt, da ja *ein* Wert nur sich selbst als Mittelwert besitzt) vieler solcher Stichproben (mit $n = 1$) stimmen mit den Werten der Grundgesamtheit überein. Der Standardfehler dieser „Mittelwerte" ist identisch mit der Standardabweichung in der Grundgesamtheit $\hat{\sigma}_{\bar{x}} = \sigma$. Der Standardfehler wird also kleiner, wenn der Stichprobenumfang zunimmt.

Die Varianz in der Grundgesamtheit σ^2 ist in der Regel nicht bekannt. Zur Schätzung diese Varianz kann aber die Varianz in der Stichprobe s^2 dienen. Auf der Grundlage der Stichprobe werden also der Mittelwert und der Standardfehler geschätzt.

Varianz und Standardabweichung sind umso größer, je ausgeprägter die Variabilität der Verteilung der Merkmalswerte ist. Ihre absolute Größe ist aber für sich genommen von geringer Aussagekraft, da sie von der Skalierung der jeweiligen Variable abhängen. Im Bsp. der Kosten der Fluggesellschaften sind Varianz und Standardabweichung größer, wenn die Kosten in Cent statt in € gemessen werden und geringer, falls die Kosten in englischen Pfund ausgedrückt werden. Diesen Nachteil vermeidet der Variationskoeffizient.

Der **Variationskoeffizient** (engl. coefficient of variation) dividiert die Standardabweichung durch den Mittelwert. Die Abkürzung lautet V:

$$V = \frac{s}{\bar{x}}.$$

Er ist damit maßstabsunabhängig und wird verwendet, um Streuungen von Merkmalen mit unterschiedlichen Mittelwerten zu vergleichen. Dies kommt bspw. zum Tragen bei Daten mit unterschiedlichen Maßeinheiten (US-$ und Euro), oder zwischen Teilgruppen (bspw. Kosten von KMU und Großunternehmen). In der Praxis wird als Daumenregel davon ausgegangen, dass bei einem V kleiner als 0,5 der Mittelwert als typisch für alle Beobachtungen gelten kann. Bei einem großen V ist der Mittelwert nur wenig „repräsentativ" für die vorliegenden Daten, da die Streuung zu groß ist.

Spannweite, Varianz, Standardabweichung und Variationskoeffizient für unser Kostenbeispiel enthält Tab. 9.2.

Die Standardabweichung zeigt, dass die Kosten im Durchschnitt 7417,4 Mio. $ um den Mittelwert streuen, d. h. der Abstand zum Mittelwert entspricht im Durchschnitt

Tab. 9.2 Variabilitätsmaße der Kosten von US-Fluggesellschaften

	SPSS	Stata
Minimum	258,00	258
Maximum	21.061,00	21.061
Spannweite	20.803,00	20.803
Varianz	55.017.759,98	5,50e + 07
Standardabweichung	7417,40	7417,396

ca. 7417 Mio. $. Der Variationskoeffizient ist daraus wie oben beschrieben zu ermitteln und beläuft sich auf 1,032. Er kann als prozentuale Größe interpretiert werden. Das heißt bei den Kosten beträgt die Streuung ca. 103 % des Mittelwertes. Ein so hoher Variationskoeffizient ist ein Indiz, dass der Mittelwert die tatsächliche Verteilung der Kosten der Fluggesellschaften nur sehr schlecht beschreibt.

9.2 Verteilungen und zentraler Grenzwertsatz

Zu unterscheiden sind diskrete und stetige Zufallsvariablen. Werden die Ergebnisse eines Zufallsexperiments kategorisiert bzw. gezählt, handelt es sich um eine diskrete Zufallsvariable. Die dazugehörige Wahrscheinlichkeitsfunktion gibt an, wie wahrscheinlich die Ergebnisse in den Kategorien sind. Für einen idealen Würfel ist die Wahrscheinlichkeitsfunktion der verschiedenen Ergebnisse eines einzelnen Wurfs des Würfels für alle Zahlen 1 bis 6 jeweils 1/6 (siehe Abb. 9.4). P(X) ist dabei die Wahrscheinlichkeit (probability) bspw. eine 5 zu würfeln. Dies ist gleich 1/6, d. h. 0,166, also ca. 16,7 %.

Führt man das Würfeln mit jeweils zwei Würfeln durch, liegt die Bandbreite der möglichen Ergebnisse zwischen 2 und 12. Die Wahrscheinlichkeitsfunktion der Zufallsvariable „Summe der gewürfelten Zahlen" für das Würfeln mit 2 Würfeln enthält Abb. 9.5. Sie bildet bspw. ab, wie groß die Wahrscheinlichkeit ist, bei einem einmaligen Wurf mit zwei Würfeln die Augensumme 8 zu erzielen: Diese beläuft sich auf 5/36, d. h. 0,139, beträgt also annähernd 14 %.

Abb. 9.4 Wahrscheinlichkeitsfunktion bei einmaligem Würfeln

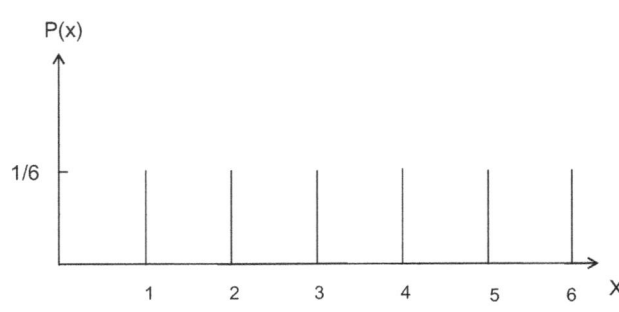

Abb. 9.5 Wahrscheinlichkeitsfunktion einer Zufallsvariablen

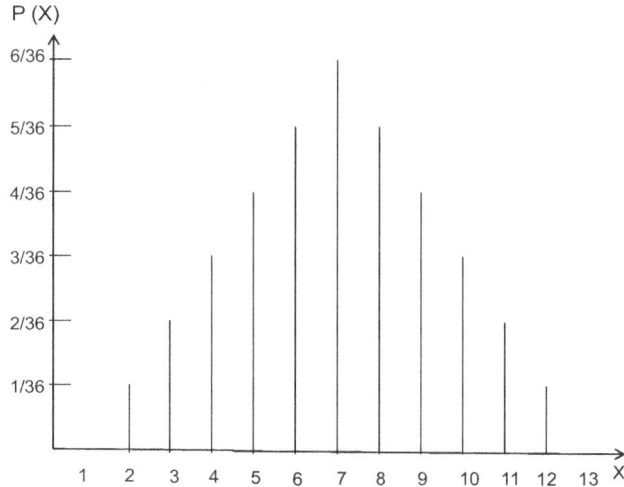

Werden in einem Zufallsexperiment kontinuierliche Größen ermittelt (bspw. Kosten, Umsätze, Preise, Größen, Längen, Gewichte usw.) können die Ergebnisse prinzipiell unendlich viele Werte annehmen. Bei solchen stetigen Zufallsvariablen ist die Wahrscheinlichkeit eines ganz bestimmten exakten Wertes nicht sinnvoll zu interpretieren. Wie groß ist bspw. die Wahrscheinlichkeit, dass ein KMU der metallverarbeitenden Industrie in Deutschland im Jahr 2017 genau einen Umsatz von 12.456.389,56 € aufweist? Die Wahrscheinlichkeit eines solchen Ereignisses geht gegen Null. Bei stetigen Zufallsvariablen wird stattdessen die Wahrscheinlichkeit betrachtet, dass ein Ergebnis in einem bestimmten Intervall liegt (dieses Intervall wird als Δx bezeichnet). Also handelt es sich bspw. um die Wahrscheinlichkeit, dass der Umsatz eines Unternehmens zwischen 12 und 13 Mio. € liegt. Die Wahrscheinlichkeitsfunktion wird als sogenannte Dichtefunktion dargestellt. Die Wahrscheinlichkeit, dass der Wert in einem bestimmten Intervall Δx liegt, entspricht dem Flächenanteil unter der Dichtefunktion (also dem Integral der Dichtefunktion im Wertebereich Δx; Abb. 9.6).

Entsprechende Interpretationen gelten auch für Aussagen dazu, wie groß die Wahrscheinlichkeit ist, dass ein bestimmtes Ergebnis (hier der Umsatz) kleiner ist als 12 Mio. €. Diese Wahrscheinlichkeit entspricht der Fläche unter der Dichtefunktion bis zum Wert 12 Mio. € (d. h. links von diesem Wert). Die Wahrscheinlichkeit, dass der Umsatz 12 Mio. oder mehr beträgt, wird in Abb. 9.7 durch die schraffierte Fläche ab dem Wert 12 Mio. nach rechts wiedergegeben.

Die in der Statistik wichtigste Verteilung ist die Normalverteilung.[5] Es handelt sich um eine Klasse von Verteilungen, deren Dichtefunktion die folgenden typischen Eigenschaf-

---

[5] Genauer zur Normalverteilung sowie weiteren wichtigen Verteilungen (Poisson-, Binomial- t-, F-Verteilung usw.) sowie den Beziehungen zwischen diesen Verteilungen siehe Bortz (2005, S. 65–83).

Abb. 9.6 Dichtefunktion Umsatz I

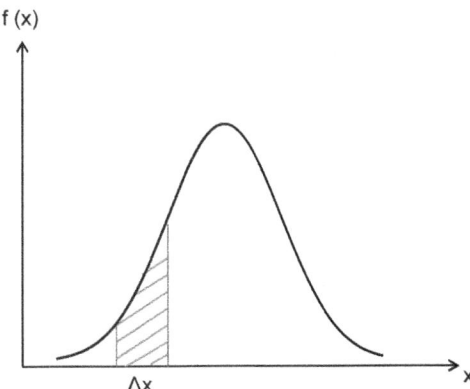

ten aufweisen: Glockenförmiger Verlauf (Gauss-Kurve), symmetrische Verteilung, bei der folglich Modus, Median und Erwartungswert übereinstimmen. Normalverteilungen unterscheiden sich lediglich durch differierende Erwartungswerte (μ) und durch unterschiedliche Streuungen (σ). Mit wachsendem (bzw. fallendem) x nähert sich die Dichtefunktion der Abszisse, erreicht diese aber erst bei Werten von $x = \infty$ bzw. $x = -\infty$.

Unter den unendlich vielen Normalverteilungen besitzt die Standardnormalverteilung einen Erwartungswert von 0 ($\mu = 0$) und eine Streuung von 1 ($\sigma = 1$). Sämtliche Normalverteilungen können durch eine sogenannte z-Transformation standardisiert, d. h. in eine Standardnormalverteilung überführt werden. Dazu wird von allen Werten einer Stichprobe der Mittelwert jeweils abgezogen und dann durch die Standardabweichung der Stichprobe dividiert.

Abb. 9.7 Dichtefunktion Umsatz II

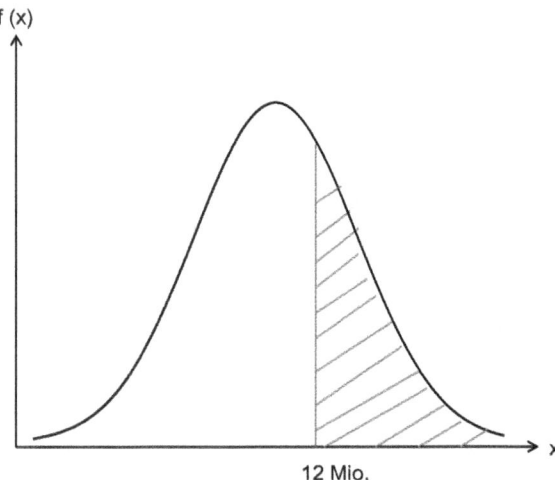

Tab. 9.3 Die Umsätze von acht Unternehmen

Unternehmen	A	B	C	D	E	F	G	H
Umsätze (in 1000 €)	150	250	350	450	550	650	750	850

Die Mittelwerte einer zufälligen Stichprobe sind eine Zufallsvariable. Ziehen wir eine Stichprobe und berechnen den Mittelwert, so wird sich dieser von dem Mittelwert einer zweiten Stichprobe unterscheiden. Wenn es sich aber um eine zufällige Stichprobe handelt, wird die Zufallsvariable „Mittelwert" bei genügend großen Stichproben normalverteilt sein.

Dies wird anhand eines Beispiels erläutert. Tab. 9.3 enthält die Umsätze von acht Unternehmen, hier als Unternehmen A bis H bezeichnet, die in diesem Fall die Grundgesamtheit darstellen. In der Grundgesamtheit liegt eine Gleichverteilung der Umsätze dieser Unternehmen im relevanten Wertebereich von 150.000 bis 850.000 € vor (Abb. 9.8).

Aus dieser Grundgesamtheit werden zur Schätzung des Erwartungswertes der Grundgesamtheit 30 Stichproben von jeweils 2 Unternehmen per Zufallsverfahren gezogen. Die Mittelwerte dieser 30 Stichproben sind in der Tab. 9.4 wiedergegeben („AB: 200" ist der Mittelwert der Stichprobe der beiden Unternehmen A und B usw.).

Grafisch sind diese 30 Mittelwert als Histogramm in der Abb. 9.9 zu finden. Es ist zu sehen, dass die Verteilung der Mittelwerte sich in der Mitte „ballt" und nichts mehr mit einer Gleichverteilung zu tun hat.

Der Vergleich der Abb. 9.8 und 9.9 ruft ein aus der Statistik bekanntes Resultat in Erinnerung. In der Abb. 9.8 liegt eine Gleichverteilung vor. Die Mittelwerte der Stichproben $\bar{x}$ besitzen dagegen eine Verteilung, die tendenziell der Normalverteilung entspricht. Diese

Abb. 9.8 Histogramm der Umsätze der acht Unternehmen

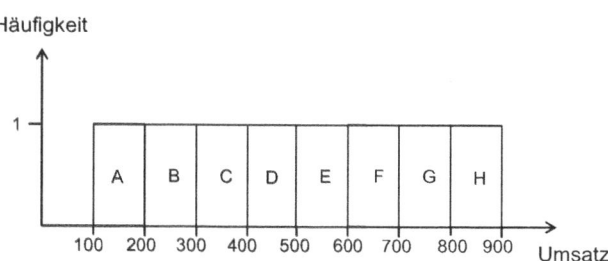

Tab. 9.4 Stichprobenmittelwerte (durchschnittlicher Umsatz) bei $n = 2$

AB: 200	FE: 600	AF: 400	AF: 400	DF: 550
AA: 150	GF: 700	GE: 650	AH: 500	FF: 650
GF: 700	FB: 450	EG: 650	EG: 650	CB: 300
EC: 450	EG: 650	AB: 200	BG: 500	FG: 700
FC: 500	HA: 500	GF: 700	GD: 600	DC: 400
FB: 450	FC: 500	GB: 500	CA: 250	DE: 500

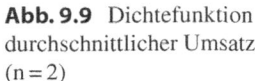

Abb. 9.9 Dichtefunktion durchschnittlicher Umsatz (n = 2)

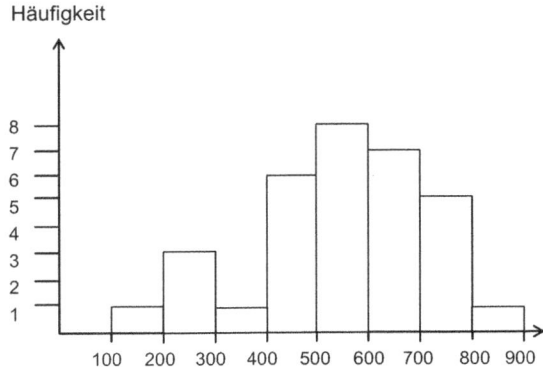

Tendenz ist umso ausgeprägter, je größer der Stichprobenumfang ausfällt (hier: n = 2) und kommt bei n = 30 einer Normalverteilung bereits sehr nahe.

Es handelt sich um eine Illustration des zentralen Grenzwertsatzes: Der Mittelwert aus n Stichproben, die derselben Grundgesamtheit entstammen, tendiert mit wachsendem n zu einer Normalverteilung. Es lässt sich zeigen, dass der zentrale Grenzwertsatz auch gilt, wenn die Ausgangsverteilung bspw. U-förmig ist: Unabhängig von der Form der Verteilung der Ausgangsverteilung ist in jedem Fall festzustellen, dass die Mittelwerte der Stichproben ($\bar{x}$) sich mit wachsendem Stichprobenumfang einer Normalverteilung nähern.

9.3 Hypothesenprüfung

9.3.1 Einleitung

Das arithmetische Mittel oder die Standardabweichung sind Schätzungen, um auf der Grundlage einer Stichprobe für die zentrale Tendenz bzw. Streuung der Werte einer Grundgesamtheit Aussagen treffen zu können. Es handelt sich jeweils um Punktschätzungen, d. h. Schätzungen eines genauen Wertes. Diese Schätzungen sind aber mehr oder weniger genau. Diese Unsicherheit hinsichtlich der exakten Werte kommt in den sogenannten Konfidenzintervallen zum Ausdruck. Sie resultiert aus Zufallsschwankungen bzw. Zufallseinflüssen, die wirksam werden und die exakten Werte gewissermaßen überlagern.

Hypothesen verwenden diese Überlegungen, um zu überprüfen, ob bestimmte behaupteten Eigenschaften der Grundgesamtheit durch die Daten der Stichprobe bestätigt werden. Wenn aber die Schätzung jedes genauen Wertes nur mehr oder weniger sicher ist, wie ist es dann möglich, zu entscheiden, ob eine Hypothese hinsichtlich eines Mittelwertes richtig ist? Nehmen wir an, es geht um die Hypothese, dass in der optischen Industrie die Unternehmen in den alten Bundesländern innovativer sind als entsprechende Unternehmen in den neuen Bundesländern.[6] Klar ist, dass es sowohl in den alten als auch in den neuen Bundesländern in der optischen Industrie innovativere und weniger innovative Unternehmen gibt.

Wie stark muss also der Mittelwert der Innovationshäufigkeit bei Unternehmen in den alten Bundesländern den Mittelwert in Unternehmen in den neuen Bundesländern überschreiten, damit diese Hypothese akzeptiert wird? Dieser Frage wird im Folgenden in mehreren Schritten angegangen. Abschn. 9.3.2 erläutert verschiedene Formen von Hypothesen. Anschließend beschäftigt sich Abschn. 9.3.3 mit Fehlerarten, bevor die Durchführung von Hypothesentests in Abschn. 9.3.4. beschrieben wird. Abschließend geht Abschn. 9.3.5 auf die Rolle der Konfidenzintervalle ein.

9.3.2 Statistische Hypothesen

Auf der Grundlage theoretischer Überlegungen oder bereits vorhandener empirischer Ergebnisse werden Hypothesen formuliert, deren Zweck es ist, den vorhandenen Wissensstand zu erweitern oder zu ergänzen. Eine solche Hypothese ist bspw. die Idee eines systematischen Innovationsdefizits der optischen Industrie in den neuen Bundesländern. Diese Hypothesen werden in der Regel als Gegen- oder Alternativhypothese bezeichnet. Sie treten in drei verschiedenen Formen auf.

Wichtig ist erstens die Differenzierung von **Unterschieds- und Zusammenhanghypothesen**. Unterschiedshypothesen treffen Aussagen zu Unterschieden zwischen Gruppen (von bspw. Unternehmen) und werden häufig auf der Grundlage von Mittelwertvergleichen überprüft. Zusammenhanghypothesen werden dagegen mittels der Korrelationsrechnung überprüft. Ein Beispiel für eine Zusammenhanghypothese ist der vermutete Einfluss des Marketingbudgets auf die Zahl der verkauften PKW: Eine Erhöhung des Marketingbudgets führt zu einer Zunahme der Absatzmenge.

Zweitens kann zwischen **gerichteten und ungerichteten Hypothesen** differenziert werden. Eine gerichtete Hypothese trifft eine Aussage über die Richtung eines Zusammenhangs. In unserem Beispiel ist dies die Aussage, dass in den alten Bundesländern die Innovationsneigung von KMU größer ist. Bei gerichteten Zusammenhangshypothesen wird entsprechend eine negative oder eine positive Korrelation unterstellt. Ungerichtete Hypothesen enthalten lediglich die Aussage, dass ein Unterschied existiert, aber nicht welche Richtung er besitzt. Bspw. besteht in unserem PKW-Verkaufsbeispiel die Vorstellung, dass es einen geschlechtsspezifischen Unterschied im Verkaufserfolg gibt. Es ist aber weder aufgrund theoretischer Überlegungen noch aufgrund vorhandener empirischer

---

[6] Dabei wird unterstellt, dass die Probleme, wie die Innovationsneigung sinnvollerweise quantitativ erfasst werden kann, was unter dem Standort eines Unternehmens zu verstehen ist und welche Unternehmen zur optischen Industrie zu zählen sind, geklärt sind. In einer konkreten empirischen Untersuchung wären diese Fragen von erheblicher Bedeutung!

Beobachtungen möglich eine Aussage zu treffen, ob Männer oder Frauen erfolgreicher im Verkauf sind.

Im Fall der gerichteten Hypothesen gibt es drittens **spezifische und unspezifische Hypothesen**. Bei spezifischen Hypothesen wird das Ausmaß des Unterschieds oder die Stärke des Zusammenhangs quantifiziert. Die Hypothese wäre bspw., dass KMU in den alten Bundesländern 20 % stärker innovieren bzw. dass Frauen 10 PKW pro Quartal mehr verkaufen.

In der ökonomischen Forschung sind spezifische Hypothesen die Ausnahme. In der Regel ist auf Basis von theoretischen Vorüberlegungen bestenfalls die Richtung zu ermitteln und durchaus häufig ist sogar die Richtung unbekannt. Dies weil Argumente sowohl für die eine als auch die andere Wirkungsrichtung zu finden sind, so dass letztlich nur die empirische Untersuchung entscheiden kann, welche der beiden Möglichkeiten „stimmt". Bspw. ist in der Indifferenzkurvenanalyse der Mikroökonomie wegen der u. U. gegenläufigen Wirkungen von Einkommens- und Substitutionseffekt sowohl eine Erhöhung als auch eine Verringerung der Nachfrage nach einem Gut als Reaktion auf eine Preiserhöhung dieses Gutes theoretisch möglich. Spezifische Hypothesen zum Ausmaß eines Einflusses einer Variablen kommen bestenfalls bei bestimmten grundlegenden Zusammenhängen vor, bspw. in der Makroökonomie hinsichtlich der Größe der marginalen oder durchschnittlichen Konsumquote.

Diese inhaltlich begründete Hypothese wird im nächsten Schritt als statistische **Alternativhypothese** (Gegenhypothese) formuliert und als H_1 bezeichnet: Die durchschnittliche Innovationshäufigkeit von KMU ist in den alten Bundesländern höher (μ_1) als in den neuen Bundesländern (μ_0). Die Gegenhypothese H_1 lautet also: $\mu_1 > \mu_0$. Die entsprechende Hypothese H_1 für einen Zusammenhang lautet: Es existiert ein positiver Einfluss des Marketingbudgets auf die im Durchschnitt verkaufte Anzahl PKW.[7]

Die Alternativhypothese soll überprüft werden und dazu wird eine sogenannte Nullhypothese formuliert. Die **Nullhypothese** (abgekürzt H_0) besagt, dass der in der H_1 behauptete Zusammenhang nicht vorhanden ist und damit die Behauptung der Alternativhypothese falsch ist. Die Nullhypothese enthält damit also keine spezifizierte konkurrierende inhaltliche Aussage zur H_1. Im Innovationsbeispiel besagt die H_0, dass es keinen Unterschied hinsichtlich der Innovationshäufigkeit zwischen den Unternehmen in den alten und neuen Bundesländern gibt.

---

[7] Dies ist hier als Hypothese im Rahmen eines Regressionsmodells formuliert, d. h. es gibt nicht nur eine Hypothese zum gerichteten Zusammenhang (hier positiv), sondern darüber hinaus auch hinsichtlich Ursache (Marketingbudget) und Wirkung (Verkaufszahl). Statt auf den Mittelwert kann sich der Vergleich auch auf die Medianwerte oder andere Quantile beziehen.

9.3.3 Fehlerarten

Da Daten nur für die Stichprobe vorhanden sind, ist der Schluss auf die zugrundeliegende Grundgesamtheit (d. h. die Verallgemeinerung) nie vollständig sicher. Die Daten der Stichprobe können zufällig die Alternativhypothese bestätigen, obwohl in der Grundgesamtheit (d. h. in Wahrheit), die Nullhypothese korrekt ist. Dies wird als **α-Fehler** (auch: Fehler 1. Art) bezeichnet: Fälschlicherweise gehen wir dann davon aus, dass in unserem Beispiel die KMU in den alten Bundesländern innovationsfreudiger sind. Es kann aber auch zufällig aufgrund der Daten der Stichprobe die Alternativhypothese abgelehnt werden, trotzdem sie in der Grundgesamtheit korrekt ist. Dies ist der sogenannte **β-Fehler** (auch: Fehler 2. Art). In diesem Fall kommen wir auf der Basis unseres Samples zu dem Ergebnis, dass kein Unterschied in der Innovationneigung zwischen alten und neuen Bundesländern existiert, obwohl dies tatsächlich so ist. Kurz gefasst: Beim α-Fehler wird eine richtige Nullhypothese fälschlicherweise abgelehnt. Bei einem β-Fehler wird eine richtige Alternativhypothese unkorrekter Weise verworfen (siehe Übersicht 9.1).

Übersicht 9.1: Statistische Entscheidungen: α- und β-Fehler

		In der Grundgesamtheit gilt	
		H_0	H_1
Aufgrund der Stich-Probe Entscheidung für die	H_0	Richtige Entscheidung (Vertrauenswahrscheinlichkeit $1 - \alpha$)	β-Fehler/Fehler 2. Art
	H_1	α-Fehler/Fehler 1. Art (Irrtumswahrscheinlichkeit)[a]	Richtige Entscheidung (Teststärke: $1 - \beta$)

[a] Im Sinne der empirisch ermittelten Irrtumswahrscheinlichkeit (P). Die Irrtumswahrscheinlichkeit (bzw. das Signifikanzniveau) ist andererseits eine a-priori gewählte Größe.

Die zugrundeliegenden Überlegungen scheinen nur auf den ersten Blick übertrieben kompliziert, werden tatsächlich aber in der Praxis häufig verwendet, allerdings ohne präzise formuliert zu werden. In jedem Gerichtsverfahren ist es rechtsstaatlich üblich, zunächst von der Unschuldsvermutung des Verdächtigen auszugehen. Dies korrespondiert mit der H_0: „Es liegt keine Täterschaft des Angeklagten vor" (anders formuliert: kein Einfluss des Verdächtigen auf das Verbrechen, kein Einfluss einer bestimmten Variable auf eine andere Variable). Diese Unschuldsvermutung muss widerlegt werden. Nur wenn die empirischen Fakten ausreichend stark sind, wird die Unschuld als widerlegt betrachtet und von der Schuld des Angeklagten ausgegangen und dieser verurteilt. Dies entspricht der Annahme der H_1: „Der Verdächtige hat die Tat begangen" (eine bestimmte Variable hat einen Einfluss auf eine andere Variable).

In beiden Fällen – Annahme oder Ablehnung der H_0 – sind Justizirrtümer möglich. Das Gericht kommt zum Urteil, den Angeklagten schuldig zu sprechen. Tatsächlich ist dieser aber unschuldig (es gilt also eigentlich die H_0). Das Gericht begeht einen α-Fehler, indem der Unschuldige ins Gefängnis muss. Andererseits kann es sein, dass das Gericht den Angeklagten freispricht (also die H_0 nicht ablehnt). Auch in diesem Fall, kann sich das Gericht selbstverständlich irren: Wenn der Angeklagte tatsächlich schuldig ist, hat das Gericht einen β-Fehler begangen: Ein Schuldiger wird nicht verurteilt und bleibt straflos.

Mit der Begehung eines α- oder β-Fehlers sind Konsequenzen verbunden, die je nach inhaltlicher Fragestellung unterschiedlich ausfallen. Im Justizfall mit einem des Mordes Angeklagten besteht der Fehler 1. Art darin, einen Unschuldigen ggf. 15 Jahre ins Gefängnis zu stecken (oder bei Todesstrafe sogar unschuldig hinzurichten). Der Fehler 2. Art lässt ggf. einen Serienmörder weiter frei herumlaufen und einen weiteren Mord begehen. Nur in den Fällen, in denen das Gericht einen Schuldigen verurteilt (H_1 wird akzeptiert und ist auch wahr) und einen Unschuldigen freispricht (H_0 wird nicht abgelehnt und dies ist korrekt) wird kein Justizirrtum begangen.

Zwei weitere Beispiele aus der BWL und VWL illustrieren dies noch einmal.

Unterschiedshypothese in der BWL: Produktivitätsvorteile von Vertriebsmitarbeiterinnen

H_1: Weibliche Vertriebsmitarbeiterinnen sind beim Verkauf von PKW (im Durchschnitt bzw. Mittel) erfolgreicher als ihre männlichen Kollegen, d. h. $\mu_1 > \mu_0$.

H_0: Die Verkaufszahlen des weiblichen und männlichen Vertriebspersonals unterscheiden sich nicht, d. h. $\mu_0 = \mu_1$.

Konsequenz eines α-Fehlers: Fälschlicherweise wird davon ausgegangen, dass weibliche Vertriebsmitarbeiter im Verkauf erfolgreicher sind. Als Konsequenz werden im Unternehmen bevorzugt Frauen statt Männer im Vertrieb eingestellt.[8] Für das Unternehmen ergeben sich keine Steigerungen der Absatzzahlen, aber darüber hinaus auch keine betriebswirtschaftlichen Nachteile.

Konsequenz eines β-Fehlers: Der statistische Hypothesentest führt dazu, dass irrtümlich angenommen wird, dass Frauen nicht bessere Verkäuferinnen sind, obwohl dies der Fall ist. Das Unternehmen wird also Männer ebenso gern wie Frauen einstellen. Damit gehen dem Unternehmen mögliche Absatzsteigerungen aufgrund weiblicher Vertriebsmitarbeiterinnen verloren.

Zusammenhangshypothese in der VWL: Vernetzungsintensität und Innovationshäufigkeit in KMU

H_1: Die Innovationshäufigkeit wird (im Mittel) in KMU von der Intensität der Vernetzung des Unternehmens in regionalen Clustern positiv beeinflusst (mit steigender Vernetzung nimmt die Innovationshäufigkeit zu), d. h. $\mu_0 < \mu_1$.

---

[8] Natürlich ceteris paribus, d. h. bei ansonsten gleicher Qualifikation.

H_0: Die Innovationshäufigkeiten der KMU steigt (im Mittel) nicht mit zunehmender Vernetzungsintensität (bzw. sie ist ohne regionale Vernetzung sogar größer), d. h. $\mu_0 \geq \mu_1$.

Konsequenz eines α-Fehlers: Die Nullhypothese wird abgelehnt, obwohl sie richtig ist. Fälschlicherweise wird geschlussfolgert, dass die Innovationshäufigkeit mit zunehmender regionaler Vernetzung eines KMU wächst. Wirtschaftspolitische Konsequenz könnte bspw. sein, dass Förderprogramme zur Unterstützung der Vernetzungsaktivität für KMU aufgelegt werden[9], die eigentlich überflüssig sind und ggf. eine Verschwendung von knappen Steuermitteln darstellen.

Konsequenz eines β-Fehlers: Die H_0 wird nicht abgelehnt, trotzdem sie falsch ist. Das heißt tatsächlich existiert ein Innovationsvorsprung bei den KMU, die regional stärker vernetzt sind. Die ökonomische Konsequenz wäre evtl. ein zunehmender Wettbewerbsvorteil vernetzter KMU in existierenden Clustern (häufig in den alten Bundesländern) und damit einhergehend eine relative Wettbewerbsschwäche der weniger in Cluster eingebundenen KMU (häufig in den neuen Bundesländern). Im Ergebnis könnte dies den ökonomischen Aufholprozess in den neuen Bundesländern verlangsamen. Unter der Prämisse, dass eine staatliche Vernetzungsförderung wirksam wäre, würde eine Chance diesen Aufholprozess zu stabilisieren und zu beschleunigen, vertan.

9.3.4 Irrtumswahrscheinlichkeit und Signifikanzniveau

Im nächsten Schritt muss aber zunächst einmal geklärt werden, wie genau die Überprüfung der Alternativhypothese erfolgt und damit, wie groß die Wahrscheinlichkeit ist, bei einer Entscheidung für die H_1 einen α-Fehler bzw. bei der Entscheidung für die H_0 einen β-Fehler zu begehen. Da die Ergebnisse auf der Grundlage einer Stichprobe immer zufällig von den unbekannten wahren Zusammenhängen in der Grundgesamtheit abweichen können, ist es nicht möglich, mit absoluter Sicherheit zu wissen, dass kein α-Fehler (bzw. β-Fehler) begangen wurde. Es ist lediglich möglich, Wahrscheinlichkeiten für das Vorliegen dieser Fehlerarten anzugeben.

In unserem PKW-Verkaufsbeispiel stellt sich die Frage, mit welcher Wahrscheinlichkeit in einer Stichprobe PKW-Verkäufer dieselben Absatzerfolge erzielen wie PKW-Verkäuferinnen. Das heißt wie hoch ist die Wahrscheinlichkeit, dass in einer Regressionsanalyse der Koeffizientenwert für Verkäuferinnen den ermittelten Wert besitzt, obwohl tatsächlich die Nullhypothese richtig ist. Es handelt sich um die Wahrscheinlichkeit einen α-Fehler zu begehen und wird auch als **Irrtumswahrscheinlichkeit** bezeichnet. Die Formulierung macht deutlich, dass es sich um eine bedingte Wahrscheinlichkeit handelt, d. h. um die Wahrscheinlichkeit einen Koeffizientenwert zu ermitteln, unter der Voraussetzung, dass eigentlich die Nullhypothese zutrifft.

Dies wird mittels eines Vergleichs der Mittelwerte der zwei hier interessierenden Gruppen (männliche oder weibliche Vertriebsangestellte) illustriert.

---

[9] Das Förderprogramm InnoRegio des BMBF der Jahre 1999–2006 hatte eine solche Zielsetzung.

Werden unendlich viele Stichproben (des Umfangs n ≥ 30) aus der Gruppe der männlichen Vertriebsmitarbeiter gezogen, ergibt sich nach dem zentralen Grenzwertsatz eine Verteilung der Mittelwerte der PKW-Verkaufszahlen in den Stichproben, die einer Normalverteilung entspricht (siehe Abb. 9.10). Diese Normalverteilung besitzt einen bestimmten konkreten Mittelwert, bspw. $\mu_0 = 165$, und Streuung $\sigma_{\bar{x}}$. Dieser Mittelwert entspricht dem (unbekannten) wahren Mittelwert der Grundgesamtheit. In der entsprechenden Stichprobe der Verkäuferinnen wird für die Verkaufszahlen der Mittelwert $\bar{x}$ (bspw. hier 191) festgestellt. Die schraffierte Fläche rechts von $\bar{x}$ gibt wieder an, mit welcher Wahrscheinlichkeit die gleiche oder eine höhere Absatzmenge als $\bar{x}$ ermittelt wird, wenn tatsächlich weibliche Verkäuferinnen keinen höheren Verkaufserfolg als Männer erzielen (also in Wahrheit der Mittelwert $\mu_0 = 165$ gilt).

Die schraffierte Fläche ist also die Irrtumswahrscheinlichkeit α. Die dahinterstehende Überlegung ist, dass Stichproben aus einer Grundgesamtheit mit dem Mittelwert $\mu_0 = 165$ um diesen Mittelwert schwanken und zwar entsprechend dem zentralen Grenzwertsatz in Form einer Normalverteilung. Der Mittelwert einer Stichprobe kann also rein zufällig auch vom wahren Wert 165 entfernt liegen. Je weiter entfernt von 165 der Mittelwert aber ist, desto unwahrscheinlicher wird es, dass er aus einer Grundgesamtheit mit dem wahren Mittelwert (d. h. dem Erwartungswert) 165 stammt.

Generell ist offensichtlich, dass die Irrtumswahrscheinlichkeit (bei einem gegebenen Stichprobenmittelwert) von zwei Parametern abhängt: Einerseits dem Erwartungswert der Grundgesamtheit μ_0 und andererseits der Streuung der Variablen, d. h. der verkauften PKW um diesen Erwartungswert (siehe Abb. 9.10). Diese Streuung wird mittels der Varianz σ erfasst. Diese beiden Parameter können, wie bereits erläutert, auf der Grundlage der Stichprobe geschätzt werden. Je nach der Größe der Varianz sieht die Normalverteilung

Abb. 9.10 Mittelwertverteilung und Irrtumswahrscheinlichkeiten

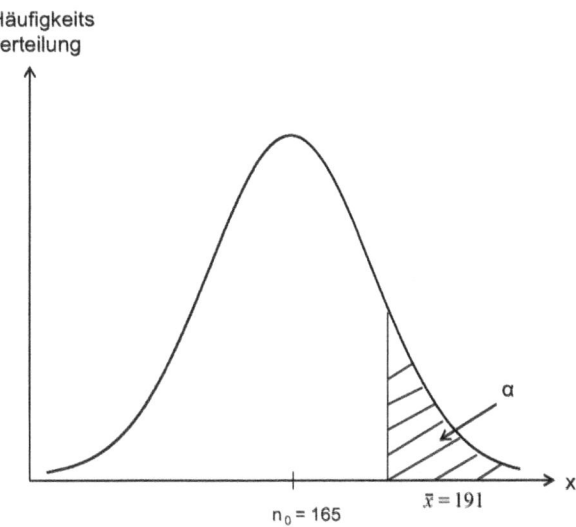

anders aus, aber mittels der erwähnten z-Transformation wird jede beliebige Normalverteilung in eine Standardnormalverteilung überführt, so dass die Irrtumswahrscheinlichkeiten in einem konkreten empirischen Fall alle aus der Standardnormalverteilung abgelesen werden können.[10] Klar ist dabei, dass diese Überlegungen alle auf dem theoretischen Fundament basieren, dass die Verteilung der Mittelwerte tatsächlich der Normalverteilung entspricht.[11] Wären die Mittelwerte der Stichproben anders verteilt – bspw. kuppelförmig entsprechend der Abb. 9.11 – würden sich völlig andere Irrtumswahrscheinlichkeiten α ergeben.

Die verschiedenen möglichen Irrtumswahrscheinlichkeiten (die immer gegeben sind!) werfen die Frage auf, wie klein denn die Irrtumswahrscheinlichkeit sein muss, damit die Nullhypothese zugunsten der Alternativhypothese abgelehnt werden kann. Dies ist nicht mehr mittels der Statistik zu beantworten, sondern muss nach inhaltlichen Kriterien entschieden werden oder ergibt sich aus dem, was in der empirischen Forschung „üblich" ist.

Inhaltliche Kriterien sind anhand der **Konsequenzen einer Fehlentscheidung** zu entwickeln. Welche Folgen ergeben sich, wenn fälschlicherweise von der Gültigkeit der Alternativhypothese ausgegangen wird? Weibliche Vertriebsverantwortliche einzustellen, wenn diese (im Durchschnitt!) keine größeren Verkaufserfolge erzielen als ihre männlichen Kollegen, ist für ein Unternehmen eventuell völlig unproblematisch, so dass eine Fehler auf dem 10 %-Niveau nicht bedenklich ist. Mit einer Irrtumswahrscheinlichkeit von 5 % davon auszugehen, dass die Statik eines Hochhauses richtig berechnet worden ist

Abb. 9.11 Kuppelverteilung der Mittelwerte

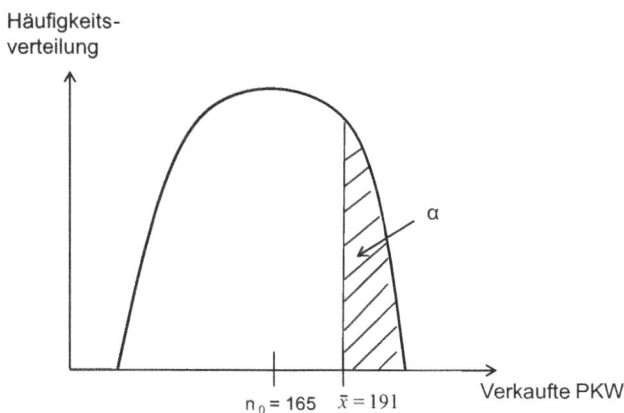

---

[10] Diese Standardnormalverteilung ist die dann in fast jedem statistischen Lehrbuch zu findende Tabelle, in der für verschiedene z-Werte die damit verbundenen Flächenanteile (also Irrtumswahrscheinlichkeiten) aufgelistet werden.
[11] Bei kleinen Stichproben muss die Standardnormalverteilung durch eine t-Verteilung ersetzt werden, was seinerseits auf der Prämisse beruht, dass das Merkmal in der Grundgesamtheit normalverteilt ist (Bortz 2005, S. 113). Für Hypothesentests der exogenen Variablen einer Regression wird prinzipiell der t-Test verwendet.

und das Gebäude nicht in sich zusammenfällt, würde dagegen zu Recht als grob fahrlässig und strafwürdig angesehen. In bestimmten Fällen sind die Folgen sicherlich so gravierend, dass selbst Irrtumswahrscheinlichkeiten von weniger als 0,001 % nicht akzeptabel erscheinen. Bspw. bei der Verlässlichkeit eines automatischen Feuerlöschsystems in einer Chemiefabrik mit hochgiftigen Stoffen. In diesem Fall wäre eine Totalerhebung angebracht, d. h. sämtliche installierte Feuerlöschsysteme werden ausführlich getestet (und nicht nur eine Stichprobe der ausgelieferten Systeme).

Folgende übliche Signifikanzniveaus haben sich aber in der empirischen Forschung der Ökonomie (und generell in den Sozialwissenschaften) etabliert (siehe Übersicht 9.2).[12]

Übersicht 9.2: Signifikanzniveau bzw. Irrtumswahrscheinlichkeit

α in %	Niveau	Beschreibung	Symbol
10	0,1	Tendenz	Keins
5	0,05	Signifikant	*
1	0,01	Sehr signifikant	**
0,1	0,001	Hoch signifikant	***

Ist ein Einflussfaktor (eine Variable) auf dem 10 %-Niveau gegenüber der Nullhypothese abgesichert, wird je nach Autor auf die Interpretation der Variable verzichtet (da sie nicht signifikant von Null unterschieden ist) oder von Anhaltspunkten für einen möglichen Einfluss bzw. Tendenz in den Daten ausgegangen. Auf dem 5 %-Niveau spricht man von einem signifikanten Einfluss und kennzeichnet diesen durch das Symbol hochgestellter Stern (*) an dieser Variablen. Entsprechend firmiert das 1 %-Niveau als „sehr signifikant" mit dem Symbol ** und die Irrtumswahrscheinlichkeit von 0,1 % (oder noch geringer) als hoch signifikant (***). Die Bezeichnungen sind in den Sozialwissenschaften üblich, können aber je nach Autor und Publikationsstil unterschiedlich ausfallen (bspw. die Bezeichnungen „hoch" und „höchst" signifikant, statt „sehr" und „hoch" signifikant). Fast ausnahmslos wird aber in den Sozialwissenschaften das 5 %-Niveau als Schwelle zu „signifikanten" Ergebnissen angesehen.[13] Auch der Begriff der Signifikanz ist in allen wissenschaftlichen Veröffentlichungen klar definiert und bezeichnet die Irrtumswahrscheinlichkeit im oben erläuterten Sinn. Dagegen wird in der betriebswirtschaftlichen Praxis und in der Öffentlichkeit von „signifikanten" Einflüssen gesprochen, wenn man irgendwie wichtige oder große Einflüsse bzw. Zusammenhänge meint.

In der Praxis wird ein Vergleich der ermittelten t-Werte, F-Werte etc. mit tabellierten Werten zur Feststellung von Irrtumswahrscheinlichkeiten kaum noch durchgeführt. Lediglich beim t-Wert wird noch gern die Daumenregel $|t| > 2$ verwendet. Alle statistischen Programmpakete verwenden stattdessen die beobachtete Irrtumswahrscheinlichkeit p. Diese

---

[12] Die Größe $1 - \alpha$ wird als Konfidenzniveau bzw. Vertrauenswahrscheinlichkeit bezeichnet.

[13] Nach der statistischen Theorie ist das Signifikanzniveau für eine empirische Untersuchung *vorab* zu wählen. In der Praxis der empirischen Forschung werden aber auf der Grundlage der vorliegenden Untersuchungsergebnisse die Resultate entsprechend der Übersicht 9.3.1 bewertet.

wird von den gängigen Statistikprogrammen automatisch mit angegeben. Die Bezeich-
nung im jeweiligen Regressionsoutput lautet bspw. „p > |t|" bzw. „Prob > F" oder „Sig.".
Sie entspricht der Wahrscheinlichkeit, eine so hohe Prüfgröße (bspw. t-Wert, F-Wert usw.)
zu erhalten, obwohl gar kein Einfluss der jeweiligen Variablen vorliegt (also die H_0 gilt).
Dies ist im letzten Kapitel bereits erläutert worden.

In der empirischen Forschung ist das Ziel der Untersuchung häufig den Einfluss oder
Zusammenhang bestimmter Variablen zu „beweisen". Es geht aufgrund der Vorgaben des
Betreuers, Auftraggebers oder der eigenen theoretischen Überlegungen darum zu zeigen,
dass bspw. KMU in Clustern häufiger innovieren, das Assessment-Center ein erfolgrei-
ches Instrument der Personalauswahl darstellen oder die Werbekampagne tatsächlich die
Absatzzahlen erhöht hat. Das Wort „beweisen" stand im vorletzten Satz in Anführungszeichen, weil hinsichtlich des statistischen Verfahrens bei Hypothesentests inzwischen
deutlich wurde, dass das Ablehnen der Nullhypothese *nicht* der zweifelsfreie Beweis der
Wahrheit der Alternativhypothese ist. Immer wenn die H_0 abgelehnt wird, existiert trotzdem eine „Restwahrscheinlichkeit", einen Irrtum zu begehen.

Grafisch wird dies in den Abb. 9.12 und 9.13 deutlich. Da die Standardnormalverteilung sich mit wachsendem (oder sinkendem) z asymptotisch der x-Achse nähert, wird
diese erst bei $z = \infty$ (bzw. $z = -\infty$) erreicht. Es existieren also auch bei sehr hohen (bzw.
niedrigen) z-Werten (allerdings geringe) Irrtumswahrscheinlichkeiten α. Die Formel für z
verdeutlicht die Zusammenhänge:

$$z = \frac{\bar{x} - \mu_0}{\hat{\sigma}_{\bar{x}}}, \qquad (9.1)$$

Wobei gilt:

$$\hat{\sigma}_{\bar{x}} = \hat{\sigma}/\sqrt{n}. \qquad (9.2)$$

Abb. 9.12 Ablehnungsbereich
der H_0 bei einseitigem Test

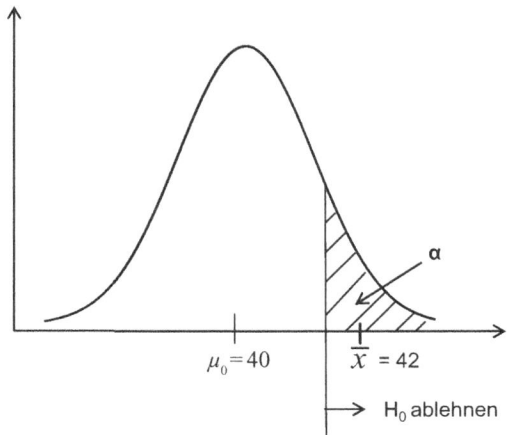

Abb. 9.13 Ablehnungsbereich
der H_0 bei zweiseitigem Test

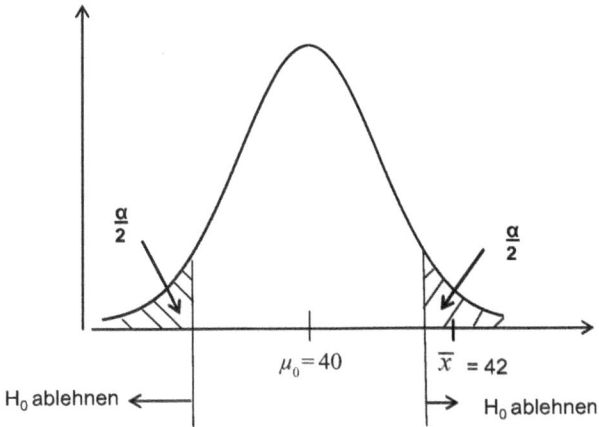

Dabei wird z (bzw. t) größer (womit die Irrtumswahrscheinlichkeit sinkt), wenn (ceteris paribus):

- Die Differenz $\bar{x} - \mu_0$ größer wird;
- die Varianz $\hat{\sigma}$ in der Grundgesamtheit abnimmt;
- der Stichprobenumfang n steigt.

Bei einem hohen z (bzw. t-Wert) kann die Nullhypothese auf dem gewählten Signifikanzniveau abgelehnt werden. Diese Ablehnung der Nullhypothese wird als Erfolg der empirischen Arbeit angesehen. Dies ist aus zwei Gründen mit Schwierigkeiten verbunden. Erstens gilt die Ablehnung der H_0 bspw. beim t-Test und beim F-Test als „Erfolg". Es kommt aber immer auf die inhaltliche Aussage der Nullhypothese an. Eine Reihe von weiterführenden Tests in der Regressionsanalyse basieren auf einer H_0, die aus Sicht der Forschers „günstig" ist, die also möglichst *nicht* abzulehnen ist. Ein Beispiel hierfür ist der Shapiro-Wilk-Test auf Normalverteilung. Die H_0 lautet bei diesem Test „Normalverteilung ist gegeben". Bei einer hohen Irrtumswahrscheinlichkeit ($\alpha > 20\,\%$) kann die Annahme der Normalverteilung beibehalten werden! Es muss folglich bei allen statistischen Tests bekannt sein, wie die Nullhypothese (und die Alternativhypothese) lauten.

Zweitens muss die Konsequenz, einen β-Fehler zu begehen dagegen abgewogen werden. Zur Wiederholung: Der β-Fehler gibt an, mit welcher Wahrscheinlichkeit die H_1 abgelehnt wird, obwohl die betreffende exogene Variable tatsächlich einflussreich ist. Anders formuliert, wird die H_0 beibehalten, obwohl sie falsch ist. Im Innovationsbeispiel wird also fälschlicherweise davon ausgegangen, dass KMU in Clustern nicht innovationsfreudiger sind. Die Größe $1 - \beta$ besagt dann, mit welcher Wahrscheinlichkeit die H_1 angenommen wird, wenn diese Variable tatsächlich einflussreich ist. Dies wird auch als Teststärke, Mächtigkeit bzw. Power eines Tests bezeichnet und stellt grundsätzlich eine wichtige Aussage zur Verlässlichkeit einer empirischen Schätzung dar.

Im Verhältnis von α- und β-Fehler wäre es natürlich wünschenswert, wenn sowohl der Fehler 1. Art als auch der Fehler 2. Art sehr klein wären. Eine Verringerung des α-Fehlers führt aber leider zwingend zu einer Erhöhung des β-Fehlers. Dies wird in der Abb. 9.14 deutlich. Hier wird der α-Fehler für einen Mittelwert x̄ mit dem resultierenden β-Fehler für eine spezifische Gegenhypothese verglichen. Die H_0 lautet μ = 8, die H_1 lautet x̄ = 11. Je weiter x̄ rechts vom Wert 8 liegt, desto kleiner wird der α-Fehler (wenn tatsächlich die H_0 gilt). Wenn die H_0 μ = 8 falsch ist und tatsächlich μ = 11 gilt (dies soll in diesem Fall die Gegenhypothese sein), dann führt ein größeres x̄ zu einer Erhöhung des β-Fehlers (die H_0 wird beibehalten, obwohl sie falsch ist).

Wenn sich die Varianz beider Verteilungskurven verringert, werden beide Kurven „enger" und die beiden Flächen für den α- und β-Fehler verringern sich. Dies ist durch eine Erhöhung des Stichprobenumfangs möglich.

Anhand der Beispiele des Abschn. 9.3.3 wird deutlich, dass es von der inhaltlichen Fragestellung abhängt, ob das Begehen eines α- oder β-Fehlers als gravierender angesehen wird. Prinzipiell sind aber beide Fehler relevant und es sollte ein „Kompromiss" gefunden werden. In der praktischen betriebs- und volkswirtschaftlichen Regressionsanalyse wird allerdings fast ausschließlich der α-Fehler berücksichtigt.[14] Für das β-Fehlerniveau fehlen solche allgemein akzeptierten Regeln. Genauere Hinweise geben Bortz und Döring (2015, S. 500–501). Danach sollte der β-Fehler nicht über 50 % und besser bei 20 % liegen. Daraus ergeben sich Teststärken (1 − β) von mindestens 50 % und besser 80 % (Urban und Mayerl 2011, S. 140).

Abb. 9.14 Fehler 1. und 2. Art

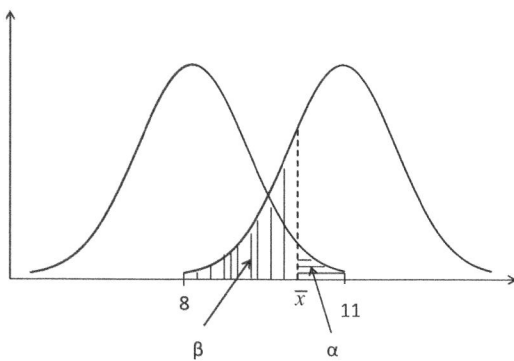

---

[14] Anders in der empirischen Psychologie oder der Medizinstatistik. Dort wird in jedem statistischen Lehrbuch die Abwägung beider Fehlerarten ausführlich behandelt (siehe bspw. Bühner und Ziegler 2009, S. 188–203).

9.3.5   Konfidenzintervall

Die Schätzung eines Mittelwertes einer Grundgesamtheit auf der Basis einer Zufallsstichprobe ist eine Punktschätzung. Diese Punktschätzung fällt aber wie erläutert von Sample zu Sample unterschiedlich aus. Die Verteilung dieser Punktschätzung wird aber unter den genannten Bedingungen (Zufallsauswahl, $n > 30$) beim Mittelwert einer Normalverteilung dem geschätzten Standardfehler $\hat{\sigma}_{\bar{x}} = \hat{\sigma}/\sqrt{n}$ entsprechen. Was sagt uns das hinsichtlich der Lage von μ? Zur Beantwortung unterstellen wir zunächst, dass μ bekannt sei und 60 betrage. Aus dem im vorigen Kapitel gesagten folgt, dass sich der Mittelwert einer Zufallsstichprobe mit dem Umfang n mit einer Wahrscheinlichkeit von 95,5 % im Bereich $\mu \pm 2\hat{\sigma}_{\bar{x}}$ befindet. Falls $\hat{\sigma}_{\bar{x}} = 3$ folgt daraus, dass μ im Wertebereich 60 ± 6, also zwischen 54 und 66 liegt. Dieser Wertebereich wird als Konfidenzintervall bzw. Schwankungsintervall bezeichnet. In diesem Wertebereich liegt ein Mittelwert wie bspw. 65. Beträgt in einer Stichprobe $\bar{x}$ gleich 65, ist dies mit einem wahren Mittelwert von $\mu = 60$ vereinbar. Der Mittelwert von $\bar{x} = 65$ könnte jedoch auch resultieren, wenn $\mu = 68$ gilt. Wenn allerdings $\mu = 75$ wäre, dann ist das mit dem Stichprobenergebnis von $\bar{x} = 65$ (auf dem gewählten Signifikanzniveau) nicht vereinbar. Dies ergibt sich, weil 75 ± 6 den Wertebereich 69 bis 81 ergibt und $\bar{x} = 65$ nicht innerhalb dieses Wertebereichs liegt. Das bisherige Konfidenzintervall war auf der Grundlage einer Wahrscheinlichkeit von 95,5 % bestimmt worden.

Vergrößern wir diesen Bereich auf $\mu \pm 3\hat{\sigma}_{\bar{x}}$, erhöht sich die Wahrscheinlichkeit, dass ein Stichprobenmittelwert in diesem Bereich liegt, auf 99,74 %. Dies ist unter praktischen Gesichtspunkten (fast) vollständige Sicherheit. Dieser (fast vollständig) sichere Wertebereich steigt auf $60 \pm 3 \times 4$, d. h. auf 48 bis 72. Für diese vorgegebenen Wahrscheinlichkeiten gibt es folglich immer bestimmte (wahre) μ (d. h. in der Grundgesamtheit vorliegende Mittelwerte), die als „Erzeuger" der Stichprobenmittelwerte nicht in Frage kommen. Das sind bei 95,5 % Wahrscheinlichkeit Grundgesamtheitsmittelwerte deren mögliche Stichprobenmittelwerte unterhalb von 54 oder oberhalb von 66 liegen.

In der Praxis ist der Grundgesamtheitsmittelwert μ ja gerade unbekannt. Die Stichprobe hat nur den Stichprobenmittelwert $\bar{x} = 65$ geliefert. Aber die Grundgesamtheitsmittelwerte, die den Mittelwert 65 mit einer Wahrscheinlichkeit von 95,5 % erzeugen, befinden sich im Wertebereich $\bar{x} \pm 2\hat{\sigma}_{\bar{x}}$. Die Wahrscheinlichkeit, dass μ außerhalb des Konfidenzintervalls liegt, beträgt höchstens 4,5 %. Die Wahrscheinlichkeiten werden auch als Vertrauenswahrscheinlichkeit (Konfidenzwahrscheinlichkeit) bezeichnet. Sie ist gleich $1 - \alpha$, also Eins minus der Irrtumswahrscheinlichkeit (siehe Tab. 9.1).[15] Die Formel lautet allgemein:

$$\text{Konfidenzintervall} = 1 - \alpha = P(\mu - z\hat{\sigma}_{\bar{x}} \leq \bar{x} \leq \mu + \hat{\sigma}_{\bar{x}}).$$

Abb. 9.15 illustriert das Konfidenzintervall auf der Grundlage der Abb. 9.13.

Die hier für die Schätzung eines Mittelwertes beschriebenen Überlegungen können auf die Schätzungen von Regressionskoeffizienten übertragen werden.

---

[15] Entsprechend modifiziert lassen sich Konfidenzintervalle für Anteilswerte, für Varianzen sowie für große und kleine Stichproben berechnen (Schira 2005, S. 451–463).

Abb. 9.15 Das Konfidenzintervall

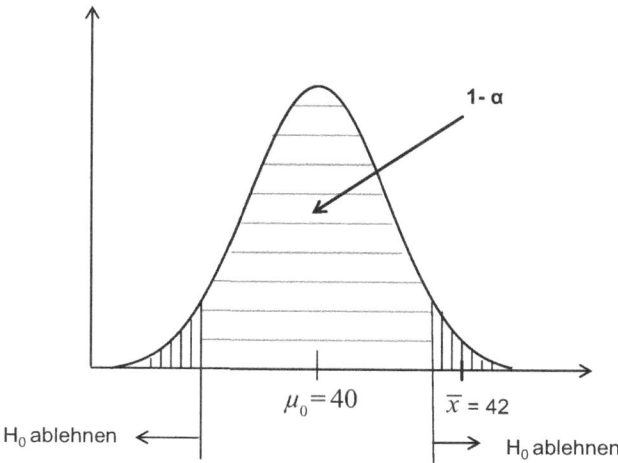

Als Literatur sind neben den bereits zitierten Quellen Bleymüller et al. (2008) und insbesondere Freedman et al. (2007) zu empfehlen.

Literatur

Auer, B., Rottmann, H. (2010): Statistik und Ökonometrie für Wirtschaftswissenschaftler, Wiesbaden

Bleymüller, J., Gehlert, G., Gülicher, H. (2008): Statistik für Wirtschaftswissenschaftler, 15. Auflage, München

Bortz, J. (2005): Statistik für Human- und Sozialwissenschaftler, 6. Auflage, Heidelberg

Bortz, J., Döring, N. (2015): Forschungsmethoden und Evaluation, 5. Auflage, Heidelberg

Bühner, M., Ziegler, M. (2009): Statistik für Psychologen und Sozialwissenschaftler, München

Cortinhas, C., Black, K. (2012): Statistics for Business and Economics, Chichester UK

Freedman, D., Pisani, R., Purves, R. (2007): Statistics, 4th ed., New York et al.

Schira, J. (2005): Statistische Methoden der VWL und BWL. Theorie und Praxis, 2. Auflage, München

Urban, D., Mayerl, J. (2011): Regressionsanalyse: Theorie, Technik und Anwendung, Wiesbaden

Die folgende Auswahl führt einige wichtige im Wesentlichen frei zugängliche Datenquellen auf. Dies erfolgt gegliedert nach amtlichen Statistiken (Abschn. 10.1) und Umfragedaten (Abschn. 10.2) für Deutschland. Anschließend werden einige wichtige internationale Statistiken (Abschn. 10.3) sowie eine Reihe internationaler Fundstellen für Umfragedaten (Abschn. 10.4) vorgestellt.

Für Forschungszwecke in den Wirtschafts- und Sozialwissenschaften wird in Deutschland eine Vielzahl an Daten von einer Reihe von Forschungsdatenzentren zugänglich gemacht. Einen Überblick und Einstieg verschafft das Portal des Rats für Sozial- und Wirtschaftsdaten (ratswd.de/forschungsdaten/fdz). Zusammen mit der ZBW und dem Gesis gibt er einen Leitfaden für das Auffinden, Zitieren und Dokumentieren heraus (auffinden-zitieren-dokumentieren.de). Über diese Homepage ist auch der „Data Observer" der „Jahrbücher für Nationalökonomie und Statistik" zugänglich. Er stellt in zweimonatlichen Beiträgen interessante Datenquellen für die sozial- und wirtschaftswissenschaftliche Forschung vor.

10.1 Deutschland: Amtliche Statistiken

destatis – Statistisches Bundesamt
⇒ destatis.de

Das Statistische Bundesamt ist der führende Anbieter amtlicher statistischer Informationen in Deutschland. Der Nutzer kann eine Vielzahl von Daten und Fakten zu Ländern und Regionen, Gesamtwirtschaft und Umwelt, verschiedenster Wirtschaftsbereiche sowie Gesellschaft und Staat abrufen.

Statistische Landesämter

Neben dem Statistischen Bundesamt existieren auf der Ebene der Länder eigene statistische Landesämter, die auf den Landes- und regionalen Ebenen (Städte, Kreise, Gemeindeverbände usw.) eine Vielzahl von Daten verfügbar machen.

Die Forschungsdatenzentren der Statistischen Ämter des Bundes und der Länder unterhalten ein gemeinsames Portal (forschungsdatenzentrum.de/datenangebot.asp). Einen Überblick des Datenangebotes verschafft die folgende Broschüre zu den verfügbaren Daten: forschungsdatenzentrum.de/publikationen/fdz-allgemein/fdz_aktuelles %20datenangebot.pdf.

Regionaldatenbank Deutschland

⇒ regionalstatistik.de

Die „Regionaldatenbank Deutschland" ist eine Datenbank, die tief gegliederte Ergebnisse der amtlichen Statistik bis auf die Ebene der Kreise und kreisfreien Städte enthält und kontinuierlich ausgebaut wird.

Daten existieren zu neun übergeordneten Themengebieten. Inhalte sind z. B. Bevölkerung, Arbeitsmarkt, Wahlen, Bildung, Sozialleistungen, Gesundheit, Außenhandel, Unternehmen und Handwerk.

Bundesinstitut für Bau-, Stadt- und Raumforschung (BBSR)

⇒ inkar.de

Das Bundesinstitut für Bau-, Stadt- und Raumforschung (BBSR) veröffentlicht unter Inkar (Indikatoren und Karten zur Raum- und Stadtentwicklung) Daten und Grafiken zu Lebenslagen und Standortqualitäten in Deutschland und Europa. Die INKAR enthält regionalstatistische Daten zu nahezu allen gesellschaftlich bedeutsamen Themenfeldern wie Bildung, Soziales, Demografie, Wirtschaft, Wohnen und Umwelt. Die Daten sind disaggregiert auf der Kreisebene vorhanden. Viele Variable sind als Zeitreihe mit Werten für Einzeljahre sowie 10 bis 20 Jahre zurückreichend verfügbar. Sie ermöglichen als Paneldaten einen problemlosen Entwicklungsvergleich über den angebotenen Zeitraum, da sie alle auf dem gleichen Gebietsstand basieren.

Arbeitslosigkeits-Daten der Bundesagentur für Arbeit

⇒ statistik.arbeitsagentur.de

Die Bundesagentur für Arbeit erstellt und veröffentlicht als Teil der amtlichen Statistik in Deutschland für alle Regionen Arbeitsmarktstatistiken.

Die Statistiken können zum einen nach Themen selektiert werden. Hier findet man u. a. Arbeitsmarktdaten im Überblick oder Daten zum Ausbildungsstellenmarkt. Weiterhin kann die Suche nach Statistiken durch die Filterung von Regionen vorgenommen werden.

Deutsche Bundesbank

⇒ bundesbank.de/Navigation/DE/Statistiken/statistiken.html

Die Bundesbank erstellt monetäre, finanzielle und außenwirtschaftliche Statistiken sowie umfangreiche Indikatorenwerte und saisonbereinigte Konjunkturdaten. Diese Daten bilden die zentrale empirische Basis insbesondere für den geldpolitischen Entscheidungsprozess sowie gesamtwirtschaftliche und makroprudenzielle Analysen.

Unternehmensdaten für Deutschland

Repräsentative Längsschnittdaten deutscher Unternehmen, die für wissenschaftliche Auswertungen zur Verfügung stehen, stammen vor allem aus zwei Quellen, dem IAB-Betriebspanel und dem AFiD-Panel (Amtliche Firmendaten für Deutschland). Sie werden von den Statistischen Ämtern erhoben. Für wirtschaftlich aktive Unternehmen und Betriebe Deutschlands werden jährlich unter anderem die Zahl der Beschäftigten und Umsätze erfasst. Weitere AFiD-Paneldatensätze stellen für einzelne Wirtschaftszweige noch weit umfangreichere Informationen zur Verfügung. Die Nutzung dieser Daten ist über Gastwissenschaftlerarbeitsplätze an den Standorten der Forschungsdatenzentren in den Statistischen Landesämtern sowie – bisher allerdings nur zu einem sehr eingeschränkten Teil – über den Download der Datensätze möglich.

⇒ forschungsdatenzentrum.de/afid.asp
Das Forschungsdatenzentrum der Bundesagentur für Arbeit im Institut für Arbeitsmarkt- und Berufsforschung stellt insbesondere im Rahmen des IAB-Betriebspanels und des Betriebs-Historik-Panels Betriebsdaten zur Verfügung.
⇒ fdz.iab.de/de/FDZ_Establishment_Data.aspx
Bei der Deutschen Bundesbank liegen Unternehmensmikrodaten vor allem im Bereich der Direktinvestitionsbestände und der Unternehmensbilanzen vor.
⇒   bundesbank.de/Navigation/DE/Bundesbank/Forschungszentrum/Forschungsdaten/Mikrodaten/mikrodaten.html
In beschränktem Umfang sind im Rahmen des Projekts „Kombinierte Firmendaten für Deutschland (KombiFiD)" auch kombinierte Unternehmensdatensätze der Statistischen Ämter des Bundes und der Länder, der Bundesagentur für Arbeit und der Deutschen Bundesbank für eine Stichprobe von Unternehmen verfügbar.
⇒ fdz.iab.de/de/FDZ_Projects/kombifid.aspx

Informationen zum Gesundheitssystem

Informationssystem der Gesundheitsberichterstattung des Bundes
⇒ gbe-bund.de

Die Online-Datenbank der Gesundheitsberichterstattung (GBE) des Bundes bietet über zwei Milliarden Zahlen und Kennziffern in Form von Tabellen, Grafiken, Texten und

Definitionen. Sie führt Gesundheitsdaten und Gesundheitsinformationen aus über 100 verschiedenen Quellen an zentraler Stelle zusammen, darunter viele Erhebungen der Statistischen Ämter des Bundes und der Länder, aber auch Daten zahlreicher weiterer Institutionen aus dem Gesundheitsbereich.

10.2   Deutschland: Umfragedaten

Allbus-Datensatz
$\Rightarrow$ gesis.org/allbus

Die Allgemeine Bevölkerungsumfrage der Sozialwissenschaften (ALLBUS) ist eine langfristig angelegte, multithematische Umfrageserie zu Einstellungen, Verhaltensweisen und Sozialstruktur der Bevölkerung in der Bundesrepublik Deutschland. Die Erhebungen werden mittels persönlicher Interviews seit 1980 in zweijährigem Abstand durchgeführt und umfassen jeweils über 3000 Haushalte.

SOEP-Datensatz
$\Rightarrow$ panel.gsoep.de

Das Sozio-ökonomische Panel (SOEP) ist eine repräsentative Wiederholungsbefragung, die bereits seit 25 Jahren läuft. Im Auftrag des DIW Berlin werden jedes Jahr in Deutschland über 20.000 Personen aus rund 11.000 Haushalten befragt. Die Daten enthalten Informationen über Einkommen, Erwerbstätigkeit, Bildung oder Gesundheit. Weil jedes Jahr die gleichen Personen befragt werden, es sich also um einen Paneldatensatz handelt, können langfristige soziale und gesellschaftliche Trends besonders gut verfolgt werden. Daher basiert eine Vielzahl von wissenschaftlichen Untersuchungen und Veröffentlichungen der Sozial- und Wirtschaftswissenschaften auf den Daten des SOEP.

Allerdings ist das SOEP-Panel ein sehr komplexer Datensatz. Für die sinnvolle Nutzung und Handhabung ist eine intensive Beschäftigung mit der Struktur und den Variablen des SOEP unabdingbar.

Gesundheitssurveys des Robert-Roch-Instituts (RKI)
$\Rightarrow$ http://www.rki.de

Die Umfragen des RKI sind personenbezogen, stellen also Individualdaten für einzelne Personen bzw. Haushalte dar. Über sein Forschungsdatenzentrum sind umfangreiche Survey-Datensätze zugänglich. Zum Beispiel enthält die Umfrage Gesundheit in Deutschland (GEDA) für das Jahr 2012 einen Datensatz von 19.294 Beobachtungen (Individuen) und 279 Variablen (Soziodemografische Merkmale, soziales Umfeld, detaillierte Krankheitsbilder, persönliche Zufriedenheit etc.).

Mikrozensus Deutschland

⇒ forschungsdatenzentrum.de/bestand/mikrozensus/

Beim Mikrozensus handelt es sich um eine jährlich durchgeführte Befragung von einem Prozent aller Haushalte in Deutschland. Insgesamt nehmen etwa 380.000 Haushalte mit 820.000 Personen an der Erhebung teil. Der Mikrozensus deckt inhaltlich verschiedene Themen ab und enthält damit wichtige Strukturdaten zur Bevölkerung (bspw. Familien- und Haushaltszusammenhang, Migrationshintergrund, Erwerbstätigkeit, Einkommen und schulische und berufliche Ausbildung).

Der Paneldatensatz erlaubt Untersuchungen im Zeitverlauf, mit denen sich historische Entwicklungen aufzeigen lassen, kann aber ebenfalls für Querschnittanalysen eingesetzt werden. Auch internationale Vergleiche sind möglich, da für verschiedene Themenbereiche internationale Standards (z. B. Labour-Force-Konzept) existieren.

GESIS – Leibniz-Institut für Sozialwissenschaften

⇒ gesis.org

GESIS ist eine deutsche Infrastruktureinrichtung für den Zugang zu empirischen Datensätzen in den Sozialwissenschaften. Ihr Datenbestandskatalog enthält Beschreibungen der archivierten Studien und empirischen Primärdaten der Umfrageforschung. Über 5000 Studien (Stand Oktober 2016) lassen sich bestellen. Sie können für eigene Sekundäranalysen verwendet werden. Die ZACAT-Datenbank ermöglicht den Zugriff auf eine große Zahl international vergleichender Studien und nationaler Datenbestände.

Sonstige

Daten zum gesamten Bildungsbereich von der Vorschule bis zur Erwachsenenweiterbildung sind über das Nationale Bildungspanel für Deutschland (NEPS-National EducationalPanel Study) erhältlich (neps-data.de/de-de/Datenzentrum).

Professionelle Wirtschaftsdaten zu vielen Bereichen der Finanzmärkte enthalten die ThomsonReuters-Datenbanken (bspw. ThomsonReuters Datastream). Zum Teil sind diese und andere kommerzielle Datenbanken über die Hochschulbibliotheken und ihre Informationseinrichtungen kostenfrei für Hochschulangehörige nutzbar.

Als allgemeines Datenbankverzeichnis dient in Deutschland das Datenbank-Informationssystem (DBIS) der Universität Regensburg (rzblx10.uni-regensburg.de/dbinfo/dbliste. php?bib_id=alle&colors=3&ocolors=40&lett=f&gebiete=16). Hierüber lassen sich auch Faktendatenbanken finden. In der „Erweiterten Suche" mittels der Fokussierung auf „Faktendatenbank" und „Wirtschaftswissenschaften" fördert dies 336 Datenbanken zu Tage (Stand Oktober 2016).

10.3   Internationale amtliche Statistiken

Für viele Staaten der Welt sind Informationen in Form von Datensätzen verfügbar. Einige ausgewählte Quellen sind:

OECD – Organisation of Economic Cooperation and Development
⇒ stats.oecd.org/

Die OECD-Datenbanken enthalten ökonomische und sozialwissenschaftliche Informationen zu den 35 Mitgliedsstaaten sowie ausgewählten anderen Nationen.

WTO – World Trade Organisation
⇒ wto.org/english/res_e/statis_e/statis_e.htm

Die WTO stellt Daten zu allgemeinen ökonomischen Fragen und sehr detailliert zum internationalen Handel bereit.

UNCTAD – United Nations Conference on Trade and Development
⇒ unctad.org/en/Pages/Statistics/About-UNCTAD-Statistics.aspx

Sie bietet Informationen aus einem großen Spektrum von Finanzdaten und Technologieindikatoren bis hin zu Investitionen. Die Daten nationaler Quellen werden dabei zusammengestellt, aufbereitet und zugänglich gemacht. Viele der Zeitreihen decken viele Jahre ab und gehen im Einzelfall bis 1948 zurück. Insgesamt pflegt die UNCTAD mehr als 150 verschiedene Indikatoren und Zeitreihen.

IMF – International Monetary Fund
⇒ imf.org/external/index.htm

Die „World Economic Outlook"-Datenbank enthält ausgewählte makroökonomische Datenreihen aus dem statistischen Anhang des „World Economic Outlook Reports", der die IWF-Analysen präsentiert. Dabei geht es um die wirtschaftliche Entwicklung in wichtigen Ländern. Die Veröffentlichung erfolgt zweimal im Jahr und enthält Daten zu volkswirtschaftlichen Gesamtrechnungen, Inflation, Arbeitslosigkeit, Zahlungsbilanzen und fiskalische Indikatoren für Länder und Ländergruppen.

ILO – International Labor Organization
⇒ laborsta.ilo.org

Das „Department of Statistics" bildet den Kern der ILO bezüglich statistischer Kompetenzen und Aktivitäten. Es werden Statistiken aus den Bereichen der Arbeitsmärkte sowohl auf nationaler als auch auf internationaler Ebene bereitgestellt. Die Daten basieren u. a.

auf Informationen der nationalen statistischen Ämter, Arbeitsministerien, Verbände der Arbeitgeber und der Arbeitnehmer sowie statistischen Ämtern von anderen internationalen und regionalen Organisationen.

Die Datenbank ermöglicht den Download von Daten für mehr als 200 Länder und Gebiete. Hauptthemengebiete sind u. a. Bevölkerung, Beschäftigung, Arbeitslosigkeit, geleistete Arbeitsstunden, Lohn und Gehalt, Arbeitsunfälle sowie Streiks und Aussperrungen.

CIA-World Factbook

⇒ cia.gov/library/publications/the-world-factbook/index.html

Das „World Factbook" enthält Informationen zu über 267 Regionen der Welt. Übersichtlich werden Daten zur Geschichte, soziodemografischen Merkmalen, der Regierung und Wirtschaft, der Geographie usw. dargestellt. Ein Download von physikalischen- und politischen Karten der wichtigsten Regionen sowie von Karten der Ozeane und Zeitzonen ist ebenso möglich.

Sonstige

Datenbanken mit **langen Zeitreihen** – zum Teil über hunderte von Jahren – für viele Staaten der Welt bieten der **Maddison-Datensatz** (ggdc.net/maddison/maddison-project/home.htm) und die Kompilation verschiedener Daten der letzten 50–70 Jahre von **Gapminder** (gapminder.org/data/) sowie **ourworldindata** (ourworldindata.org).

Eine wichtige Quelle für solche Zeitreihen makroökonomischer Daten vieler Staaten der Welt sind auch die **Penn World Tables** der University of Pennsylvania – aktuell für bis zu 182 Staaten und den Zeitraum 1950 bis 2014 in der Version PWT 9.0 (http://www.rug.nl/ggdc/productivity/pwt/).

Eine Reihe von Institutionen stellen Daten zu spezielleren Fragestellungen zur Verfügung. Dazu zählen unter anderen verschiedene Unterorganisationen der UN. Zum Beispiel zu Gesundheitsthemen die **WHO (World Health Organization)** (who.int), zu Fragen der Agrar- und Nahrungsmittelproduktion die **FAO (Food and Agricultural Organization)** (fao.org/statistics/en) und zu Aspekten der industriellen Entwicklung die **UNIDO (United Nations Industrial Development Organization)** (unido.org).

Zwei Beispiele für Informationsquellen zu bestimmten Wirtschaftsbereichen sind:

Health systems in the EU

⇒ healthdatanavigator.eu/

Es handelt sich um ein Portal zum Gesundheitswesen, das den strukturierten Zugang zu den Gesundheitsdaten einer großen Anzahl verschiedener Datenbanken ermöglicht. Insbesondere sind nationale Datenbanken der folgenden Länder einbezogen: Österreich, Estland, Finnland, Frankreich, Deutschland, Israel, Luxemburg und Vereinigtes Königreich.

Europäische Agentur für Flugsicherheit

⇒ easa.europa.eu/language/de/home.php

Die European Aviation Safety Agency (EASA) hat unter anderem die Datenerhebung, sowie Analyse und Forschung zur Verbesserung der Flugsicherheit, zur Aufgabe. In den Jahressicherheitsberichten, die online als PDF-Format zur Verfügung stehen, können Zahlen und Fakten rund um das Thema Flugsicherheit eingesehen werden.

10.4 Internationale Umfragedaten

ISSP – International Social Survey Programme

⇒ issp.org/index.php

Das ISSP ist ein Programm der multilateralen Zusammenarbeit im Bereich der Umfragen in den Sozialwissenschaften. Es hat seinen Ursprung in der Kooperation der deutschen ALLBUS-Umfrage und dem GSS (General Social Survey) in den USA.

Es zielt darauf ab, durch gemeinsame Projekte und identische Fragestellungen in den nationalen Umfragen international vergleichende Studien zu ermöglichen. Gegenwärtig arbeiten 45 Länder im Projekt mit (Stand November 2016). Zum Beispiel sind im Daten-file „Citizenship 2014" für 36 Staaten der Welt, mehr als 60 Variablen und fast 50 Tausend befragten Personen Daten zu sozialen und persönlichen Verhältnissen und Einstellungen verfügbar.

GEM – Global Entrepreneurship Monitor

⇒ gemconsortium.org/data

Das Projekt ist die weltweit umfangreichste Erhebung zum Enterpreneurship. Es umfasst inzwischen Umfragen zu den Themen Existenzgründungen und Unternehmertum aus 17 Jahren, mehr als 100 Staaten. Anschließend an die jährlichen Datenerhebungen publiziert der GEM ausgewählte Indikatoren. Alle Datensätze sind nach drei Jahren frei verfügbar.

Zum Beispiel sind im Datenfile „GEM 2012 NES Global Individual Level Data" Informationen zu rechtlichen, ökonomischen und sozialen Rahmenbedingungen aus der Sicht der Unternehmer vorhanden. Sie reichen von Finanzierungsfragen und Kapitalmarktbedingungen bis zum Schutz von Eigentumsrechten und Beziehungen zu Lieferanten und Kunden.

Cessda – Council of European Social Science Data Archives

⇒ cessda.org

CESSDA ist eine Organisation für sozialwissenschaftliche Daten-Archive in ganz Europa. Das Datenarchiv enthält mehr als 300 Datensätze aus den 15 Mitgliedsländern. Es werden Informationen zu Themen wie zum Beispiel Erziehung, Gesellschaft und Kultur, Kriminalität, Politik, Psychologie sowie Wissenschaft und Technologie bereitgestellt. Die Datensätze entstammen nationalen Umfragen und Datenerhebungen.

Für die USA enthält der bereits erwähnte General Social Survey (GSS) frei zugängliche Umfragedaten – vergleichbar mit den ALLBUS-Daten für Deutschland:

GSS – General Social Survey

⇒ norc.org/GSS+Website/

Seit 1972 werden im Rahmen des GSS alle zwei Jahre Bevölkerungsumfragen durchgeführt. Die Daten erlauben es daher, neben Querschnittsaufnahmen auch langfristige Trends zu analysieren. Die Fragen sind zum Teil in den Umfragen identisch. Es werden aber auch Veränderungen vorgenommen und neue Schwerpunkte gesetzt. Der Datensatz der Umfrage aus dem Jahr 2014 enthält bspw. mehr als 400 Variablen mit individuellen Informationen vom Alter und beruflichen Status bis hin zum Einkommen und politischen Einstellungen sowie Wählerverhalten.

Anhang IV: Lösungen zu den Übungsaufgaben   11

Kapitel 1

Lösung zur Übung 1.1

Eine ganze Reihe von (ökonomischen) Überlegungen zu den Ursachen der Arbeitslosigkeit existiert. Als erster Ansatz könnten folgende berücksichtigt werden, wobei kurz in Klammern jeweils das dahinter stehende Argument angedeutet wird:

- Ein zu niedrige Inflationsrate bzw. deflationäre Tendenzen (Phillipskurve, Geldpolitik der EZB seit 2009)
- Zu hoher Preis der Arbeit, d. h. Löhne über dem Gleichgewichtslohn (neoklassischer Arbeitsmarkt)
- Zu geringe gesamtwirtschaftliche Nachfrage, d. h. konjunkturelle Faktoren (Keynesianische Konjunkturtheorie)
- Zu großes/zu stark wachsendes Arbeitsangebot, das (zumindest kurzfristig) nicht von der Arbeitsnachfrage absorbiert werden kann (Demografische Probleme)
- Zu viele Importe (Verlust an Arbeitsplätzen durch Freihandel, populistische Diskussionen)

Vorgegeben ist als abhängige Variable die Arbeitslosenquote im Jahresdurchschnitt.

Die Spezifikation unserer Regressionsgleichung sieht dann unter Berücksichtigung der vermutlichen Wirkungsrichtung wie folgt aus:

$$Arbeitslosenquote = b_0 - b_1\ Inflationsrate + b_2\ Löhne - b_3\ Gesamtwirtschaftliche$$
$$Nachfrage + b_4\ Arbeitsangebot + b_5\ Importe + e.$$

© Springer-Verlag GmbH Deutschland 2017
M.-W. Stoetzer, *Regressionsanalyse in der empirischen Wirtschafts- und Sozialforschung Band 1*, DOI 10.1007/978-3-662-53824-1_11

Eine kritische Diskussion dieser Gleichung sollte zumindest zwei Gesichtspunkte umfassen:

a) Definitorische bzw. Abgrenzungsprobleme: Infomieren Sie sich dazu (falls es Ihnen aus dem Studium nicht geläufig ist) über die sehr vielfältigen Möglichkeiten Arbeitslosenquoten und Inflationsraten zu messen. Ähnliche Probleme treten auch bei allen anderen Variablen dieser Gleichung auf!
b) Der Datensatz ist eine Zeitreihe und kein Querschnittsdatensatz. Dies müsste berücksichtigt werden.

Weitere Fragen sind: Inwieweit sind nominale oder reale Größen zu verwenden? Inwieweit ist die Bildung von Quoten angebracht oder sollten absolute Größen gebraucht werden?

Lösung zur Übung 1.2
Mögliche Einflussfaktoren sind zum Beispiel (in Klammern die vermutete Wirkungsrichtung). Wenn diese unklar ist, erscheint zusätzlich ein Fragezeichen:

Zahl der Studierenden am Fachbereich (bzw. im Studiengang) ($\pm$?)

Zahl der Professoren am Fachbereich (+)

Durchschnittliches Alter der Professor(inn)en ($-$?)

Zahl der Studierenden pro Professor am Fachbereich ($-$)

Zahl der Schwerpunkte (+)

Größe der Stadt am Hochschulstandort ($\pm$?)

Zahl der Studierenden am Standort (+)

Existenz eines Praktikantenamtes (+)

Nähe zum Heimatort ($\pm$?)

Geringe Zahl von Wohnheimplätzen ($-$)/hohes Mietniveau für Studierendenwohnungen ($-$)

Weiterführende Ausbildungsangebote (Master/Promotion/MBA) (+)

Kommunale Freizeit-Infrastrukturen existieren (+)

Einrichtungen des Hochschulsports gut ausgebaut (+)

...

Ein Ergebnis der Überlegungen ist, dass die Wirkungsrichtungen der Einflussfaktoren häufig nicht eindeutig sind, d. h. sowohl positive als auch negative Zusammenhänge plausibel erscheinen, bzw. theoretisch möglich sind. Außerdem sind zum Teil variierende Einflüsse denkbar. Bei der Nähe zum Heimatort sehen Studierende eine zu große Nähe unter Umständen kritisch (Überwachung durch Eltern?), aber eventuell empfinden sie auch eine zu große Entfernung als negativ (Freunde am Heimatort können über das Wochenende kaum besucht werden!).

Lösung zur Übung 1.3

Richtig ist die Antwort „Bildung und ökonomischer Status". Eine ganze Reihe von Regressionsanalysen in der empirischen Gesundheitsforschung kommt zu diesem – auf den ersten Blick überraschenden – Ergebnis. Das Resultat gilt dabei natürlich ceteris paribus. Das heißt bei gleichem Einkommen sind Individuen mit einem höheren Bildungsniveau im Durchschnitt gesünder und haben eine höhere Lebenserwartung.

Lösung zur Übung 1.4

Die Zahl der Patentanmeldungen ist ein häufig in der Innovationsforschung auf der Unternehmens-, regional und nationalen Ebene verwendeter Indikator der Innovationsneigung und -fähigkeit. Sein wesentlicher Vorteil ist der leichte öffentliche und freie Zugang über die Patentdatenbanken.

Probleme ergeben sich unter folgenden Aspekten:

Innovationen sind nicht patentfähig; Patente werden erteilt, haben aber keine ökonomische Bedeutung; kleine Verbesserungen werden lediglich aus strategischen Gründen patentiert; Innovationen werden (insbesondere von kleinen und mittleren Unternehmen) nicht patentiert, weil das Verfahren als zu teuer oder zu langwierig angesehen wird, bzw. die Innovation bewusst nicht offengelegt werden soll (Geheimhaltung als Alternative zur Patentierung).

Die Frage, ob und inwieweit Patente ein geeigneter Innovationsindikator sind, ist daher inzwischen eine eigene und durchaus umstrittene Forschungsfrage.

Lösung zur Übung 1.5

Es werden nur die Fragen a), c) und e) behandelt.

a) Nominales Skalenniveau: Ein Unternehmen verkauft nur im Inland oder exportiert (exakter ist dies ein dichotomes Merkmal, das nur zwei Ausprägungen besitzt); Ordinales Skalenniveau: Energieeffizienzklassen von Haushaltsgeräten; Metrisches Skalenniveau: Zahl der Vollzeitbeschäftigten eines Betriebes.

c) Explorative Verfahren der Statistik versuchen Zusammenhänge zwischen Variablen aufzudecken, ohne dass von vornherein bestimmte Annahmen über deren Struktur, insbesondere hinsichtlich möglicher Ursache-Wirkungsbeziehungen, getroffen werden. Hypothesen testende Verfahren basieren auf theoretischen Überlegungen zu vorhandenen kausalen Beziehungen zwischen den Variablen (Merkmalen).

e) Echte Paneldaten (Longitudinal data) enthalten Daten zu bestimmten Variablen bei immer denselben Merkmalsträgern (Beobachtungseinheiten) zu verschiedenen Zeitpunkten (bzw. Zeiträumen). Gepoolte Paneldaten sind zusammengesetzte Querschnittsdaten bestimmter Variablen von unterschiedlichen Beobachtungsträgern zu verschiedenen Zeitpunkten.

Kapitel 2

Lösung zur Übung 2.1

a) und b): Die Zahl der Kontakte liegt in allen Verkaufsregionen bei 16. Die unterschiedlichen Verkaufszahlen sind also nicht auf Veränderungen der Zahl der Kontakte zurückzuführen. Ob die Zahl der Kontakte einen Einfluss hat, kann mit dem vorhandenen Datensatz nicht überprüft werden.

c) Unabhängig von der Zahl der Kontakte werden immer 200 PKW verkauft. Die Häufigkeit der Kontakte hat also (vermutlich) keine Bedeutung für die Verkaufszahlen. Auch in diesem Fall kann ein möglicher Einfluss nicht ermittelt werden.

Als Fazit ergibt sich, dass Zusammenhänge nur schätzbar sind, wenn die endogene und die exogenen Variablen zwischen den Beobachtungen variieren. Sind bei einer Variablen keinerlei Schwankungen zwischen den Beobachtungsträgern (Regionen, Haushalten, Unternehmen usw.) vorhanden, ist bei ihr ein möglicher Zusammenhang mit anderen Variablen nicht überprüfbar.

Lösung zur Übung 2.2

a) Der Verzicht auf die Konstante (das Absolutglied) führt dazu, dass die geschätzten Regressionsgeraden gezwungenermaßen durch den Ursprung verlaufen ($b_0 = 0$)! Wenn wir durch die Beobachtungen der Abb. 2.2 in diesem Kapitel eine Gerade legen, die durch den Ursprung des Koordinatensystems bei einer Menge von Null verkauften PKW und Null Kontakten verläuft, wird sofort deutlich, dass eine solche Gerade den wahren Zusammenhang nur stark verzerrt, d. h. verfälscht, widergibt. Da vor der Durchführung der Regression unbekannt ist, ob der wahre Zusammenhang durch den Ursprung verläuft, ist die Möglichkeit, dass die Konstante nicht gleich Null ist, zu berücksichtigen und ein Koeffizient b_0 aufzunehmen. Die Aufnahme einer Konstante ist daher auch die Voreinstellung in SPSS und Stata, die automatisch erfolgt.

b) Die Konstante einer Regression wird nicht weiter interpretiert. Von dieser Regel existieren aber Ausnahmen. Ein Beispiel aus der VWL ist eine keynesianische Konsumfunktion: $C = b_0 + b_1 Y + e$ (wobei C die Konsumausgaben eines privaten Haushalts darstellen und Y sein laufendes Einkommen ist). Die Konstante b_0 ist hier inhaltlich sinnvoll als sogenannter „autonomer Konsum" zu interpretieren. In der BWL werden Kostenfunktionen zum Beispiel folgender Art geschätzt: $K = b_0 + b_1 Q + e$ (hier sind K die Kosten eines Unternehmens und Q die produzierte Menge). Das Absolutglied b_0 kann ggf. als Schätzung der Fixkosten aufgefasst werden.

Lösung zur Übung 2.3

Statt wie bei der OLS-Methode die quadrierten Abweichungen von der geschätzten Geraden zu minimieren, sind beliebig viele andere Verfahren denkbar. Zum Beispiel die Verwendung der absoluten Abweichungen oder eine geringere Gewichtung weit entfernt liegender oder außergewöhnlicher Beobachtungswerte (Ausreißer bzw. einflussreiche Beobachtungen). Die erste Methode wird als Least absolute deviation (LAD) bezeichnet und die zweite führt zu verschiedenen Ansätzen der Robusten Regression (Robust Regression). Auch könnten die negativen oder positiven Abweichungen unterschiedlich gewichtet werden. Ein komplett anderes Schätzverfahren ist die Maximum-Likelihood-Methode (siehe dazu auch den Anhang 5.1 des fünften Kapitels).

Lösung zur Übung 2.4

Da es sich um das Beispiel im Text handelt, werden hier nur die Lösungen abgebildet, die nicht bereits im Kap. 2 behandelt worden sind.

a) Einfluss nur des Preises:

Modellzusammenfassung

Modell	R	R-Quadrat	Korrigiertes R-Quadrat	Standardfehler des Schätzers
1	,206[a]	,043	-,031	15,252

a. Einflussvariablen : (Konstante), Netto-Verkaufspreis in Tausend

ANOVA[b]

Modell	Quadratsumme	df	Mittel der Quadrate	F	Sig.
1 Regression	134,279	1	134,279	,577	,461[a]
Nicht standardisierte Residuen	3024,121	13	232,625		
Gesamt	3158,400	14			

a. Einflussvariablen : (Konstante), Netto-Verkaufspreis in Tausend

b. Abhängige Variable: Stückzahl der verkauften PKW

Koeffizienten[a]

Modell	Nicht standardisierte Koeffizienten		Standardisierte Koeffizienten	T	Sig.
	RegressionskoeffizientB	Standardfehler	Beta		
1 (Konstante)	149,098	60,807		2,452	,029
Netto-Verkaufspreis in Tausend	3,196	4,206	,206	,760	,461

a. Abhängige Variable: Stückzahl der verkauften PKW

Abb. 11.1 Isolierter Einfluss des Preises

Die grafische Darstellung enthält bereits Abb. 2.6 im Kap. 2. Die Regressionsresultate (mit SPSS) sind in der Abb. 11.1 wiedergegeben.

Die Darstellung des Zusammenhangs von Budget und verkauften PKW in einem Streudiagramm zeigt Abb. 11.2.

Die darauf basierende Regression als SPSS-Output findet sich in Abb. 11.3.

b) Die Standardfehler der Koeffizientenschätzungen sind in der multiplen Regression deutlich geringer und damit die t-Werte (absolut) erheblich größer als bei den Einzelregressionen. Dies ergibt sich, weil in der multiplen Regression die Koeffizientenschätzungen und ihre Standardfehler jeweils unter Berücksichtigung des Einflusses der anderen Variablen berechnet werden (also ceteris paribus). Damit steigt auch die Präzision der Schätzung bezüglich der Standardfehler deutlich.

c) Gegeben ist die Skalierung des Verkaufspreises in der Einheit „Tausend". Zur Umskalierung auf ganze Euro multiplizieren wir die gegebenen Werte der Verkaufspreise mit 1000. Dies geschieht in SPSS mittels: [Transformieren > Variable berechnen] und dann Eingabe von „VerkaufspreisInEuro" ins Feld „Zielvariable" (der Name für die neue Variable ist beliebig wählbar). Im Feld „Numerischer Ausdruck" fügen wir „Preis * 1000" ein. SPSS berechnet uns dann diese neue Variable und fügt sie dem Datensatz als letzte Spalte hinzu. Anschließend führen wir eine neue Regression durch mit der unabhängigen Variablen *VerkaufspreisInEuro* sowie den drei bekannten anderen Variablen des PKW-Beispiels. Das Ergebnis ist in der Abb. 11.4 auszugsweise wiedergegeben.

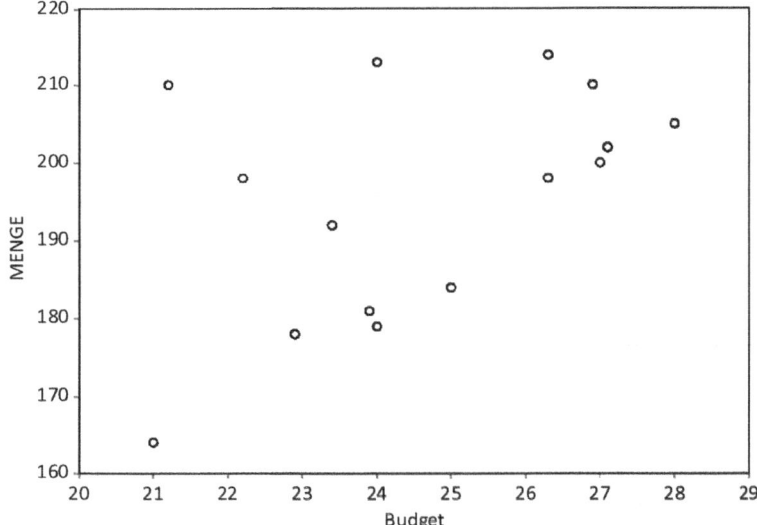

Abb. 11.2 Streudiagramm Budget und verkaufte Menge

Modellzusammenfassung

Modell	R	R-Quadrat	Korrigiertes R-Quadrat	Standardfehler des Schätzers
1	,477ᵃ	,228	,169	13,696

a. Einflussvariablen : (Konstante), Marketingbudget der Region in Tausend

ANOVAᵇ

Modell		Quadratsumme	df	Mittel der Quadrate	F	Sig.
1	Regression	719,826	1	719,826	3,837	,072ᵃ
	Nicht standardisierte Residuen	2438,574	13	187,583		
	Gesamt	3158,400	14			

a. Einflussvariablen : (Konstante), Marketingbudget der Region in Tausend

b. Abhängige Variable: Stückzahl der verkauften PKW

Koeffizientenᵃ

Modell		Nicht standardisierte Koeffizienten		Standardisierte Koeffizienten		
		RegressionskoeffizientB	Standardfehler	Beta	T	Sig.
1	(Konstante)	116,617	40,271		2,896	,013
	Marketingbudget der Region in Tausend	3,193	1,630	,477	1,959	,072

a. Abhängige Variable: Stückzahl der verkauften PKW

Abb. 11.3 Isolierter Einfluss des Marketingbudgets

Nicht abgebildet sind der dazugehörige SPSS-Output zur Modellzusammenfassung und ANOVA. Hier gibt es durch die Umskalierung aber keinerlei Änderungen. Bei den Koeffizienten ist die einzige Abweichung die Koeffizientenschätzung der neuen umskalierten Variablen *VerkaufspreisiInEuro*. Sie beträgt jetzt −0,002 statt im Ursprungsmodell −1,501. Der Unterschied ist aber nur auf die von SPSS vorgenommene Rundung zurückzuführen. Wenn wir in SPSS den Wert −0,002 mit der linken Maustaste doppelt anklicken, erhalten wir den exakten Wert von −0,001501. Inhaltlich ergibt sich also keine Differenz zum Ausgangsergebnis. Der t-Wert und das Signifikanzniveau sind selbstverständlich ebenfalls identisch.

Koeffizienten[a]

Modell		Nicht standardisierte Koeffizienten		Standardisierte Koeffizienten	t	Sig.
		B	Standardfehler	Beta		
1	(Konstante)	104,647	7,816		13,389	,000
	Zahl der Kontakte der regionalen Produktmanager	3,056	,104	,906	29,490	,000
	VerkaufspreisInEuro	-,002	,000	-,097	-3,174	,009
	Marketingbudget der Region in Tausend	2,407	,197	,360	12,245	,000

a. Abhängige Variable: Stückzahl der verkauften PKW

Abb. 11.4   Auswirkung einer anderen Skalierung

Lösung zur Übung 2.5

a) Das Ergebnis der Regressionsgleichung mittels Stata zeigt Abb. 11.5.
Das Bestimmtheitsmaß beträgt 0,47 und das $\bar{R}^2$ beläuft sich auf 0,46. Wie können also 46 % der Varianz der Arbeitslosenquote im Zeitraum 1960–2015 mit dem Modell erklären. Aber zur Erinnerung: Das (korrigierte) Bestimmtheitsmaß sagt wenig bis nichts zur Frage, ob das Modell „richtig" ist. Der F-Wert liegt bei 48,21 und ist auf dem 1-%-Niveau signifikant. Die Nullhypothese für das Gesamtmodell ist also abzulehnen.
b) Die Inflation hat einen negativen und auf dem 1-%-Niveau signifikanten Einfluss auf die Arbeitslosigkeit: Wenn die Inflationsrate um einen Prozentpunkt steigt, sinkt die Arbeitslosenquote um 0,54 Prozentpunkte. Das Resultat ist insoweit eine klare Bestätigung der (modifizierten) Phillipskurve.
Wenn wir unterstellen, dass das Ergebnis dieser einfachen Regression wahr ist, besitzt dieser Zusammenhang auch praktische Relevanz: Eine Erhöhung der Inflationsrate von (im Jahr 2016 relevanten) annähernd 0 % um 4 Prozentpunkte auf 4 % senkt die Arbeitslosenquote um 2,16 Prozentpunkte, also bspw. von 7 % auf unter 5 % und damit einem Wert der (annähernd) als Vollbeschäftigung gilt. Hinzu kommt, dass diese Senkung der Arbeitslosigkeit aus Sicht der Politiker (d. h. kurzfristig) ohne Steuererhöhung oder zusätzliche Staatsverschuldung erfolgen kann. Eine expansive Geldpolitik ist daher aus politischer Sicht mit geringen Opportunitätskosten verbunden.
c) Die Abb. 11.6 zeigt grafisch den Zusammenhang von Arbeitslosigkeit und Inflation in Schweden im Zeitraum 1960 bis 2015.

Die Grafik bestätigt uns visuell, dass tendenziell höhere Arbeitslosigkeit mit niedrigeren Inflationsraten einhergeht und umgekehrt. Allerdings fallen zwei Gruppen von Beobachtungen deutlich ins Auge. Wir werden später auf deren mögliche inhaltliche Bedeutung zurückkommen.

```
. regress Unemployment Inflation
```

Source	SS	df	MS
Model	217.295583	1	217.295583
Residual	246.098702	54	4.55738338
Total	463.394286	55	8.42535065

Number of obs =	56
F(1, 54) =	47.68
Prob > F =	0.0000
R-squared =	0.4689
Adj R-squared =	0.4591
Root MSE =	2.1348

Unemployment	Coef.	Std. Err.	t	P>|t|	[95% Conf. Interval]	
Inflation	-.5369825	.0777665	-6.91	0.000	-.6928949	-.3810701
_cons	6.876882	.4558887	15.08	0.000	5.96288	7.790884

Abb. 11.5 Arbeitslosigkeit und Inflation Schweden

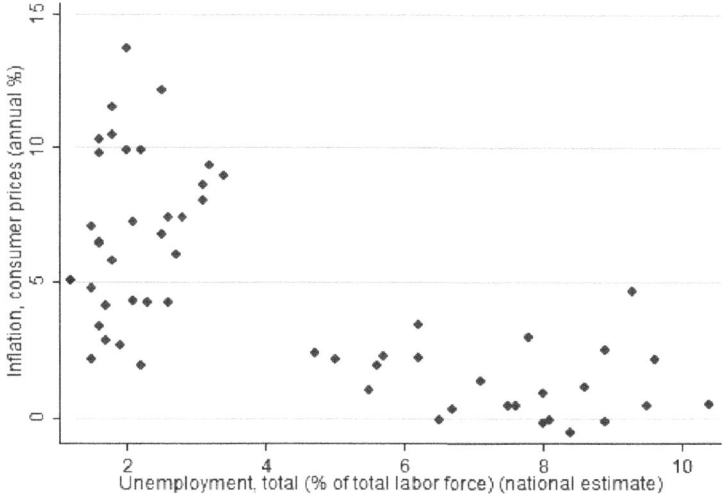

Abb. 11.6 Die Phillipskurve Schwedens

Lösung zur Übung 2.6

Es werden nur die Fragen a), c) und e) behandelt.

a) Bei der Spezifikation einer Regression bilden wir eine Gleichung, auf deren linker Seite die abhängige Variable steht. Auf der rechten Seite dieser Gleichung befinden sich
die unabhängigen Variablen. Sie sind die Einflussfaktoren, von denen wir – aufgrund
theoretischer Überlegungen oder bereits vorhandener empirischer Untersuchungen –
annehmen, dass sie auf unsere abhängige Variable einwirken. Dieses „Einwirken" ist
ein Zusammenhang in Form einer Korrelation, der im Idealfall kausal interpretierbar
ist. An Stelle von „Spezifikation" oder „spezifizieren" wird auch der Ausdruck „Mo-

dellbildung" bzw. „modellieren" verwendet. Die Spezifikation umfasst eine genaue Festlegung welche Variablen in welcher Form in der Regressionsgleichung auftauchen.

c) Schätzer (Estimator) in der Regressionsanalyse sind mathematisch-statistische Verfahren, um in einem Datensatz, das heißt einer Zahl von Beobachtungen von Variablen, eine Aussage über den Zusammenhang zwischen verschiedenen Variablen zu treffen. In der einfachsten linearen Regression mit zwei Variablen geht es darum, eine Gerade in die Beobachtungswerte zu legen, die den Zusammenhang dieser beiden Variablen im Mittel am besten wiedergibt. Die Methode der kleinsten Quadrate (OLS-Methode) ist der geläufigste dieser Schätzer.

e) Der t-Test überprüft die Nullhypothese, dass die betreffende exogene Variable keinen Einfluss auf die abhängige Variable ausübt. Dies ist der Fall, wenn der dazugehörige geschätzte Koeffizient nicht von Null verschieden ist. Hier geht es also darum, ob der auf der Grundlage der Beobachtungen einer Stichprobe (eins Samples) geschätzte Koeffizientenwert auch in der Grundgesamtheit gültig ist. Anders formuliert, ist das Problem, ob der geschätzte Koeffizient, der den Zusammenhang in der Stichprobe ja immer richtig beschreibt, auch auf die Population, aus der die Stichprobe gezogen worden ist, übertragen werden kann.

Kapitel 3

Lösung zur Übung 3.1

a) Wir legen den Datensatz an, indem wir eine Spalte mit der Bezeichnung „Männlich" einfügen. Dort erhalten die Regionen mit den männlichen Produktmanagern eine 1 und die mit den weiblichen Produktmanagerinnen eine 0. Das Resultat muss dem im Datensatz „Pkw-Beispiel-erweitert" in der Spalte „Weiblich" entsprechen – nur dass jetzt die Werte 0 und 1 vertauscht sind.

Koeffizienten[a]

Modell		Nicht standardisierte Koeffizienten		Standardisierte Koeffizienten	t	Sig.
		B	Standardfehler	Beta		
1	(Konstante)	104,844	9,608		10,912	,000
	Kontakte	3,055	,109	,905	27,910	,000
	Preis	-1,507	,515	-,097	-2,926	,015
	Budget	2,403	,225	,359	10,665	,000
	Männlich	-,041	1,035	-,001	-,039	,969

a. Abhängige Variable: Absatzmenge

Abb. 11.7 Koeffizient Dummyvariable „Männlich"

b) Nach Durchführung der Regression in SPSS folgt der Output der Abb. 11.7. Diese beschränkt sich auf die hier relevanten Koeffizientenschätzungen.

Die Variable *Männlich* hat einen negativen Einfluss auf die Verkaufsmenge in Höhe von 0,041. Das heißt, Männer verkaufen im Mittel 0,041 PKW weniger als die Referenzkategorie der Frauen. Allerdings kann die H_0 auch auf dem 10-%-Niveau nicht abgelehnt werden. Wir schließen daraus, dass das Geschlecht keine Bedeutung für die verkauften PKW besitzt. Im Vergleich zu der Anlage einer Spalte „Weiblich" mit der umgekehrten Kodierung ändert sich lediglich das Vorzeichen des Koeffizienten. Inhaltlich hat dies keine Bedeutung. Es ist also bei Dummyvariablen für zwei Kategorien egal, welche Ausprägung wir mit einer 1 und welche mit einer 0 kodieren.

Lösung zur Übung 3.2

a) Die Zahl der Vertreterkontakte kann durchaus eine nichtlineare Wirkung ausüben. Sehr plausibel ist, dass es zwar einen positiven aber abnehmenden Einfluss gibt. Zusätzliche Kontakte verlieren dann mit steigender Zahl an Wirkung. Möglich wäre evtl. auch noch ein bei „zu viel" Kontakten negativer Einfluss.

b) Die Spezifikation der Variable *Kontakte* kann den beschriebenen abnehmenden positiven Einfluss bspw. mittels einer Quadrierung der Variablen *Kontakte* und deren Aufnahme in die Regressionsgleichung zusätzlich zum linearen Effekt abbilden.

c) Die Quadrierung der Variablen *Kontakte* erfolgt in SPSS mittels [Transformieren > Variable berechnen]. In Stata geht dies über [Data > Create or change data > Create new variable]. Im Feld „Variable name" geben wir den Namen unserer neuen Variablen ein – bspw. „*Kontakte2*" für die quadrierten Kontakte. Im Feld „Contents of variable"

. regress Absatzmenge Kontakte Kontakte2 Preis Budget

Source	SS	df	MS		Number of obs =	15
					F(4, 10) =	267.09
Model	3129.11112	4	782.277779		Prob > F =	0.0000
Residual	29.2888831	10	2.92888831		R-squared =	0.9907
					Adj R-squared =	0.9870
Total	3158.4	14	225.6		Root MSE =	1.7114

Absatzmenge	Coef.	Std. Err.	t	P>|t|	[95% Conf. Interval]	
Kontakte	2.812972	1.460827	1.93	0.083	-.4419527	6.067898
Kontakte2	.0068324	.0409753	0.17	0.871	-.0844662	.098131
Preis	-1.434509	.636863	-2.25	0.048	-2.853528	-.0154894
Budget	2.446714	.3152447	7.76	0.000	1.744305	3.149123
_cons	104.7361	8.203503	12.77	0.000	86.45757	123.0147

Abb. 11.8 Nichtlinearer Einfluss der Kontakte

aktivieren wir die Option „Specify a value or an expression". Hier wird der Button „Create" angeklickt und wir berechnen dann unsere gewünschte Variable mittels Eingabe von „Kontakte * Kontakte" im Feld „Expression builder".

Anschließen wird die um die Variable *Kontakte2* erweiterte Regression geschätzt. Dies führt zu Abb. 11.8.

Es zeigt sich, dass die Variable *Kontakte2* keinen signifikanten Einfluss ausübt. Wir bleiben also bei unserem linearen Modell (von dem wir hier ja sowieso wissen, dass es den wahren Zusammenhang wiedergibt).

Lösung zur Übung 3.3

a) Im beschriebenen Fall setzt sich die Wirkung der Variablen *Weiblich* aus zwei Komponenten zusammen. Erstens haben weibliche Produktmanagerinnen im Vergleich zu ihren männlichen Kollegen einen sozusagen per se positiven Einfluss auf die verkauften PKW. Dies ist ihr höherer Achsenabschnitt in der Abb. 11.9. Darüber hinaus nimmt diese Wirkung auch noch mit der Zahl der Kontakte zu. Dies ist ihr steilerer Anstieg in der Abb. 11.9. Grafisch ergibt sich daraus der eingezeichnete Verlauf, der für Frauen der durchgezogenen Linie und für Männer der gestrichelten Linie entspricht.

b) Zunächst bilden wir den Interaktionseffekt durch einfache Multiplikation der beiden Variablen *Weiblich* und *Kontakte* im Rahmen der uns bereits bekannten Möglichkeiten zur Bildung neuer Variablen (in SPSS: „Transformation" usw., in Stata: „Create or change data" usw.). Diese Interaktionsvariable bezeichnen wir (bspw.) als *InterWeiblichKontakte*. Anschließend wird diese Variable unserer Modellspezifikation zusätzlich

Abb. 11.9 Interaktionseffekt

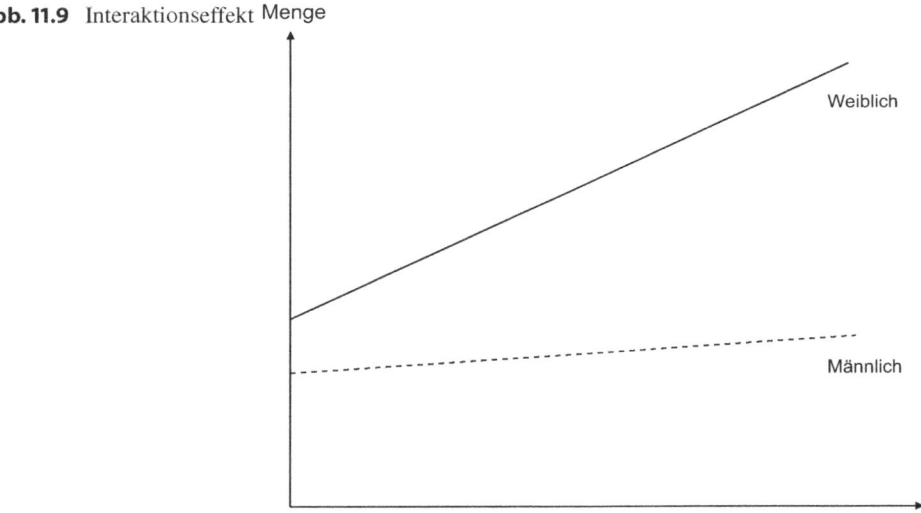

Koeffizienten[a]

Modell		Nicht standardisierte Koeffizienten		Standardisierte Koeffizienten	t	Sig.
		B	Standardfehler	Beta		
1	(Konstante)	104,542	9,362		11,167	,000
	Kontakte	3,008	,131	,891	22,911	,000
	Preis	-1,457	,533	-,094	-2,733	,023
	Budget	2,418	,232	,362	10,409	,000
	Weiblich	-3,182	4,738	-,109	-,671	,519
	InterWeiblichKontakte	,177	,254	,115	,698	,503

a. Abhängige Variable: Absatzmenge

Abb. 11.10 Regression mit Interaktionseffekt

eingefügt. Das Resultat in SPSS enthält Abb. 11.10 auszugsweise. Es entspricht den im Abschn. 3.4 bereits besprochenen Ergebnissen, lediglich Rundungsunterschiede sind feststellbar.

Lösung zur Übung 3.4

Nach Durchführung der Regression erhalten wir in SPSS für die Koeffizientenschätzungen den Output der Abb. 11.11.

In Stata sieht das Resultat wie in der Abb. 11.12 aus.

Die Variable *Schulnote* hat einen positiven und höchst signifikanten Einfluss auf die Abschlussnote des Studiums. Das heißt, ist die Schulnote um eine Einheit größer (d. h. schlechter), führt dies zu einer Erhöhung (d. h. Verschlechterung) der Diplom- bzw. Bachelor-Note um fast 0,2 (exakt 0,1898). Dies gilt natürlich auch umgekehrt: Eine bessere

Koeffizienten[a]

Modell		Nicht standardisierte Koeffizienten		Standardisierte Koeffizienten	T	Sig.
		RegressionskoeffizientB	Standardfehler	Beta		
1	(Konstante)	1,851	,319		5,810	,000
	Schulnote	,190	,054	,221	3,546	,000
	EinSchwerpunkt	,147	,062	,158	2,383	,018
	Weiblich	,080	,058	,089	1,390	,166
	Alter	-,002	,011	-,009	-,146	,884
	Aktualität	-,008	,007	-,074	-1,090	,277

a. Abhängige Variable: Abschlussnote

Abb. 11.11 SPSS Hochschulabschlussnoten

```
. regress Abschlussnote Schulnote EinSchwerpunkt Weiblich Alter Aktualitaet
```

Source	SS	df	MS		Number of obs	=	263
					F(5, 257)	=	4.40
Model	4.09125138	5	.818250276		Prob > F	=	0.0007
Residual	47.8240338	257	.186085735		R-squared	=	0.0788
					Adj R-squared	=	0.0609
Total	51.9152852	262	.198149943		Root MSE	=	.43138

Abschlussnote	Coef.	Std. Err.	t	P>|t|	[95% Conf.	Interval]
Schulnote	.1898056	.0535298	3.55	0.000	.0843927	.2952184
EinSchwerpunkt	.1469767	.0616705	2.38	0.018	.0255328	.2684206
Weiblich	.0800652	.0575979	1.39	0.166	-.0333588	.1934892
Alter	-.0016195	.0111164	-0.15	0.884	-.0235104	.0202713
Aktualitaet	-.0079877	.0073281	-1.09	0.277	-.0224184	.006443
_cons	1.850951	.3185775	5.81	0.000	1.223596	2.478306

Abb. 11.12 Stata Hochschulabschlussnoten

(geringere) Schulabschlussnote verbessert die Abschlussnote des Studiums um fast 0,2. Unter dem Aspekt der Relevanz ist dies zwar kein dominierender, aber auch nicht unerheblicher Einfluss: Wenn ein Student eine 1,3 statt eine 3,3 als Schulabschlussnote aufweist, beendet er im Mittel sein Studium bspw. mit einer 2,3 statt einer 2,7.

Studentinnen (Dummyvariable *Weiblich*) weisen eine etwas höhere (also schlechtere) Hochschulabschlussnote auf als männliche Studenten (Koeffizient: 0,08). Aber da die Nullhypothese nicht abzulehnen ist, stellen wir fest, dass es keine Unterschiede zwischen den Geschlechtern gibt. Dies ist noch kein Beweis, dass die Nullhypothese richtig ist, aber wenn wir deren Wahrheit mal vereinfachend unterstellen, lässt sich inhaltlich die Aussage treffen, dass keine geschlechterspezifische Diskriminierung vorliegt.

Das Alter zum Zeitpunkt der Beendigung des Studiums ist ebenfalls irrelevant für die Abschlussnote (Koeffizient: −0,0016, Irrtumswahrscheinlichkeit: 0,88). Gleiches gilt für den Zeitpunkt des Erwerbs des Diploms bzw. Bachelors (Variable: *Aktualität*) mit einem Koeffizienten von −0,008 und einer Irrtumswahrscheinlichkeit von 0,28.

Es bleibt noch der Einfluss der Variable *EinSchwerpunkt* zu klären. Sie besitzt als Dummyvariable den Wert 1, wenn der Studierende einen statt zwei Schwerpunkte im Hauptstudium belegt hat. Studierende mit zwei Schwerpunkten sind die mit 0 kodierte Referenzkategorie. Im Vergleich zu ihnen weisen Absolventen mit lediglich einem Schwerpunkt eine um gerundet 0,15 größere und damit schlechtere Hochschulabschlussnote auf. Mit einem t-Wert von 2,38 und der Irrtumswahrscheinlichkeit von 0,018 ist dieser Unterschied auf dem 5-%-Niveau signifikant. Die weitere inhaltliche Interpretation verschieben wir auf die Übungsaufgabe 7.3 im Kap. 7.

Lösung zur Übung 3.5

a) Das Ergebnis dieser Schätzung enthält Abb. 11.13. Es bestätigt den uns bekannten negativen Zusammenhang von Arbeitslosenquote und Inflationsrate. Die weitere Interpretation erfolgt in der Übungsaufgabe 7.4 im siebten Kapitel.

b) Mögliche nichtlineare Beziehungen zwischen der Arbeitslosenquote und der Inflationsrate werden in der Abb. 11.14 analysiert. Im oberen Teil ist die Inflationsrate einfach (Variable: *Inflation*) und quadriert (Variable: *Inflation2*) berücksichtigt. Im unteren Teil stattdessen in logarithmierter Form (Variable: *LnInflation*).
Die logarithmierte Form besitzt ein $\bar{R}^2$ von 0,68 und die quadrierte Spezifikation ein $\bar{R}^2$ in Höhe von 0,81. Die quadrierte Spezifikation weist eindeutig einen besseren Modellfit auf.

c) Die Modellierung möglicher Strukturbrüche mittels Dummyvariablen ist im Datensatz bereits vorbereitet. Die Jahre seit der ersten Ölkrise 1973 und der damit verbundenen drastischen Erhöhung der Erdöl- und Benzinpreise (Variable *Dummy_Ölschock*) und die EU-Mitgliedschaft (Variable *Dummy_EUBeitritt*) seit dem Jahr 1995 werden der Gleichung hinzugefügt. Ergebnis ist der Output der Abb. 11.15.
In den Jahren nach dem Ölschock (Koeffizient: 1,13) und dem EU-Beitritt (Koeffizient: 1,66) hat sich die Arbeitslosenquote erhöht. Allerdings kann für beide Effekte die Nullhypothese auf dem üblichen 5-%-Niveau nicht abgelehnt werden. Ein tatsächlicher Zusammenhang bleibt daher zweifelhaft.

d) Der Interaktionseffekt der beiden Variablen EU-Beitritt und Inflationsrate wird durch Multiplikation dieser beiden Variablen gebildet. In Stata sehr bequem, indem wir „c.*Inflation*#i.*Dummy_EUBeitritt*" zusätzlich in unser Modell aus Abb. 11.15 aufnehmen. Es zeigt sich für den Interaktionseffekt aber kein signifikanter Einfluss (Koeffizient: −,0937, t-Wert: −0,27, empirisches Signifikanzniveau: 0,79).

```
. regress Unemployment Inflation RealWage_growth GDP_growth Population Imports
```

Source	SS	df	MS		Number of obs =	56
					F(5, 50) =	40.43
Model	371.506668	5	74.3013337		Prob > F =	0.0000
Residual	91.8876173	50	1.83775235		R-squared =	0.8017
					Adj R-squared =	0.7819
Total	463.394286	55	8.42535065		Root MSE =	1.3556

Unemployment	Coef.	Std. Err.	t	P>|t|	[95% Conf. Interval]	
Inflation	−.458901	.0821349	−5.59	0.000	−.6238738	−.2939283
RealWage_growth	−.2140115	.0898982	−2.38	0.021	−.3945772	−.0334457
GDP_growth	.0335716	.1057028	0.32	0.752	−.1787387	.2458819
Population	1.43e-07	3.10e-08	4.60	0.000	8.05e-08	2.05e-07
Imports	−5.88e-11	1.64e-11	−3.60	0.001	−9.17e-11	−2.60e-11
_cons	−66.2686	15.83828	−4.18	0.000	−98.08072	−34.45647

Abb. 11.13 Arbeitslosenquote in Schweden I

```
. regress Unemployment Inflation Inflation2 RealWage_growth  GDP_growth Population Imports

      Source |       SS       df       MS              Number of obs =      56
-------------+------------------------------           F(  6,    49) =   39.64
       Model | 384.237946       6  64.0396576           Prob > F      =  0.0000
    Residual | 79.1563401      49  1.61543551           R-squared     =  0.8292
-------------+------------------------------           Adj R-squared =  0.8083
       Total | 463.394286      55  8.42535065           Root MSE      =   1.271

----------------------------------------------------------------------------------
     Unemployment |      Coef.   Std. Err.      t    P>|t|     [95% Conf. Interval]
------------------+---------------------------------------------------------------
        Inflation | -.9744302   .1991303    -4.89   0.000    -1.374598   -.5742629
        Inflation2 |  .0418119   .0148939     2.81   0.007     .0118815    .0717423
  RealWage_growth | -.2050287   .0843461    -2.43   0.019    -.3745285    -.035529
       GDP_growth |  .0537687    .099364     0.54   0.591    -.1459108    .2534482
       Population |  1.47e-07   2.91e-08     5.04   0.000     8.82e-08    2.05e-07
          Imports | -6.56e-11   1.55e-11    -4.23   0.000    -9.68e-11   -3.44e-11
            _cons |  -66.9287   14.85128    -4.51   0.000    -96.77346   -37.08394
----------------------------------------------------------------------------------
```

```
. regress Unemployment LnInflation RealWage_growth  GDP_growth Population Imports

      Source |       SS       df       MS              Number of obs =      56
-------------+------------------------------           F(  5,    50) =   23.93
       Model | 326.818773       5  65.3637547           Prob > F      =  0.0000
    Residual | 136.575512      50  2.73151025           R-squared     =  0.7053
-------------+------------------------------           Adj R-squared =  0.6758
       Total | 463.394286      55  8.42535065           Root MSE      =  1.6527

----------------------------------------------------------------------------------
     Unemployment |      Coef.   Std. Err.      t    P>|t|     [95% Conf. Interval]
------------------+---------------------------------------------------------------
      LnInflation | -.2062921   .0957463    -2.15   0.036    -.3986041    -.01398
  RealWage_growth |  .0036634   .0954909     0.04   0.970    -.1881357    .1954625
       GDP_growth |  .2176246   .1275113     1.71   0.094    -.0384893    .4737386
       Population |  1.76e-07   3.76e-08     4.69   0.000     1.01e-07    2.52e-07
          Imports | -6.51e-11   2.05e-11    -3.17   0.003    -1.06e-10   -2.38e-11
            _cons | -87.16413   18.97886    -4.59   0.000    -125.2843   -49.04396
----------------------------------------------------------------------------------
```

Abb. 11.14 Arbeitslosenquote in Schweden II

Lösung zur Übung 3.6

Es werden nur die Fragen a), c) und e) behandelt.

a) Bei der Dummyvariablen-Falle ist eine der exogenen Variablen eine lineare Kombination von zwei (oder mehr) anderen exogenen Variablen. Es ist dann mathematisch
   nicht möglich für alle diese Variablen Regressionskoeffizienten zu schätzen. Eine der
   beteiligten Variablen muss weggelassen werden.

c) Wenn ein ertragsgesetzlicher Kostenverlauf vorliegt, nehmen die Kosten mit steigender Produktionsmenge zunächst unterproportional und dann überproportional zu. Eine
   solche Kostenfunktion hat also genau *einen* Wendepunkt. In der Spezifikation muss die
   Produktionsmenge daher einfach, quadriert und als Kubikwert berücksichtigt werden.

```
. regress Unemployment Inflation Inflation2 RealWage_growth  GDP_growth
> Population Imports  Dummy_Ölschock Dummy_EUBei tritt
```

Source	SS	df	MS
Model	395.427594	8	49.4284492
Residual	67.966692	47	1.44609983
Total	463.394286	55	8.42535065

Number of obs =	56
F(8, 47) =	34.18
Prob > F =	0.0000
R-squared =	0.8533
Adj R-squared =	0.8284
Root MSE =	1.2025

Unemployment	Coef.	Std. Err.	t	P>|t|	[95% Conf. Interval]	
Inflation	-.7865094	.2147894	-3.66	0.001	-1.21861	-.3544089
Inflation2	.0271959	.0152185	1.79	0.080	-.0034197	.0578116
RealWage_growth	-.1892205	.0800615	-2.36	0.022	-.3502834	-.0281577
GDP_growth	.0205404	.0948405	0.22	0.829	-.170254	.2113348
Population	1.21e-07	3.01e-08	4.03	0.000	6.07e-08	1.82e-07
Imports	-6.57e-11	1.55e-11	-4.23	0.000	-9.70e-11	-3.45e-11
Dummy_Ölschock	1.125214	.6107197	1.84	0.072	-.1033953	2.353824
Dummy_EUBeitritt	1.664993	.8852405	1.88	0.066	-.1158812	3.445867
_cons	-54.67178	15.28924	-3.58	0.001	-85.42977	-23.91379

Abb. 11.15 Arbeitslosenquote in Schweden III

e) Der Koeffizient einer logarithmierten exogenen Variablen ist bei gleichzeitig logarith-mierter endogener Variable eine Elastizität.

Kapitel 4

Lösung zur Übung 4.1

a) Willkürliche Düngung der ersten 50 Weinstöcke: Das Ergebnis zeigt keinen Einfluss der Düngung auf den Ertrag (bzw. der Koeffizient hat sogar ein negatives Vorzei-chen), wenn die anderen Einflussfaktoren (also Nordhang und Waldschatten) nicht berücksichtigt werden (siehe Abb. 11.16 oberer Teil). Erst im Rahmen einer Regressi-onsanalyse, die alle relevanten Einflussfaktoren einbezieht, wird die positive Wirkung der Düngung auf den Ertrag deutlich (siehe Abb. 11.16 unterer Teil). Dies ist ein Bei-spiel für die möglichen Auswirkungen der Nicht-Berücksichtigung tatsächlich wichti-ger Einflussfaktoren (omitted variable bias). Die geschätzten Regressionskoeffizienten sind u. U. verzerrt und entsprechen nicht den tatsächlichen Zusammenhängen. Hin-weis: Da es keine Zufallseinflüsse gibt, fallen natürlich auch die Standardfehler weg. Dies ist für die Fragestellung aber irrelevant.

b) Düngung nach Zufallsprinzip: Die positive Wirkung der Düngung auf den Ertrag wird deutlich, auch wenn keiner der anderen Einflussfaktoren berücksichtigt wird! Eine Re-gressionsanalyse, die alle relevanten Einflussfaktoren aufnimmt, führt darüber hinaus zu einer präzisen Schätzung des Ausmaßes der positiven Wirkung der Düngung (siehe Abb. 11.17 oberer und unterer Teil).

`. regress Ertrag_W Düngung_W`

Source	SS	df	MS
Model	1.96	1	1.96
Residual	202.08	98	2.06204082
Total	204.04	99	2.0610101

Number of obs =	100
F(1, 98) =	0.95
Prob > F =	0.3320
R-squared =	0.0096
Adj R-squared =	-0.0005
Root MSE =	1.436

Ertrag_W	Coef.	Std. Err.	t	P>|t|	[95% Conf. Interval]	
Düngung_W	-.28	.2871962	-0.97	0.332	-.8499314	.2899314
_cons	8	.2030784	39.39	0.000	7.596998	8.403002

`. regress Ertrag_W Düngung_W  Nordhang Waldschatten`

Source	SS	df	MS
Model	204.04	3	68.0133333
Residual	0	96	0
Total	204.04	99	2.0610101

Number of obs =	100
F(3, 96) =	.
Prob > F =	.
R-squared =	1.0000
Adj R-squared =	1.0000
Root MSE =	0

Ertrag_W	Coef.	Std. Err.	t	P>|t|	[95% Conf. Interval]	
Düngung_W	2	.	.	.	.	.
Nordhang	-3	.	.	.	.	.
Waldschatten	-2	.	.	.	.	.
_cons	10	.	.	.	.	.

Abb. 11.16 Willkürliche Düngung

Gesamtvergleich: In diesem Beispiel ist dem Winzer vermutlich offensichtlich, dass der Nordhang und der Waldschatten einen negativen Einfluss auf den Ertrag ausüben. Wenn es also in einer Regression gelingt, alle tatsächlich einflussreichen Variablen zu berücksichtigen, sind wir zur Ermittlung der wahren Auswirkungen nicht auf eine Zufallsauswahl des Treatment angewiesen. Aber wenn Einflussfaktoren wirksam sind, die wir nicht kennen bzw. nicht ermitteln können, dann ist das Ergebnis einer willkürlichen Auswahl völlig irreführend. Hier kommen wir bspw. zu dem falschen Resultat, dass die Düngung keinerlei Einfluss auf den Ertrag hat. Bei einer Zufallsauswahl sind wir in der Lage den wahren Zusammenhang aufzudecken, selbst wenn die sonstigen wichtigen exogenen Variablen nicht einbezogen werden. Dies ist eine zentrale Erkenntnis, weil wir in den Sozial- und Wirtschaftswissenschaften fast nie sicher sein können, alle Einflussfaktoren überhaupt zu kennen.

```
. regress Ertrag_Z Düngung_Zufall

      Source |       SS       df       MS              Number of obs =     100
-------------+------------------------------           F(  1,     98) =   21.96
       Model |    73.96        1     73.96             Prob > F      =  0.0000
    Residual |   330.08       98 3.36816327            R-squared     =  0.1831
-------------+------------------------------           Adj R-squared =  0.1747
       Total |   404.04       99 4.08121212            Root MSE      =  1.8353

----------------------------------------------------------------------------------
     Ertrag_Z |      Coef.   Std. Err.       t    P>|t|     [95% Conf. Interval]
--------------+-------------------------------------------------------------------
Düngung_Zufall|       1.72   .3670511      4.69   0.000     .991599     2.448401
        _cons |          7   .2595443     26.97   0.000     6.484943    7.515057
----------------------------------------------------------------------------------
```

```
. regress Ertrag_Z Düngung_Zufall  Nordhang Waldschatten

      Source |       SS       df       MS              Number of obs =     100
-------------+------------------------------           F(  3,     96) =       .
       Model |   404.04        3    134.68             Prob > F      =       .
    Residual |        0       96         0             R-squared     =  1.0000
-------------+------------------------------           Adj R-squared =  1.0000
       Total |   404.04       99 4.08121212            Root MSE      =       0

----------------------------------------------------------------------------------
     Ertrag_Z |      Coef.   Std. Err.       t    P>|t|     [95% Conf. Interval]
--------------+-------------------------------------------------------------------
Düngung_Zufall|          2          .         .       .            .            .
     Nordhang |         -3          .         .       .            .            .
  Waldschatten|         -2          .         .       .            .            .
        _cons |         10          .         .       .            .            .
----------------------------------------------------------------------------------
```

Abb. 11.17 Zufällige Düngung

Lösung zur Übung 4.2

Das Resultat des Experiments „Einführung der Planwirtschaft in der DDR" lautet häufig: Ein ineffizientes Wirtschaftssystem. Diese Schlussfolgerung wird aber mit dem Hinweis auf verschiedene Besonderheiten der DDR im Vergleich zur BRD kritisiert. Als solche Besonderheiten werden genannt: Schlechtere wirtschaftliche Ausgangssituation auf dem Gebiet der DDR (fehlende Rohstoffe wie Steinkohle und geringerer Industrialisierungsgrad im Norden), höhere Reparationsleistungen an die Sowjetunion, geringerer Flüchtlingszustrom aus den ehemaligen Ostgebieten, Abwanderung und Flucht von gut ausgebildeten Fachkräften in die BRD bis zum Mauerbau 1961.

Unabhängig davon, inwieweit diese Argumente stimmen (den Niedergang der DDR-Ökonomie seit Beginn der 1970er-Jahre können sie in keinem Fall erklären), zeigen sie generelle Probleme von natürlichen Experimenten auf: Es sind evtl. nur geringe Fallzahlen vorhanden, das heißt, der Stichprobenumfang ist zu klein und es liegen Besonderheiten des Einzelfalls vor, die eine Verallgemeinerung der Ergebnisse verhindern.

Für das Problem der Effizienz von Zentralplanwirtschaften im Vergleich zu Marktwirtschaften ist aber mit der ökonomischen Entwicklung in der DDR, der Sowjetunion, den anderen osteuropäischen Staaten, Nordkorea, Kuba und der Volksrepublik China über 40 bzw. 60 Jahre hinweg ein negatives Urteil zur Effizienz empirisch fundiert. Das heißt die Stichprobe ist zeitlich und regional so groß, dass Besonderheiten des einzelnen Staates keine Rolle spielen.

Lösung zur Übung 4.3

a) Die Weihnachtsmarkt-Umfrage ist bestenfalls für die Besucher des Weihnachtsmarktes an einem Samstag-Vormittag repräsentativ. Auf keinen Fall sind die Umfrageergebnisse auf alle Einwohner der Stadt zu übertragen. Dies ist problematisch, wenn man die Attraktivität des Weihnachtsmarktes für alle Einwohner der Stadt erhöhen möchte. Anders stellt sich dies dar, wenn die Problemstellung nur darauf abzielt, den Nutzen der Samstag-Vormittag-Besucher zu erhöhen. Die Repräsentativität einer Umfrage hängt also davon ab, welche Problemstellung und damit Grundgesamtheit relevant ist.

b) Bei der Innovationsumfrage stellt sich zum Beispiel die Schwierigkeit, dass eventuell nur innovative Unternehmen sich von den Fragen angesprochen fühlten. In der Konsequenz haben nicht-innovative Unternehmen auf die Teilnahme verzichtet. Das Resultat sind dann verzerrte Umfrageresultate, die vermutlich die Innovationsneigung und Innovationsfähigkeit des produzierenden Gewerbes in Hamburg stark übertreiben. An dieser Einschätzung ändert die hohe Rücklaufquote von 24 % nichts.

Lösung zur Übung 4.4

Die Empfehlung zur Verstärkung der besonders häufig getroffenen Teile bei den zurückgekehrten Bombenflugzeugen ist komplett irreführend! Der Grund ist die völlig verzerrte Auswahl der Stichprobe. Um die „Schwachstellen" der Flugzeuge zu ermitteln, müssten die Einschussstellen der abgeschossenen Flugzeuge untersucht werden. Die Einschusslöcher der zurückgekehrten Bomber geben im Gegenteil Informationen dazu, welche Teile der Flugzeuge für eine sichere Heimkehr weniger relevant sind. Verstärkt werden müssen also die Teile der Flugzeuge, die bei den zurückgekehrten Flugzeugen *nicht* getroffen worden sind. Diese Erkenntnis geht auf ein Mitglied der erwähnten Statistical Research Group, den Statistiker Abraham Wald, zurück (http://en.wikipedia.org/wiki/Abraham_Wald).

Lösung zur Übung 4.5

Die Beobachtungen zu den auf die Medikamentierung folgenden Todesfällen erlauben weder im Szenario A noch im Szenario B Schlussfolgerungen zur Wirksamkeit des neuen Medikaments! Der Grund ist die in beiden Szenarios fehlende Vergleichsgruppe, die es (zumindest prinzipiell) ermöglichen würde, die kontrafaktische Situation zu kennen.

Wir wissen also nicht, wie viele Menschen nach der Erkrankung sterben, wenn sie das neue Medikament nicht erhalten. Wenn alle Erkrankten sterben müssen, wäre auch das Szenario B noch ein Erfolg für das Medikament.

Lösung zur Übung 4.6

Ein Problem der sozial- und wirtschaftswissenschaftlichen Forschung ist die unbeobachtete Heterogenität. Wenn unbekannte oder bekannte Einflussfaktoren existieren, aber in einer empirischen Untersuchung nicht berücksichtigt werden, lassen die Ergebnisse keine Schlüsse auf kausale Zusammenhänge zu. Es sind in sogenannten evidenzbasierten empirischen Untersuchungen daher entweder alle relevanten Einflüsse einzubeziehen oder es muss durch ein geeignetes Forschungsdesign (eine sogenannte Identifikationsstrategie) sichergestellt werden, dass die nicht berücksichtigten Einflussfaktoren die Resultate nicht verfälschen. Dazu geeignete Methoden sind bspw. randomisierte Experimente und Kontrollgruppen.

Lösung zur Übung 4.7

Es werden nur die Fragen a), c) und e) behandelt.

a) Das Rubin-Kausalmodell basiert auf der Idee, dass die kausale Wirkung einer bestimmten Maßnahme (einem Treatment) der ein Untersuchungsobjekt (ein Individuum, ein Unternehmen usw.) ausgesetzt ist, im Unterschied zwischen dem, was mit und ohne diese Maßnahme passiert, besteht. Wenn ein Unternehmen einen staatlichen Zuschuss zur Innovationsförderung erhält, ist die kausale Wirkung dieses Zuschusses der Unterschied zwischen den Innovationen, die das Unternehmen tatsächlich realisiert und den Innovationen, die es eingeführt hätte, wenn es keinen Zuschuss erhalten hätte. Es wird also ein Vergleich der realisierten Wirkung mit der potentiellen Situation ohne Zuschuss angestellt. Dies ist eine kontrafaktische Definition kausaler Wirkungen, da in der Realität ein konkretes Unternehmen immer nur entweder den Zuschuss erhalten hat oder eben nicht (Potential outcome framework). Es kann aber durch geeignete Maßnahmen ein Ersatz für die nicht beobachtbare kontrafaktische Situation gefunden werden. Solche Maßnahmen sind in der empirischen Forschung die Identifizierung von geeigneten Kontrollgruppen, die die kontrafaktische Situation simulieren. Methoden, um solche Vergleichsgruppen zu gewinnen, sind bspw. die Zufallsauswahl der Treatment- und der Kontrollgruppe und die Ermittlung von möglichst ähnlichen Untersuchungsobjekten in beiden Gruppen (statistische Zwillinge).

c) Das Problem der Selbst-Selektion besteht darin, dass bei einer Befragung, einem Experiment oder einer bestimmten wirtschafts- oder sozialpolitischen Maßnahme die Teilnehmer nicht zufällig zustande kommen, sondern sich in bestimmter Hinsicht von den nicht einbezogenen Untersuchungsobjekten unterscheiden. Wobei diese Unterschiede systematisch mit dem Ziel der Befragung, dem Experiment oder der Maßnahme zusammenhängen.

e) Paneldaten erlauben es, alle Eigenschaften der Beobachtungseinheiten, die konstant sind, zu eliminieren. Dies gelingt, ohne dass uns diese Eigenschaften und ihre möglichen Einflüsse auf das Untersuchungsergebnis überhaupt bewusst oder bekannt sein müssen. Mittels des Regression-discontinuity-Ansatzes kann eine Zufallswahl der Treatment- und der Kontrollgruppe simuliert werden. Dies gelingt, wenn das Treatment gerade unterhalb oder oberhalb einer identifizierbaren Schwelle stattfindet und die Frage, ob eine Untersuchungsobjekt zur einen oder anderen Gruppe gehört, zufällig determiniert wird. Die Folge ist, dass die Untersuchungsobjekte direkt unter- und oberhalb der Schwelle sich extrem ähnlich sind. In der Konsequenz korreliert keine einflussreiche, aber unbekannte Variable systematisch mit einer der Gruppen direkt unter- oder oberhalb dieser Schwelle.

Kapitel 5

Lösung zur Übung 5.1

a) Variante 1: Die Betrachtung der Plots für Variante 1 führt zu dem Ergebnis, dass überhaupt kein Einfluss von Vereinsbudget und Trainererfahrung existiert.
   Variante 2: Die Betrachtung der Plots von *Punkten* und *Vereinsbudget* spricht auch eher dafür, dass kein Einfluss existiert und der Beobachtungspunkt 20 Mio. Vereinsbudget und 55 Tabellenpunkte wahrscheinlich einen Ausreißer darstellt.
   Für den Plot *Erstligaerfahrung* und *Tabellenplatz* gilt ähnliches mit dem Ausreißer 0 Erstligaerfahrung und 55 Tabellenpunkte. Wenn überhaupt, wäre eventuell ein negativer Einfluss der Erstligaerfahrung in Erwägung zu ziehen.

b) Für Variante 3 gilt dasselbe und Variante 4 verstärkt noch einmal den visuellen Eindruck, dass kein Einfluss, bzw. bei der Erstligaerfahrung eventuell ein negativer Einfluss vorliegt.

c) Die Regression kann nicht berechnet werden. Grund ist die fehlende Varianz der abhängigen Variablen.

d) In allen drei Varianten entdeckt die Regression den tatsächlichen Zusammenhang problemlos. Es existiert ein perfekter Modellfit ($R^2 = 1$, F-Wert: prinzipiell unendlich groß). Die geschätzten Koeffizientenwerte entsprechen den wahren Koeffizientenwerten und auch die t-Werte sind prinzipiell unendlich groß. Eine Interpretation der Konstante ist – wie üblich – unter inhaltlichen Gesichtspunkten sinnlos.

e) Variante 2: Nur *Vereinsbudget*: Unterschätzung des Koeffizienten; nur *Trainererfahrung*: starke Unterschätzung mit falschem Vorzeichen.
   Variante 3: nur *Vereinsbudget*: Unterschätzung; nur *Trainererfahrung*: starke Unterschätzung mit falschem Vorzeichen.
   Variante 4: nur *Vereinsbudget*: starke Unterschätzung; nur *Trainererfahrung*: starke Unterschätzung mit falschem Vorzeichen.

f) Die Korrelation nach Pearson zwischen *Trainererfahrung1* und *Vereinsbudget1* ist gleich -1. Die entsprechenden Korrelationen in den Varianten 2 bis 4 sind ebenfalls sehr hoch (d. h. > 0,8) und negativ. Alle Korrelationen sind auf dem 1 %-Niveau signifikant.

Erläuterungen:

Im konstruierten Datensatz dieses Beispiels wird in der Variante 1 der Einfluss der beiden Variablen durch die gegenläufige Entwicklung exakt aufgehoben. Dieser extreme Grenzfall wird in der empirischen Praxis kaum auftreten. Das zugrundeliegende Problem wird aber in allen Fällen relevant, in denen eine einflussreiche Variable nicht berücksichtigt wird. Die Ergebnisse von Teilaufgabe e) des Beispiels zeigen, dass der Einfluss des Vereinsbudgets systematisch unterschätzt und der Einfluss der Trainererfahrung sogar komplett falsch ermittelt wird.

Dies heißt aber nicht, dass in jedem Fall einer nicht-berücksichtigten einflussreichen Variable, das Modell und die Koeffizientenschätzungen unbrauchbar sein müssen. Wenn die nicht-berücksichtigte Variable mit den im Modell aufgenommenen Variablen nicht korreliert, sind die Koeffizientenschätzungen verlässlich, d. h. es treten keine Verzerrungen auf. Die Berechnungen der Korrelationen in Teilaufgabe f) zeigen aber, dass im vorliegenden (konstruierten) Fall solche Korrelationen und damit Verzerrungen vorliegen. Genauer gesagt, existiert eine negative Korrelation zwischen *Vereinsbudget* und *Trainererfahrung*. Dadurch werden die Koeffizientenschätzungen der beiden Variablen *Vereinsbudget* und *Trainererfahrung* systematisch nach unten verzerrt, wenn die andere nicht berücksichtigt wird (Teilaufgabe e). Im Extremfall einer Korrelation von −1 kann der Einfluss bei nur einer berücksichtigten Variablen überhaupt nicht mehr berechnet werden (Teilaufgabe c) in Verbindung mit Teilaufgabe f)).

In einer zusätzlichen Überlegung wird der Einfluss der Korrelation nochmals deutlich: Werden Trainer mit langjähriger Erstligaerfahrung vor allem von Vereinen beschäftigt, die über ein großes Budget verfügen und wird dann nur der Zusammenhang von Tabellenpunkten und Budget ohne Einbezug der Trainererfahrung untersucht, führt dies zu einer systematischen Überschätzung des Budgeteinflusses. In diesem Fall wäre eine positive Korrelation von *Vereinsbudget* und *Trainererfahrung* die Ursache der Verzerrung.

Lösung zur Übung 5.2

Die Schätzung der Regression mit SPSS ergibt, wie in Abb. 11.18 oberer Teil zu sehen, dass nur die Variable *Startplatz* einen signifikanten und positiven Einfluss ausübt (Koeffizientenwert: 2,43, t-Wert: 3,73; Signifikanzniveau: 0,00). Ein um eine Einheit späterer Startplatz führt im Mittel zu 2,4 mehr erhaltenen Punkten.

Der untere Teil der Abbildung enthält das dazugehörige Streudiagramm der Residuen. Dies wird, wie im Abschn. 5.2 unter „Praktische Anwendung SPSS" beschrieben, in der Linearen Regression unter „Diagramme" mittels Eingabe von „*ZPRED" auf der X-Achse und „*ZRESID" auf der Y-Achse erzeugt. Es zeigt sehr deutlich eine heteroskedastische Struktur: Von links nach rechts, also mit höheren (späteren) Startplätzen, nimmt die Streuung der Residuen zu. Dies ist auch inhaltlich plausibel: Die Songbeiträge am Anfang des Wettbewerbs sind in Vergessenheit geraten und werden (fast) durchgehend schlechter

Koeffizienten[a]

Modell		Nicht standardisierte Koeffizienten		Standardisierte Koeffizienten	t	Sig.
		B	Standardfehler	Beta		
1	(Konstante)	67,411	13,240		5,092	,000
	LandNumer	-,174	,345	-,031	-,504	,615
	Englisch	4,442	9,948	,028	,446	,656
	Host	-8,156	23,729	-,021	-,344	,731
	Startplatz	2,428	,651	,234	3,732	,000

a. Abhängige Variable: Punkte

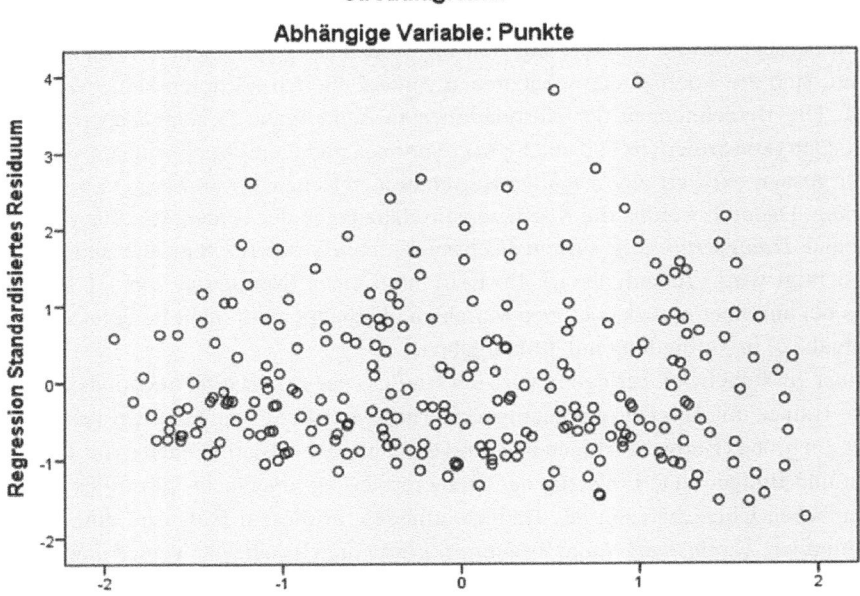

Streudiagramm

Abhängige Variable: Punkte

Abb. 11.18 Eurovision Contest I

bewertet. Die Songs am Ende sind dem Publikum präsenter und werden unterschiedlicher bewertet, bspw. nach Qualitätsaspekten.

Nach Logarithmieren der Variablen *Punkte* und Durchführung der Regression mit dieser transformierten Variablen folgt das Residuendiagramm der Abb. 11.19. Jetzt ist keine eindeutige Struktur in den Residuen mehr erkennbar. Zumindest bei einer solchen visuellen Überprüfung kann jetzt davon ausgegangen werden, dass die Residuen homoskedastisch sind.

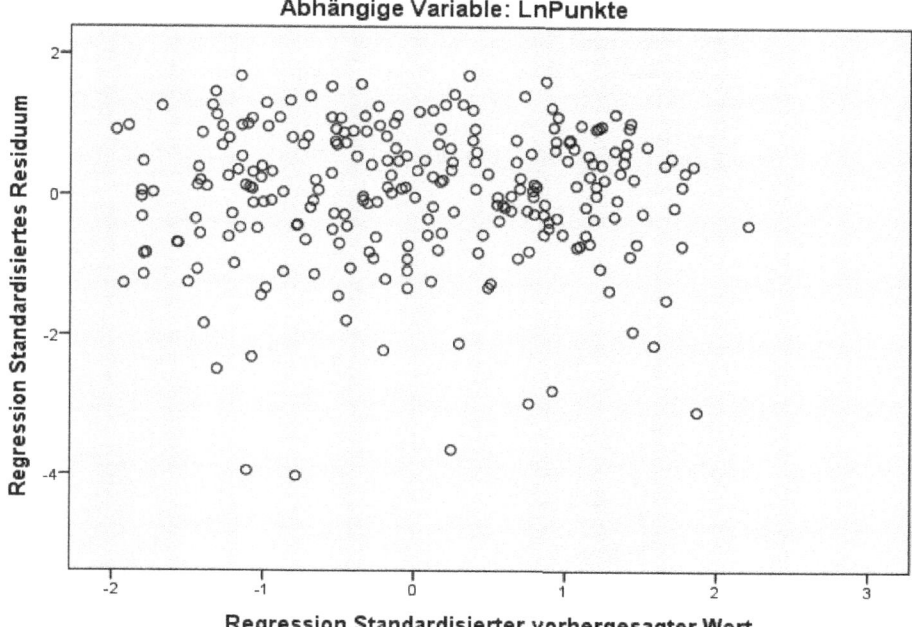

Abb. 11.19 Eurovision Song Contest II

Lösung zur Übung 5.3

Zur Durchführung des Durbin-Watson-Tests auf Autokorrelation 1. Ordnung müssen wir prinzipiell Stata zunächst mitteilen, dass es sich um eine Zeitreihe handelt. Dies ist im Datensatz allerdings bereits erfolgt. Der Aufruf des Tests führt zu folgendem Output: „Durbin-Watson d-statistic $(6,56) = 0.3781979$". Da dieser Wert nahe bei 0 liegt, existiert starke positive Autokorrelation erster Ordnung. Inhaltlich handelt es sich um ein nahe-liegendes Ergebnis. Die Arbeitslosenquote wird nicht in einem Jahr bei 8,6 % liegen, im nächsten Jahr bei 0,2 % und im folgenden Jahr wieder auf bspw. 6,7 % hochschnellen. Arbeitslosigkeit wird eher langsam auf- und abgebaut, so dass auf ein Jahr mit hoher Arbeitslosenquote eher ein Jahr mit ebenfalls hoher Arbeitslosigkeit folgt (genauso bei niedriger Arbeitslosigkeit). Ergebnis ist, dass positive Residuen aufeinander folgen und genauso negative Residuen. Dies ist Autokorrelation 1. Ordnung.

Der Breusch-Pagan-Test auf Heteroskedastie mittels Stata findet sich im oberen Teil der Abb. 11.20. Die Nullhypothese, dass Homoskedastie vorliegt (also die Residuen eine konstante Varianz aufweisen), wird vom Test nicht abgelehnt. Der Residuenplot im unteren Teil der Abb. 11.20 hat aber ein ungewöhnliches Aussehen. Es legt nahe, dem Breusch-Pagan-Test nicht bedingungslos zu vertrauen, sondern weitergehende Analysen vorzunehmen.

```
. estat hettest

Breusch-Pagan / Cook-Weisberg test for heteroskedasticity
         Ho: Constant variance
         Variables: fitted values of Unemployment

         chi2(1)     =       2.32
         Prob > chi2 =     0.1276
```

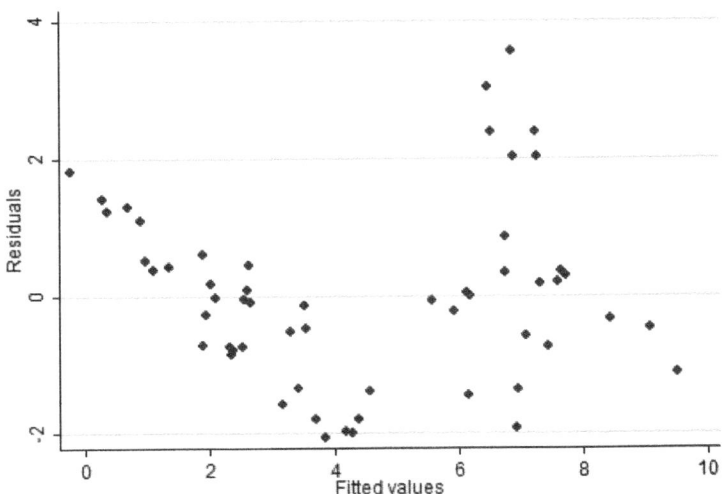

Abb. 11.20 Heteroskedastie

Die VIF-Werte zur Überprüfung von Multikollinearität enthält Abb. 11.21. Der kritische Grenzwert von 30 wird bei den Variablen *Population* und *Imports* überschritten. Sie
liegen aber nur knapp über dem als Daumenregel zu verstehenden Grenzwert. Außerdem
sind beide Variablen – das wissen wir aus der durchgeführten Regression – auf dem 1-%-
Niveau signifikant. Das Fazit dieser Überlegungen ist, das Multikollinearität hinsichtlich
der uns interessierenden Variable *Inflation* keine Probleme aufwirft.

Zur Identifikation einflussreicher Beobachtungen beschränken wir uns auf das studenti-
sierte Residuum (rstudent). Der Grenzwert liegt bei > |2| bzw. > |3|. In unserem Datensatz
liegt rstudent zwischen minimal minus 1,558 und maximal plus 2,890. Der Grenzwert
von |3| wird also nicht überschritten. Eventuell würde man sich noch die Beobachtungen
größer als |2| näher betrachten.

Abb. 11.21 Multikollinearität

```
. rvfplot

. estat vif
```

Variable	VIF	1/VIF
Population	34.41	0.029061
Imports	32.30	0.030964
Inflation	2.77	0.361494
RealWage_g~h	1.87	0.533452
GDP_growth	1.67	0.600315
Mean VIF	14.60	

Lösung zur Übung 5.4

Es werden nur die Fragen a), c) und e) behandelt.

a) Die Auswirkungen von Multikollinearität hängen vom ihrem Ausmaß ab. Schwache Multikollinearität ist in (fast) jedem Datensatz vorhanden und hat keine weiteren substantiellen Konsequenzen. Perfekte Multikollinearität wird von den Statistikprogrammen erkannt. Dann werden bestimmte Variablen automatisch weggelassen, so dass die Berechnung der Koeffffizienten der übrigen Variablen erfolgen kann. Problematisch ist vor allem starke, aber nicht perfekte Multikollinearität: Die kollinearen Variablen verlieren dann u. U. ihre Signifikanz, obwohl sie gemeinsam einen Einfluss ausüben. Ein seltener Fall ist extreme Multikollinearität. Dann sind die Koeffizientenschätzungen einschließlich ihrer Signifikanzniveaus komplett unbrauchbar.

c) Ein Schätzverfahren ist konsistent, wenn mit wachsendem Stichprobenumfang die Koeffizientenschätzungen (bspw. für b_1) immer genauer werden, das heißt sich (asymptotisch) dem unbekannten wahren Wert (d. h. B_1) nähern.

e) Unter robuster Regression versteht man (in der Ökonometrie) Schätzmethoden, die unempfindlich für einflussreiche Beobachtungen bzw. Ausreißer sind. Robuste Standardfehler sind (in der Ökonometrie) dagegen Standardfehler (und damit t-Werte und deren Signifikanzniveaus), die gültig sind, auch wenn Heteroskedastie bzw. Autokorrelation gegeben ist.

Kapitel 6

Lösung zur Übung 6.1

Das Resultat ist in der Abb. 11.22 zu finden. Jeder Beobachtungspunkt der Abb. 11.6 (Lösung zur Übung 2.5) ist jetzt mit dem dazugehörigen Jahr versehen.

Deutlich wird nicht nur, dass zwei recht klar getrennte Gruppen von Beobachtungen, das heißt Jahren, existieren. Darüber hinaus sind völlig getrennt in der Gruppe links alle

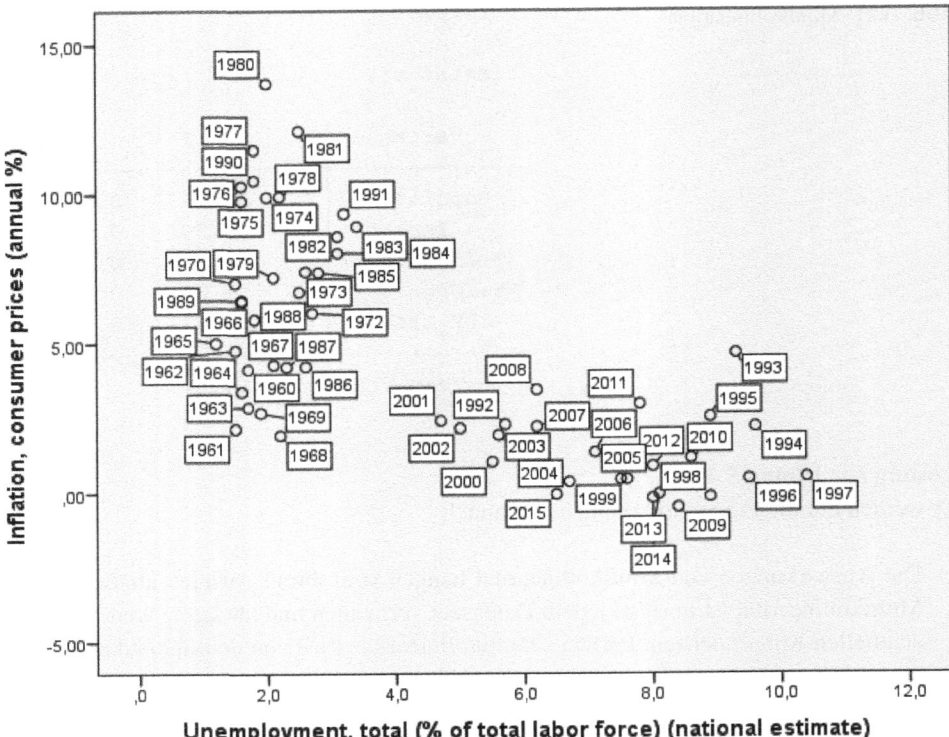

Abb. 11.22 Die Phillipskurve Schwedens 1960 bis 2015

Jahre von 1960 bis 1991 anzutreffen und in der Gruppe rechts alle Jahre von 1992 bis 2015. Inhaltlich ist dies relevant, denn innerhalb der linken Gruppe verläuft die Phillipskurve tendenziell senkrecht, während sie in der rechten Gruppe fast waagerecht erscheint. Dies ist ein starker Hinweis auf einen fundamentalen Strukturbruch im Jahr 1991 auf 1992. Das von uns in den vorhergehenden Kapiteln festgestellte stabile Aussehen der Phillipskurve für Schweden muss also hinterfragt werden.

Das Beispiel illustriert, dass bei der Regressionsanalyse immer auch ein Blick auf die Daten und ihre grafische Darstellung angebracht ist. Der blinde Verlass auf die Koeffizientenschätzungen, Signifikanzniveaus und Testergebnisse, die uns SPSS und Stata bereitstellen, ist unter Umständen irreführend.

Lösung zur Übung 6.2

a) Zur Frage, was sinnvolle exogene Variable sind, wird normalerweise zunächst die einschlägige Fachliteratur herangezogen. Darauf wird hier verzichtet, stattdessen werden lediglich einige Plausibilitätsüberlegungen angestellt. Die folgenden Aus-

```
. regress Bauland_in_EUR_pro_m² Einwohner_pro_Km2_in_Hundert Einkommen_proKopf_Tsd_EUR
> Bodenfläche_Quadratkilometer Anzahl_Studierende
```

Source	SS	df	MS
Model	11988.7739	4	2997.19347
Residual	2328.90462	18	129.38359
Total	14317.6785	22	650.803569

Number of obs = 23
F(4, 18) = 23.17
Prob > F = 0.0000
R-squared = 0.8373
Adj R-squared = 0.8012
Root MSE = 11.375

Bauland_in_EUR_pro_m²	Coef.	Std. Err.	t	P>|t|	[95% Conf. Interval]	
Einwohner_pro_Km2_in_Hundert	6.952334	2.337551	2.97	0.008	2.041322	11.86335
Einkommen_proKopf_Tsd_EUR	1.34022	2.741063	0.49	0.631	-4.418539	7.09898
Bodenfläche_Quadratkilometer	-.0012667	.0124308	-0.10	0.920	-.0273829	.0248495
Anzahl_Studierende	.0011817	.0006624	1.78	0.091	-.0002099	.0025733
_cons	-9.751317	48.68277	-0.20	0.843	-112.03	92.52738

Abb. 11.23 Einflussfaktoren der Bodenpreise

führungen sind insoweit nicht die einzige denkbare Lösung, sondern nur eine mögliche Variante! Einen positiven Einfluss sollten die Bevölkerungsdichte (Variable: *Einwohner_pro_Km2_in_Hundert*) und die Höhe der Einkommen (Variable: *Einkommen_proKopf_Tsd_EUR*) haben. Gleiches ist bezüglich der Zahl der Studierenden zu erwarten. Hier vermuten wir, dass die Zunahme der Studierenden in den letzten 10 Jahren die betreffenden Bodenpreise nach oben getrieben haben (Variable: *Anzahl_Studierende*). Andererseits sollte ein großes Flächenangebot dämpfend auf die Bodenpreise wirken (Variable: *Bodenfläche_Quadratkilometer*). Das Ergebnis (in Stata) enthält Abb. 11.23.

Unsere Hypothesen werden nur zum Teil bestätigt.

b) Aus der Vielzahl anderer möglicher Spezifikationen wird hier nur eine exemplarisch behandelt. Wir betrachten in Stata den (potentiellen) Einfluss der Altersstruktur, indem die beiden Variablen *Bevölkerung_Teil_bis_25_Jahre* und *Bevölkerung_Teil_25_bis_50_Jahre* in die Regressionsgleichung aufgenommen werden. Inhaltlich geht dies auf die Idee zurück, dass dieser Teil der Bevölkerung im Vergleich zu den älteren Teilen einen höheren Wohnraumbedarf hat, was die Baulandpreise steigen lässt. Das Ergebnis zeigt einen positiven und signifikanten Einfluss des Bevölkerungsanteils der 25 bis 50-Jährigen, während für die unter 25-Jährigen die Nullhypothese auch auf dem 10-%-Niveau nicht abzulehnen ist. Das korrigierte R^2 steigt im Vergleich zu unserem Ausgangsmodell von 0,80 auf 0,84. Wir entfernen daraufhin die jüngere Altersgruppe. Dies führt zu einem korrigierten (in SPSS: „angepassten") R^2 von 0,85.
In SPSS fügen wir dieser Spezifikation (Modell 1) noch die folgenden drei Variablen hinzu: *Zuzüge_andere_Bundländer_Ausland*, *Fortzüge*, *Zuzüge_Ausländer*. Die

inhaltliche Begründung liegt im möglichen Einfluss von Bevölkerungsbewegungen auf die Bodenpreise. Die so erweiterte Spezifikation ist unser Modell 2. Die Aufnahme erfolgt als Block 1 (= Modell 1) und dann Block 2 (= Modell 2), um mittels eines F-Tests eine mögliche gemeinsame Wirkung zu überprüfen. Das Resultat sehen wir in Abb. 11.24.

Das R^2 des Modells 2 ist nur um 0,008 größer als in Modell 1 (siehe Spalte „Änderung R-Quadrat"). Diese Änderung ist mit einer Zunahme des F-Wertes von lediglich 0,336 verbunden. Damit kann die Nullhypothese, dass Modell 2 keine Verbesserung zu Modell 1 darstellt, nicht abgelehnt werden (Signifikanzniveau: 0,800). Folglich nehmen wir die drei Variablen zu Bevölkerungsbewegungen nicht in unsere Regressionsgleichung auf.

c) Auf die vergleichende Darstellung in Tabellenform wird hier verzichtet. Sie ist selbständig leicht durchführbar.

d) Das Resultat führt zu einem R^2 von 1,000 und einem $\bar{R}^2$ von 0,995 (wobei SPSS einige Variablen wegen Multikollinearität automatisch ausschließt). Unter dem Aspekt der Maximierung der Determinationskoeffizienten handelt es sich um ein ideales Ergebnis. Gleichzeitig sind die Koeffizientenwerte, ihre Signifikanzniveaus und das Gesamtmodell aber sinnlos. Zum Beispiel führt eine Erhöhung der Arbeitslosenquote um einen Prozentpunkt zu einer Steigerung der Baulandpreise von 10,50 € pro m² (Signifikanzniveau 1 %). Hier bewirkt extreme Multikollinearität (siehe Abschn. 5.5) zusammen mit der geringen Zahl von Beobachtungen eine willkürliche, zufällige und nicht verwertbare Schätzung. Statistisch-ökonometrisch ausgedrückt ist das Resultat ein Spezifikum des vorliegenden Datensatzes und der von SPSS verwendeten Schätzalgorithmen.

e) In SPSS führt das Verfahren „Rückwärts" zu dem unter d) gerade erläuterten sinnlosen Modell. Die Auswahlverfahren „Schrittweise" und „Vorwärts" generieren beide ein „bestes" identisches Modell mit den drei exogenen Variablen *Einwohner_pro_Km2_in_Hundert*, *Bevölkerung_Teil_25_bis_50_Jahre*, und *BIP_proKopf_TsdEUR*. Das R^2 liegt bei 0,887 und das $\bar{R}^2$ beläuft sich auf 0,869.

In Stata werden Probleme aufgrund von Multikollinearität von der Software eher entdeckt. Aber auch hier lassen sich substantiell wertlose, aber signifikante Koeffizienten schätzen.

Modellübersicht

Modell	R	R-Quadrat	Angepasstes R-Quadrat	Standardfehler der Schätzung	Änderungsstatistik				
					Änderung R-Quadrat	Änderung in F	df1	df2	Sig. Änderung in F
1	,940ᵃ	,883	,849	9,91027	,883	25,756	5	17	,000
2	,944ᵇ	,891	,829	10,54746	,008	,336	3	14	,800

a. Prädiktoren: (Konstante), Einkommen pro Kopf, Bodenfläche, Studierende, Bevölkerungsanteil 25 bis 50 Jahre, Einwohner pro Km2

b. Prädiktoren: (Konstante), Einkommen pro Kopf, Bodenfläche, Studierende, Bevölkerungsanteil 25 bis 50 Jahre, Einwohner pro Km2, Fortzüge, Zuzüge_Ausländer, Zuzüge

Abb. 11.24 Modellvergleich Baulandpreise

Als Fazit legen diese Ergebnisse noch einmal nahe, die Variablenauswahl aufgrund bewusster inhaltlicher Vorüberlegungen zu treffen und nur auf dieser Basis das $\bar{R}^2$ als Entscheidungshilfe zwischen gleich plausiblen Modellen zu verwenden.

Lösung zur Übung 6.3

Es werden nur die Fragen a), c) und e) behandelt.

a) Die Bildung von Hypothesen ist notwendig, weil erstens die Daten „von sich aus" keine kausalen Beziehungen offenbaren. Diese müssen a-priori begründet und aufgestellt werden. Zweitens setzen die statistischen Tests (in der Regel) voraus, dass eine zufällige Stichprobe aus einer Grundgesamtheit gezogen worden ist. Ein hypothesenloses Durchprobieren aller mögliche Variablen und ihrer Kombinationen verstößt gegen diese Prämisse. Drittens existiert mit den Statistikprogrammpaketen eine riesige Zahl von Möglichkeiten Spezifikationen zu schätzen. Klare und möglichst präzise Hypothesen sind notwendig, um bei der praktischen Durchführung einer Regression Orientierungspunkte zu haben und so das Mögliche auf das Plausible und Machbare einzuschränken.

c) Kontrollvariablen sind exogene Variablen, die nicht mit einer bestimmten Hypothese verknüpft bzw. aus ihr abgeleitet sind. Sie müssen aber in die Regressionsgleichung aufgenommen werden, weil theoretische Überlegungen oder die vorhandene empirische Literatur nahelegt, dass diese Variablen einflussreich sind. Ihre Aufnahme vermeidet also eine (mögliche) Verzerrung der Koeffizienten unserer auf Hypothesen basierenden exogenen Variablen.

e) Das $\bar{R}^2$ ist nur sehr eingeschränkt und unter bestimmten Bedingungen ein geeignetes Maß, um „gute" Regressionsmodelle zu identifizieren. Generell gilt, dass wir nicht anstreben, dass (korrigierte) Bestimmtheitsmaß zu maximieren. Unser Ziel ist es, bestimmte Hypothesen zu überprüfen! Nur innerhalb der aufgrund unserer Hypothesen plausiblen Bandbreite von Spezifikationen, kann das $\bar{R}^2$ herangezogen werden. Außerdem muss die abhängige Variable aller Spezifikationen, die wir anhand ihres $\bar{R}^2$ vergleichen, dieselbe sein. Schließlich ist zu berücksichtigen, dass ein hohes oder niedriges Bestimmtheitsmaß von der Fragestellung abhängig ist. Individuelles Verhalten (bspw. Kauf- oder Wahlentscheidungen) sind weniger determiniert als bspw. die Kosten eines Unternehmens, die immer vor allem vom Output (der Produktionsmenge) abhängen. Im ersten Fall sind niedrige $\bar{R}^2$ normal, während im zweiten Fall hohe $\bar{R}^2$ üblich sind. Letzteres gilt ganz besonders, wenn die Daten Trends aufweisen, was bei Zeitreihen und Paneldaten häufig vorkommt.

Kapitel 7

Lösung zur Übung 7.1

Das Ergebnis der Regression enthält Abb. 11.25. Der korrigierte Determinationskoeffizient beträgt 0,917 und der F-Wert 182,29 (Signifikanzniveau: 0,000).

Erstaunlicherweise hat der Marktwert des gesamten Spielerkaders (auch auf dem 10-%-Niveau) keinen Einfluss auf die Tabellenpunkte zum Saisonende. Der Koeffizientenwert ist sogar negativ (-0,012). Inhaltlich würde dies bei Signifikanz sogar bedeuten, dass ein höherer Gesamtmarktwert der Spieler die Tabellenpunkte verringert. Es liegt nahe, ein solches inhaltlich unsinniges Resultat zu hinterfragen. Allerdings ergibt eine Überprüfung von Multikollinearität (maximaler VIF-Wert: 4,85), Normalverteilung, nichtlinearen Beziehungen (RESET-Test in Stata) sowie Heteroskedastie (Breusch-Pagan-Test in Stata) keine Hinweise auf Verletzungen der ökonometrischen Annahmen der Regression. Das Problem liegt in der Spezifikation unserer Regression. In Abb. 11.25 wird deutlich, dass die erzielten und erhaltenen Tore überragenden Einfluss auf die Tabellenpunkte ausüben. Die Auswirkungen des Marktwertes werden ceteris paribus ermittelt, das heißt, wenn die Wirkungen von erzielten Toren und Gegentoren eliminiert worden sind! Dann liegt verständlicherweise kein Einfluss mehr vor, denn teure Spieler werden bezahlt, um Tore zu erzielen oder zu verhindern.

Es liegt hier also eine Fehlspezifikation in Form eines inhaltlichen Overfittings vor. Gleichzeitig in der Regression den Marktwert und erzielte Tore sowie Gegentore zu be-

Koeffizienten[a]

Modell		Nicht standardisierte Koeffizienten		Standardisierte Koeffizienten	t	Sig.
		B	Standardfehler	Beta		
1	(Konstante)	40,732	10,548		3,862	,000
	Marktwert	-,012	,007	-,072	-1,596	,112
	Spieleretat	,020	,030	,024	,689	,492
	Kadergröße	-,095	,113	-,024	-,836	,404
	Kaderalter	,340	,326	,025	1,043	,298
	Diversität_Kader	,017	,106	,004	,162	,871
	Fluktuation_Kader	,042	,044	,024	,952	,342
	Erzielte_Tore	,639	,031	,634	20,623	,000
	Erhaltene_Tore	-,586	,032	-,486	-18,101	,000
	Nationalität_Trainer	-,448	,660	-,015	-,680	,497
	Traineralter	-,103	,044	-,050	-2,326	,021
	Unfairness	,002	,024	,002	,075	,940
	Zuschauersupport	5,695E-5	,000	,068	2,500	,013

a. Abhängige Variable: Tabellenpunkte

Abb. 11.25 Marktwert und Tabellenpunkte

rücksichtigen, ist zu Ermittlung der Bedeutung des Marktwertes nicht sinnvoll. Als Fazit folgt, dass wir immer die Spezifikationen unter inhaltlichen Aspekten beurteilen müssen. Im obigen Beispiel geben uns die statistischen Tests und Diagramme keine Hinweise auf Probleme.

Entfernen wir die erzielten und erhaltenen Tore aus der Spezifikation, wird die Bedeutung des Marktwertes deutlich (Koeffizientenwert: 0,082; t-Wert: 5,29; Signifikanzniveau: 0,000). Auch in dieser Regression sind die uns schon bekannten Schwierigkeiten einer kausalen Interpretation offensichtlich: Der Zuschauersupport bei Heimspielen besitzt einen signifikanten positiven Zusammenhang mit den Tabellenpunkten. Aber verursachen die Stadionbesucher die Tabellenpunkte oder sind umgekehrt viele Tabellenpunkte verantwortlich für steigende Zuschauerzahlen?

Lösung zur Übung 7.2

Eine kausale Beziehung ist auf der Grundlage der Informationen im Artikel nicht abzuleiten. Genauso wahrscheinlich ist, dass Arbeitnehmer mit schweren gesundheitlichen Problemen früher in Rente gehen und eher sterben. Es existiert also mit hoher Wahrscheinlichkeit eine nicht berücksichtigte Variable *Schlechter Gesundheitszustand*, die sowohl den Renteneintritt als auch den Sterbezeitpunkt beeinflusst.

Lösung zur Übung 7.3

Die Verschlechterung der Abschlussnote aufgrund lediglich *eines* Schwerpunktes ist zunächst unplausibel. Wir müssen hier berücksichtigen, dass Studierende eine drohende schlechte Abschlussnote antizipieren. Sie reagieren darauf, indem sie von vornherein nur *einen* Schwerpunkt wählen oder ihren zweiten Schwerpunkt „auflösen". Dies werden vor allem leistungsschwächere Studierende tun. Die absehbar schlechtere Note führt zu Wahl der Option nur *eines* Schwerpunkts, um eine noch schlechtere Endnote zu verhindern. Die Erklärung basiert auf einer umgekehrten Kausalrichtung bzw. einem allgemeinen Gleichgewichtseffekt. Als Konsequenz ist die Variable *EinSchwerpunkt* nicht exogen, was notwendig wäre, um sie kausal zu interpretieren. Stattdessen handelt es sich um eine endogene Variable, die im System bestimmt wird.

Dies gilt für Studierende mit gleicher Schulabschlussnote, deren Einfluss ja kontrolliert wird. Die Schulabschlussnote ist insoweit also kein perfekter Indikator der Leistungsfähigkeit im BWL-Studium. Eine Schlussfolgerung, die bereits aus dem relativ geringen (korrigierten) Determinationskoeffizienten unserer Regression abzuleiten ist.

Lösung zur Übung 7.4

Probleme und Einwände ergeben sich unter einer ganzen Reihe von Aspekten, von denen im Folgenden einige herausgegriffen werden. Erstens sind weitere nicht-lineare Beziehungen zwischen den Variablen denkbar, nicht nur zwischen Inflation und Arbeitslosenquote. Zweitens sind die Abgrenzungen der Variablen zu hinterfragen. Zum Beispiel können die Inflation oder die Arbeitslosigkeit auf sehr unterschiedliche Art definiert und erfasst werden. Drittens sind in verschiedener Form umgekehrte Kausalitäten sehr plausibel.

Die einfache Interpretation der Phillipskurve ist, dass um die Arbeitslosigkeit zu senken, die Inflation erhöht werden kann. Umgekehrt wird aber eine hohe (niedrige) Arbeitslosigkeit eher mit niedrigen (hohen) Lohnsteigerungen verbunden sein, was zu geringen (hohen) Inflationsraten führt. Der Ursache-Wirkungszusammenhang ist also diametral entgegengesetzt und folglich eine höhere Inflation kein wirtschaftspolitisches Mittel zur Senkung der Arbeitslosenquote. Viertens sind weitere Einflussfaktoren einzubeziehen, da andernfalls Verzerrungen unserer Koeffizientenschätzungen vorliegen könnten (bspw. importierte Inflation, Exporte, Staatsausgaben).

Weitere naheliegende Analyseschritte sind zum Beispiel die Folgenden: Erstens wäre zu klären, wie der fundamentale Strukturwandel, den wir in der Lösung zur Übungsaufgabe 6.1 entdeckt hatten, einzuschätzen ist. Was verbirgt sich inhaltlich dahinter (bspw. eine andere Arbeitsmarkt- oder Geldpolitik) und wie ist insoweit die interne Validität einzuschätzen? Gilt dieser Strukturbruch auch für andere vergleichbare Staaten (externe Validität)? Zweitens sind Lags, das heißt Verzögerungen in den Wirkungen in die Spezifikation aufzunehmen (bspw. führen hohe Reallohnabschlüsse erst in den Folgejahren zu steigenden Arbeitslosenzahlen).

Als Fazit wird deutlich, dass prinzipiell ein komplexeres Modell der schwedischen Volkswirtschaft aufgestellt werden müsste.

Lösung zur Übung 7.5
Es werden nur die Fragen a), c) und e) behandelt.

a) Der Begriff „Interne Validität" stellt darauf ab, dass die Resultate einer Regression für die Grundgesamtheit gültig sind. Dazu müssen die in den verschiedenen Kapiteln erläuterten Prämissen der Regressionsanalyse erfüllt sein. Die „Externe Validität" einer Untersuchung ist gegeben, wenn die Ergebnisse auf andere Populationen (Regionen, Zeiten, Unternehmen, Individuen etc.) übertragbar sind.

c) Eine deterministische Kausalität bezeichnet einen naturgesetzlichen, das heißt in jedem Einzelfall gültigen Ursache-Wirkungs-Zusammenhang. In den Sozial- und damit auch den Wirtschaftswissenschaften gibt es solche „unverrückbaren" Wirkungen nicht. Das ist der Fall, weil hier im Mittelpunkt menschliches Verhalten steht und analysiert wird. Das Verhalten vieler Menschen ist individuell komplex, antizipierend und bedingt sich wechselseitig. Die Sozialwissenschaften sind daher auf statistische Kausalitäten beschränkt: „Im Mittel" führt im Rahmen des Eurovision Song Contest ein späterer Startplatz des Songbeitrags zu einer höheren Punktzahl. Abweichungen von diesem Mittel sind immer vorhanden.

e) Replikationsstudien sind eine Möglichkeit, die interne und externe Validität von empirischen Untersuchungen zu erhöhen: Sie wiederholen eine vorhandene empirische Studie mit bspw. gleicher Spezifikation, aber einem anderen Datensatz oder sie verwenden den gleichen Datensatz und modifizieren die ursprüngliche Spezifikation. Meta-Analysen fassen die empirische Evidenz zu einer bestimmten Fragestellung zusammen. Dies, indem sie systematisch möglichst alle einschlägigen Untersuchungen erfassen und nach vorgegebenen Kriterien auswerten.

The manufacturer's authorised representative in the EU is Springer
Nature Customer Service Centre GmbH, Europaplatz 3, 69115 Heidelberg,
Germany. If you have any concerns regarding our products, please
contact ProductSafety@springernature.com

Printed and bound by CPI Group (UK) Ltd, Croydon, CR0 4YY
23/04/2026
02095645-0012